"十二五"职业教育国家规划教材
经全国职业教育教材审定委员会审定

供中高职医学类相关专业使用

预防医学

（第二版）

主　编　乌建平　刘更新
副主编　张文杰　米术斌　王福彦
编　者　（按姓氏汉语拼音排序）
　　　　蔡慧芳（江西医学高等专科学校）
　　　　陈明远（镇江市高等专科学校）
　　　　陈仪坤（贵阳护理职业学院）
　　　　李晓婷（乐山职业技术学院）
　　　　梁云微（承德医学院附属医院）
　　　　刘更新（廊坊卫生职业学院）
　　　　米术斌（承德医学院）
　　　　王福彦（台州学院医学院）
　　　　乌建平（江西医学高等专科学校）
　　　　邢晓媛（廊坊卫生职业学院）
　　　　杨　黎（重庆三峡医药高等专科学校）
　　　　张　谦（重庆医药高等专科学校）
　　　　张文杰（泉州医学高等专科学校）
　　　　张文涛（鄂尔多斯应用技术学院）

科学出版社
北　京

·版权所有 侵权必究·

举报电话：010-64030229；010-64034315；13501151303（打假办）

内容简介

本教材共 16 章，涵盖绪论、环境与健康、食物与健康、职业卫生与健康、健康教育与促进、医学统计方法、疾病的预防与控制、慢性非传染病的预防与控制、社区卫生服务、突发公共卫生事件与应急处理。教学时数为 64 学时（其中理论教学 54 学时，实践教学 10 学时）。全书每章开篇均以案例介绍开始，增加了教学的趣味性和实践性，加强学生的理解力，激发学生的学习热情，启发学习思路，行文中还通过数字资源资料形式介绍了与正文有密切联系的知识，有利于学生拓宽视野，拓展思路，培养学生的学习兴趣，调动学生学习的主动性；课后设有目标测试题，帮助学生加深对学科内容的理解，自查基本理论、基本知识、基本技能掌握的程度；书末还附有实习指导，促进学生理论与实践相结合，培养学生的综合应用能力和创新探索精神。

本教材可供中高职医学类相关专业使用，也可作教师参考书使用。

图书在版编目（CIP）数据

预防医学 / 乌建平，刘更新主编. —2 版. —北京：科学出版社，2017.11
"十二五"职业教育国家规划教材
ISBN 978-7-03-055398-0

Ⅰ. 预⋯ Ⅱ. ①乌⋯ ②刘⋯ Ⅲ. 预防医学–高等学校–教材 Ⅳ. R1

中国版本图书馆 CIP 数据核字（2017）第 279318 号

责任编辑：池　静　/ 责任校对：张凤琴
责任印制：徐晓晨　/ 封面设计：张佩战

版权所有，违者必究。未经本社许可，数字图书馆不得使用

科学出版社 出版
北京东黄城根北街 16 号
邮政编码：100717
http://www.sciencep.com

北京盛通商印快线网络科技有限公司 印刷
科学出版社发行　各地新华书店经销

*

2013 年 3 月第　一　版　　开本：787×1092　1/16
2017 年 11 月第　二　版　　印张：16 1/2
2021 年 7 月第十一次印刷　　字数：391 000
定价：42.00 元
（如有印装质量问题，我社负责调换）

前　言

根据高职高专护理及助产人才培养要求，《预防医学》（第二版）的编写原则是：深入贯彻《国家中长期教育改革和发展规划纲要（2010—2020年）》，"坚持德育为先、坚持能力为重、坚持全面发展"的战略主题，坚持引导与支持学生自主学习为首位，根据行业和职业岗位特点，坚持"贴近学生、贴近社会、贴近岗位"原则，保证教材的科学性、思想性，同时体现实用性、可读性和创新性。教材的编写保留了第一版的基本风格，突出基本知识、基本方法，并将数字化资源和案例教学法融入教材编写之中。突出工作过程、突出技能、突出继续学习能力和综合职业能力的培养；力求做到能力培养与素质提高为一体，使学生对预防医学有一个整体概念，毕业后能将所学的预防医学知识应用到工作中去。

本教材的总任务是使学生树立正确的健康观，具有预防为主的卫生观念，学会基本的疾病与健康统计方法及人群健康研究方法，课程的教学目的是通过课堂讲授、讨论、实习、自学等方式教学，使学生了解随着社会经济的发展影响人类健康的环境因素，树立预防为主的观念，掌握预防医学的基本方法和社区卫生服务方法，为今后在医疗卫生工作中开展预防保健工作奠定理论和方法学基础。

由于编者水平所限，本教材的内容若有疏漏，恳请广大读者批评指正。

编　者
2017年7月

目 录
CONTENTS

第 1 章　绪论 / 1
第 2 章　环境与健康 / 10
　第一节　概述 / 10
　第二节　生活环境与健康 / 20
　第三节　社会环境与健康 / 33
第 3 章　食物与健康 / 39
　第一节　食物与营养 / 39
　第二节　合理营养与膳食指南 / 48
　第三节　食品污染 / 51
　第四节　食源性疾病 / 57
第 4 章　职业卫生与健康 / 65
　第一节　职业卫生概述 / 65
　第二节　铅中毒 / 68
　第三节　粉尘与职业性肺部疾患 / 72
　第四节　物理因素及其对健康的影响 / 76
第 5 章　健康教育与促进 / 83
　第一节　健康教育与促进的概念 / 83
　第二节　健康相关行为 / 89
　第三节　健康教育与健康促进计划设计、
　　　　　实施与评价 / 92
　第四节　家庭、学校健康教育 / 96
第 6 章　医学统计学方法概述 / 105
　第一节　统计学基本概念 / 105
　第二节　统计资料的类型 / 108
　第三节　统计工作的基本步骤 / 109
　第四节　医学统计学的主要作用和
　　　　　意义 / 111

第 7 章　计量资料的统计描述 / 113
　第一节　频数分布表（图）/ 113
　第二节　平均数 / 116
　第三节　变异指标 / 119
　第四节　正态分布 / 122
第 8 章　计量资料的统计推断 / 128
　第一节　均数的抽样误差和标准误 / 128
　第二节　假设检验 / 134
　第三节　t 检验应用时应注意的问题 / 138
第 9 章　计数资料的统计描述 / 142
　第一节　常用相对数 / 142
　第二节　率的标准化 / 144
第 10 章　计数资料的统计推断 / 148
　第一节　率的抽样误差和区间估计 / 148
　第二节　χ^2 检验 / 149
第 11 章　统计表和统计图 / 157
　第一节　统计表 / 157
　第二节　统计图 / 160
第 12 章　流行病学方法 / 169
　第一节　流行病学概述 / 169
　第二节　疾病的分布 / 170
　第三节　描述性研究 / 177
　第四节　队列研究 / 182
　第五节　病例对照研究 / 187
　第六节　实验性研究 / 191
第 13 章　疾病的预防与控制 / 195
　第一节　疾病预防的策略与措施 / 195
　第二节　传染病的预防与控制 / 197
　第三节　地方病的预防与控制 / 204
第 14 章　慢性非传染病的预防与控制 / 212
　第一节　心脑血管疾病的防制 / 212
　第二节　恶性肿瘤的防制 / 215

第三节 糖尿病的防制 /218
第四节 社会病的防制 /220

第15章 社区卫生服务 /231
第一节 社区卫生服务概述 /232
第二节 社区卫生服务的原则和内容 /233
第三节 社区卫生服务的意义 /234

第16章 突发公共卫生事件与应急处理 /236
第一节 突发公共卫生事件 /236
第二节 突发公共卫生事件的应急处理 /239

实训指导 /242
实训1 食物中毒案例讨论 /242
实训2 健康传播材料的制作和使用 /243
实训3 数值变量资料的统计描述 /245
实训4 数值变量资料的统计分析 /246
实训5 计数资料的统计分析 /247

参考文献 /249

《预防医学》教学基本要求 /250

目标检测选择题参考答案 /256

附录A χ^2 分布界值表 /257

第1章 绪 论

● 案例 1-1

H7N9 型禽流感是一种新型禽流感,于 2013 年 3 月底在上海和安徽两地率先发现,2013 年 4 月经调查,H7N9 禽流感病毒基因来自于东亚地区野鸟和中国上海、浙江、江苏等地鸡群的基因重配,目前已明确在发病前一周内接触过禽类者为感染 H7N9 禽流感病毒高危人群,例如从事禽类养殖、贩运、销售、宰杀、加工业等人员。截止到 2017 年 1 月,全国报告法定传染病 482 019 例,死亡 1121 人,其中人感染 H7N9 禽流感发病数 192 例,死亡数 79 人。

问题:我们应采取怎样的应对措施?

随着人类进步和科学技术的发展,现代医学逐步形成了基础医学、临床医学、预防医学和康复医学四大部分。预防医学(preventive medicine)是人类在与疾病及各种危害健康因素的长期斗争中,逐渐发展起来的一门综合性学科。

 预防医学的概念

预防医学以人群为研究对象,运用生物医学、医学统计学、流行病学、环境医学和社会医学的理论,阐明自然社会环境中影响健康的主要因素,揭示环境因素影响健康的规律,以及人的行为及生物遗传因素对人群健康和疾病作用的规律,分析这些致病因素对健康的影响,提出改善和控制环境因素的卫生要求和预防措施,以达到预防疾病、促进健康、延长寿命和提高生活质量的目的。

预防医学具有以下特点:研究和工作对象主要为群体,也包括个体,群体的预防要通过个体预防得以推动,群体预防水平的提高又可保护个体健康;主要着眼于健康和无症状患者,也包括疾病患者;研究重点为影响健康的因素与人群健康的关系;采取的对策更具积极的预防作用,具有较临床医学更大的人群健康效益;研究方法上更注意微观与宏观相结合。

 预防医学的研究内容

1. 环境与健康 主要研究生活环境、生产环境、社会环境、饮食因素对人群健康和疾病的作用规律,探讨保护和改善环境及利用环境因素预防疾病、增进健康的措施。

2. 人群健康研究的基本方法 主要介绍流行病学和医学统计的基本原理和基本方法,两者均是预防医学的重要组成部分，是预防医学工作和研究中常用的一种调查研究方法。

3. 疾病的预防与控制　主要介绍全球卫生策略、我国公共卫生事业的发展与挑战、健康教育与健康促进、常见病的预防与控制等内容，探讨如何去控制疾病的发生，保护人群健康。

4. 突发公共卫生事件的应急处理　主要介绍突发公共卫生事件的概念、特征、分类、分级和应急处理的方针、原则、预防控制措施，探讨如何控制此类事件的发生与发展。

预防医学发展简史

预防医学是从医学中分化出来的一个独立学科，其形成和发展经历了漫长的历史过程，概括起来经历了以下3个时期。

（一）早期阶段

亦称经验预防阶段，即预防医学思想形成时期。

早在公元前8世纪至公元前7世纪，《易经》中就有"君子以思患而豫（预）防之"的记载，这是人类预防思想的最早体现。公元前4世纪至公元前3世纪，我国《黄帝内经》提出："人与天地相参也，与日月相应也""圣人不治已病治未病，不治已乱治未乱""夫病已成而后药、乱已成而后治之、譬犹临渴而掘井，斗而铸锥，不亦晚乎"的预防思想；公元前4世纪，希腊人希波克拉底（Hippocrates）在《空气、水、土壤》一书中，系统阐述了环境因素和疾病的关系，他指出"知道患病的人是什么样的人，比知道这个人患的是什么病更重要。"古代的中外医学家早就有了预防为主的思想，由于受到当时社会经济、科学水平的限制，未能得到充分发展，但为以后预防医学的发展奠定了基础。

（二）近代阶段

亦称实验预防阶段，即预防医学与实验科学相结合时期。

18世纪中叶，欧洲工业革命促进了生产的大发展，但同时也带来了环境质量的下降和社会卫生状况的恶化，生产环境中出现毒气弥漫、粉尘飞扬等严重卫生问题，当时德国卫生学家弗兰克就提出建立国家医学监督制度，保护公众健康，这对公共卫生学和社会医学的发展都产生了极为深远的影响。在这种背景下，许多医学家采用实验手段研究传染病、职业病的流行规律，提出一系列防治疾病的措施，促使预防医学走上与实验科学相结合的道路。

（三）现代阶段

亦称社会预防阶段，即群体预防医学时期。

19世纪以前，人们着重于研究疾病的个体预防和维护及促进个体健康的措施；19世纪以后，人们才逐渐认识到群体预防的重要性。19世纪至20世纪以来，预防医学经历了两次卫生革命。第一次是在19世纪末到20世纪初，传染病广泛传播，人类在同天花、霍乱、鼠疫等烈性传染病的长期斗争中，通过采用以群体为对象的免疫接种、抗菌药物、隔离消毒、改善环境等公共卫生措施，使传染性疾病得到控制；第二次从20世纪60年代起，在传染病得到基本控制后，慢性非传染性疾病，如高血压、糖尿病、心脑血管疾病、恶性肿瘤等逐步成为人类主要死因，人类疾病预防的重点从控制传染病逐步转向慢性非传染病的防制，如应用原来手段仅从生物学观点去观察、去防治已不能解决问题，必须从生物、心理、社会医学的观点，才能解决健康和疾病的认识问题，因而提出了医学模式应从单纯的生物医学向生物—心理—社会医学模式转变的观点。20世纪末，有人提出"第三次卫生革命"的说法，即以促进全人类健康和实现人人享有卫生保健为目标，发展社区卫生服务，强调社会、行为、心理的整体预防。很多国家以社区的"健康中心"（相当于我国的卫生院）为基地，研究居民的健康状况，开展预防接种、改善环境、进行卫生宣传等，这标志着预防医学进入社区预防新阶段，同时康复医学和保健医学也得到了快速发展。

四 医学模式与健康观

（一）医学模式

医学模式（medical model）即医学观，是人类在认识自身健康与防治疾病过程中对医学问题的整体思维方式，也是人们研究和处理健康或疾病问题的观点与方法。医学模式是医学科学发展和医学实践的历史总结，不同的医学模式反映了特定历史时期医学科学总的特征，对医学科研、医学教育及医疗卫生实践起着重要的指导作用。医学模式经历了"神灵主义医学模式""自然哲学医学模式""机械论医学模式""生物医学模式""生物—心理—社会医学模式"的发展和演变过程。

生物—心理—社会医学模式又称现代医学模式，立足于作为医学对象—人的生物与社会双重属性，立足于生物心理、社会等多种因素。它是在生物医学模式基础上进一步完善和发展起来的，它的形成使护理模式发生了质的飞跃。它要求护理工作者从整体观念出发，在观察护理对象生理特征时，结合其心理状态、情绪反应、行为生活方式及社会背景形成的个体特点等。

现代疾病谱的变化，医学社会化发展趋势增强，自然科学和社会科学与医学交叉、融合，现代医学不仅要求由治好病到不得病到健康长寿，还要求重新面向健康，要求不断地提高环境质量和卫生保健服务质量，要求群体保健。在这一系列发展、变化的背景下，现代医学模式取代生物医学模式，是医学发展的必然结果。

医学模式的转变，一方面加深了对疾病和健康概念的认识，另一方面又扩大了预防的范畴，提出了促进健康、保护健康和恢复健康的"三级预防"观念，创建了城乡三级医疗预防保健网。

（二）健康观及影响健康因素

人们对"健康"的认识随着医学科学的发展而逐步深化的。最早粗浅的认识是"无病就是健康"。1948年联合国世界卫生组织（WHO）成立时就指出："健康是身体、精神和社会适应上的完美状态，而不仅是没有疾病或是身体不虚弱。"1990年WHO在有关文件论述健康时提出，健康包括"躯体健康、心理健康、社会适应良好、道德健康"4个方面。躯体健康是指躯体结构完好和功能正常，具有完成通常活动的能力；心理健康或称精神健康，指人的心理处于完好状态，能够正确认识自我，正确认识环境，能对事物做出客观判断和辩证分析，并能及时适应环境的变化；社会适应良好指人们进行社会参与时个人能力能得到充分发挥，能有效扮演与其身份相适应的角色，个人行为与社会规范一致；道德健康是指个体能够按照社会道德行为规范准则约束自己，并支配自己的思想和行为，辨别真伪、善恶、美丑、荣辱的是非观念和能力。

根据WHO对健康的定义，经过严格的统计，人群中真正健康（第一状态）和患病者（第二状态）不足1/3，有2/3以上的人群处于亚健康状态。所谓亚健康状态是介于健康与疾病之间的一种生理功能低下的状况，也称第三状态或灰色状态。机体虽没有明确的疾病，却表现为生理功能不同程度减退的一种生理状态。美国疾病预防控制中心已将亚健康状态命名为慢性疲劳综合征（CFS）。亚健康状态处理得当，身体可向健康转化；反之患病。

链接1-1

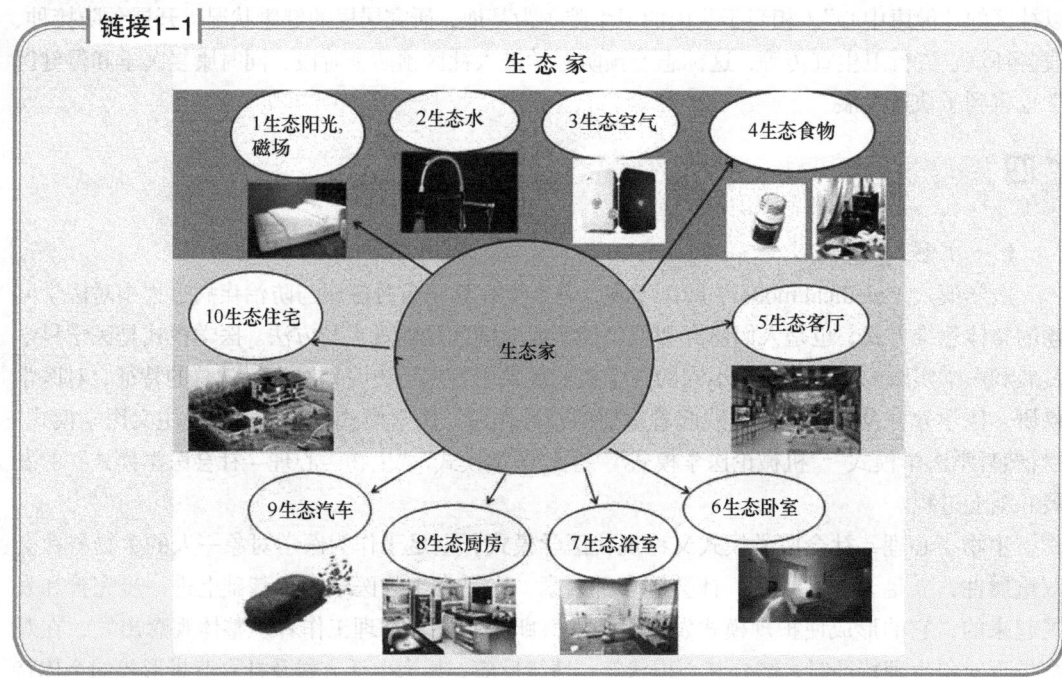

健康是一种动态的连续"状态",即健康和疾病之间是一个无界限的连续状态,"健康人"可以存在健康问题,或处于所谓亚健康的状态,不一定是没有疾病的;有些人即使没有疾病又没有病痛,也可能是患者。健康受到以下因素的影响:①环境因素。包括生物、物理、化学、社会等因素。②行为生活方式因素。包括营养、风俗习惯、吸烟、酗酒、交通工具、体质、锻炼、精神紧张等。③医疗卫生服务因素。包括医疗卫生设施、医疗卫生制度及其利用等。④生物遗传因素。包括先天性缺陷或伤残等。其中环境因素是最主要的作用,其次是行为生活方式因素。

链接1-2

全民健康生活方式

为加强全民健康教育,积极倡导健康生活方式,提高全民健康意识和健康生活方式行为能力,有效控制心血管疾病、糖尿病、慢性呼吸道疾病、癌症等主要慢性病的危害及其危险因素水平,全国爱国卫生运动委员会(简称爱卫会)办公室和中国疾病预防控制中心共同发起了以"和谐我生活,健康中国人"为主题的全民健康生活方式行动。

五 三级预防

三级预防是以全民为对象,以健康为目的,以预防疾病为中心的预防保健原则,将预防工作贯穿于疾病发生前后的全过程,融预防、保健和治疗为一体。

1. 第一级预防(primary prevention) 又称病因预防,即在发病前期,针对致病因素所采取的根本性预防措施。第一级预防重点针对病原、致病因素、致病条件明确的疾病,例如地方病、传染病、职业病等,采取预防接种,就业前体检等。第一级预防是预防措施的主干,投入少、效率高,是最积极的社会预防措施。

2. 第二级预防(secondary prevention) 又称临床前期预防,是指疾病尚处于临床前期,做好早期发现、早期诊断、早期治疗的"三早"预防措施。早期发现的办法有普查、筛检、定期健康检查、高危人群重点项目检查等。例如对各种癌前期（或早期）病变的发现和治疗愈早，预后愈好。对于传染病，除了"三早"尚需做到疫情早报告及患者早隔离，即"五早"，从而防止和减少了对周围人群感染的可能性。

3. 第三级预防（tertiary prevention） 又称临床预防，是针对发病期和康复期采取各种及时有效措施，预防病情恶化、防止并发症和伤残，促进康复，恢复劳动和生活能力。第三级预防重点针对病原、致病因素、致病条件尚不完全明确的疾病，如大多数恶性肿瘤、心脑血管疾病等患者，采取适时有效的处置，可防止病情进一步恶化，预防并发症的发生；对已丧失劳动能力者通过康复医疗措施，促使功能恢复，防止伤残，延长寿命。

对于不同类型的疾病，有不同的三级预防的策略。但任何疾病或多数疾病，不论致病因子是否明确，都应强调第一级预防。

我国卫生工作主要成就

1. "十二五"期间医疗卫生事业改革发展取得了成效 "十二五"以来，特别是党的十八大以来，在党中央、国务院的坚强领导下，相关部门、各级党委政府、社会各界和广大人民群众大力支持，全国医疗卫生工作者坚决贯彻落实中央的决策部署，深化医药卫生体制改革加快实施，医疗卫生事业获得长足发展，人民群众健康水平显著提高。

我国人均预期寿命到 2015 年预计将比 2010 年提高 1 岁；婴儿死亡率由 2010 年的 13.1‰ 下降到 2014 年的 8.9‰，孕产妇死亡率由 2010 年的 30/10 万下降到 2014 年的 21.7/10 万，均提前实现了"十二五"规划目标，我国居民健康水平总体上处于中高收入国家水平。城乡居民健康差异进一步缩小，医疗卫生服务可及性、服务质量、服务效率和群众满意度显著提高，为全面建成小康社会，实现"人人享有基本医疗卫生服务"目标打下了坚实的基础。

2. 党中央、国务院 2009 年启动了新一轮深化医药卫生体制改革取得成效 "十二五"期间，继续坚持把基本医疗卫生制度作为公共产品向全民提供的基本理念，坚持"保基本、强基层、建机制"的基本原则，加强顶层设计，强化问题导向，不断把改革推向纵深，在关键领域和重点环节取得突破性进展。居民个人卫生支出占卫生总费用的比重由 2010 年的 35.29% 下降到 2014 年的 31.99%，为近 20 年来的最低水平，年内有望实现降至 30% 以下的目标。主要成效包括 4 个方面。

一是全民医保体系基本建立。我国已经织起了世界上最大的基本医疗保障网，2015 年，城镇职工基本医疗保险、城镇居民基本医疗保险、新型农村合作医疗 3 项基本医疗保险参保人数超过 13 亿，参保率保持在 95% 以上，较 2010 年提高了 3 个百分点。2015 年新农合、城镇居民医保人均筹资增加到 500 元左右，其中政府补助标准提高到 380 元，比 2010 年（120 元）增长了 2.2 倍。2014 年 3 项基本医疗保险住院费用政策范围内报销比例均达到 70% 以上。实施城乡居民大病保险，全面建立疾病应急救助制度。

二是公立医院改革步伐明显加快。我国确定江苏、福建、安徽、青海 4 省为综合改革试点省，将公立医院改革作为核心任务部署推进。市级层面，国家级联系试点城市从 34 个增加到 100 个。县级层面，已有 75% 的县（市）和 76% 的县级公立医院启动了县级公立医院综合改革，年内将实现全覆盖目标。在改革过程中，坚决破除以药补医机制，建立科学补偿机制，积极探索现代医院管理制度，稳步推进编制、人事分配制度改革。

三是基本药物制度和基层运行新机制得到进一步的巩固完善。基本药物价格比改革前平均下降30%左右,建立短缺药品供应保障机制,基本保障了儿童用药。目前,所有政府办乡镇卫生院和86%的村卫生室全部配备基本药物并实行零差率销售。基层医疗卫生机构的硬件建设、软件建设、服务能力都有了明显改善,乡村医生待遇持续提高,从2014年开始连续两年将人均基本公共卫生服务补助资金新增部分全部用于村医。

四是大力推进社会办医和健康服务业。在医疗卫生服务体系规划中为社会办医预留了空间,着力消除阻碍社会办医发展的政策障碍。对非公立医疗机构提供的医疗服务实行市场调节价。截至2014年年底,民营医院达到1.25万个,比2010年增加了5478家,占医院总数的48.5%;非公立医疗机构的诊疗人次数达到16.8亿,占全国总诊疗人次数的22%,提前实现20%的规划目标。

3. "十二五"期间,在医疗服务体系和服务能力建设方面取得成就 主要成就包括6个方面。

一是医疗服务体系进一步健全。医疗卫生资源总量继续增加。截至2014年年底,我国医疗卫生机构超过98万个,医疗卫生人员总量超过1000万,覆盖城乡的基层医疗卫生服务体系基本建成。医疗卫生服务设施条件明显改善,服务可及性进一步增强。

二是医疗质量和技术管理得到强化。2010—2013年,建设临床重点专科90个。开展了"抗菌药物临床应用专项整治活动",2014年,全国住院患者抗菌药物使用率降至41.3%,较2010年降低21%。

三是医疗服务效率进一步提高。全国医疗卫生机构广泛开展"三好一满意""进一步改善医疗服务行动计划""建设群众满意的乡镇卫生院"等活动。2014年,全国医疗卫生机构总诊疗人次达到76亿,入院人数达到2亿,居民医疗卫生服务需求满足程度提高,服务利用增加,公平性增强。

四是医药卫生信息化加快发展。全国已有14个省份、107个地市建立了省级、地市级卫生信息平台,29个省份开展了居民健康卡试点工作,不同程度地实现了区域内医疗卫生系统互联互通。2000多家医疗机构开展远程医疗。二级以上医疗机构均开展电子病历建设,三级医院基本达到医院内部电子病历共享,支持网络预约挂号、医院内检验检查结果调阅共享。

五是科技创新取得重大成果。新药创制和传染病防治两个科技重大专项取得重要进展,全球首个晚期胃癌治疗药物阿帕替尼等一批新药和仿制药获批上市。甲型H1N1流感防治科技成果获得国家科技进步一等奖。我国科学家屠呦呦获得2015年诺贝尔生理学或医学奖,实现了中国科学家获得诺贝尔奖零的突破。

六是预防化解医疗纠纷的长效机制初步建立。坚持一手抓依法治理,坚决打击涉医犯罪和"医闹"行为,刑法修正案(九)正式将"医闹"入刑;一手抓"三调解一保险"(院内调解、人民调解、司法调解和医疗风险分担机制)长效机制建设,呈现出医疗纠纷人民调解成功率提升,涉医违法犯罪案件和医疗纠纷数量下降的良好局面。同时,在全国医疗卫生机构深入开展职业精神教育,不断改善服务态度,提高服务质量和水平;加强构建和谐医患关系的社会宣传,倡导全社会理解医学局限性、尊重理解医护人员。

> 链接1-3
>
> **重点人群健康改善项目**
>
> 健康老龄化:老年人健康管理,老年心理健康与心理关怀,医养结合试点示范,长期护理保险试点。(国家卫生计生委、人力资源社会保障部、民政部负责)
>
> 健康妇幼:农村妇女"两癌"检查,计划生育技术服务基本项目和避孕药具,再生育技术服务,预防艾滋病、梅毒、乙肝母婴传播。(国家卫生计生委、财政部负责)

出生缺陷综合防治：农村夫妇免费孕前优生健康检查、增补叶酸预防神经管缺陷、孕期唐氏综合征产前筛查和产前诊断、新生儿疾病筛查、球蛋白生成障碍性贫血防控、先天性心脏病防治。（国家卫生计生委、财政部负责）

青少年健康：学生健康危害因素和常见病监测及防治，心理健康教育。（国家卫生计生委、教育部负责）

健康扶贫：对符合条件的因病致贫人口提供医疗救助，省级巡回医疗队建设，三级医院与重点贫困县医院对口帮扶，二级以上医疗卫生机构对口帮扶贫困县卫生院。（国家卫生计生委、国务院扶贫办、民政部负责）

流动人口健康维护：流动人口基本公共卫生计生服务均等化、流动人口健康促进行动、流动人口卫生计生动态监测。

七 我国卫生工作今后工作指导思想和发展目标

（一）指导思想

高举中国特色社会主义伟大旗帜，全面贯彻党的十八大和十八届三中、四中、五中、六中全会精神，以马克思列宁主义、毛泽东思想、邓小平理论、"三个代表"重要思想、科学发展观为指导，深入贯彻习近平总书记系列重要讲话精神，紧紧围绕统筹推进"五位一体"总体布局和协调推进"四个全面"战略布局，认真落实党中央、国务院决策部署，牢固树立和贯彻落实创新、协调、绿色、开放、共享的发展理念，坚持以人民为中心的发展思想，坚持正确的卫生与健康工作方针，把人民健康放在优先发展的战略地位，以改革创新为动力，以促健康、转模式、强基层、重保障为着力点，更加注重预防为主和健康促进，更加注重工作重心下移和资源下沉，更加注重提高服务质量和水平，实现发展方式由"以治病为中心"向"以健康为中心"转变，显著提高人民健康水平，奋力推进健康中国建设。

（二）发展目标

到2020年，覆盖城乡居民的基本医疗卫生制度基本建立，实现人人享有基本医疗卫生服务，人均预期寿命在2015年基础上提高1岁。

——制度体系更加成熟定型。卫生计生法律制度进一步健全，治理体系和治理能力现代化水平不断提升，健康融入所有政策取得积极进展。

——健康服务体系持续完善。医疗卫生服务能力大幅提升，更好满足人民群众基本医疗卫生服务需求和多样化、多层次健康需求。

——疾病预防控制成效显著。预防为主，关口前移，普及健康生活方式，提升居民健康素养，有效控制健康危险因素，消除一批重大疾病。

——健康服务模式实现转变。机构间的分工协作更加紧密，家庭医生签约服务制度基本全覆盖，符合国情的分级诊疗制度基本建立。

——适度生育水平得到保持。全面两孩政策平稳实施，计划生育服务管理制度较为完善。

链接1-4

国家重大疾病防治项目

慢性病综合防控：慢性病综合防控示范区，慢性病与营养监测及综合干预，癌症早诊早治，脑卒中、心血管病、慢性呼吸系统疾病筛查干预，高血压、糖尿病高危人群健康干预，重点人群口腔疾病综合干预。（国家卫生计生委负责）

重大传染病防控：艾滋病防控，结核病防控，流感和不明原因肺炎监测，手足口病、狂犬病、布鲁氏菌病、布病、流行性出血热、登革热、麻风病等传染病的监测及早期干预，突发急性传染病防控。（国家卫生计生委负责）

精神疾病防治：严重精神障碍患者管理治疗，心理健康服务，精神卫生综合管理试点。（国家卫生计生委负责）

扩大国家免疫规划：扩大国家免疫规划，急性弛缓性麻痹病例及麻疹、乙肝等疫苗可预防重点传染病监测。（国家卫生计生委负责）

重点寄生虫病及地方病防控：血吸虫病防控，疟疾、包虫病等重点寄生虫病防治，重点地方病防控。（国家卫生计生委负责）

职业病防治：重点职业病监测与职业健康风险评估，职业性放射性疾病监测与职业健康风险评估，医疗卫生机构医用辐射防护监测。（国家卫生计生委负责）

基本公共卫生服务项目：居民健康档案，健康教育，预防接种，儿童健康管理，孕产妇健康管理，老年人健康管理，慢性病（高血压、2型糖尿病）患者健康管理，严重精神障碍患者管理，结核病患者健康管理，中医药健康管理，卫生计生监督协管，传染病和突发公共卫生事件报告和处理等。（国家卫生计生委、国家中医药局、财政部负责）

目标检测

选择题

1. 预防医学的对象是（　　）
   A. 个体　　　　　　B. 患者
   C. 健康人　　　　　D. 确定的群体
   E. 个体和确定的群体

2. 预防医学是（　　）
   A. 独立于医学以外的学科
   B. 医学的基础学科
   C. 医学的一门应用学科
   D. 既综合又独立的学科
   E. 预防系列为主的学科

3. 生态健康模式是（　　）
   A. 环境—健康
   B. 环境—人群
   C. 环境—生物
   D. 环境—人群—健康
   E. 环境—生物—健康

4. 预防医学经历了（　　）
   A. 个体医学—群体—预防医学的阶段
   B. 个体—群体—生态大众健康的阶段
   C. 个体—群体—社区医学阶段
   D. 群体—大卫生—社会医学阶段
   E. 个体—群体—社会医学阶段

5. 在疾病三级预防中，健康促进的重点在（　　）
   A. 第一级预防甚至更早阶段
   B. 第二级预防
   C. 第三级预防
   D. 第二和第三级预防
   E. 第一和第二级预防

6. 以下哪一项不是预防医学有别于临床医学的特点（　　）
   A. 具有临床医学更大的人群健康效益
   B. 预防医学更具有积极的人群健康效益
   C. 预防医学研究重点为环境的特点
   D. 工作对象包括个体和群体
   E. 研究方法上注重微观和宏观相结合

7. 第二次卫生革命的主要任务是预防（　　）
   A. 急性病　　　　　B. 慢性病
   C. 传染病　　　　　D. 常见病
   E. 地方病

8. 第一次卫生革命的主要任务是预防（　　）
   A. 传染病　　　　　B. 急性病
   C. 常见病　　　　　D. 慢性病

E. 血吸虫病
9. 个体的免疫接种（　　）
　　A. 仅起到保护个体的作用
　　B. 仅起到保护家庭的作用
　　C. 仅起到保护群体的作用
　　D. 既能保护个体也能保护群体
　　E. 以上均不是
10. 公共卫生体系的支柱是（　　）

　　A. 各级医院
　　B. 各级政府的公共卫生机构
　　C. 全科医疗服务机构
　　D. 教育、体育促进机构和组织
　　E. 妇幼保健机构

（乌建平　蔡慧芳）

第2章 环境与健康

● 案例 2-1

20世纪50年代，我国一些地区大量捕杀麻雀。在这之后的几年里，出现了严重的虫灾，农业生产受到很大影响。原来麻雀是吃害虫的好手，消灭了麻雀，害虫没有了天敌，大肆繁殖，导致虫灾发生。

问题：什么是生态平衡？

第一节 概 述

环境创造了人类，人类改造了环境，人和环境构成了不可分割的对立统一体。然而，随着社会的发展，科技的进步，人类对环境的改造所引起的环境问题越来越多，越来越严重，环境问题对健康的影响也日益引起人类的重视。

 环境

(一) 环境的概念与分类

环境 (environment) 是指人类和生物赖以生存的空间及外部条件。WHO 公共卫生专家委员会认为：环境是在特定时刻由物理、化学、生物及社会的各种因素构成的整体状态，这些因素可能对生命机体或人类活动直接或间接地产生现时或远期的作用。环境是一个复杂的系统，按照其组成要素的属性可将环境划分为自然环境和社会环境。

1. 自然环境 (natural environment) 指人类出现之前就已客观存在的各种自然因素的总和，如阳光、空气、陆地、海洋、动植物等，是人类及其他一切生物赖以生存和发展的物质基础。根据人类活动对其影响程度，又可分原生环境和次生环境。

(1) 原生环境 (primary environment)：是指天然形成的，未被人为活动影响的自然环境。如人迹罕至的原始森林、荒漠、海洋深处等。原生环境中存在着对机体健康有利的因素，如化学组成正常的、清洁的空气、水，充足的阳光、适宜的微小气候、食物及绿化植被等，这些都是生命必需的，有利于健康的。但天然的未必都是有益的，如过量的太阳辐射会损失机体肌肤；原生环境中某些化学元素分布不均衡，造成一些地区水和土壤中某些元素过多或过少，从而对当地居民身体健康产生不良的影响，如某地区氟的含量过高就会导致氟中毒。

（2）次生环境（secondary environment）：是指由于人类生产、生活及社会交往等活动使天然形成的环境条件发生了改变的自然环境，如城乡居民点、厂矿、农场、风景区。次生环境往往和人类活动造成的环境污染相联系。随着社会的发展，人类开发利用自然资源的能力与规模不断增强和扩大，在工农业生产给人类带来现代物质文明和物质条件的同时，环境受到生产、生活活动中排放的废弃物的污染也日趋严重。加之城市化进程和人口激增带来的负面影响，环境质量急剧恶化，严重威胁着人类健康。环境污染及对人群健康的危害已成为次生环境的核心问题。

2. 社会环境（social environment） 指人类在生产、生活和社会交往等活动过程中建立起来的上层建筑体系，它由各种非物质因素组成，包括生产关系、阶级关系与社会人际关系，如社会、政治、经济、文化、教育、人口、风俗习惯等。社会环境不仅可以直接影响人体健康，还可以通过影响自然环境和人们的心理环境，间接地影响人体健康。其中社会政治经济制度对人体健康起着决定性的作用，而经济的发展状况与居民健康水平和卫生状况密切相关。因此，社会环境对人类健康的影响已越来越受到人们的重视。

另外，按环境的范围大小还可以将环境分为生产环境、生活环境、乡村环境、城市环境、全球环境和宇宙环境等。

（二）生态系统和生态平衡

1. 生态系统（ecosystem） 是指由生物群落与无机环境通过物质循环、能量流动和信息联系的方式共同构成的综合体。无机环境是生态系统的非生物组成部分，包括阳光、空气、水、无机盐、有机质、岩石等。生态系统的范围可大可小，相互交错。一条河流、一个湖泊、一片森林、一座城镇都可看作是一个生态系统。最大的生态系统是生物圈。

生物圈（biosphere）是指地球表面适宜于人类或其他生物生存的立体空间，包括海平面以上约10 000米至海平面以下11 000米处，包括大气圈的下层、岩石圈的上层，整个土壤圈和水圈。

生态系统无论大小，其构成都包括物质、生产者、消费者、分解者四个基本要素。

生态系统中的物质循环和能量流动是通过食物链进行的。食物链（food chain）是指多种生物之间通过食与被食而形成的链状关系。食物链彼此交错连接，形成网状结构，称之为食物网（food web）（图2-1）。

2. 生态平衡（ecological balance） 是指在一定时间内生态系统中的生物和环境之间、生物各个种群之间，通过能量流动、物质循环和信息传递，使它们相互之间达到高度适应、协调和统一的状态。

生态系统之所以能够在较长的时期内保持相对平衡，是因为生态系统具有一定的自动调节能力。生态系统的物种越丰富，组成成分越复杂，生态系统的物质循环和能量流动越容易实现，就越容易达到生态平衡；相反，生态系统的物种越单一，成分越简单，其调节能力就越差。但是，这种平衡是相当的、暂时的、动态的，当外来因素的干扰超过生态系统的自动调节能力时，生态系统的结构和功能将会受到破坏，导致生态平衡失调，从而直接或间接地影响人类的健康。

二、人与环境的关系

人类是环境发展到一定阶段的产物。人与环境是相互依存、相互影响、共同演进的对立统一的整体。人与环境的关系体现在下列三个方面。

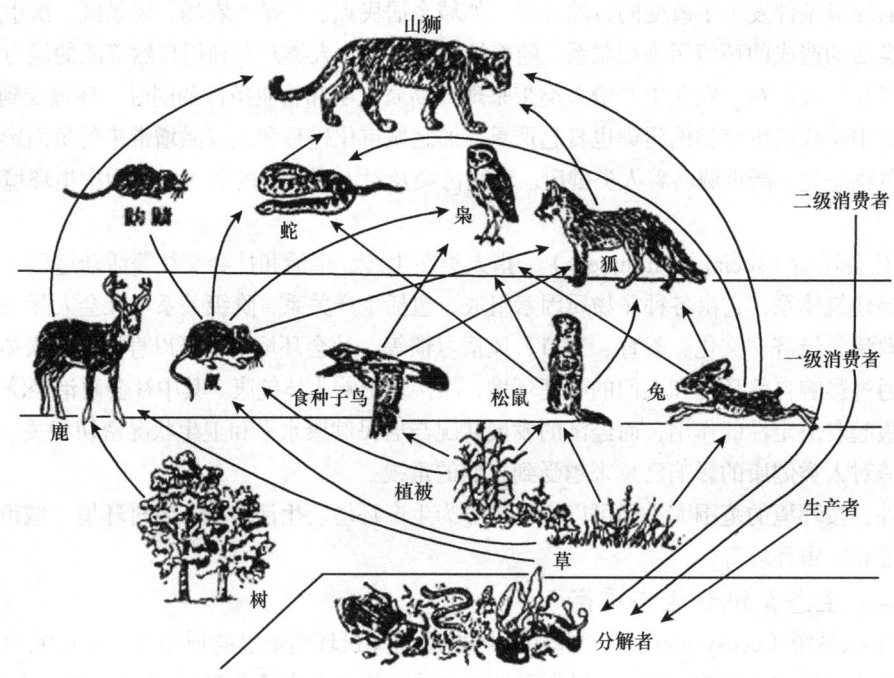

图 2-1　食物链与食物网

1. **人与环境间物质的统一性**　在人类生态环境中，人和环境之间不断地进行着物质、能量、信息交换，保持着动态平衡而成为不可分割的统一体，从而实现了人与环境的统一性。生存环境中各种物质都是由化学元素组成，生物体（包括人）通过新陈代谢与外界环境不断地进行着物质交换和能量流动，使得机体的结构组分与环境的物质成分不断保持着动态平衡，并形成了生物与环境之间相互依存、相互联系的复杂的统一体。生物为了更好地生存和发展，必须尽快适应外界环境条件的变化，不断从环境中摄入某些元素以满足机体完成自身生命活动过程的需要。机体与环境之间存在物质上的统一性。

2. **人类对环境的适应性**　在人类长期进化发展过程中，各种环境条件是经常变化的，人体对环境的变化形成一定的调节功能以适应环境状态的变动。自然环境的昼夜变化是极有规律的，白天温度高，夜晚温度低，呈现出周而复始的循环。在一年的变化中呈现出春夏秋冬四季交替的变化。人类和其他生物已形成了一种与自然环境变化相互协调统一的对应关系。但人体对环境变化的这种适应能力是有一定限度的，如果环境条件发生剧烈的异常变化（如气象条件的剧变、自然的或人为的污染等），超越了人类正常的生理调节范围，就会引起人体某些功能、结构发生异常反应，使人体产生疾病甚至死亡。

3. **人与环境间作用的双向性**　人在环境中生存，不仅能被动地适应环境，还有认识环境和能动改造环境的能力。人类为了更好的生存，不断建设水利、开垦良田、建造城市，并且形成文明。但在这个过程中，环境也受到了严重的污染和破坏，对人类健康造成了有害的影响。如南方干旱，北方大雪，沙尘呼啸，地震频发。所以人类在改造环境的同时，也会受到自然环境的反作用。人类应充分发挥其主观能动性，顺应自然规律，与环境和谐相处，合理开发和利用自然资源，保持生态平衡，走可持续发展的道路。

4. **环境因素对人体健康影响的双重性**　环境因素对人体健康的效应往往表现出"有利""有

害"两个方面。如在自然环境和生活环境中存在诸多对人类生存和身体健康必需的有利因素，例如清洁和成分正常的空气、水和土壤，充足的阳光和适宜的气候，优美的植被，秀丽的风光，舒适优雅的居住条件等。同时，在我们的生存环境中也存在一些对人体健康和生存不利的因素，如严寒酷暑等恶劣的气候条件、土壤和饮水中某些化学元素含量异常、过度的紫外线辐射、各种自然灾害等。加之人类从事生产和生活过程中造成的环境破坏和环境污染，更加重了环境有害因素对人类健康的危害程度。

三、环境污染及防制

● 案例 2-2

2001 年 9 月，某个体老板将 60 多吨砷矿石原料运到湖南衡阳某镇，熔炼白砷（砒霜）。至次年 1 月份炼得成品 7.4 吨。因当地部分居民出现呕吐现象，经与该老板交涉，3 月份关闭该工厂。2002 年 7 月，衡阳市职业病医院先后收治了 181 例亚急性砷中毒的患者。大部分患者于就诊前 2 个月发病，出现眼睑水肿、结膜充血、分泌物增多；有的同时伴有恶心呕吐、食欲缺乏，个别出现腹泻；继则出现全身皮肤瘙痒，伴有皮肤潮红、针点状红色丘疹；尿砷含量增高。现场调查见砷矿石胡乱堆放，废渣距居民取水点约 500 米，水井砷含量达 1.028mg/L，超过国家标准 100 倍。

问题：1. 引起当地居民发病的原因是什么？
2. 什么是环境污染？

（一）环境污染

由于人为的或自然的原因，各种污染物进入环境，使环境的组成与性质发生改变，扰乱和破坏了生态平衡，对人类健康造成了直接的、间接的或潜在的有害影响，称为环境污染（environmental pollution）。严重的环境污染对居民健康和生态平衡造成严重影响的情况称为公害（public nuisance），如英国伦敦烟雾事件、美国伦敦光化学烟雾事件等。由环境严重污染引起的地区性疾病称公害病（public nuisance disease），如日本的水俣病、痛痛病等。

（二）环境污染物的种类和来源

环境污染物（pollutant）是指进入环境并引起环境污染的有害物质。

1. 环境污染物的分类　按其性质可分为三类。

（1）生物性污染物：如病原微生物、寄生虫和各种有害动植物（有毒动植物、鼠类、有害昆虫等）。

（2）化学性污染物：常见的有有害气体（二氧化硫、氮氧化物、一氧化碳等）、重金属（铅、汞、镉等）、农药（有机磷农药等）及其他无机及有机化合物。

（3）物理性污染物：如噪声、振动、电离辐射、非电离辐射及热污染等。

根据污染物进入环境后其理化性质是否改变，可将污染物分为两类。

（1）一次污染物（primary pollutant，亦称原生污染物）：是指由污染源直接排入环境，其理化性状未发生改变的污染物，如二氧化硫、一氧化碳等。

（2）二次污染物（secondary pollutant，亦称次生污染物）：是指有些一次污染物进入环境后，由于物理、化学或生物学作用，或与其他物质发生反应而形成的，与原来污染物的理化性状和毒性完全不同的新的污染物。典型的二次污染物，如汽车废气中的氮氧化合物和碳氢化合物，在强烈的日光紫外线照射下所形成的光化学烟雾。二次污染物的危害性往往大于一次污染物。

2. 环境污染物的来源

（1）生产性污染：人工合成的化学物质，生产原料，产品，工业"三废"（废气、废水、废渣），工业噪声、振动等物理因素，不合理的施用化肥和农药。工业"三废"是环境污染的主要来源。

（2）生活污染：包括生活垃圾、污水、粪尿、家用化学品（居室装潢材料、化妆品）、噪声和辐射等。特别是随着社会的发展和人口的增加，垃圾的数量和种类在不断增多，如塑料垃圾、电子垃圾等加大了垃圾无害化处理的难度。含磷洗涤剂的使用导致水体富营养化，家庭装饰材料中释放出的甲醛、苯类物质造成室内空气污染。

（3）交通性污染：交通运输工具产生大量尾气，并产生噪声。海上航运事故造成水体的油污染。

（4）其他污染：通讯设备产生的微波和辐射及放射性废弃物等均可造成环境污染。

（三）环境污染物的转归

环境污染物的转归是指污染物进入环境以后，在物理、化学和生物因素的作用下，发生的一系列过程。

1. 自净作用　是指少量污染物一时性进入环境，在物理、化学或生物因素作用下，使污染物浓度或总量降低的过程。降低的速度和数量因环境结构和状态的不同而有所差异。环境自净是运用环境因素自身的力量（物理净化、化学净化、生物净化）消除环境污染物、净化环境的重要途径。环境自净有一定限度，超过限度或条件的改变都会中止自净甚或增加污染物的毒性。

2. 积累　污染物在迁移中，可产生累积，造成环境质量下降。如水体富营养化，是指人类在工农业生产及生活活动中，将大量的含氮、磷的工业废水和生活污水及废弃物排入水源，导致水体中生物所需的营养物（氮、磷等）大量累积，引起藻类及其他浮游生物迅速繁殖，水体溶解氧下降，水质恶化，鱼类及其他生物大量死亡及水体恶臭的现象。水体出现富营养化时主要表现为浮游生物的大量繁殖，因占优势的浮游生物的不同而水面往往呈现出蓝色、红色、棕色和乳白色等。在江河、湖泊和水库中称为"水华"，在海洋中称为"赤潮"。

3. 生物富集　是指生物体从周围环境中吸收某种污染物在体内逐渐蓄积，并通过食物链作用在各级生物间传递和转移，使生物体内污染物的浓度逐级提高的过程（图2-2）。

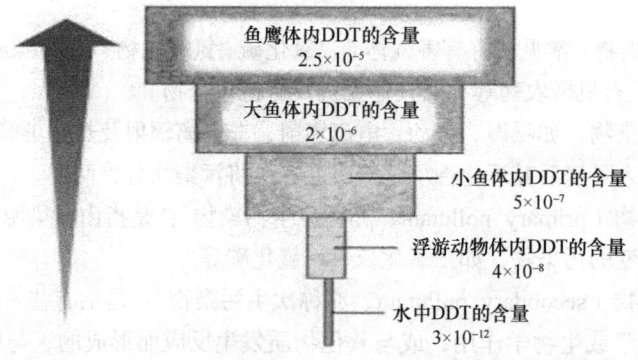

图2-2　某湖泊中的生物富集作用

4. **生物转化** 是指环境污染物进入生物体内,在生物酶系统的催化作用下所发生代谢转化的过程。生物转化的结果,一方面可使大部分污染物的毒性降低,另一方面也可以使一部分污染物的毒性增强,或形成更难降解的分子结构或更容易被生物吸收和蓄积的物质,如汞转化为甲基汞。

四 环境污染对健康的影响

(一)环境污染的人群健康效应谱

环境成分的组成和性质发生任何异常变化时,都会不同程度地影响机体的健康。当环境变异或有害因素作用于人群时,由于暴露剂量、暴露时间存在着差异,以及年龄、性别、体质状况和遗传易感性等方面的不同,人群可能出现各种不同的反应(效应)。人群对环境有害因素不同反应的分布模式,类似于金字塔形,称为健康效应谱(health effect spectrum)(图2-3)。

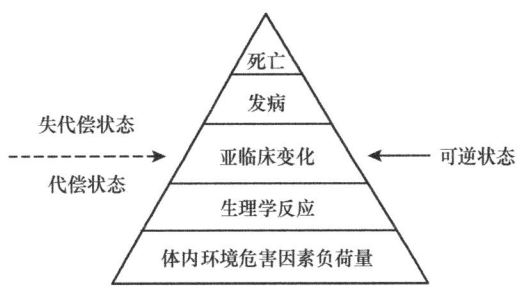

图2-3 人群接触环境危害因素的生物学反应

(二)影响环境污染健康效应的因素

1. **环境污染物的化学结构与理化特性** 污染物的化学结构决定了其毒性作用的性质与大小。例如在烃类化合物中,随着碳原子数量的增加,其毒性增强;醇类中丁醇、戊醇的毒性大于乙醇和丙醇;在氯代烃化合物中,氯原子取代氢原子越多,肝脏毒性越大。

污染物的物理特性如溶解性、分散度、挥发性等也影响其毒性大小。如氯气、二氧化硫易溶于水,易引起眼角膜和上呼吸道黏膜的损伤;光气、氮氧化物较难溶于水,则常常引起下呼吸道的损伤。如污染物的分散度可影响其在环境中的稳定性、进入呼吸道的深度及毒性作用的性质。

2. **污染物的作用剂量(浓度)或强度水平** 污染物作用剂量或强度与健康损害程度的关系可以用剂量—反应关系或剂量—效应关系来加以评价。一般而言,随着污染物进入机体的剂量或机体暴露于污染物的浓度或强度水平的增加,其产生的损害程度也相应增高。

3. **污染物作用的时间和方式** 在一定的剂量或暴露水平下,机体与污染物接触的时间长短是影响污染物对健康危害的重要因素。许多污染物需要在体内蓄积达到一定的量,才能对健康造成危害。污染物在体内的蓄积量与摄入量、生物半衰期和作用时间有关。摄入量取决于污染物在环境中的浓度或强度,生物半衰期是一个相对固定的常数。在环境中污染物浓度相同的情况下,作用于机体的时间(或暴露时间)越长,体内的蓄积量就越大,健康危害就越大。

4. **个体感受性** 个体的健康状况、年龄、性别及其他个体因素,对于污染物的作用均有影响。肝、肾疾病患者,由于其解毒、排泄功能受损,易发生中毒;支气管炎和肺气肿患者对刺激性气体敏感。各器官、系统发育尚未成熟或功能尚不完备的未成年人、生理功能发生改变(月经期、妊娠期、哺乳期)的妇女均可能对某些污染物的敏感性增加。除此以外,内分泌功能、免疫状态、遗传素质、生活习惯等不同,都可能使人体对污染物的敏感性不同。

5. **环境因素** 环境因素在一定程度上可直接或间接影响污染物对人体的危害程度。如气温、气湿、气流可影响污染物在环境中的存在形态、浓度和分布情况,从而影响污染物对人体的作用。在同一环境中，如果多种污染物同时存在，污染物间还可以发生联合作用，使污染物对人体的危害性大大增强。

（三）环境污染对健康影响的特点

1. 广泛性　主要指作用的对象和范围广泛。环境污染影响范围大，涉及人口众多，包括老、弱、病、幼及胎儿等。

2. 长期性　环境污染物可长期作用于人群，甚至终身。通常污染物在环境中的浓度相对较低，短期内不易观察到对人体的有害影响，但长此以往将导致严重的后果。

3. 多样性　环境污染对人体健康影响的多样性表现在两方面，一是作用过程的多样性，表现为相加作用、增强作用、拮抗作用等；另一个是作用布局的多样性，即污染物对人体健康的危害可分为特异性损害和非特异性损害、局部损害和全身损害、近期损害和远期损害。

4. 复杂性　多种污染物在环境中可以同时存在，造成的损害是多因多果的联合作用。污染物的存在与健康损害不是必然的关系，还取决于其他环境条件，如宿主的易感性及其他人为或自然因素是否具备等。

5. 治理困难　由于环境污染的多样性和复杂性，使得环境污染很难治理。

（四）环境污染对人体健康的损害

环境污染对人体健康的危害归纳起来主要包括直接危害和间接危害。直接危害可分为急性危害、慢性危害和远期危害。

1. 急性危害（acute effect）　是指由于大量的环境污染物于短时间内进入机体所致。世界各国在工业发展过程中由于环境遭到严重污染引起的急性公害事件曾不断发生，其中历史上的急性重大公害事件包括伦敦烟雾事件、光化学烟雾事件、美国多诺拉烟雾事件、日本森永奶粉中毒事件、墨西哥液化气爆炸事故、乌克兰切尔诺贝利核电站核泄漏事故等（表2-1）。

近几年由事故引发的污染事件在全球屡见不鲜。以下仅列举部分实例。

（1）"9·11"恐怖袭击事件：2001年9月11日，在美国纽约的世贸大厦恐怖袭击事件发生后，美国研究人员对参加现场抢救和废墟处理工作的大约11 000名消防员进行了系统的流行病学调查，发现有332名消防员发生慢性持续性咳嗽。他们将这种暴露于世贸大厦坍塌现场环境中人员发生的持续性咳嗽，定义为"世贸中心咳嗽"，又称之为"9·11咳嗽"。

（2）水污染事故：我国水污染事故频繁发生，仅2001年到2004年就发生水污染事故3988件。尤其是因企业违法排污和事故而引发的重大水污染事件也是接连发生。2005年12月，广东一企业超标排放含镉废水，导致下游10万人无法饮用北江水。2006年1月，湖南省株洲市霞港湾因水利工程施工不当，导致含镉废水流入湘江。2006年8月底，北京西三旗地区发生一起水污染事故，污水管线出现渗漏现象，污染自备井水源，引起部分居民饮用后出现身体不适，近千人集体腹泻。

（3）氰化物事故排放：2000年1月30日，罗马尼亚西北部边境城镇奥拉迪亚附近，巴亚马雷金矿的含氰化钠的污水溢过堤坝，流入溪流。三百万立方米受污染的水流入邻国匈牙利的蒂萨河，然后流入南斯拉夫。在蒂萨河面已收集到100多吨的死鱼，还有更多的鱼葬身河底，所幸的是河里氰化物的浓度还不至于使人丧命。

2. 慢性危害（chronic effect）　是指环境污染物低浓度长时间反复地作用于机体所产生的危害。历史上较为著名的慢性公害事件有水俣病、痛痛病等（表2-1）。

表 2-1 历史上重大公害事件概况

序号	事件	时间	地点	原因	后果
1	马斯河谷事件	1930 年 12 月 1～5 日	比利时马斯河谷工业区	该区位于狭窄盆地中，12 月 1～5 日出现气温逆增，硫化矿冶炼、炼钢、炼锌、发电、化肥和石灰等厂排放二氧化硫浓度达 25～100mg/m³	第 3 天起许多居民感觉不适，几千人患呼吸道疾病，表现为胸痛、咳嗽和呼吸困难等症状，1 周内有 60 多人死亡。经尸解检查，呼吸道内壁有刺激性化学物质损害
2	洛杉矶光化学烟雾事件	1943 年以来不断出现	美国加州洛杉矶市	汽油燃烧不完全，排放出大量碳氢化物、氮氧化合物等污染物，经太阳紫外线照射发生光化学反应，形成一种浅蓝色的刺激性烟雾	烟雾滞留市内数天不散，引起眼、鼻、喉、呼吸道刺激，出现眼红肿、流泪、喉痛、咳嗽、胸痛、红眼病流行，甚至呼吸衰竭死亡。1953 年一次事件中，1～2 天内，65 岁以上老年人死亡 400 人
3	多诺拉事件	1948 年 10 月 26～31 日	美国宾州多诺拉镇	是位于河谷盆地的工业小镇，建有炼锌、钢铁和硫酸厂，10 月 26 日晨起，烟雾覆盖了小镇，持续到 31 日。估计大气中二氧化氯浓度为 1.31～5.24mg/m³，并有明显粉尘，蓄积在深谷下侧	全镇人口中，43%发病，轻度者表现为眼痛、喉痛、流鼻涕、干咳、头痛、肢体酸软，占居民数 15.5%；中度者表现为咳嗽、胸闷、气喘、呕吐、腹泻，占 16.8%；重度者表现为呼吸和循环功能障碍，占 10.4%，死亡 17 人
4	伦敦烟雾事件	1952 年 12 月 5～8 日	英国伦敦市	5～8 日气温逆增，取暖用煤排烟积聚大气中不能扩散，因雾笼罩全市，二氧化硫浓度达 3.8mg/m³，烟尘 4.5mg/m³，分别为平时 6 倍和 10 倍	一周之内死亡人数比往年同期多 4000 人，45 岁以上死亡数为平时的 3 倍，1 岁以下婴儿死亡数也增加 1 倍，急诊患者和入院治疗患者大增
5	水俣病事件	1953—1956 年	日本熊本县水俣湾沿岸地区	氮肥公司把大量含汞废水排入水俣湾，汞经过微生物作用转化为甲基汞，再通过食物链的作用，富集到鱼贝类体内，人长期食用这种鱼、贝后引起甲基汞中毒	引起居民甲基汞中毒，1972 年统计患者达 180 多人，其中 50 多人死亡
6	痛痛病事件	1955—1972 年	日本富山县神通川流域	上游锌冶炼厂排出含镉废水污染下游地区水体，居民用河水灌田，使稻米含镉增高	食用含镉稻米和饮用含镉水的居民，不断出现"痛痛病"患者，主要是见于绝经期妇女。1972 年 3 月统计患者已超过 280 人，死亡 34 人，有 100 多人出现可疑症状
7	米糠油事件	1968 年 3 月	日本北九州市	一家米糠油生产厂的载热体多氯联苯混入米糠油中	食用米糠油及其制品者发生多氯联苯中毒，中毒患者超过 1 万人，其中死亡 16 人
8	博帕尔事件	1984 年 12 月 3 日	印度博帕尔市	农药厂贮气罐泄漏异氰酸甲酯	20 多万人双目失明，直接致死 2.5 万人，间接致死 55 万人
9	切尔诺贝利事件	1986 年 4 月 26 日	乌克兰	核反应堆保护壳爆裂，放射物质事故性泄漏	WHO 统计结果显示，在乌克兰、白俄罗斯和俄罗斯的核污染重灾区，事故造成约 4000 人死亡。在上述 3 个国家的低污染区域，据估计另有 5000 人死于各种相关癌症，现有 700 万人居住在辐射水平较高的地区

苹果公司近日发布《2011 年供应商责任进展报告》，首次公开承认中国供应商苏州联建科技的 137 名工人因暴露于正己烷环境，健康遭受不利影响。查出正己烷中毒工人入住苏州市五院治疗。出院后，手脚出汗、麻木、晚上腿痛、抽筋等症状仍在出现。

实际上，很多问题是整个产业面临的问题。有些产业的环境污染比人们想象的要严重得多，它们排放的是有毒有害的物质。比如印刷电路板的生产，电池电源的生产，还有电镀和金属表面处理的工序，污染都比较严重，这是行业内普遍存在的问题。再如涉及到无尘车间的生产，由于要保证在无尘的条件下生产，这也造成了通风能力下降，很多有害的化学物质就会在车间里聚集起来，对职工的健康造成很大的损害，这也具有相当的普遍性。

3. 远期危害（remote effect） 是指环境污染物的致突变、致癌、致畸作用，简称"三致"作用。

（1）致突变作用（mutagenesis）：指机体的遗传物质发生的变异。突变发生在体细胞可导致肿瘤，发生在生殖细胞，则可能导致畸形、早产、死胎等。

（2）致癌作用（carcinogenesis）：癌症主要与环境因素有关。化学性致癌物：目前已证实对人类有致癌作用的化学物质有 30 多种，如砷、铬、镍、石棉、多环芳烃、苯、氯乙烯等。此外，有 1100 余种化学物质能够引发动物肿瘤，可疑致癌化学物质则更多。物理性致癌物：最主要是电离辐射（α、β、γ 和 χ 线等）、紫外线、长期机械性刺激。生物性致癌物：主要是病毒和真菌。在人类肿瘤中，鼻咽癌与 EB 病毒的关系比较肯定，单纯型疱疹Ⅱ型病毒与宫颈癌、乙型肝炎病毒和丙型肝炎病毒与原发性肝癌有关。

（3）致畸作用（teratogenesis）：是指引起胎儿形态结构异常的作用，表现为四肢畸形和内脏器官缺陷。化学性致畸物：铅、甲基汞、磷、氯乙烯等。例如日本的水俣病流行区，出现畸形婴儿；西欧、日本等国家 60 年代初因孕妇服用药物——反应停，而发生 8000 多个"海豹短肢"畸形胎儿。物理性致畸物：主要有 X 射线、γ 射线、高频和超声波等。生物性致畸物：主要是病毒感染，如风疹病毒、埃可病毒、柯萨奇病毒等。

> **链接2-1**
>
> **"反应停"事件**
>
> 沙立度胺最早由德国某制药厂开发，1957 年首次被用作处方药。因其能够防止孕妇恶心，并且有安眠作用，此药又被称作"反应停"。
>
> 20 世纪 60 年代前后，欧美很多国家都在使用这种药。仅在德国就有近 100 万人服用过"反应停"，"反应停"每月的销量达到了 1 吨的水平。有些地方，患者甚至不需要医生处方就能购买到"反应停"。
>
> 但随即而来的是，许多出生的婴儿都是短肢畸形，形同海豹，被称为"海豹肢畸形"。1961 年，这种症状终于被证实是孕妇服用"反应停"所导致的。于是，该药被禁用，然而，受其影响的婴儿已多达 1.2 万名。

4. 间接危害 环境污染还能扰乱环境生态平衡，间接损害人类健康。如自然灾害增加、粮食或畜牧业减产、气候异常、建筑物损毁，表现为一般多发病的发病率增加、人体抵抗力下降、劳动能力降低等。全球普遍关注的这类环境问题包括温室效应、臭氧层破坏、酸雨。

（1）全球气候变暖：大气中的 CO_2 和水蒸气能够吸收由地球发射的波长较长的辐射，从而对地球起到保温作用，这相同于人工温室作用，故称"温室效应"（greenhouse effect）。

全球气候变暖将对热相关死亡人数产生重大影响。热浪冲击可能会导致心脏、呼吸系统疾病的发病率增加。对老人、儿童及患者，可导致热胁迫死亡率急剧上升；许多虫媒疾病属于温度敏感型，全球气候变暖将使虫媒疾病流行范围扩大；其他经水、食物传播的疾病也可能出现地区分布的扩展和传播时间延长。此外，气候变暖可导致全球平均降水量增加，冰雪覆盖大陆地面积缩小。因气温上升将加速大气中化学反应的进程，臭氧浓度增加，加速酸雨、酸雾的形成，使大气质量更加恶化。

（2）臭氧层破坏：臭氧层中的臭氧几乎可全部吸收来自太阳对人类有害短波紫外线的 B 段（280～320nm）和 C 段（200～280nm），保护了地球上的生命物质。从 20 世纪 50 年代以来，就观察到大气臭氧浓度有减少趋势。尽管大气臭氧遭受破坏的原因及过程极为复杂，但环境化学性污染物的作用勿容置疑。

臭氧层破坏降低了对太阳辐射的过滤作用，使地面辐射量，特别是短波紫外线增强，这将会对生物及人类健康产生不良影响。太阳辐射与三类皮肤癌（基础细胞癌、磷状细胞癌和皮肤黑瘤）的发生有关。动物实验证实，UV-B 对皮肤癌有明显诱导作用。

（3）酸雨：酸雨是指降水中含有一定数量酸性物质的自由降水现象，其 pH 小于 5.65。降水包括雨、雪、雹和雾等。酸雨形成的机制和过程很复杂，受多种因素（气象、土壤、污染等）影响。大气受到化学性污染是酸雨形成的主要原因。根据对酸雨成分分析，硫酸和硝酸占酸雨总酸组分 90%以上。可以认为煤、石油燃烧向大气排放 SO_x 和 NO_x 是城市酸雨的基础。酸雨会使存在于土壤、岩石中的金属元素溶解，流入河川或湖泊，使得鱼类大量死亡，并使水生植物及引水灌溉的农作物，累积有毒金属，将会通过食物链进入人体，影响人类的健康。还会影响农林作物叶部的新陈代谢，同时土壤中的金属元素因被酸雨溶出，造成矿物质大量流失，植物无法获得充足的养分而枯萎、死亡。湖泊酸化后，可能使生态系通发生改变，甚至湖中生物死亡，生态功能因而无法进行，最后变成死湖。

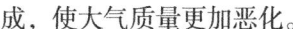

北美死湖事件

美国东北部和加拿大东南部是西半球工业最发达的地区，每年向大气中排放二氧化硫 2500 多万吨。其中约有 380 万吨由美国飘到加拿大，100 多万吨由加拿大飘到美国。70 年代开始，这些地区出现了大面积酸雨区，酸雨比番茄汁还要酸，多个湖泊池塘漂浮死鱼，湖滨树木枯萎。

（五）环境污染的防制措施

环境污染对健康的威胁早已引起全球的关注。近几十年来，人类尤其是发达国家，在环境污染的治理方面取得了很大进展，不少曾经肆虐的公害逐渐成为历史。但对发展中国家而言依然任重道远。随着改革开放的深化，我国已成为当今世界上最具经济活力的国家，但发展与环境问题的矛盾也随之日益尖锐。我们必须从源头抓起，采取综合防治的措施。

1. 环境规划措施　结合城镇规划，全面考虑工业布局。将工业区设置在当地常年主导风向的下风侧和水源的下游，与居民区之间保持一定的防护距离。居民区内不准设立污染环境的工厂，已设立的要改造，危害严重的要搬迁。

一切新建、改建、扩建的企业要将防治"三废"污染的工程项目与主体项目同时设计、同时施工、同时投产。

要加强城市绿化建设，美化生活环境，改善环境质量。

2. 环境立法与管理　1973 年我国提出了"全面规划，合理布局，综合利用，化害为利，依靠群众，大家动手，保护环境，造福人民"的环境保护方针。1983 年明确提出环境保护是我国的一项基本国策，制定了我国环境保护的基本战略，即"经济建设、城乡建设、环境建设要同步规划、同步实施、同步发展，实现经济效益、社会效益和环境效益统一。"

20 世纪 70 年代末起，我国相继颁布了一系列环境保护的法律法规，如《中华人民共和国环境保护法》《中华人民共和国水污染防治法》等，为遏制环境恶化提供了有力保障。

在工作中要认真贯彻有关法律、法规、标准及方针政策，做到执法必严、违法必究，积极推行污染防治技术，严格控制污染物排放。

3. 技术措施

（1）改革生产工艺：用无毒或低毒物质代替毒性大的原料，实现机械化、自动化、密闭化，防止生产过程中的跑、冒、滴、漏和无组织排放，对高耗能、高污染、低效益的企业采取关、停、并、转等措施。在工业生产中要加强对"三废"的回收和再利用。

（2）改善能源结构：应尽量采用低污染的燃料，积极开发无污染能源，充分利用太阳能、风能、水能、地热能等绿色能源。

（3）发展生态农业：合理调整农业生产结构和布局，促进农业生态体系中资源的多层次利用，形成农业生产的良性循环。例如，用作物秸秆养牛，用牛粪发酵产生沼气，再利用沼气渣肥田。目前兴起的有机农业是生态农业的一种，依靠作物轮作、秸秆还田、牲畜粪肥、有机肥料、利用生物和人工技术防治病虫害，利用自然界的生态循环，生产出安全的营养食品。

（4）加强环境监测：包括环境监测和医学监测。

环境监测包括：①物理性指标，如噪声、振动、电磁波、热能、放射性等监测；②化学性指标，如各种化学物质在空气、水体、土壤和生物体内水平的监测；③生态系统监测包括由于人类生产和生活引起的生态系统变化，如污染物在食物链中的作用引起的生物品质恶化和生物群落的改变等。

医学监测：用以监测环境污染对人类健康的影响，观察人群健康水平和人体对环境污染物的生物学效应。监测内容包括：①建立各种疾病登记报告制度，搜集疾病和死亡资料，如肿瘤患者登记、出生缺陷登记、死亡登记等；②环境污染对健康影响的调查，如临床体检、环境流行病调查、点源污染造成的人群健康损害等；③不明原因疾病的侦察和病因研究等。

4. 环境污染与健康关系的研究　　大力开展环境污染与健康关系的研究，对于预防疾病、延长寿命、提高生活质量有着重要的意义。

第二节　生活环境与健康

● 案例2-3

2001年8月，为了美化居室环境，刘女士一家决定自己动手把居住多年的两居室简单装修一下，于是购买了一种建筑装饰用醇酸树脂漆8桶，用于粉刷门窗。装修以后，一家人在室内居住，开始出现头晕、胸闷、恶心、呕吐、掉头发、耳朵肿等症状。2001年11月正在上学的儿子突发白血病，刘女士自己也感觉浑身无力，经检查血小板下降、红细胞升高。他们怎么也没有想到，花钱费力装修完的房间，竟是一个十足的"毒气室"。祸害刘女士一家的罪魁祸首就是苯系物，如苯、甲苯和二甲苯。它存在于油漆、胶及各种内墙涂料中。由于苯属芳香烃类，人一时不易警觉其毒性。苯也可致癌，引发血液病等，已经被WHO确定为致癌物质。

问题：1. 居室环境对人类的健康有哪些影响？
　　　2. 针对住宅与办公场所装修如何开展预防性卫生宣传？

一 住宅与健康

住宅是人们生活环境的重要组成部分，是人们为了充分利用自然环境和人为环境因素中的有利作用和防止其不良影响而创造的生活居住环境。住宅的卫生条件和人类健康密切相关。

（一）住宅的基本卫生要求

1. 小气候适宜　室内有适宜的小气候，冬暖夏凉，干燥，防止潮湿，必要时应有通风、采暖、防寒、隔热等设备。

2. 采光照明良好　白天充分利用阳光采光，晚间照明适当。

3. 空气清洁卫生　应避免室内外各种污染源对室内空气的污染，冬季室内也应有适当的换气。

4. 环境安静整洁　应保证休息、睡眠、学习和工作。

5. 卫生设施齐全　应有上、下水道和其他卫生设施，以保持室内清洁卫生。

6. 防止疾病传播　防止疾病的传播，降低人群患病率和死亡率，达到增强体质、延长寿命的作用。

7. 尽量接近自然　越接近自然，对人类健康越有利，达到防治疾病的目的。

> 链接2-3
>
> **室内小气候**
>
> 住宅的室内是由屋顶、地板、门窗和墙等围护结构所包围，加上室内的空调设备等作用，综合形成了与室外不同的室内气候，称为室内小气候。室内小气候的组成包括气温、气湿、气流、热辐射（周围墙壁等物体表面温度）。

（二）住宅设计的卫生要求

1. 住宅的平面设置　住宅的平面配置主要包括住宅的朝向、住宅的间距、住宅内各户之间关系和住宅中各类房间的配置等。在住宅平面配置中要注意贯彻住宅的卫生标准和要求。

（1）住宅的朝向：住宅的朝向是指住宅建筑物主室窗户所面对的方向。它对住宅的日照、采光、通风、小气候和空气清洁程度等都能产生影响。因此，应根据当地各季节的太阳高度、日照时数、各季节的风向频率和风速，以及地理环境和建筑用地等情况，选择住宅的最佳朝向。

选择的原则是在节约用地的前提下，使居室能满足在冬季得到尽量多的日照，夏季能避免过多的日照和有利于自然通风的要求。

我国大部分国土位于北纬 45°及以南地区，朝南或东南方向的居室可获得冬暖夏凉的效果，为最佳朝向。

（2）住宅的间距：住宅的间距是指前后相邻的两排建筑物之间的距离。建筑物间应有足够的间距，以免前排建筑物对后排建筑物的日照、采光和通风产生影响。依日照和通风的卫生要求，建筑物的正面间距最小应为前排建筑物高度的 1.5~2.0 倍。

（3）住宅内各户之间的关系：主要应解决各户之间的分隔，以创造每户都有一个安静的环境，避免互相干扰和减少疾病传播的机会。

（4）住宅中房间的配置：每户住宅应有各个住户独用的成套房间，一般包括主室和辅室。主室又称居住空间，包括起居室和卧室；辅室是主室以外的其他房间以及室外活动空间等设施。

2. 住宅居室的卫生规模　居室卫生规模是指根据卫生要求提出的居室容积、净高、面积和进深等应有的规模。

（1）居室容积：指人均居室容积，是指每个居住者所占有居室的空间容积。居室容积与居住者的生活方便舒适、室内小气候和空气清洁度有关，居住拥挤则有害健康，也容易造成疾病传播。居室容积是评定住宅卫生状况的重要指标之一。

我国《住宅居室容积卫生标准（GBI 1721-89）》规定，全国城镇住宅居室容积的卫生标准为 $20m^3$/人。

（2）居室净高：指室内地板到天花板之间的高度。房间面积相同时，净高较高的房间容积就大些，室内空气储量也多些，并可升高窗户的上缘，有利于采光、通风和改善室内小气候。

我国《GB50096-1999》规定居室净高为 2.4～2.8m。

（3）居室面积（居住面积）：为了保证居室内空气清洁、安放必要的家具、有足够的活动范围、避免过分拥挤和减少传染病的传播机会，每人在居室中应有一定的面积（8～10m^2）。

（4）居室进深：指开窗户的外墙内表面至对面墙壁内表面的距离。它与室内日照、采光和换气有关。进深大的居室中，离外墙远的地点空气滞留，换气困难。

居室进深与地板至窗上缘高度之比称室深系数。室深系数在一侧采光的居室不应超过 2～2.5，在两侧采光的居室不应超过 4～5。

3. **住宅的采光和照明** 以太阳光线为光源者称自然采光。采光状况可以用采光系数和自然照度系数来评价。

（1）采光系数：又称窗地面积比值，指直接天然采光口的窗玻璃的面积与室内地面面积之比。一般居室应在 1/8～1/10。

（2）投射角与开角：投射角是指室内工作点与采光口上缘的连线和水平线所成的夹角。投射角不应小于 27°。如果采光口附近有遮光物时，还需规定开角的要求。

开角是室内工作点与对侧室外遮光物上端的连线和工作点与采光口上缘连线之间的夹角。开角不应小于 4°。

（3）自然照度系数：是指室内工作水平面上（或距窗 lm 处）散射光的照度与同时室外空旷无遮光物地方接受整个天空散射光（全阴天，见不到太阳，但不是雾天）的水平面上照度的百分比（%）。一般要求主室内最低值不应低于 1%，楼梯间不应低于 0.5%。

人工照明的照度标准，应按视力工作精密程度和持续时间而规定，在阅读或从事缝纫等较精细工作时，一般应达到 100lx 左右。居室只作卧室时，则可以低些，但不应低于 30lx，卫生间、楼梯间应不低于 15lx。

（三）住宅设计的发展方向

1. **健康住宅** "健康住宅"是指在满足住宅建设基本要求的基础上，突出健康要素，以可持续发展为理念，满足居住者生理、心理和社会多层次的需求，进一步完善和提高住宅质量与生活质量，营造健康、安全、舒适和环保的高品质住宅和社区。

WHO 健康住宅的标准如下。

（1）会引起过敏症的化学物质的浓度很低。

（2）为满足第一点的要求，尽可能不使用易散的化学物质的胶合板、墙体装修材料等。

（3）设有换气性能良好的换气设备，能将室内污染物质排至室外，特别是对高气密性、高隔热性来说，必须采用具有管的中央换气系统，进行定时换气。

（4）在厨房灶具或吸烟处要设局部排气设备。

（5）起居室、卧室、厨房、厕所、走廊、浴室等要全年保持在 17～27℃。

（6）室内的湿度全年保持在40%～70%。

（7）二氧化碳要低于1000ppm。

（8）悬浮粉尘浓度要低于$0.15mg/m^3$。

（9）噪声要小于50dB（A）。

（10）一天的日照确保在3小时以上。

（11）设足够亮度的照明设备。

（12）住宅具有足够的抗自然灾害的能力。

（13）具有足够的人均建筑面积，并确保私密性。

（14）住宅要便于护理老龄者和残疾人。

（15）因建筑材料中含有有害挥发性有机物质，所有住宅竣工后要隔一段时间才能入住，在此期间要进行换气。

2. 绿色生态住宅　"绿色生态住宅"是指消耗最少的资源和能源，产生最少废弃物的住宅和居住小区。目前对绿色生态住宅，国际上还没有一个标准的定义，但业内人士及专家们普通认同的是：绿色生态住宅首先是结合当地的自然生态环境，合理地安排并组织建筑与其他相关因素之间的关系，使建筑与环境之间成为一个有机的结合体；其次是拥有良好的室内气候条件和较强的生物气候调节能力，满足人们工作生活所需的舒适环境，使人和建筑、自然生态环境之间形成一个良性的循环系统。它将给我们带来少占地、节水、节能、改善生态环境、减少环境污染、延长建筑寿命等宜处。

室内空气污染与健康

（一）室内空气污染的来源

1. 室外来源

（1）大气污染物进入室内：硫氧化物、氮氧化物、颗粒物等大气污染物可进入室内造成室内空气污染。1984年印度博帕尔市郊的一家农药厂发生了异氰酸甲酯泄漏，毒气造成20多万居民中毒，2500多人死亡，是室外污染源引起室内外居民中毒的一次最惨重的事件。

（2）生活用水污染：受到化学及生物污染的生活用水，通过淋浴器、空调机、空气加湿器，以水雾的形式污染室内空气，如军团菌、苯、机油等。

（3）住宅房屋本身的污染：建筑地基、石材和砖瓦中含有挥发性毒物、放射性氡及其子体。

（4）人为带入：人们进出居室，将室外或工作环境中的污染物带入室内，主要是铅、汞、苯、病菌、病毒及有害微生物等。

2. 室内来源

（1）室内建筑装饰材料：如油漆、涂料、胶合板、泡沫塑料、化纤地毯、树脂粘合剂等，含有甲醛、苯、甲苯、乙醇、三氯甲烷等挥发性有机化合物（volatile organic compounds, VOCs）。石材、地砖、瓷砖等建材中含有氡及其子体。

（2）烹调油烟及燃料燃烧：可产生一氧化碳、二氧化硫、苯并芘、可吸入颗粒物、氮氧化物等。

（3）室内活动引：如呼吸、咳嗽、喷嚏、吸烟、扫地等。

（4）其他：如家用电器可产生电磁波辐射、有毒气体、噪声等。家用化学品，如清洁剂、消毒剂、化妆品等产品中含有易挥发的有机物（苯、甲苯、二甲马拉硫磷等）。

（二）室内空气污染的主要特点

（1）室外污染物进入室内的，这类污染物浓度在室内空气中一般都比室外有较大衰减。例如室外大气中最常见的二氧化硫极易为各种建筑物表面的石灰、墙纸等材料所吸收；悬浮颗粒物进入室内过程中，通过门或纱窗时被阻挡了一部分，进入室内后又被墙壁吸附去一部分，因此它们在室内的浓度都低于室外。

（2）室内外存在同类污染物的发生源时，该污染物的浓度往往是室内高于室外。

（3）吸烟引起的污染，污染物种类多，危害范围广，危害程度大。

（4）室内存在室外没有或少有的污染物，这主要来自建筑材料和装饰物品的污染，以挥发性有机物和放射性物质多见。当前，甲醛等挥发性有机物和氡及其子体引起室内空气污染问题已成为国内外学者普遍关注的热点。

（5）室内空气污染程度受通风换气、生活起居方式的影响。

（三）室内空气污染的危害

1. **诱发癌症** 吸烟者自身肺癌高发是已公认的事实。吸烟还通过污染室内空气形成环境烟草烟雾，造成被动吸烟而影响非吸烟者。据日本调查丈夫每天吸烟 20 支者，妻子患肺癌的危险性增加 2.1 倍。我国宣威县妇女肺癌病死率居全国之首，高发区达 137.82/10 万。经调查证实，长期使用无烟囱火炉燃烧烟煤造成室内空气污染是其肺癌高发的主要危险因素。当地室内苯并芘的浓度超过建议卫生标准的 6000 倍。

2. **引起中毒性疾病** 由于排烟不畅或燃料燃烧不全，室内出现高浓度的 CO 而引起的急性中毒事故是常见的事故。低浓度的 CO 污染则与动脉粥样硬化、心肌梗死、心绞痛发病有密切关系。

3. **引起不良建筑物综合征** 不良建筑物综合征发生于办公室人员。表现为一系列非特异的症状，包括眼、鼻、喉刺激、头痛、疲劳、胸闷、憋气、注意力不集中等。离开该环境一段时间后，症状会缓解。该综合征多发生在新建或重新装修的办公楼。目前认为这是一种非特异性建筑物相关疾病，与空调系统通风不良形成的室内空气污染有关，当然也与个体的差异有关系。

4. **传播传染病** 病原体可随空气中尘埃、飞沫进入人体而引起呼吸道传染病，如麻疹、流行性感冒、脑脊髓膜炎、白喉及肺结核等。

5. **诱发呼吸道感染** 已证实生物燃料烟雾可诱发急性下呼吸道感染。印度 1993 年调查 3 岁以下儿童的急性下呼吸道感染率，在使用生物燃料的家庭比使用液化气等清洁燃料的家庭高 50%。肯尼亚调查表明负责烹饪的家庭妇女急性下呼吸道感染发生率是男性的 2 倍。

6. **引起变态反应** 尘螨等多种室内变应原，可引起哮喘、过敏性鼻炎、荨麻疹等变态反应症状。

链接2-4

军 团 病

1976 年，一批退伍老兵在费城"斯特拉福美景"饭店聚会，两天后与会人员中有 180 多人相继出现高热、头痛、呕吐、咳嗽、全身之力等症状，90%的病例胸部 X 光片都显示肺炎迹象。共有 34 名患者因此死亡，称为"军团病"。疫情发生后，医学专家从病死者肺组织中分离出了致病菌，称为"军团菌"。城市中的军团病主要由孳生在空气加湿器、蓄水系统、空调系统等潮湿环境中的军团菌引起。

（四）保持室内空气清洁的卫生措施

居室空气中污染物的来源很多，保证居室空气清洁的措施应从多方面考虑，除了立法机构、政府各部门和企业共同努力防治室内外各种空气污染外，还要针对住宅卫生要求考虑以下 8 个主要方面。

1. 住宅的地段选择　住宅应选择在大气清洁、日照通风良好、周围环境无各种污染源、有绿化地带，与闹市、工业区和交通要道隔离的地段内。

2. 建筑材料和装饰材料选择　应选择不散发有害物质、不易沾上尘埃和易于清洗的材料。要选择符合《室内装饰装修材料有害物质限量》国家标准的装饰装修材料。为了减少室内积尘和尘螨，在室内尽可能避免使用毛制的地毯或挂毯等装饰品。

3. 合理的住宅平面配置　住宅的平面配置要防止厨房产生的煤烟和烹调油烟吹入居室；防止厕所的不良气味进入起居室；避免各室间互相干扰等。

4. 合理的住宅卫生规模　住宅内各室的容积、室高、面积应足够；朝向要合乎卫生要求，有利于日照、采光和通风换气。

5. 采用改善空气质量的措施　有条件的地区，厨房应使用煤气或电热烹饪设施；厨房应安装排气扇或排油烟机。

6. 改进个人卫生习惯　改变烹调习惯，减少油炸、油煎，烹调时减低用油温度。减少油烟逸散。提倡不吸烟，禁止室内吸烟。

7. 合理使用和保养各种设施　设有空调装置的室内，应保证空调使用后能进入一定的新风量，空调过滤装置应定期清洗或更换。

8. 加强卫生宣传教育和健全卫生法制　加强卫生宣传教育和健全法制，特别要制定和严格执行严禁青少年吸烟、严禁向青少年销售香烟及严禁在公共场所吸烟的有关条例和法律。

三 生活饮用水与健康

案例 2-4

1994 年 7 月，淮河上游的河南境内突降暴雨，颍上水库开闸泄洪，形成了长达 70 千米的酱黑色污染带。经专家取样检验，证实上游来水水质恶化，沿河各自来水厂被迫停止供水达 54 天之久，造成上亿元经济损失。

问题：1. 造成水体污染的原因是什么？
　　　2. 如何保证饮用水安全？

水是生命之源，是构成机体的重要成分，是一切生命过程必需的基本物质。地球上的淡水资源分布不均匀，并且由于污染和破坏，水资源的短缺已成为世界性的重要问题。我国是一个水资源贫乏的国家，人均水资源仅为世界人均水量的 1/4，是 13 个贫水国家之一。同时，我国还是个水资源污染非常严重的国家，饮用水安全问题非常突出。面对珍贵的水资源，如不及时采取有效措施，将导致可供利用的水资源枯竭，严重影响经济发展和人民生活。

（一）生活饮用水的卫生学意义

水是人体构成的主要成分，水占体重比例，成年人 65%，胎儿可达 90%。水也是人类生存所必需的重要营养素之一，成年人一昼夜的生理需水量为 2～3L。人的一切生理活动和生化过程，都离不开水。如体温调节、营养运输、废物排泄等，都要靠体液来完成，而体液绝大部分是水。如长期摄水不足或大量失水，会导致机体的物质代谢紊乱，水及电解质平衡失调，严重时引起死亡。

水不仅供人体生理需要，而且在保证个人卫生、改善居民生活卫生条件等方面也起到重要作用。居民的用水量正随着生活水平和卫生条件的提高而增加。

若水质不良或水体受到工业"三废"和生活"三废"（尤其是粪便、污水）的污染，会引发介水传染病、急慢性中毒及远期危害等。因此，搞好饮用水卫生，对提高人们的卫生水平、促进健康、预防疾病有重大意义。

（二）饮用水基本卫生要求

1. **感官性状良好** 饮用水应澄清透明、无色、无味、无臭，无任何肉眼可见物，为人们乐于饮用。

2. **流行病学安全** 饮用水不得含有病原微生物和寄生虫卵，以防止介水传染病的发生和传播。

3. **化学组成安全** 饮用水应含有适量人体必需的微量元素，有毒、有害化学物质及放射性物质的含量应控制在安全限值内，以防止对人体造成急性、慢性中毒及任何潜在性危害。

4. **水量充足，取用方便** 饮用水应该取用便利，水量应该能满足居民日常生活及饮用的需要。此外，居民用水量还受气候、卫生设备、经济水平、生活习惯等因素的影响。一般按一年中当地居民用水量最多的时候来估计。我国居民最高日用水量粗略估计为40～80L。

（三）生活饮用水水质标准

生活饮用水卫生标准是从保护人群身体健康和保证人类生活质量出发，对饮用水中与人群健康的各种因素（物理、化学和生物）以法律形式作的量值规定，以及为实现量值所作的有关行为规范的规定，经国家有关部门批准，以一定形式发布的法定卫生标准。

随着经济的发展、人口的增加，不少地区水源短缺，有的城市饮用水水源污染严重，居民生活饮用水安全受到威胁。1985年，我国卫生部发布的《生活饮用水卫生标准》（GB5749-85）已不能满足保障人民群众健康的需要。为此，卫生部和国家标准化管理委员会对原有标准进行了修订，联合发布新的强制性《生活饮用水卫生标准》（GB5749-2006），并于2007年7月1号实施（部分摘录于表2-2、表2-3）。

表2-2 水质常规指标及限值

指标	限值
1. 微生物指标[①]	
总大肠菌群（MPN/100mL 或 CFU/100mL）	不得检出
耐热大肠菌群（MPN/100mL 或 CFU/100mL）	不得检出
大肠埃希氏菌（MPN/100mL 或 CFU/100mL）	不得检出
菌落总数（CFU/mL）	100
2. 毒理指标	
砷（mg/L）	0.01
镉（mg/L）	0.005
铬（六价，mg/L）	0.05
铅（mg/L）	0.01
汞（mg/L）	0.001
硒（mg/L）	0.01

续表

指标	限值
氰化物（mg/L）	0.05
氟化物（mg/L）	1.0
硝酸盐（以N计，mg/L）	10 地下水源限制时为20
三氯甲烷（mg/L）	0.06
四氯化碳（mg/L）	0.002
溴酸盐（使用臭氧时，mg/L）	0.01
甲醛（使用臭氧时，mg/L）	0.9
亚氯酸盐（使用二氧化氯消毒时，mg/L）	0.7
氯酸盐（使用复合二氧化氯消毒时，mg/L）	0.7
3. 感官性状和一般化学指标	
色度（铂钴色度单位）	15
浑浊度（NTU-散射浊度单位）	1 水源与净水技术条件限制时为3
臭和味	无异臭、异味
肉眼可见物	无
pH（pH单位）	不小于6.5且不大于8.5
铝（mg/L）	0.2
铁（mg/L）	0.3
锰（mg/L）	0.1
铜（mg/L）	1.0
锌（mg/L）	1.0
氯化物（mg/L）	250
硫酸盐（mg/L）	250
溶解性总固体（mg/L）	1000
总硬度（以$CaCO_3$计，mg/L）	450
耗氧量（COD_{Mn}法，以O_2计，mg/L）	3 水源限制，原水耗氧量>6mg/L时为5
挥发酚类（以苯酚计，mg/L）	0.002
阴离子合成洗涤剂（mg/L）	0.3
4. 放射性指标[2]	指导值
总α放射性（Bq/L）	0.5
总β放射性（Bq/L）	1

① MPN表示最可能数；CFU表示菌落形成单位。当水样检出总大肠菌群时，应进一步检验大肠埃希菌或耐热大肠菌群；水样未检出总大肠菌群，不必检验大肠埃希菌或耐热大肠菌群

② 放射性指标超过指导值，应进行核素分析和评价，判定能否饮用

表2-3　水质非常规指标及限值

指标	限值
1. 微生物指标	
贾第鞭毛虫（个/10L）	<1
隐孢子虫（个/10L）	<1
2. 毒理指标	
锑（mg/L）	0.005

续表

指标	限值
钡（mg/L）	0.7
铍（mg/L）	0.002
硼（mg/L）	0.5
钼（mg/L）	0.07
镍（mg/L）	0.02
银（mg/L）	0.05
铊（mg/L）	0.0001
氯化氰（以 CN^- 计，mg/L）	0.07
一氯二溴甲烷（mg/L）	0.1
二氯一溴甲烷（mg/L）	0.06
二氯乙酸（mg/L）	0.05
1，2-二氯乙烷（mg/L）	0.03
二氯甲烷（mg/L）	0.02
三卤甲烷（三氯甲烷、一氯二溴甲烷、二氯一溴甲烷、三溴甲烷的总和）	该类化合物中各种化合物的实测浓度与其各自限值的比值之和不超过 1
1，1，1-三氯乙烷（mg/L）	2
三氯乙酸（mg/L）	0.1
三氯乙醛（mg/L）	0.01
2，4，6-三氯酚（mg/L）	0.2
三溴甲烷（mg/L）	0.1
七氯（mg/L）	0.0004
马拉硫磷（mg/L）	0.25
五氯酚（mg/L）	0.009
六六六（总量，mg/L）	0.005
六氯苯（mg/L）	0.001
乐果（mg/L）	0.08
对硫磷（mg/L）	0.003
灭草松（mg/L）	0.3
甲基对硫磷（mg/L）	0.02
百菌清（mg/L）	0.01
呋喃丹（mg/L）	0.007
林丹（mg/L）	0.002
毒死蜱（mg/L）	0.03
草甘膦（mg/L）	0.7
敌敌畏（mg/L）	0.001
莠去津（mg/L）	0.002
溴氰菊酯（mg/L）	0.02
2，4-滴（mg/L）	0.03
滴滴涕（mg/L）	0.001
乙苯（mg/L）	0.3
二甲苯（mg/L）	0.5
1，1-二氯乙烯（mg/L）	0.03

续表

指标	限值
1，2-二氯乙烯（mg/L）	0.05
1，2-二氯苯（mg/L）	1
1，4-二氯苯（mg/L）	0.3
三氯乙烯（mg/L）	0.07
三氯苯（总量，mg/L）	0.02
六氯丁二烯（mg/L）	0.0006
丙烯酰胺（mg/L）	0.0005
四氯乙烯（mg/L）	0.04
甲苯（mg/L）	0.7
邻苯二甲酸二（2-乙基己基）酯（mg/L）	0.008
环氧氯丙烷（mg/L）	0.0004
苯（mg/L）	0.01
苯乙烯（mg/L）	0.02
苯并（a）芘（mg/L）	0.00001
氯乙烯（mg/L）	0.005
氯苯（mg/L）	0.3
微囊藻毒素-LR（mg/L）	0.001
3. 感官性状和一般化学指标	
氨氮（以N计，mg/L）	0.5
硫化物（mg/L）	0.02
钠（mg/L）	200

（四）水源的选择及防护

1. 水源的种类　地球上的天然水资源分为降水、地表水和地下水3类。

（1）降水：是指雨、雪、雹水。水质不稳定，矿物质含量较低，水中微生物较多，水中氯化物或硫酸盐含量较高，水量没有保证。

（2）地表水：是降水在地表径流和汇集后形成的水体，包括江河水、湖泊水、水库水等。感官性状不好，水质较软，有机物和细菌含量较高，浑浊度大，受污染机会较大，矿物质含量较低，溶解氧含量高，自净能力强，水量充足，取用方便。是生活用水和工业用水的主要来源。

（3）地下水：是由于降水和地表水经土壤地层渗透到地面以下而形成。水质清洁，有机物和细菌含量很少，水的硬度高（含矿物质多），受污染机会极小，溶解氧很少，自净能力很差。地下水可分为浅层地下水、深层地下水和泉水。深层地下水是生活饮用水的最好来源。

2. 水源选择的原则　选择水源时，必须综合考虑以下原则。

（1）水量充足：选择水源时，水量应充足，能满足城镇或居民点的总用水量，每人每日总用水量不低于50L。并应考虑到季节变化及人口发展的需要。

（2）水质良好：水源水的感官性状和一般化学指标经处理后，应符合生活饮用水卫生标准的要求，当水源水中含有害化学物质时，其浓度不应超过所规定的最高容许浓度。

（3）便于防护：目的在于保证水源水质不致因污染而恶化。为此，有条件时宜优先选用地下水。采用地表水作水源时，应结合城市发展规划，将取水点设在城镇和工矿企业的上游。

（4）技术经济合理：选择水源时，在分析比较各个水源的水量、水质后，可进一步结合水源水质和取水、净化、输水等具体条件，考虑基本建设投资费用最小的方案。

3. 水源卫生防护

（1）地表水水源卫生防护：①取水点周围半径100m的水域内，严禁捕捞、网箱养殖、停靠船只、游泳和从事其他可能污染水源的任何活动；②取水点上游1000m至下游100m的水域不得排入工业废水和生活污水，其沿岸防护范围内不得堆放废渣，不得设立有毒、有害化学物品仓库、堆栈，不得设装卸垃圾、粪便和有毒有害化学物品的码头，不得使用工业废水或生活污水灌溉及使用难降解或剧毒的农药，不得排放有毒气体、放射性物质，不得从事放牧等有可能污染该水域水质的活动；③以河流为给水水源的集中式供水，由供水单位及其主管部门会同卫生、环保、水利等部门，根据实际需要，可把取水点上游1000m以外的一定范围河段划为水源保护区，严格控制上游污染物排放量；④受潮汐影响的河流，其生活饮用水取水点上游及其沿岸的水源保护区范围应相应扩大，其范围由供水单位及其主管部门会同卫生、环保、水利等部门研究确定；⑤作为生活饮用水水源的水库和湖泊，应根据不同情况，将取水点周围部分水域或整个水域及其沿岸划为水源保护区，并按1、2项的规定执行；⑥对生活饮用水水源的输水明渠、暗渠，应重点保护，严防污染和水量流失。

（2）地下水水源卫生防护：①生活饮用水地下水水源保护区、构筑物的防护范围及影响半径的范围，应根据生活饮用水水源地所处的地理位置、水文地质条件、供水的数量、开采方式和污染源的分布，由供水单位及其主管部门会同卫生、环保及规划设计、水文地质部门研究确定；②在单井或井群的影响半径范围内，不得使用工业废水或生活污水灌溉和施用难降解或剧毒的农药，不得修建渗水厕所、渗水坑，不得堆放废渣或铺设污水渠道，并不得从事破坏深层土层的活动；③工业废水和生活污水严禁排入渗坑或渗井；④人工回灌的水质应符合生活饮用水水质要求。

（五）饮水的净化与消毒

● 案例2-5

某村庄有一大口井，直径1.5米，通过测量，发现水深5米。因刚被雨水淹没，为了保证饮用水的安全性，需要进行消毒。

问题：1. 选择哪种消毒方法比较好？
2. 如果用常量氯化消毒法，需要多少克的漂白粉才能达到消毒效果？

1. 饮水的净化　目的是除去水中的悬浮物质，改善水的感官性状。净化的方法主要有混凝沉淀和过滤。

（1）混凝沉淀（coagulation precipitation）：水中的悬浮物凭着本身的重力作用逐步下沉而使水澄清，叫做自然沉淀。但是，小颗粒悬浮物、硅胶、极细的粘土和腐殖质等胶体因本身重量小，而且颗粒带阴电荷而互相排斥，不能结合成较大的颗粒下沉，所以往往沉淀的不彻底，达不到净化的要求。混凝沉淀方是在水中加入混凝剂，与水中的重碳酸盐（钙镁盐）反应，生成带正电荷的胶体物质，再与水中带负电荷的胶体粒子作用，生成较大的絮状物（俗称矾花）。这些絮状物有较大的面积，能吸附水中的悬浮物、细菌及色素，使水澄清、脱色。

常用的混凝剂有金属盐类和高分子化合物两类。前者如铝盐和铁盐等，后者如聚合氯化铝和聚丙烯酰胺等。铝盐是最常用的混凝剂，其中有明矾、硫酸铝、铝酸钠和三氯化铝等。它的优点是腐蚀性小，使用方便，混凝效果好，对水质无不良影响；其缺点是，水温低时，絮状体形成慢且松散，效果不如铁盐。铁盐也是最常用的混凝剂，包括三氯化铁和硫酸亚铁等。它的优点是适应的 pH 范围较广，絮状体大而紧密；对低温、低浊水的效果较铝盐好；其缺点是腐蚀性强，易潮湿，水处理后含铁量高。

（2）过滤（filtration）：过滤是指以石英砂等为滤料层以截留水中悬浮杂质和微生物等，使水澄清的净水过程。集中式给水系统可使用砂滤池；分散式给水可用砂滤缸（图 2-4），或在地表水岸边修建砂滤井（图 2-5）。

过滤的净水原理如下。

1）筛除作用：水通过滤料时，比滤层孔隙大的颗粒被截留；随着过滤的进行，被截留的颗粒增多，滤层孔隙越来越小，较小的颗粒也被截留。

2）接触凝聚作用：水在滤层孔隙内的流动，一般呈层流状态，而层流产生的速度梯度会使细小絮状体和脱稳颗粒不断旋转，并跨越流线向滤料表面运动，当它们接近滤料颗粒表面时，就会产生接触吸附。当滤料吸附絮状体后，其接触凝聚作用会进一步加强。

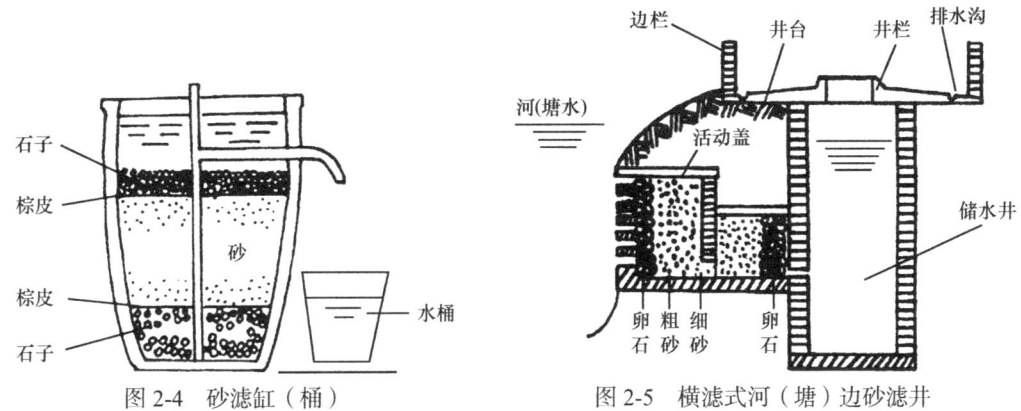

图 2-4　砂滤缸（桶）　　　　图 2-5　横滤式河（塘）边砂滤井

2. 饮水的消毒　消毒的目的是杀灭水中的病原体，保证饮水在流行病学上的安全性。

消毒的方法有物理消毒和化学消毒两类。目前我国用于饮用水消毒的方法主要有氯化消毒、二氧化氯消毒、紫外线消毒和臭氧消毒。

（1）氯化消毒：氯化消毒是化学消毒中一种最普及和最有效的方法。供饮用水消毒的氯制剂主要有液氯、漂白粉、漂白粉精和有机氯制剂等。含氯化合物中氯的化合价大于 -1 者具有杀菌能力，称为有效氯。漂白粉含有效氯 28%~33%；漂白粉精含有效氯 60%~70%；优氯净含有效氯 60%~64%。

氯化消毒的基本原理：各种氯化消毒剂，在水中均可水解形成次氯酸（HOCl）。由于次氯酸体积小，电荷中性，易于穿过细胞壁；同时，它又是一种强氧化剂，能损害细胞膜，使蛋白质、RNA 和 DNA 等物质释出，并影响多种酶系统（主要是磷酸葡萄糖脱氢酶的巯基被氧化破坏），从而使细菌死亡。氯对病毒的作用，在于对核酸的致死性损害。因病毒缺乏一系列的代谢酶，对氯的抵抗力比细菌强。次氯酸根（OCl^-）也具有杀菌作用，但带负电荷难于接近细菌，杀菌力仅为次氯酸的 1/80。

影响消毒效果的因素如下。

1）加氯量和接触时间：用氯及含氯化合物消毒饮用水时，氯不仅与水中细菌作用，还要氧化水中的有机物和还原性无机物，其需要的氯的总量为"需氯量"。为保证消毒效果，加氯量必须超过水的需氯量，使在氧化和杀菌后还能剩余一些有效氯，称为"余氯"。一般要求氯加入水中后，接触 30min，水中游离性余氯不少于 0.3mg/L。

2）水的pH：次氯酸是弱电解质，在水中可离解成H^+和OCl^-。其离解程度与pH有关。当pH＜5.0时，HOCl呈100%形式存在于水中，消毒效果好。随着pH的增高，HOCl逐渐减少，而OCl^-逐渐增多。因为HOCl的杀菌效率比OCl^-高约80倍，因此，消毒效果变差。

3）水温：水温高，消毒速度快，杀菌效果好。水温每提高10℃，病菌杀灭率提高2~3倍。故水温低时，应延长消毒时间。

4）水的浑浊度：用氯消毒时，必须使HOCl和OCl^-直接与水中细菌接触，方能达到杀菌效果。如水的浑浊度很高，悬浮物质较多，细菌多附着在这些悬浮颗粒上，则氯的作用达不到细菌本身，使杀菌效果降低。

5）水中微生物的种类和数量：不同微生物对氯的耐受性不同，一般来说，大肠埃希菌抵抗力较低，病毒次之，原虫包囊抵抗力最强。水中微生物的数量过多，则消毒后水质较难达到卫生标准的要求。

常用的氯化消毒法如下。

1）普通氯化消毒法：对于一般的水源，加少量氯化消毒剂即可达到消毒目的。通常加氯量为1~2mg/L，用本法消毒时产生的余氯主要是游离性余氯。

2）超量氯消毒法：当水污染严重，或在野外、发生意外事故或战时紧急用水情况下，为在短时间内达到消毒效果，可按普通加氯量的10倍进行水的超量氯消毒，为除去水中很浓的氯臭味，消毒后可用硫代硫酸钠、亚硫酸钠或活性炭脱氯。

（2）二氧化氯消毒：ClO_2在常温下为橙黄色气体，有很强的刺激性，易溶于水，但不与水起化学反应，在水中极易挥发，故需在临用时配制。

ClO_2是极为有效的饮水消毒剂，对细菌、病毒及真菌孢子的杀灭能力均很强。对微生物的杀灭原理：ClO_2对细胞壁有较好的吸附性和渗透性，可有效地氧化细胞内含硫基的酶；可与半胱氨酸、色氨酸和游离脂肪酸反应，快速控制蛋白质的合成，使膜的渗透性增高；并能改变病毒衣壳，导致病毒死亡。

（3）臭氧消毒：O_3是极强的氧化剂，在水中的溶解度比O_2大13倍。O_3极不稳定，需在临用时制备，并立即通入水中。

O_3消毒的优点：消毒效果较ClO_2和Cl_2好；用量少，接触时间短；不影响水的感官性状；同时还有除臭、色、铁、锰、酚等多种作用；不产生三卤甲烷；用于前处理时尚能促进絮凝和澄清，降低混凝剂用量。缺点：投资大，费用较氯化消毒高；消毒后对管道有腐蚀作用，故出厂水无剩余O_3，因此需要第二消毒剂；与铁、锰、有机物等反应，可产生微絮凝，使水的浊度升高。

（4）紫外线消毒：波长200~295nm的紫外线具有杀菌作用，其中以波长254nm的紫外线杀菌作用最强。紫外线对病原微生物杀灭作用的原理：当微生物被照射时，紫外线可透入微生物体内作用于核酸、原浆蛋白与酶，使其发生化学变化而造成微生物死亡。紫外线用于消毒的设备有两种，即浸入式和水面式，浸入式消毒效率较高。不管何种形式，消毒时要求原水色度和浊度要低，水深最好不要超过12cm。

紫外线消毒的优点是接触时间短、杀菌效率高；缺点是消毒后无持续杀菌作用，价格贵。

第三节 社会环境与健康

社会环境主要由社会制度、经济、文化和风俗习惯等因素所构成。是人类在生产、生活和社会交往过程中逐渐形成的。人类的健康不仅仅与生物因素、自然环境因素有关，还与社会环境因素息息相关。研究社会环境与人类健康之间的关系，在疾病的发生、发展、转归及防制过程中，起着至关重要的作用。

一、社会因素与健康

社会因素（social environment）又称非物质环境，是指人类生存及活动范围内的社会物质、精神条件的总和，包括政治制度、经济状况、社会人口状况、科学技术、文化教育、家庭婚姻、医疗保健制度等。社会因素不但可直接影响个体和群体的健康状况，而且还可以影响自然环境和人的心理过程，再间接地影响人体的生理健康。随着社会的发展和进步，人们越来越关注由于社会因素作为病因而导致的各种健康问题。

（一）社会制度与健康

社会制度是指在一定历史条件下形成的社会关系和社会规范体系。社会制度是人民健康的根本保证，对人群健康起决定性作用。我国的社会制度是社会主义制度，各项卫生方针、政策、法令、法规都是从维护最广大人民群众的根本利益出发的，使广大人民群众的政治、经济和文化权益得到了切实保障，从建国之初，党和政府就确立了"预防为主"的卫生工作方针，对促进人民健康起到了重要作用。1997年又提出了"以农村为重点，预防为主，中西医并重，依靠科技与教育，动员全社会参与，为人民健康服务，为社会主义现代化建设服务"的新时期卫生工作方针。正是这些正确的方针、制度，我国在半个世纪的时间里取得了举世瞩目的成绩，营养不良及烈性传染病基本得到控制，人民健康状况得到巨大改善，居民平均期望寿命大幅度提高。

（二）社会经济与健康

社会经济发展与人群健康的关系是辨证的。社会经济发展是提高人群健康水平的根本保证，人群健康又是社会经济发展的先决条件。

1. 经济发展促进健康水平的提高　全世界范围的统计资料表明，一个国家、一个地区的宏观经济发展水平与居民健康状况之间具有非常密切的联系。经济发展对健康的影响主要是通过对促进发展卫生事业和改善生活条件途径对健康产生影响。经济水平提高，用于卫生事业的投入就会增加，卫生事业就会得到长足的发展，人们可用于卫生保健的投入就会相应地提高，健康水平也会相应地提高；生活条件的改善，尤其是营养和公共卫生条件的改善，能够提高免疫力，减少感染性疾病的发生。通过全世界不同国家之间的比较也能发现，不同经济水平的国家之间，健康水平也存在显著差异。与发达国家比较，发展中国家的健康状况则要差得多（表2-4）。

表2-4　一些国家居民健康指标与经济水平的关系

国家	人均GNP（美元）	出生率（‰）	死亡率（‰）	婴儿死亡率（‰）	平均期望寿命（岁）
瑞典	24 830	13	12	4.8	78
日本	31 450	10	7	4.3	79
美国	24 750	15	9	8.0	76
澳大利亚	17 510	15	7	6.1	78

续表

国家	人均GNP(美元)	出生率(‰)	死亡率(‰)	婴儿死亡率(‰)	平均期望寿命(岁)
中国	490	18	6	44	69
斯里兰卡	600	21	6	19.4	73
墨西哥	3750	27	5	34	72
巴西	3020	25	8	58	66
埃及	660	30	8	62	64
印度	290	29	9	74	60
坦桑尼亚	100	45	12	92	49

摘自：美国人口咨询局编印《1995年世界人口数据表》

2. 经济发展带来的新问题 经济发展有利于健康水平提高，但在经济发展过程中，由于对环境的破坏和人们生活方式的改变，也会产生一些负面效应，带来一些新的健康问题。

（1）现代社会病的产生：由于人们的生活条件和生活方式的改变，直接对人类健康产生有害的影响，导致了肥胖症、冠心病、高血压、糖尿病、恶性肿瘤等疾病及车祸等伤害。这些都与社会现代化、物质文明高度发展及相应的生活方式有关，被称之为"现代社会病"。

（2）心理紧张因素增加：激烈竞争使人们的生活节奏加快、工作紧张、人际关系复杂、应激事件增加，使心身疾病、精神疾病、自杀现象增多。

（3）环境污染和破坏：工业生产、交通的发展增加了废物、废气、废水的排放，工业化、都市化进程导致大量的植被破坏；汽车尾气及噪声成为影响现代城市环境污染的主要来源，由此产生的健康问题和潜在危害广泛存在。

3. 健康水平对经济发展的促进作用 经济发展从根本上说是生产力发展的结果，生产力诸要素中最重要的要素是具有一定体力、智力和劳动技能的人，人的健康与智能对生产力的发展起着决定性作用，也就是说人群健康水平的提高必将对社会经济的发展起到推动作用。

（1）有助于延长劳动力的工作时间，创造更多的财富。

（2）有助于降低病、伤缺勤的损失。

（3）有助于提高劳动效率。

（三）人口发展与健康

人类社会的生产包括物质资料的生产和人类自身的生产两类，两者相互依存、相互制约。在一定的经济和生产力发展水平条件下，人口发展即人口的数量、质量和再生产的速度，决定了人们的生活水平和健康水平。

1. 人口数量与健康 人口数量是指一个国家或地区在某一时点或时期人口的总和。人口数量过多对人类健康的影响主要表现在以下几个方面：①加重社会负担，影响人群生活质量；②加重教育及卫生事业的负担，影响人口质量；③增加社会不安定因素；④加重了环境污染和破坏。

2. 人口结构与健康 人口结构主要指人口的性别、年龄、婚姻、职业、文化等结构。其中与健康最为密切的是年龄及性别结构。

3. 人口素质与健康 人口素质是指人类本身具有的认识改造世界的条件和能力，包括人的身体素质、思想科学文化技术素质和道德素质等。人口素质对健康的影响主要表现在以下三个方面：①身体素质是人群健康水平整体提高的表现；②科学文化素质是提高人群健康水平的基础；③道德素质是提高人群健康水平不可缺少的因素。

（四）家庭关系与健康

家庭是社会的基本单位，它是以婚姻和血缘关系为基础的一种社会生活组织形式。家庭中每个成员承担多种不同的角色，形成错综复杂的家庭关系。随着现代医学模式的不断发展，家庭与健康的关系正越来越多地为人们所认识。

1. 家庭的类型与功能

（1）家庭类型：家庭结构主要指人口构成，按家庭成员之间的关系，可将家庭划分为以下几种类型：①核心家庭。是指由一对夫妻及其未成年或未婚配的子女组成的家庭。②主干家庭。是指由两代的两对夫妻和第三代的未婚子女组成的家庭。③联合家庭。是由父辈同几对后代，甚至孙代配偶组成的家庭。④其他家庭。包括异常家庭，如鳏、寡、孤独等一个人的家庭。

家庭的生命周期一般可划分为不同的阶段（结婚无孩阶段、生育阶段、离巢阶段、空巢阶段、鳏寡阶段）。不同类型的家庭对人产生不同的影响，同一家庭在不同的发展阶段存在不同的家庭问题。

（2）家庭的功能：家庭功能是多方面的，以满足人们的生理需要和社会需要，主要可归纳为四种功能，即养育子女、生产和消费、赡养老人、休息和娱乐。

2. 家庭对健康和疾病的影响　家庭是人出生后首先接触的社会，是人们日常活动的主要场所，也是人们寻求安慰、身心得到休息的最好处所。"健康"家庭有利于家庭成员的身心健康。而"缺陷"家庭则有损于身心健康。家庭结构破坏及缺陷，如离婚、丧偶、子女死亡造成的单亲家庭、残缺家庭，对健康的损害尤为突出。家庭环境主要通过以下途径影响健康。

（1）家庭通过生物遗传影响健康：每个人都是其父母基因型与环境相互作用的产物。有些疾病就是受到家庭遗传因素和母亲孕期的各种因素影响而产生的。近亲结婚可导致子女遗传性疾病和先天性疾病的危险增加。

（2）家庭支持对健康的影响：家庭的支持对疾病的治疗和康复有很大的影响，在良好的家庭中患有慢性病的儿童比功能不良家庭中的慢性病儿童生活得更愉快、更有食欲、更利于康复。家庭是儿童出生后的第一所学校，父母是儿童出生后的第一任教师，良好的家庭环境是儿童生理、心理和社会性成熟的必要条件。对老年人来说，有配偶的、家庭和睦的、无孤独感的、经常参与家庭事务者健康状况更好。此外，家庭支持也会影响慢性病患者对医嘱的依从性，如糖尿病患者的饮食控制，家人的合作与监督是极为关键的因素。家庭关系不融洽甚至家庭暴力，使家庭成员不但未从家庭得到帮助和支持，反而带来心理创伤和躯体损伤，对健康产生不利的影响。

（3）家庭通过生活习惯养成影响健康：家庭成员一般都具有相似的生活习惯和行为方式，一些不良的生活习惯和行为方式也常常成为家庭成员的"通病"，明显影响家庭成员的健康。家庭也影响家庭成员的求医行为。某一家庭成员频繁就医或过分依赖医生往往预示着家庭有严重的功能障碍。很多研究表明：青少年犯罪大多是由家庭走向社会的。如父母离异、贫穷、溺爱、娇惯、遗弃等都可成为青少年犯罪的诱因。长期失去父母的照顾与自杀、抑郁和社会病态人格三种精神障碍有密切关系。

（4）家庭物理环境影响健康：家庭居住环境过分拥挤为许多疾病的传播创造了条件，而过分拥挤所引起的家庭成员的身心障碍比传播疾病对健康的影响更为重要。由于缺少家庭成员个人活动的适当距离，夫妻的感情交流及性生活受到限制，使家庭成员产生压抑感、沉闷感。

（五）文化教育与健康

文化教育是反映一个国家和民族文化水平高低的主要指标。在一定的经济水平下，文化程度或受教育程度的高低会对健康产生重大的影响。调查研究发现受过良好教育的人，其接受卫生知识越多，在日常生活中更注重自我保健，更讲究合理的饮食，培养良好的生活习惯，在遇到健康的问题时也能主动地去查阅寻找解决健康问题的方法，因而健康水平也较高。例如，文盲母亲总的婴儿死亡率是受过 10 年以上教育母亲的 2.5 倍。因此提高教育水平能促进健康水平的提高，而且这种影响可能会作用人的一生。

（六）风俗习惯与健康

风俗习惯是人类社会发展进程中长期形成的风尚、礼节、习惯。风俗习惯与人们的日常生活关系密切，它贯穿于人们的衣、食、住、行各个环节。在众多的风俗习惯当中既有对人类健康的风俗习惯，也有不利于健康的风俗习惯。例如中国人有喝开水的习惯，就有助于避免饮水而造成传染病的发生。

对于风俗习惯，好的要继承，有碍健康的坏风俗就要改变。要采取法律禁止、行政命令和说服教育相结合的方式来保护健康，让人们自觉地移风易俗，让风俗习惯往健康的方向改变。

（七）卫生服务与健康

卫生服务的任务不仅仅是治病救人，而且要维护及促进人群的健康。因此医疗保健被列入社会保障的范畴，卫生事业的发展是社会发展的重要方面。

1. 卫生资源投入与健康　卫生资源投入量及其分布对人群健康影响极大。发达国家和发展中国家之间的健康水平和卫生资源存在很大差距。在卫生服务提供过程中，卫生人力、物力和财力投入是其主要的卫生投入。在发展中国家及不发达国家，卫生资源投入不足的现象极为普遍，这些国家的卫生经费很难达到 WHO 要求的占 GNP5% 的标准；在同一国家内，卫生资源分布不均匀也十分普遍，尤其是城、乡之间差别更为突出。据 WHO 资料，发展中国家只有 1/4 的城市人口，却有 3/4 的医生在城市工作；3/4 的农村人口仅拥有 1/4 的医生数。我国自新中国成立后卫生事业有了极大的发展，但与发达国家相比还有很大的差距。1990—1995 年全国卫生费用占国民生产总值的比例基本保持在 4% 左右。1995 年美国卫生经费占国民生产总值的比例为 14.2%。

2. 组织实施卫生服务与健康　一定的资源投入是开展卫生服务必备的条件，但卫生资源的投入量并非是获得健康效应的决定因素。如何合理使用卫生资源，即如何组织实施卫生服务，获得理想的健康投资效益更为重要。目前，中国正处于剧烈的变革时期，公费医疗制度、劳保医疗制度和农村合作医疗制度是我国近半个世纪以来三种主要的医疗保健制度，现阶段公费医疗制度和劳保医疗制度正逐步向城镇职工基本医疗保险制度过渡，其目的在于能科学合理地使用卫生资源，组织实施卫生服务，提高社会效益，促进健康。

目标检测

选择题

1. 有生物生存的地球表层称（　　）
   A. 生态系统
   B. 生态平衡
   C. 生物圈
   D. 生态环境

2. 引起水俣病的化学元素是（ ）
   A. 铅　　　　　B. 汞
   C. 铬　　　　　D. 镉
3. 伦敦烟雾事件的起因是由于污染物的（ ）
   A. 急性作用
   B. 慢性作用
   C. 远期作用
   D. 非特异作用
4. 引起痛痛病的化学元素是（ ）
   A. 镉　　　　　B. 铍
   C. 铅　　　　　D. 铬
5. 目前，造成环境污染的最主要原因为（ ）
   A. 交通运输
   B. 自然灾害
   C. 生活性污染
   D. 生产性污染
6. 臭氧层空洞可引起（ ）
   A. 肺癌的病死率上升
   B. 感冒的发病率上升
   C. 白内障的发病率上升
   D. 佝偻病的发病率上升
7. 生物体内污染物浓度超过环境中浓度的现象称为（ ）
   A. 生物富集
   B. 生物转化
   C. 生物净化
   D. 增毒作用
8. 以下哪些因素不是影响环境污染物健康损害程度的因素（ ）
   A. 污染物的剂量
   B. 个体感受性
   C. 遗传因素
   D. 受影响的人群数量
9. 环境污染物引起的生物效应直接取决于（ ）
   A. 剂量
   B. 理化性质
   C. 作用时间
   D. 环境条件
10. 关于酸雨的危害，下列叙述哪种是错误的（ ）
    A. 水质酸化，导致湖泊的水生生态系统发生变化
    B. 湖泊出现富营养化现象
    C. 影响浮游生物、鱼类的繁殖
    D. 农作物减产
11. 治理环境污染的根本措施是（ ）
    A. 工业企业合理布局
    B. 改革工艺，综合利用
    C. 采用经济有效的物理方法进行净化处理
    D. 采用经济有效的化学方法进行净化处理
12. 下列哪一种水源最理想（ ）
    A. 降水
    B. 江河水
    C. 深层地下水
    D. 浅层地下水
13. 饮用水的基本卫生要求下面哪个除外（ ）
    A. 流行病学上安全
    B. 感官性状良好
    C. 不含任何有害化学物质
    D. 净化消毒设施完善
14. 当水进行氯化消毒时，管网末梢水中要求含有一定量的余氯，监测余氯的主要作用是（ ）
    A. 保证流行病学上安全
    B. 保证管网内的水持续消毒
    C. 增加消毒剂与饮用水的作用时间
    D. 是否发生二次污染的信号
15. 生活饮用水卫生标准对消毒30min后水中游离性余氯的要求（ ）
    A. 不低于 0.05mg/L
    B. 不高于 0.3mg/L
    C. 不低于 0.3mg/L
    D. 不高于 0.05mg/L
16. 社会经济因素对人群健康的影响是通过（ ）
    A. 工作环境
    B. 营养状况
    C. 文化教育
    D. 卫生服务
    E. 以上都是

17. 发展中国家与发达国家的疾病类型和死因谱存在明显差异，主要原因是（　　）
    A. 政治制度
    B. 经济因素
    C. 教育因素
    D. 风俗习惯
    E. 卫生服务
18. 家庭对家庭成员健康的影响在于（　　）
    A. 生物遗传
    B. 提供社会支持
    C. 家庭的物理环境
    D. 家庭成员的行为、生活方式直接影响健康
    E. 以上各条均影响家庭成员健康
19. 教育对人群健康的影响是通过（　　）
    A. 与物质水平相关
    B. 影响生活方式
    C. 懂得较多的卫生保健知识
    D. 影响下一代健康
    E. 以上都是

（张　谦）

第3章 食物与健康

"民以食为天,食以安为先",食物营养与食品安全对人类健康和疾病始终起着非常重要的作用。食物适宜摄入量和平衡膳食可维持机体正常的生理功能,提高机体的抵抗力和免疫力,促进生长发育和健康长寿;营养不当则可导致营养不良、营养过剩及营养相关慢性病的发病增加;而食品污染会降低食品的卫生质量或对人体造成不同程度的危害。因此,指导居民正确选择食物,合理营养膳食,对预防营养性疾病的发生、降低各种疾病的发病风险、促进人们的健康水平有非常重要的意义。

第一节 食物与营养

● 案例3-1

赵××,女,22岁,身高1.64米,体重48千克。为了追求苗条的身材,一年来一直控制饮食,以蔬菜水果为主,几乎不吃动物性食品,主食摄入量一天不超过100g。最近经常感到头晕、全身乏力,月经不规律、量减少。经营养咨询后在医院做了一个血常规检查,其中血红蛋白(Hb)为82g/L,平均血红蛋白含量(MCH)为24pg,其余各项指标正常。

问题:1. 小赵的BMI值是否在正常范围内?
2. 请结合化验结果,对小赵营养状况做出评价。
3. 作为一名营养师,请对小赵的膳食改善给出指导建议。

 概述

(一)基本概念

1. 食物 食物(food)是指各种供人食用或饮用的成品或原料。按来源分为植物性食物和动物性食物两大类,包括粮谷类、蔬菜水果类、禽鱼肉蛋类、奶及奶制品、豆及豆制品、油和盐。

2. 营养 "营"为谋求,"养"为养生,营养(nutrition)就是谋求养生。具体是指人体摄取、消化、吸收、利用食物中营养素和其他对身体有益的成分,以维持机体正常生长发育和各种生理功能的动态的生物学过程。

3. 营养素 营养素(nutrients)是指食物中所含有的能维持生存、生长发育、体力活动和机体新陈代谢的化学物质。人体所需的营养素有七大类：蛋白质、脂肪、糖类（又称碳水化合物）、维生素、矿物质、水和膳食纤维。不能在体内合成，必须从食物中获得的营养素称为"必需营养素"；可在体内由其他的食物成分转换生成的营养素，称为"非必需营养素"。蛋白质、脂肪、糖类因需要量多，在体内经氧化分解可产生能量，故称为宏量营养素或产热营养素；维生素和矿物质由于需要量较小，称微量营养素。

4. 营养学　营养学（nutrition science）属于生命科学的一个分支，也是预防医学的重要组成部分，是研究食物中的营养素及其他生物活性物质对人体健康的生理作用和有益影响的科学。

5. 食品卫生学　食品卫生学（food hygiene）是研究食物中可能存在的、威胁人体健康的各种有害因素及其预防措施，提高食品卫生质量，保护消费者安全的科学。

（二）营养素的主要功能

（1）参与机体组织、细胞的构成，满足生长发育及组织修复的需要。

（2）供给机体基础代谢、活动和生产劳动所需的热能。

（3）维持和调节正常的生理功能。

各种营养素的功能不同，人体对其需求量也不相同，因此在摄入食物时，应做到食物多样化，以供给机体充足数量的营养素，同时保持它们之间的平衡，以满足机体的生理需要。

（三）中国居民膳食营养素参考摄入量

中国居民膳食营养素参考摄入量（dietary reference intakes，DRIs）（2013版）是为了保证人体合理摄入营养素，避免缺乏和过量，在推荐膳食营养素供给量（RDA）基础上发展起来的每日平均膳食营养素摄入量的一组参考值。随着营养学研究的发展，DRIs内容逐渐增加。2000年第一版包括四个参数：平均需要量、推荐摄入量、适宜摄入量、可耐受最高摄入量。2013年修订版增加了与非传染性慢性病（NCD）有关的三个参数，即宏量营养素可接受范围、预防非传染性慢性病的建议摄入量和某些膳食成分的特定建议值。

1. 平均需要量（estimated average requirement，EAR）　EAR是指某一特定性别、年龄及生理状况群体中个体对某营养素需要量的平均值。按照EAR水平摄入营养素，根据某些指标判断可以满足某一特定性别、年龄及生理状况群体中50%个体需要量的水平，但不能满足另外50%个体对该营养素的需要。EAR是制定推荐摄入量（RNI）的基础，由于某些营养素的研究尚缺乏足够的人体需要量资料，因此并非所有营养素都能制定出其EAR。

2. 推荐摄入量（recommended nutrient intake，RNI）　RNI是指可以满足某一特定性别、年龄及生理状况群体中绝大多数个体（97%~98%）需要量的某种营养素摄入水平。长期摄入RNI水平可以满足机体对该营养素的需要，维持组织中有适当的储备以保障机体健康。RNI相当于传统意义上的RDA。RNI的主要用途是作为个体每日摄入该营养素的目标值。

能量需要量（estimated energy requirement，EER）是指能长期保持良好的健康状态、维持良好的体型、机体构成及理想活动水平的个体或群体，达到能量平衡时所需要的膳食能量摄入量。群体的能量推荐摄入量直接等同于该群体的能量EAR，能量的推荐摄入量不用RNI表示，而直接使用EER来描述。

3. 适宜摄入量（adequate intake，AI）　AI是通过观察或实验获得的健康群体某种营养素的摄入量。当某种营养素的个体需要量研究资料不足而不能计算出EAR，从而无法推算RNI时，可通过设定AI来提出这种营养素的摄入量目标。例如纯母乳喂养的足月产健康婴儿，从出生到 4~6 个月，他们的营养素全部来自母乳，故摄入母乳中的营养素数量就是婴儿所需各种营养素的 AI。

AI 与 RNI 相似之处是两者都能满足目标人群中几乎所有个体的需要。AI 和 RNI 的区别在于 AI 的准确性远不如 RNI，可能高于 RNI。

4. 可耐受最高摄入量（tolerable upper intake level，UL） UL 是平均每日可以摄入营养素的最高量。这个量对一般人群中的几乎所有个体都不至于损害健康，但并不表示达到此摄入水平对健康有益。对大多数营养素而言，健康个体的摄入量超过 RNI 或 AI 水平并不会产生益处。因此，UL 并不是一个建议的摄入水平。

UL 的主要用途是检查个体摄入量过高的可能，避免发生中毒。当摄入量超过 UL 时，发生不良反应的危险性增加。在大多数情况下，UL 包括膳食、强化食物和添加剂等各种来源的营养素之和。

5. 宏量营养素可接受范围（acceptable macronutrient distribution ranges，AMDR） AMDR 指蛋白质、脂肪和糖类理想的摄入量范围，该范围可以提供这些必需营养素的需要，并且有利于降低发生 NCD 的危险，常用占能量摄入量的百分比表示。三者的摄入比例影响微量营养素的摄入状况，当产能营养素摄入过量时又可能导致机体能量储存过多，增加 NCD 的发生风险。因此有必要提出 AMDR，以预防营养素缺乏，同时减少摄入过量而导致 NCD 的风险。传统上 AMDR 常以某种营养素摄入量占摄入总能量的比例来表示，其显著的特点之一是具有上限和下限。如果个体的摄入量高于或低于推荐范围，可能引起必需营养素缺乏或罹患 NCD 的风险增加。

6. 预防非传染性慢性病的建议摄入量（proposed intakes for preventing non-communicable chronicdiseases，PI-NCD，简称建议摄入量，PI） 膳食营养素摄入量过高导致的 NCD 一般涉及肥胖、高血压、血脂异常、卒中、心肌梗死及某些癌症。PI-NCD 是以 NCD 的一级预防为目标，提出的必需营养素的每日摄入量。当 NCD 易感人群某些营养素的摄入量达到 PI 时，可以降低发生 NCD 的风险。此次提出 PI 值的有维生素 C、钾、钠。

7. 特定建议值（specific proposed levels，SPL） 近几十年的研究证明传统营养素以外的某些膳食成分，具有改善人体生理功能、预防 NCD 的生物学作用，其中多数属于植物化合物。SPL 是指膳食中这些成分的摄入量达到这个建议水平时，有利于维护人体健康。此次提出 SPL 值的有大豆异黄酮、叶黄素、蕃茄红素、植物甾醇、氨基葡萄糖、花色苷、原花青素。

> 链接3-1
> ### 2013 修订版中国居民膳食营养素参考摄入量（DRIs）五大亮点
> 1. 建立科学循证营养学程序并用于 DRIs 修订。
> 2. 收录了近十年营养学研究的新成果。完成了 67 个营养素和非营养素近千个科学数据的制订及修订，增加了 10 种营养素的 EAR/RNI 数值。
> 3. 首次提出预防 NCD 摄入量。提出宏量营养素的可接受范围（AMDR），以及一些微量营养素预防 NCD 的建议摄入量（PI-NCD）。
> 4. 首次提出其他膳食成分的特定建议值（SPL）。增加植物化学物等"其他膳食成分"的结构、性质、生物学作用等内容，对科学依据充分的，提出了 UL 或（和）特定建议值（SPL）。这是别国膳食营养素参考摄入量中尚未有的"新品种"。
> 5. 更详细地说明 DRIs 应用，为推广应用 DRIs 提供有益的参考。

二 能量与宏量营养素

（一）能量

人体的能量主要来自食物中的产热营养素，包括糖类、脂类和蛋白质。这些物质通过被氧化释放能量，以维持机体代谢、神经传导、呼吸、循环及肌肉收缩等功能，同时在产能过程中释放热能以维持体温。

1. 能量单位和能量系数　国际上通用的能量单位是焦耳（J）、千焦耳（kJ），营养学以前习惯使用的能量单位是卡（cal）或千卡（kcal）。两种能量单位的换算关系如下。

$$1\text{ 千卡（kcal）} = 4.184\text{ 千焦耳（kJ）}$$
$$1\text{ 千焦耳（kJ）} = 0.239\text{ 千卡（kcal）}$$

每 1g 产热营养素在体内氧化产生的能量值称为能量系数。三种产能营养素的能量系数分别是：每克糖类为 16.8kJ（4.0kcal），每克脂肪为 37.56kJ（9.0kcal），每克蛋白质为 16.74kJ（4.0kcal）。

2. 人体的能量消耗　成年人的能量消耗主要用于基础代谢、身体活动和食物热效应三方面需要。对于婴幼儿、儿童、青少年还应包括生长发育所需要的能量。

（1）基础代谢：基础代谢是机体处于清醒、空腹、安静状态下维持体温、心跳、呼吸、各器官组织和细胞功能等最基本的生命活动所必需的能量消耗，是能量消耗的主要部分。基础代谢受性别、年龄、体表面积、内分泌、气候、疾病等因素的影响。

（2）身体活动：身体活动消耗的能量是影响人体总能量消耗的最重要部分。能量消耗与劳动强度、工作性质、劳动持续的时间及工作熟练程度有关，其中以劳动强度影响最为明显。人体能量需要量的不同主要是由于身体活动水平的不同所致。

（3）食物热效应：也称食物特殊动力作用（specific dynamic action，SDA），是指人体摄食过程中对营养素进行消化、吸收、代谢转化等引起的额外能量消耗。不同营养素 SDA 不同，一般糖类为 5%～10%，脂肪为 0%～5%，蛋白质为 20%～30%。成年人摄入混合膳食，每日由于食物特殊动力作用而额外增加的能量消耗相当于基础代谢的 10%。

3. 食物来源与参考摄入量　食物中的糖类、蛋白质和脂肪是膳食热能的主要来源。三大产热营养素供给热能的比例要适当，建议成年人膳食中糖类提供的能量占总能量的 50%～65%，脂肪占 20%～30%，蛋白质占 10%～15%。根据我国居民饮食习惯，热能的主要来源是粮谷类，其次为食用油脂、动物性食品及蔬菜。

（二）蛋白质

1. 氨基酸　蛋白质（protein）基本组成单位是氨基酸，构成人体蛋白质的氨基酸有 21 种，其中有 9 种氨基酸是人体不能合成或合成速度不能满足机体需要，必须由食物提供的称为必需氨基酸。它们是亮氨酸、异亮氨酸、赖氨酸、蛋氨酸、苯丙氨酸、苏氨酸、色氨酸、缬氨酸和组氨酸，其中组氨酸是婴儿必需氨基酸。半胱氨酸和酪氨酸在体内可分别由蛋氨酸和苯丙氨酸转变生成，因此，这两种氨基酸称为半必需氨基酸。其他氨基酸称为非必需氨基酸。

2. 生理功能　蛋白质是构成人体细胞、组织、器官结构的主要物质，也是酶、抗体及某些激素的主要成分；可促进机体生长发育、组织更新修复，维持机体内环境稳定及多种生命活动；在体内可代谢分解提供能量。

3. 氨基酸模式　蛋白质中各种必需氨基酸的构成比称为氨基酸模式。食物蛋白质氨基酸模式与人体越接近，其消化吸收利用率越高，食物中蛋白质的营养价值越高。鸡蛋蛋白质氨基酸模式与人体最接近，消化吸收利用率最高，在比较食物蛋白质营养价值时常作为参考蛋白质。

4. 限制氨基酸　食物蛋白质中一种或几种必需氨基酸含量相对较低，导致其他必需氨基酸在体内不能被充分利用而使蛋白质营养价值降低，这些含量相对较低的必需氨基酸称为限制氨基酸。其中，含量最低的称第一限制氨基酸，余者类推。植物性蛋白因赖氨酸、蛋氨酸、苏氨酸和色氨酸的含量相对较低，所以营养价值也相对较低。

5. 蛋白质的互补作用　为提高植物性蛋白质的营养价值，将两种或两种以上的食物蛋白混合食用，相互补充必需氨基酸的不足，从而达到以多补少的目的，使氨基酸模式更接近人体的需要，提高蛋白质的营养价值。这种不同食物间相互补充其必需氨基酸不足的作用称为蛋白质的互补作用。例如，将谷类和豆类搭配、肉类与蔬菜类食物搭配，有利于发挥蛋白质的互补作用。

6. 食物来源与参考摄入量　蛋白质的食物来源可分为植物性和动物性两大类，谷类含蛋白质 8% 左右，是居民的主食，摄入量大，也是膳食蛋白质的主要来源。动物性食物蛋白质含量为 15%～22%，大豆蛋白质含量高达 35%～40%，它们属于优质蛋白质。

由于动物性蛋白质营养价值优于植物蛋白质，为改善膳食蛋白质的质量，在膳食中优质蛋白的摄入应占膳食蛋白质总量的 30%～50%。

《中国居民膳食营养素参考摄入量（DRIs）》（2013 版）推荐我国成年人蛋白质的 RNI 为 1g/（kg·d），即蛋白质的 RNI 为男性 65g/d，女性 55g/d。

（三）脂类

1. 结构　脂类是脂肪和类脂的总称。脂肪又称三酰甘油（TG），是由 1 分子甘油和 3 分子脂肪酸结合而成；类脂包括磷脂、固醇及其酯。脂肪酸按其饱和程度可分为饱和脂肪酸（SFA）、单不饱和脂肪酸（MUFA）、多不饱和脂肪酸（PUFA），按其空间结构不同可分为顺式脂肪酸和反式脂肪酸。人体生理必需的而自身又不能合成、必须通过食物供给的多不饱和脂肪酸称为必需脂肪酸（EFA）。

2. 生理功能　脂肪是重要的机体成分，为机体提供和储存能量，是食物中能量密度最高的营养素。能促进脂溶性维生素的吸收，维持体温、保护脏器，提供必需脂肪酸亚油酸（n-6）和 α-亚麻酸（n-3），还能增加食物美味，促进食欲和增加饱腹感。类酯主要维持生物膜的结构与功能，参与脑和神经组织的构成；胆固醇是合成维生素和激素的前体。

3. 食物来源与参考摄入量　膳食脂肪主要来源于动物的脂肪组织和肉类及坚果和植物的种子。动物脂肪中饱和脂肪酸含量较高（鱼油除外），植物油中含较多的不饱和脂肪酸（椰子油除外），鱼油中维生素 A、维生素 D、EPA、DHA 含量较为丰富，脑、肝、肾等内脏中胆固醇含量较高。

《中国居民膳食营养素参考摄入量（DRIs）》（2013 版）推荐成年人膳食脂肪 AMDR 为 20%E～30%E，SFA 的 U-AMDR 为 <10%E，EFA 的摄入量不少于总热能的 3%，SFA、MUFA、PUFA 的比例 1∶1∶1 为宜。

（四）糖类

1. 结构　糖类也称碳水化合物，按照聚合度分为单糖、寡糖和多糖。食物中的糖主要包括单糖、双糖和糖醇。单糖主要为葡萄糖、果糖和半乳糖，葡萄糖是构成食物中各种糖类最基本的单位。常见的双糖有蔗糖、乳糖和麦芽糖。寡糖是由 3～9 个单糖构成的一类小分子多糖，主要有棉子糖和水苏糖，寡糖具有抗消化酶特性，常可引起腹胀和排气。多糖是由 10 个以上单糖组成的大分子糖,分为淀粉和非淀粉多糖。淀粉是可以被人体消化吸收与利用的多糖,为人体必需的营养素。非淀粉多糖 80%~90%为膳食纤维(dietary fiber),膳食纤维是指不能被人体利用的多糖,包括纤维素、半纤维素、果胶和亲水胶体物质及木质素。

2. 生理功能　糖类是人类最主要和最经济的能量来源,是神经系统和心肌的主要能源,也是肌肉活动时的主要燃料,对维持神经系统和心脏的正常供能、增强耐力、提高工作效率都有重要意义。糖类也是构成机体组织的重要物质,并参与细胞的组成和多种活动,有节约蛋白质、抗生酮、解毒作用。膳食纤维具有刺激肠道蠕动、降低血糖和血胆固醇、预防结肠癌、控制体重和减肥的作用。

3. 食物来源与参考摄入量　食物中的糖类主要来自粮谷类、薯类、根茎类及各种食糖。谷类含糖类 70%~75%、薯类含糖类 20%~25%。纯糖类食物还包括糖果、酒类、饮料等。膳食纤维广泛存在于植物性食物中,如粗粮、根茎类、豆类、蔬菜水果类,尤以芹菜、韭菜、毛笋等蔬菜中膳食纤维含量较多。

《中国居民膳食营养素参考摄入量(DRIs)》(2013 版)建议 1 岁以上人群糖类可接受范围 AMDR 为 50%E~65%E,建议膳食纤维适宜摄入量 25~30g/d,纯能量食物如糖的摄入量占总能量的 10%以下。

维生素

维生素(vitamin)是维持机体正常生理功能及细胞内特异代谢反应所必需的一类低分子有机化合物。这类物质在体内既不是构成身体组织的原料,也不是能量的来源,而是一类调节物质,在物质代谢中起重要作用。

维生素按其溶解性可分为脂溶性维生素(维生素 A、维生素 D、维生素 E、维生素 K)和水溶性维生素(维生素 B_1、维生素 B_2、维生素 PP、维生素 B_6、叶酸、维生素 B_{12}、泛酸、生物素等 B 族维生素和维生素 C)两大类。脂溶性维生素大部分贮存于脂肪组织和肝脏,其在肠道中的吸收都与脂类密切相关;水溶性维生素在体内仅有少量贮存,须每天通过食物补充,摄入不足易引起缺乏症。

维生素由于体内不能合成或合成量不足,所以虽然需要量很少(每日仅以毫克或微毫计算),但必须经常由食物供给。维生素摄入不足时,可表现其特有的维生素缺乏症。维生素缺乏的常见原因:①膳食中维生素含量不足;②体内吸收障碍;③需要量增加;④滥用抗生素。

1. 维生素 A　又称视黄醇,主要生理功能:参与视网膜内视紫红质的合成与再生以维持正常的视力;维持皮肤黏膜完整性;维持和促进免疫功能,增加对感染的抵抗力;促进生长发育并维持正常的生殖能力;具有一定的抗肿瘤作用。

维生素 A 缺乏可致暗适应时间延长,严重的可致夜盲症;可引起结膜干燥角化,形成眼干燥症,进一步可致角膜软化、溃疡、穿孔而致失明;还可引起皮肤干燥、毛囊角化等上皮组织的改变,局部抵抗力降低。儿童缺乏维生素 A 可使生长发育迟缓,呼吸道感染风险升高;孕早期缺乏还可引起早产、分娩低体重儿等。β胡萝卜素具有维生素 A 的生理功能,并与某些癌症(如肺癌、胃癌等)的发病呈明显负相关。

维生素 A 摄入过量,可致急、慢性中毒。大量摄入类胡萝卜素可出现高胡萝卜素血症,出现类似黄疸的皮肤,但停止食用后症状可消失。

维生素 A 的主要来源为肝脏、鸡蛋、鱼肝油、牛奶;胡萝卜素的主要来源为胡萝卜、红薯及菠菜等深绿色或红黄色蔬菜及水果。《中国居民膳食营养素参考摄入量（DRIs）》（2013 版）建议成年男性和女性的 RNI 分别为 800μgRAE/d 和 700μgRAE/d，UL 为 3000μgRAE/d。由于胡萝卜素在体内利用率不很稳定，建议儿童及成年人供给量中至少应有 1/3 来自动物性食物。

2. 维生素 D　又称抗佝偻病维生素，$1,25\text{-}(OH)_2D_3$ 是体内维生素 D 的活性形式。主要生理功能是促进钙、磷吸收，调节钙、磷代谢，促使骨骼及牙齿硬化。缺乏维生素 D 影响牙齿钙化，延缓牙齿萌出。严重缺乏时儿童可患佝偻病，成年人患骨质软化症，老年人患骨质疏松症。

鱼肝油中维生素 D 含量最丰富，动物肝脏、蛋黄和奶油中相对较多。《中国居民膳食营养素参考摄入量（DRIs）》（2013 版）建议 1～65 岁人群维生素 D 的 RNI 值为 10μg/d，65 岁以上增加至 15μg/d。

3. 维生素 E　又名生育酚，具有抗氧化作用，能保护生物膜、巯基酶及其他蛋白质巯基免受自由基和氧化剂的攻击，能维持红细胞的完整性，预防溶血。此外，维生素 E 对维持正常的免疫功能也很重要，也是哺乳动物维持生育功能必不可少的营养物质。

各种油料作物种子及植物油，如大豆、玉米、棉籽、花生及芝麻是维生素 E 的主要来源，谷物胚芽、坚果是维生素 E 的优质来源，蛋类、绿叶蔬菜含有一定量维生素 E。《中国居民膳食营养素参考摄入量（DRIs）》（2013 版）建议一般成年人维生素 E 的 AI 为 14mgα-TE/d。

4. 维生素 B_1　又称硫胺素，主要以焦磷酸硫胺素（TPP）活性形式参与体内能量代谢，促进乙酰胆碱合成，维持神经、肌肉特别是心肌的正常功能；并在维持正常食欲、胃肠蠕动和消化分泌方面也有重要作用。缺乏时易患脚气病，缺乏原因为长期摄入碾磨过细的精白米面而又缺乏其他杂粮和多种副食的补充、吸收障碍及需要量增加等。

维生素 B_1 含量丰富的食物有谷类、豆类及干果类。动物内脏（心、肝、肾）、瘦肉、蛋类中含量也较高。日常膳食中维生素 B_1 主要来自谷类食物，但不合理的加工烹调造成 30%～40% 的损失。《中国居民膳食营养素参考摄入量（DRIs）》（2013 版）建议一般成年人 RNI：男性 1.4mg/d，女性 1.3mg/d。

5. 维生素 B_2　又称核黄素，在体内以 FMN 和 FAD 的形式作为辅酶形成黄素蛋白，参与机体组织呼吸及氧化还原过程，并与视网膜感光作用、生长发育有关。缺乏时引起代谢障碍和皮肤黏膜的炎症，称为"口腔生殖系统综合征"，包括口角炎、唇炎、舌炎、阴囊皮炎、脂溢性皮炎及角膜血管增生等。

维生素 B_2 广泛存在于动物与植物性食物中，动物性食物一般含量较高，尤其在肝、肾、心含量较高。奶类、肉类及蛋类提供相当数量的维生素 B_2。谷类和蔬菜是中国居民维生素 B_2 的主要来源，但加工烹调对其存留有显著影响，如碾磨后的谷物可损失 60%的核黄素。

《中国居民膳食营养素参考摄入量（DRIs）》（2013 版）建议一般成年人 RNI：男性 1.4mg/d，女性 1.2mg/d。

6. 维生素 C　又称抗坏血酸，参与体内重要的羟化反应，促进胶原蛋白合成。具有较强的抗氧化作用，可将食物中三价铁还原为二价铁，促进铁的吸收；可阻断亚硝胺在体内的合成，提高机体免疫力，促进伤口愈合。可降低血胆固醇含量，预防动脉粥样硬化。大剂量的维生素 C 对某些毒物如重金属离子铅、汞、镉、砷、苯、细菌毒素及某些药物具有解毒作用。

维生素 C 缺乏可引起坏血病，以胶原结构受损、毛细血管广泛出血为特征，主要表现有牙龈肿胀、出血、萎缩，皮下片状瘀斑、骨膜下出血，常有鼻衄、月经过多及便血，还可导致骨骼病变与骨质疏松。

维生素 C 的主要来源是新鲜的蔬菜和水果，特别是绿色和红黄色的蔬果含量较高，野生植物如酸枣、猕猴桃、刺梨、沙棘等维生素 C 含量尤其丰富。

《中国居民膳食营养素参考摄入量（DRIs）》（2013 版）建议一般成年人 RNI 为 100mg/d，UL 为 2000mg/d。

7. 叶酸　又称蝶酰谷氨酸，其生物活性形式为四氢叶酸（THFA），主要生理功能是作为一碳单位的载体，参与核酸和蛋白质的合成，参与 DNA 甲基化，参与同型半胱氨酸代谢。叶酸缺乏可导致巨幼红细胞贫血、高同型半胱氨酸血症、胎儿神经管畸形，叶酸缺乏可使孕妇先兆子痫、胎盘早剥的发生率增高。研究证实，小剂量口服叶酸制剂是预防神经管畸形最安全有效的途径。

叶酸广泛存在于各种动物、植物性食物中。富含叶酸的食物为动物肝脏、豆类、酵母、坚果类、深绿色叶类蔬菜及水果。

叶酸的摄入量通常以膳食叶酸当量（DFE）表示。《中国居民膳食营养素参考摄入量（DRIs）》（2013 版）建议 RNI：一般成年人为 400μgDFE/d，孕妇为 600μgDFE/d，乳母为 550μgDFE/d；UL 为 1000μgDFE/d。

8. 烟酸　又称维生素 PP、抗癞皮病因子，在体内以烟酰胺形式参与辅酶 I 及辅酶 II 的构成，是组织呼吸过程中极其重要的递氢体，参与糖、脂肪和蛋白质的能量代谢与物质转化。烟酸还参与维护皮肤、神经、消化系统正常功能，缺乏时可引起癞皮病，典型症状是皮炎、腹泻和痴呆，简称"三 D"症状。

烟酸广泛存在于食物中，肝、肾、瘦肉、鱼及坚果类食物含量丰富；奶、干酪和蛋中含量不高，但色氨酸较多，可转化成烟酸。粮谷类中存在人体难以利用的结合型烟酸，但用碱处理后可使烟酸从结合型中释放出来。玉米中的烟酸为结合型，又缺乏色氨酸，故以玉米为主食的地区易发生癞皮病。

烟酸膳食参考摄入量以烟酸当量（mgNE）表示，《中国居民膳食营养素参考摄入量（DRIs）》（2013 版）建议成年人 RNI：男性 15mgNE/d，女性 12mgNE/d，UL 为 35mgNE/d。

四　矿物质

人体内的元素除碳、氢、氧、氮以有机化合物形式存在外，其余无论含量多少，统称为矿物质。其中含量大于体重 0.01% 的称为常量元素，包括钙、磷、钾、钠、硫、氯、镁；含量小于 0.01%，又是机体所必需的，称必需微量元素，包括铁、碘、锌、硒、铜、钼、铬、钴等 8 种。

矿物质主要生理功能：①构成机体组织，如钙、镁、磷是骨骼和牙齿的重要成分；②维持组织细胞渗透压、酸碱平衡，以及神经肌肉的兴奋性；③酶和维生素必需的活性因子，某些激素的组成成分；④参与血液凝固过程；⑤影响人体生长、发育、生死和寿命，在保健和防病方面有重要作用。

矿物质不能在机体合成，主要来源于食物和水，缺乏和过多都会对人体产生有害影响，并可成为某些疾病的重要病因。根据我国居民的饮食习惯，比较容易缺乏的元素是钙、铁和锌，在某些特殊地理环境下也可能有碘或硒的缺乏。有些元素，其生理需要量与中毒量之间相差很小，稍有不慎就会引起中毒，因此在补充矿物质时应特别注意。

1. 钙　　钙是构成人体的重要组分，占人体重量的1.5%～2.0%，体内约99%的钙储存在骨骼和牙齿中，是构成骨骼和牙齿的主要成分。1%的钙是维持正常生理功能所必需的，如心脏搏动、神经和肌肉兴奋性的正常维持等。若血清钙降低，可使神经、肌肉兴奋性增高引起抽搐，反之过高会抑制神经、肌肉的兴奋性。钙参与凝血过程，使凝血酶原变成凝血酶；参与维持体内酸碱平衡及毛细血管渗透压；此外，钙还是各种生物膜的组成成分，对维持生物膜正常通透性有重要作用。

钙的缺乏可导致血钙过低、骨钙化不良与骨质疏松。高钙可增加肾结石的危险性，可引起奶碱综合征，可干扰其他矿物质的吸收和利用。

钙主要在小肠吸收，影响钙吸收的因素主要包括机体和膳食两个方面的因素。钙的吸收率随着年龄的增长而下降，随着对钙生理需要量的增大而增加，体力活动可提高钙的吸收率。膳食中适量维生素D、某些氨基酸（赖氨酸、精氨酸、色氨酸）、乳糖和适当的钙、磷比例，均有利于钙吸收。膳食中草酸、植酸、膳食纤维、某些脂肪酸可与钙形成不可溶性复合物质而降低钙的吸收，抗酸药、四环素、肝素也不利于钙的吸收，蛋白质摄入过高也会降低肾小管对钙的再吸收。

食物中钙的最好来源是奶及奶制品，不但含量丰富，而且吸收率高。大豆及其制品也是钙很好的来源。深绿色叶菜、各种瓜子也是钙的较好来源。少数食物如虾皮、连骨小鱼、海带、发菜、芝麻酱等含钙量也很高。

《中国居民膳食营养素参考摄入量（DRIs）》（2013版）建议成年人RNI为800mg/d，UL为2000mg/d。

2. 铁　　成年人体内铁的总量4～5g，其中60%～75%存在于血红蛋白中，3%～5%存在于肌红蛋白中，1%存在于各种含铁酶类中，以上均为功能性铁，在体内氧和二氧化碳的转运、交换及组织呼吸、生物氧化过程中起着重要的作用。其余25%的铁为储备铁，主要以铁蛋白和含铁血黄素的形式存在于肝、脾和骨髓中。

膳食中可利用铁若长期不足，可导致缺铁和缺铁性贫血，多见于婴幼儿、孕妇和乳母。常可引起疲劳乏力、头晕、心悸、食欲缺乏、烦躁、面色苍白、指甲脆薄、反甲、免疫功能低下、工作能力下降等。儿童还可出现虚胖、肝脾轻度大，注意力不能集中等。

膳食铁分为血红素铁和非血红素铁。血红素铁主要存在于动物性食品中，吸收受膳食因素和胃肠道分泌物影响很小，吸收率可达30%左右，但高钙可降低血红素铁的吸收。非血红素铁主要存在于植物性食物和乳制品中，吸收率低，多在10%以下，受膳食因素影响较大。促进非血红素铁吸收的因素有维生素B_2、维生素C、柠檬酸、果糖、动物肉类和肝脏，阻碍因素有高钙、植酸、草酸、胃酸缺乏、抗酸药、酚类化合物（如浓茶、咖啡）等。

膳食中铁的最好来源为动物肝脏、全血、鱼类和肉类食品。海带、紫菜、黑木耳、黄豆含量也较高，白菜、油菜、芹菜等也含有较多的铁。

《中国居民膳食营养素参考摄入量（DRIs）》（2013版）建议成年人铁RNI（AI）：男性12mg/d，女性20mg/d，孕中期与乳母为24mg/d，孕后期为29mg/d。UL男女均为每天42mg/d。

3. 锌　　锌是一种多功能元素，在人体发育、认知行为、创伤愈合、味觉和免疫调节等方面发挥重要作用。常见缺锌症状有味觉障碍，偏食、厌食或异食；生长发育不良，矮小、瘦弱；

性成熟推迟，第二性征发育不全，性功能低下；皮肤干燥，皮疹，伤口愈合不良；免疫功能降低，反复感染；孕妇缺锌可导致胎儿畸形、低体重儿。

膳食因素可影响锌的吸收。蛋白质、维生素D、有机酸（如柠檬酸盐）等有利于锌的吸收；植酸，膳食纤维，过多的铜、镉、钙、亚铁等离子可妨碍锌的吸收。

动物性来源的食物如贝壳类海产品（以牡蛎含锌量最高）、红色肉类、动物内脏类是锌的极好来源，奶酪、虾、燕麦、花生等为良好来源，干果类、谷类胚芽和麦麸也富含锌。一般的植物性食物和蔬菜、水果中含锌较低。

《中国居民膳食营养素参考摄入量（DRIs）》（2013版）建议成年人锌RNI：男性12.5mg/d，女性7.5mg/d。

4. 硒　硒是谷胱甘肽过氧化酶的重要组成成分，具有抗氧化、免疫作用，有保护细胞膜和维持细胞正常的功能；硒可促进生长发育、维护心血管健康和解除体内重金属毒性；此外，硒与维生素E有协同作用，还具有保护视觉器官和抗肿瘤的功能。硒缺乏可引起克山病和大骨节病。

含硒较丰富的食物是动物内脏和海产品，其次是肉类、乳制品、玉米和谷类。植物性食物中的硒与土壤中含硒量有关。《中国居民膳食营养素参考摄入量（DRIs）》（2013版）建议硒RNI：一般成年人为60μg/d，孕妇为65μg/d，乳母为78μg/d，UL为400μg/d。

第二节　合理营养与膳食指南

合理营养就是科学的营养，是通过合理地选择与搭配食物，采用合理的加工与烹调方法，合理的膳食制度，以利于各种营养素的消化、吸收和利用，使人体获得的能量和营养素能够满足在不同生理阶段、不同生活环境及不同劳动条件下的需要，从而达到预防疾病、促进人体健康的目的。

营养素种类齐全、数量充足、比例合适，并与机体的需要保持平衡的膳食是平衡膳食。平衡膳食是合理营养的物质基础，是达到合理营养的手段。

一、膳食模式与健康

膳食模式是指膳食中各类食物的数量及其在膳食中所占的比重，与人类健康息息相关。研究证明，合理的膳食模式可以降低包括心血管疾病、高血压、2型糖尿病、结直肠癌、乳腺癌等多种疾病的发病风险。

根据膳食中动、植物性食物所占的比重，当今世界不同区域的膳食模式主要有以下4种类型。

1. 以动物性食物为主的膳食模式　也称富裕型模式，多见于西方发达国家和地区。特点是以动物性食物为主，低摄入植物性食物，是高能量、高脂肪、高蛋白、低膳食纤维即所谓"三高一低"膳食模式。营养过剩是该类型膳食模式人群的主要健康问题，容易造成肥胖、心脑血管疾病等营养相关疾病的高发。

2. 以植物性食物为主的膳食模式　也称温饱型模式，大多数发展中国家属此模式。该膳食模式以植物性食物为主，动物性食物摄入较少，蛋白质、脂肪摄入不足，能量基本满足需要，这种膳食模式容易导致营养状况不良、劳动能力低下等。

3. **动植物食物平衡的膳食结构** 也称营养型模式，以日本为代表。特点是膳食中动物性食物和植物性食物的比例较合适；能量、蛋白质、脂肪、糖类摄入量基本符合营养要求，膳食结构比较合理。有利于避免营养缺乏病和营养过剩性疾病。

4. **地中海膳食模式** 为居住在地中海地区的居民所特有的。该膳食模式富含植物性食物，包含水果、蔬菜、薯类、谷类、豆类、坚果等；食物的加工程度低，新鲜度较高，居民以食用当季、当地产的食物为主；橄榄油是主要的食用油；食用大量新鲜蔬菜、海鲜食品，红肉类摄入较少；饮红葡萄酒。这种膳食饱和脂肪摄入量低，蔬菜、水果摄入量较高，对心脑血管疾病有一定保护作用。

中国居民的传统膳食以植物性食物为主，动物性食物为辅。目前，边远地区大多为温饱型膳食模式，经济较为发达地区开始向西方膳食转变。随着社会经济发展和人民生活水平的提高，中国城市居民动物性食物及油脂的消费过多，谷类食物的消费偏低。研究表明谷类食物的消费量与癌症和心血管疾病病死率之间呈明显的负相关，而动物性食物和油脂的消费量与这些疾病的死亡率呈明显的正相关。因此，城市居民要减少动物性食物和油脂过量消费，脂肪供热比控制在20%~25%为宜。农村居民的膳食结构已趋于合理，但动物性食物、蔬菜、水果的消费量还偏低，应注意多吃一些上述食物。另外我国居民奶类食物的摄入量偏低，而食盐的摄入量普遍偏高，应注意改善。

中国居民膳食指南

中国居民膳食指南是根据营养学原则，结合中华民族饮食习惯及不同地区食物可及性等多方面因素，参考其他国家膳食指南制定的科学依据和研究成果，提出符合我国居民营养健康状况和基本需求的膳食指导建议。

《中国居民膳食指南（2016）》由一般人群膳食指南、特定人群膳食指南和中国居民平衡膳食实践3个部分组成，其中针对2岁以上的一般人群膳食指南包括6条核心内容。

1. **食物多样，谷类为主** 平衡膳食模式是最大程度上保障人体营养需要和健康的基础，食物多样是平衡膳食模式的基本原则。每天的膳食应包括谷薯类、蔬菜水果类、畜禽鱼蛋奶类、大豆坚果类等食物。建议平均每天摄入12种以上食物，每周25种以上。谷类为主是平衡膳食模式的重要特征，每天摄入谷薯类食物250~400g，其中全谷物和杂豆类50~150g，薯类50~100g；膳食中糖类提供的能量应占总能量的50%以上。

2. **吃动平衡，健康体重** 体重是评价人体营养和健康状况的重要指标，吃和动是保持健康体重的关键。各个年龄段人群都应该坚持天天运动、维持能量平衡、保持健康体重。体重过低和过高均易增加疾病的发生风险。推荐每周应至少进行5天中等强度身体活动，累计150min以上；坚持日常身体活动，平均每天主动身体活动6000步；尽量减少久坐时间，每小时起来动一动，动则有益。

3. **多吃蔬果、奶类、大豆** 蔬菜、水果、奶类和大豆及制品是平衡膳食的重要组成部分，坚果是膳食的有益补充。蔬菜和水果是维生素、矿物质、膳食纤维和植物化学物的重要来源，奶类和大豆类富含钙、优质蛋白质和B族维生素，对降低慢性病的发病风险具有重要作用。提倡餐餐有蔬菜，推荐每天摄入300~500g，深色蔬菜应占1/2。天天吃水果，推荐每天摄入200~350g的新鲜水果，果汁不能代替鲜果。吃各种奶制品，摄入量相当于每天液态奶300g。经常吃豆制品，每天相当于大豆25g以上。适量吃坚果。

4. 适量吃鱼、禽、蛋、瘦肉　鱼、禽、蛋和瘦肉可提供人体所需要的优质蛋白质、维生素A、B族维生素等，有些也含有较高的脂肪和胆固醇。动物性食物优选鱼和禽类，鱼和禽类脂肪含量相对较低，鱼类含有较多的不饱和脂肪酸；蛋类各种营养成分齐全；吃畜肉应选择瘦肉，瘦肉脂肪含量较低。过多食用烟熏和腌制肉类可增加肿瘤的发生风险，应当少吃。推荐每周吃鱼 280~525g，畜禽肉 280~525g，蛋类 280~350g，平均每天摄入鱼、禽、蛋和瘦肉总量 120~200g。

5. 少盐少油，控糖限酒　我国多数居民目前食盐、烹调油和脂肪摄入过多，这是高血压、肥胖和心脑血管疾病等慢性病发病率居高不下的重要因素，因此应当培养清淡饮食习惯，成年人每天食盐不超过 6g，每天烹调油 25~30g。过多摄入添加糖可增加龋齿和超重发生的风险，推荐每天摄入糖不超过 50g，最好控制在 25g 以下。水在生命活动中发挥重要作用，应当足量饮水。建议成年人每天 7~8 杯（1500~1700ml），提倡饮用白开水和茶水，不喝或少喝含糖饮料。儿童少年、孕妇、乳母不应饮酒，成年人如饮酒，一天饮酒的酒精量男性不超过 25g，女性不超过 15g。

6. 杜绝浪费，兴新食尚　勤俭节约、珍惜食物、杜绝浪费是中华民族的美德。按需选购食物、按需备餐，提倡分餐不浪费。选择新鲜卫生的食物和适宜的烹调方式，保障饮食卫生。学会阅读食品标签，合理选择食品。创造和支持文明饮食新风的社会环境和条件，应该从每个人做起，回家吃饭，享受食物和亲情，传承优良饮食文化，树健康饮食新风。除此之外，还应注意三餐要合理。早、中、晚三餐的热能分配以 3∶4∶3 较为合适。坚持吃早餐，尤其是儿童。

> **链接3-2**
>
> **如何实现食物多样、平衡膳食？**
>
> 建议：量化一日三餐的食物"多样"性。谷类、薯类、杂豆类的食物品种数平均每天3 种以上，每周 5 种以上；蔬菜、菌藻和水果类的食物品种数平均每天有 4 种以上，每周10 种以上；鱼、蛋、禽肉、畜肉类的食物品种数平均每天 3 种以上，每周 5 种以上；奶、大豆、坚果类的食物品种数平均每天有 2 种，每周 5 种以上。
>
> 按照一日三餐食物品种数的分配，早餐至少摄入 4~5 个品种，午餐摄入 5~6 个食物品种；晚餐 4~5 个食物品种；加上零食 1~2 个品种。

中国居民平衡膳食宝塔

《中国居民平衡膳食宝塔（2016）》是根据《中国居民膳食指南（2016）》的核心内容，结合中国居民膳食结构特点提出的理想膳食模式，它按平衡膳食的原则推荐了各类食物的适宜消费量，并以直观的宝塔形式表现出来，以便于人们理解并把膳食指南的原则具体应用于日常膳食实践（图 3-1）。

膳食宝塔共分五层，各层的位置和面积反映出各类食物在膳食中的地位和应占的比重。

膳食宝塔建议的各类食物摄入量都是指食物可食部分的生重。各类食物的重量不是指某一种具体食物的重量，而是一类食物的总量，因此在选择具体食物时，实际重量可以在互换表中查询。

应用平衡膳食宝塔要注意几个要点：①确定适合自己的能量水平和食物需要；②依据同类互换原则，调配丰富多彩的膳食；③合理分配三餐食量；④因地制宜充分利用当地资源；⑤养成习惯，长期坚持。

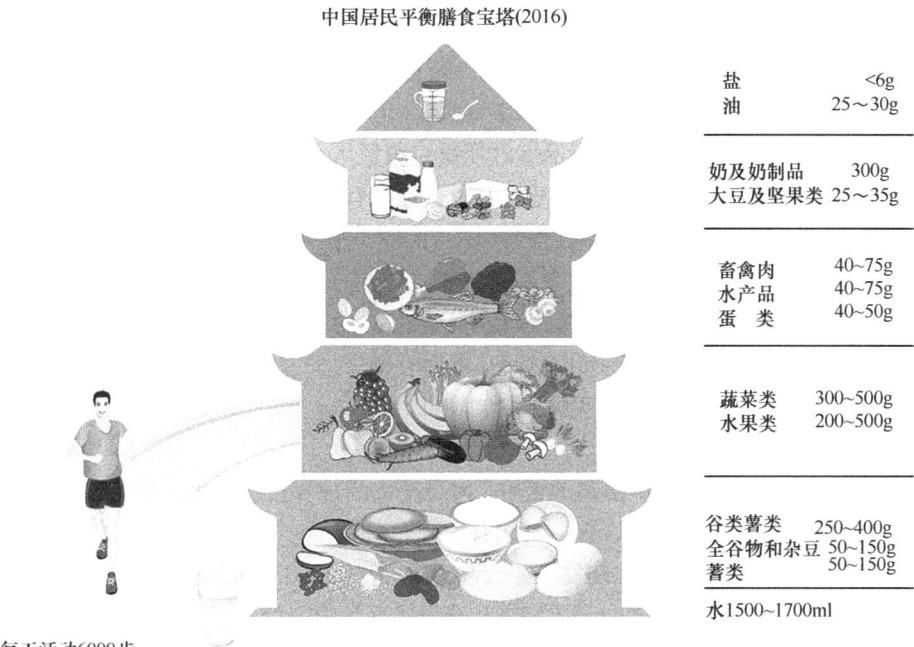

图 3-1　中国居民平衡膳食宝塔（2016）

第三节　食 品 污 染

食品污染（food contamination）是指食品被外来的对人体健康有害的物质所污染，从而改变或降低了食品原有的食用价值和商品价值的现象。它存在于食品的种植或饲养、生产加工、运输、储存和销售等各个环节。

按污染物的性质，食品污染可分为生物性、化学性、物理性污染三类。生物性污染包括微生物、寄生虫和昆虫的污染，其中以微生物的污染范围最广、危害也较大，主要有细菌与细菌毒素、霉菌与霉菌毒素。化学性污染来源复杂，种类繁多，主要是食品受到各种有害的无机物或有机化合物的污染。如农药使用不当、工业三废不合理排放、食品容器包装材料质量低劣或使用不当，非法添加非食用物质及滥用食品添加剂。物理性污染包括食品在生产、储藏、运输、销售等过程中发生的杂物污染和放射性污染。

食品污染对人体健康的危害是多方面的：一方面降低了食品的卫生质量，导致食品的安全性、营养性及感官性状发生改变；另一方面对食用者本身可造成不同程度的危害，可引起肠道传染病、寄生虫病，急性食物中毒、慢性机体危害，以及远期致癌、致畸和致突变的"三致"作用。

 食品的微生物污染与防制

（一）食品腐败变质

食品腐败变质是指食品在一定环境因素影响下，由微生物的作用而引起食品成分和感官性状的改变，从而降低或失去食用价值的一种变化。

1. 食品腐败变质的原因　食品污染后是否腐败变质与食品本身的组成和性质，温度、湿度、紫外线、氧等环境因素及微生物的作用有关。其中微生物在食品腐败变质中起主要作用。微生物本身具有能分解食品中特定成分的酶的能力，可将食物中的多糖、蛋白质水解为简单的物质，其产物能使食品具有不良的气味和味道。

2. 食品腐败变质的鉴定指标　食品腐败变质一般是从感官、物理、化学和微生物等四个方面进行评价。蛋白质含量丰富的食品鉴定，目前仍以感官指标最为敏感可靠；过氧化值和酸价是脂肪酸败的常用指标。

3. 食品腐败变质的卫生学意义　食品腐败变质时，首先是感官性状发生改变,如刺激气味、异常颜色、酸臭味及组织溃烂、黏液污染等。其次食品成分分解，各种营养素大量破坏和流失，营养价值严重降低。再者，腐败变质的食品一般都有微生物的严重污染，增加了致病菌和产毒霉菌存在的机会，极易引起肠源性疾病和食物中毒。

4. 食品腐败变质的防制措施

（1）低温：低温可以抑制微生物的繁殖，降低酶的活性和食品内化学反应的速度，但并不能杀灭微生物，也不能将酶破坏，保藏时间有一定的期限。

（2）高温灭菌防腐：高温灭菌防腐主要有高温灭菌法和巴氏消毒法两类。食品经高温处理，可杀灭其中绝大部分微生物，同时破坏酶类，获得接近无菌的食品。

（3）脱水与干燥：将食品水分含量降至一定限度以下，微生物则不易生长繁殖，酶的活性也受抑制，从而可以防止食品腐败变质。

（4）提高渗透压：常用的有盐腌法和糖渍法。食盐浓度为 8%～10%时，可停止大部分微生物的繁殖；食盐的浓度达到15%～20%时，可杀灭微生物。糖渍食品如甜炼乳、果脯、蜜饯等是利用高浓度（65%以上）糖液作为高渗溶液抑制微生物繁殖。

（5）提高氢离子浓度：大多数细菌一般不能在 pH 4.5 以下生长繁殖，故可利用醋渍和酸发酵等方法提高氢离子的浓度进行防腐。

（6）添加化学防腐剂：食品添加剂中防腐剂的作用是抑制或杀灭食品中引起腐败变质的微生物。

（7）辐照：利用放射性核素或低能加速器放出的射线作用于食品，进行灭菌、杀虫、抑制发芽、延缓生长和成熟，从而达到食品保鲜并延长食品的保存期限。

（二）细菌性污染及防制

1. 常见细菌性污染的菌属及其危害　食品中常见的细菌称为食品细菌，包括致病菌、条件致病菌和非致病菌。

（1）致病菌：致病菌对食品的污染有两种情况，一是动物生前感染，如奶、肉在禽畜生前即潜藏着致病菌。主要有引起食物中毒的沙门菌，也有能引起人畜共患结核病的结核杆菌、炭疽病的炭疽杆菌等。二是外界污染，致病菌来自外环境，与畜体本身的生前感染无关。主要有痢疾杆菌、副溶血性弧菌、致病性大肠菌、肉毒梭菌等，可通过带菌者粪便、病灶分泌物、苍蝇、工（用）具、容器、水、工作人员的手等途径传播，造成食品污染。

（2）条件致病菌：通常情况下不致病，但在一定的特殊条件下才有致病力的细菌。常见的有葡萄球菌、链球菌、变形杆菌、蜡样芽胞杆菌等，能在一定条件下引起食物中毒。

（3）非致病菌：在自然界分布极广，食物中的细菌绝大多数都是非致病菌，非致病菌中最多的一类是能引起食品腐败变质的腐败菌。

2. 食品细菌污染指标及其卫生学意义　评价食品卫生质量的细菌污染指标常用菌落总数和大肠菌群表示。

（1）菌落总数：菌落总数是指被检测样品单位重量（g）、单位容积（mL）或单位表面积（cm^2）内，所含能在严格规定的条件下（培养基、pH、培养温度与时间、计数方法等）培养所生长的细菌菌落总数。菌落总数反映食品卫生质量的优劣及食品卫生措施和管理情况，是判断食品清洁状态和预测食品的耐保藏性的标志。食品中细菌数量越多，食品腐败变质的速度就越快。

（2）大肠菌群：大肠菌群包括肠杆菌科的埃希菌属、柠檬酸杆菌属和克雷伯菌属。这些菌属的细菌，直接或间接来自人和温血动物肠道。食品中检出大肠菌群，表明食品曾受到人和动物粪便的污染。

3. 细菌性污染防控要点　在食品生产、加工、储存、销售过程及食用前的各个环节，严格执行各项卫生操作规程，经常进行细菌学指标监测，防止细菌对食品的污染。加强宣传教育，合理储藏食品，抑制细菌生长繁殖。采用合理的烹调方法，彻底杀灭细菌。

（三）霉菌与霉菌毒素污染及其防制

霉菌在自然界分布很广，种类繁多。有些霉菌对人类是有益的，如在发酵酿造工业和抗生素医药制造等方面起着重要的作用。有些霉菌污染食品后导致食品腐败变质，甚至在一定条件下产生霉菌毒素，使人和畜中毒。霉菌毒素造成的人畜中毒常有地区性和季节性的特点。

目前已知的霉菌毒素有黄曲霉毒素、杂色曲霉毒素、镰刀菌毒素、展青霉素等两百多种，其中黄曲霉毒素最为重要。

1. 黄曲霉毒素的种类及理化性质　黄曲霉毒素（a flatoxin，AF）是黄曲霉和寄生曲霉产生的一类代谢产物，主要有黄曲霉毒素 B_1、B_2、G_1、G_2、M_1、M_2 等，其中以 B_1 的产量最高、毒性最大、致癌性最强。

黄曲霉毒素难溶于水，可溶于三氯甲烷、甲醇、丙酮等有机溶剂，在紫外线照射下产生荧光，可利用该特性测定黄曲霉毒素。黄曲霉毒素耐热，一般的烹调加工温度下不被破坏，在280℃时发生裂解，其毒性被破坏。在加氢氧化钠的碱性条件下能迅速分解、破坏，可通过水洗予以去除。

2. 黄曲霉毒素易污染食品　黄曲霉产毒菌珠产生黄曲霉毒素的适宜温度为24～30℃，因而受黄曲霉毒素污染较重的地区是长江流域及长江以南的广大高温高湿地区，北方各省污染较轻。污染的品种以花生、花生油、玉米最严重，大米、小麦、面粉较轻，豆类一般很少受污染。

3. 黄曲霉毒素的危害　黄曲霉毒素属剧毒物质，其毒性为氰化钾的10倍，有很强的急性毒性，以及明显的慢性毒性与致癌性。动物实验证实，黄曲霉毒素属肝脏毒，抑制肝细胞DNA、RNA和蛋白质的合成，其诱发肝癌的能力比二甲基亚硝胺大75倍，是目前公认的最强的化学致癌物。流行病学调查研究发现，人群膳食中黄曲霉毒素污染程度与居民原发性肝癌的发生率呈正相关，说明黄曲霉毒素有可能与人的肝癌发病有关。

4. 黄曲霉毒素的防控要点　主要是防霉、去毒、经常性食品卫生监测，防霉是最根本的措施。

（1）防霉：控制粮食中的水分是防霉的关键。粮食收获后，必须迅速将水分含量降至安全水分以下，注意通风，保持粮库内干燥。采取除氧充氮的方法对防霉也有较好的效果。

（2）去毒：粮食污染黄曲霉毒素后，可采用挑出霉粒、研磨加工、加水反复搓洗、加碱破坏、高压煮饭、吸附等方法去毒。

（3）制定食品中黄曲霉毒素 B_1 的允许量标准，是控制黄曲霉毒素对人体危害的重要措施。

二 化学性污染与防制

（一）有毒金属污染与防制

有毒金属是指对人体有毒害作用的金属元素，如铅、汞、镉、砷等。有毒金属污染食品的主要途径：通过废水、废气、废渣等途径直接或间接污染食品、食品生产加工过程污染、农药和食品添加剂污染、某些地区自然环境中有毒元素本底含量高等。受污染食品可通过消化道、呼吸道和皮肤接触等途径进入人体。

1. 汞对食品的污染及危害　除职业接触外，进入人体的汞主要来源于受污染的食品，特别是鱼、虾、贝类水产品中甲基汞污染对人体的危害最大。例如，日本的水俣病。

甲基汞脂溶性较高，易于扩散并进入组织细胞中，主要蓄积于肾脏和肝脏，并通过血-脑屏障进入脑组织。甲基汞可与体内含巯基的酶结合，破坏细胞的代谢和功能。慢性甲基汞中毒主要引起细胞变性坏死，周围神经髓鞘脱失。中毒表现初为疲乏、头晕、失眠，而后感觉异常，手指、足趾、口唇和舌等处麻木，严重者可出现共济失调、发抖，说话不清、失明，听力丧失，精神紊乱等中枢神经功能障碍。

2. 镉对食品的污染及危害　镉对食品的污染主要是工业废水的排放造成的。受镉污染的食品含镉量有很大差别，海产品、动物食品（尤其是肾脏）高于植物性食品，而植物性食品中以谷类、根茎类、豆类含量较高。进入人体的镉以消化道摄入为主，低蛋白、低钙和低铁的膳食有利于镉的吸收，维生素D也可促进镉的吸收。镉对体内巯基酶具有较强的抑制作用，长期摄入镉后可引起镉中毒，主要损害肾脏、骨骼和消化系统，影响肾近曲小管重吸收功能，临床上出现蛋白尿、氨基酸尿、高钙尿和糖尿，使体内呈负钙平衡而导致骨质疏松症。日本神通川流域的"骨痛病"（痛痛病）就是由于镉污染造成的一种典型的公害病。

3. 铅对食品的污染及危害　含铅工业三废的排放和汽车尾气是铅污染食品的主要来源，食品加工用机械设备和管道、食品的容器和包装材料、食品添加剂或生产加工中使用的化学物质含铅是食品铅污染的来源；陶瓷餐用具的釉彩、铁皮罐头盒的镀焊锡含铅，用铁皮桶或锡壶盛酒也可将铅溶出；印刷食品包装材料的油墨、颜料，儿童玩具的涂料也是铅的来源，亦可污染食品。含铅农药（如砷酸铅等）的使用，可造成农作物的铅污染。

铅的吸收部位主要是十二指肠，吸收率受食物中蛋白质、钙、植酸等影响。铅在体内的半衰期较长，可长期在体内蓄积。体内铅主要经过肾和肠道排出，尿铅、血铅、发铅是反映体内铅负荷的常用指标。铅的毒性作用主要是损害神经系统、造血系统和肾。食物铅污染所致的中毒主要是慢性损害作用，表现为贫血、神经衰弱、神经炎和消化系统症状，如食欲缺乏、胃肠炎、口腔金属味、面色苍白、头晕、头痛、乏力、失眠、烦躁、肌肉关节疼痛、便秘、腹泻等。严重者可导致铅中毒性脑病。儿童摄入过量铅可影响其生长发育，导致智力低下。

4. 砷对食品的污染及危害　食品中砷污染主要来源于含砷农药、空气、土壤和水体。食品中砷的毒性与其存在形式有关，三价砷的毒性大于五价砷，无机砷的毒性大于有机砷。砷经消化道进入体内后与多种含巯基的酶结合，使之失去活性，抑制细胞的正常代谢，引发一系列症状。长期摄入砷化物可引起慢性中毒，表现为腹泻、便秘、食欲减退、消瘦等。皮肤可出现色素沉着，手掌和足底过度角化。血管受累时呈肢体末梢坏疽，即所谓慢性砷中毒黑脚病。还可导致多发性神经炎和神经衰弱综合征。

目前已证实多种无机砷化合物具有致突变性，可导致体内外基因突变、染色体畸变并抑制 DNA 损伤的修复。流行病学调查表明，无机砷化合物与人类的皮肤癌和肺癌的发生有关。

5. 有毒金属污染防制措施

（1）消除污染源：消除污染源是降低有毒金属元素对食品污染的最主要措施。应重点做好工业三废的处理和严格控制三废的排放，加强卫生监督。禁用含砷、铅、汞的农药和不符合卫生标准的食品添加剂、容器包装材料、食品加工中使用的化学物质等。

（2）制定各类食品中有毒金属元素的最高允许限量标准，加强食品卫生质量检测和监督工作。

（3）严格管理，防止误食、误用、投毒或人为污染食品。

（二）N-亚硝基化合物污染及防制

N-亚硝基化合物是一类毒性和致癌性很强的物质，根据其化学结构分为亚硝胺和亚硝酰胺两大类。其前体物质硝酸盐、亚硝酸盐、胺类广泛存在于环境中，它们可以经过化学或生物学途径合成多种多样的 N-亚硝基化合物。

1. 食品污染来源　食品中天然存在的亚硝胺含量极微，一般在 10μg/kg 以下，但其前身亚硝酸盐及仲胺等则广泛存在于自然界。施用硝酸盐化肥可使蔬菜中含有较多的硝酸盐；蔬菜腌渍时，因时间、盐分不够，蔬菜容易腐败变质，腐败菌可将硝酸盐还原为亚硝酸盐，导致亚硝酸盐含量增高。食物在烹调、烟熏、制罐过程中可使仲胺含量增高，食物霉变后，仲胺含量可增高数十倍至数百倍。肉、鱼类食品加工时，常用硝酸盐做防腐剂和发色剂，食品中的硝酸盐在细菌硝基还原酶的作用下，可形成亚硝酸盐，仲胺和亚硝酸盐在一定条件下，可在体内，也可在体外合成亚硝胺。有些加工食品，如熏鱼、腌肉、酱油、酸渍菜、腌菜、发酵食品、啤酒及油煎咸肉均含有一定量的 N-亚硝基化合物。

2. 对人体的危害　N-亚硝基化合物对动物具有致癌性是公认的。N-亚硝基化合物可通过消化道、呼吸道、皮肤接触或皮下注射诱发肿瘤。一次大剂量摄入可产生以肝坏死和出血为特征的急性肝损害。长期小剂量摄入，则产生以纤维增生为特征的肝硬变，并在此基础上发展为肝癌。亚硝酰胺本身为终末致癌物，无须体内活化就有致癌作用，而亚硝胺本身是前致癌物，需要在体内活化、代谢产生自由基，使核酸或其他分子发生烷化而致癌。

N-亚硝基化合物对人类直接致癌还缺少证据。流行病学调查资料表明，人类某些肿瘤如食管癌、胃癌，可能与 N-亚硝基化合物摄入量有关。

3. 防制措施

（1）制定食品中硝酸盐、亚硝酸盐使用量及残留量标准：我国规定在肉类罐头及肉类制品中硝酸盐最大使用量为每千克食物 0.5 g，亚硝酸盐为每千克食物 0.15 g，残留量以亚硝酸钠计，肉类罐头为每千克食物不得超出 0.05 g，肉制品为每千克不得超过 0.03g。

（2）防止微生物污染及食物霉变：防止蔬菜、鱼肉腐败变质而产生的亚硝酸盐及仲胺，对降低食物中亚硝基化合物的含量极为重要。

（3）阻断亚硝胺合成：维生素 C 可阻断 N-亚硝基化合物的合成，维生素 E、维生素 A、大蒜及大蒜素可抑制亚硝胺的合成，茶叶、猕猴桃、沙棘果汁也有阻断亚硝胺合成的作用。

（4）施用钼肥：钼在植物中的作用主要是固氮和还原硝酸盐。施用钼肥可以使粮食中硝酸盐含量下降。

（三）多环芳烃类化合物污染及防制

多环芳烃类化合物主要由各种有机物，如煤、汽油及香烟等不完全燃烧而来。目前已发现的约 200 种，多数具有较强致癌性，其中苯并（a）芘，即 B（a）P，是多环芳烃类化合物中的一种主要的食品污染物。

1. 食物中 B（a）P 污染来源

（1）熏烤食品污染：烘烤或熏制食品时，滴于火上的食物脂肪焦化产物发生热聚合反应，形成 B（a）P，附着于食物表面直接污染。

（2）环境污染：环境中的大气、水和土壤如果含有多环芳烃，则可使一些粮食作物、蔬菜和水果受到直接污染。

（3）油墨、石蜡油污染：食品包装纸带有未干油墨或包装纸上有不纯石蜡油，可以使食品受到污染。

（4）沥青污染：将粮食晒在用煤焦沥青铺的马路上，会污染多环芳烃。

2. B（a）P 对人体的危害 苯并芘对各种动物的致癌性是肯定的，有试验证明，其可诱发胃、食管、肠道肿瘤等，并可经胎盘使其子代发生肿瘤。流行病学调查表明，一些地区胃癌高发与当地居民经常食用家庭自制的苯并芘含量较高的熏肉制品有关。

3. 防治措施

（1）减少污染：改进食品的烤熏工艺；使用纯净的食品用石蜡做包装材料；加强环境质量监控，减少多环芳烃对环境及食品的污染。

（2）限制食品中 B（a）P 的含量：我国目前制定的卫生标准要求：熏烤动物性食品中 B（a）P 含量≤5μg/kg，食物油中 B（a）P 含量≤10μg/kg，粮食中≤5μg/kg。

（四）杂环胺类化合物污染及其防制

食品中的杂环胺类化合物主要产生于高温烹调加工过程，尤其是蛋白质含量丰富的鱼、肉类食品在高温烹调过程中更易产生。

1. 影响食品中杂环胺形成的因素

（1）烹调方式：加热温度越高、时间越长、水分含量越少，产生的杂环胺越多。故烧、烤、煎、炸等直接与火接触或与灼热的金属表面接触的烹调方法，由于可使水分很快丧失且温度较高，产生杂环胺的数量远大于炖、焖、煨、煮及微波炉烹调等温度较低、水分较多的烹调方法。

（2）食物成分：在烹调温度、时间和水分相同的情况下，营养成分不同的食物产生的杂环胺种类和数量有很大差异。一般而言，蛋白质含量较高的食物产生杂环胺较多，含有肌肉组织的食品也可产生大量的杂环胺。

2. 危害性 杂环胺类化合物主要引起致突变和致癌。杂环胺对啮齿动物均具有不同程度的致癌性，主要靶器官为肝，有些可诱导小鼠肩胛间及腹腔中褐色脂肪组织的血管内皮肉瘤及大鼠结肠癌。

3. 防制措施

（1）改变不良烹调方式和饮食习惯：注意不要使烹调温度过高，不要烧焦食物，并应避免过多食用烧、烤、煎、炸的食物。

（2）增加蔬菜水果的摄入量：膳食纤维有吸附杂环胺并降低其活性的作用，蔬菜、水果中的某些成分有抑制杂环胺的致突变性和致癌性的作用。因此，增加蔬菜水果的摄入量对于防止杂环胺的危害有积极作用。

（3）灭活处理：次氯酸、过氧化酶等处理可使杂环胺氧化失活；亚油酸可降低其诱变性。

（4）加强监测：建立和完善杂环胺的检测方法，加强食物中含量监测等，尽快制定食品中的允许限量标准。

第四节　食源性疾病

案例 3-2

2016 年 6 月 20 日下午 3 时 12 分，南方某县某工厂一车间有 4 名工人上班时突然出现腹痛、腹泻、恶心、呕吐等症状，无法继续上班，车间同事立即将其送本厂医务室诊治，接着全厂又陆续有 52 名职工出现相似症状，有的还出现发热症状，最高温度达 39.6℃。

问题：1. 若你是该厂医务室工作人员，应考虑什么病的可能？
　　　2. 还应进一步做些什么？
　　　3. 到达现场后首先应做什么？

食源性疾病是指通过摄食方式进入人体内的各种致病因子引起的、通常具有感染或中毒性质的一类疾病。包括传统的食物中毒，还包括经食物而感染的肠道传染病、食源性寄生虫病，以及由食物中有毒、有害污染物所引起的中毒性疾病。此外，由食物营养不平衡所造成的某些慢性退行性疾病、食源性变态反应性疾病等也属此范围。食源性疾病的发病率居各类疾病总发病率的前列，是当前世界上最突出的卫生问题。

食源性疾病的致病因子可分为生物性、化学性、物理性三类。生物性病原物是引起食源性疾病最为常见的病因。化学性致病因子农药兽药残留、环境污染物和重金属，物理性致病因子放射性物质等，均可通过食物链的各个环节污染食物，引起人类的疾病和健康问题。

一　食物中毒的概念、特点和分类

1. 概念　食物中毒是指摄入了含有生物性、化学性有毒有害物质的食品或把有毒有害物质当作食品摄入后所出现的非传染性急性、亚急性疾病。

食物中毒不包括因暴饮暴食所引起的急性胃肠炎、食源性肠道传染病和寄生虫病，也不包括因一次大量或长期少量摄入某些有毒、有害物质而引起的以慢性毒害为主要特征（如致癌、致畸、致突变）的疾病。

2. 特点　虽然食物中毒发生的原因各不相同，但发病具有如下共同特点。

（1）发病呈爆发性，潜伏期短，短时间内有多数人同时发病。

（2）患者有相似的临床表现，多以恶心、呕吐、腹痛、腹泻等急性胃肠道症状为主。

（3）发病与食物有关，患者近期内有食用同一污染食物史，流行波及范围与污染食物供应范围一致。

（4）中毒患者对健康人不具有传染性。

3. 分类　食物中毒按病原物质可分 4 类。

（1）细菌性食物中毒：细菌性食物中毒是指食用了含有大量细菌或细菌毒素的食物而引起的中毒。常见的有沙门菌、副溶血性弧菌、葡萄球菌肠毒素、肉毒梭菌、致病性大肠菌等引起的食物中毒。

（2）有毒动植物食物中毒：有毒动植物食物中毒是指误食有毒动植物，或摄入因加工、烹调不当未能除去有毒成分的动植物食物而引起的中毒。发病率较高，病死率因动植物种类而异。常见的有河豚鱼、有毒贝类、毒蕈、含氰苷果仁、木薯、四季豆等引起的食物中毒。

（3）化学性食物中毒：化学性食物中毒是指误食有毒化学物质或食入被其污染的食物而引起的中毒，发病率和病死率均比较高，常见的有亚硝酸盐、农药等引起的食物中毒。

（4）真菌毒素和霉变食品中毒：真菌毒素和霉变食品中毒是指食用被产毒真菌及其毒素污染的食物而引起的急性疾病。发病率较高，死亡率因菌种及其毒素种类而异，如赤霉病麦、霉甘蔗等引起的食物中毒。

细菌性食物中毒

细菌性食物中毒是最常见的一种食物中毒，由活菌引起的食物中毒称感染型，由菌体产生的毒素引起的食物中毒称毒素型。细菌性食物中毒全年皆可发生，夏秋季节发生较多，引起中毒的食物主要为动物性食品，一般病程短、恢复快、愈后良好。

细菌性食物中毒发生的基本条件：①细菌污染食物，如食品腐败变质、交叉污染、从业人员带菌、食品运输、储存过程等的污染；②在适宜的温度、水分、pH及营养条件下，细菌急剧大量繁殖或产毒；③进食前食物加热不充分，未能杀灭细菌或破坏其毒素。

（一）沙门菌食物中毒

沙门菌属种类繁多，其中鼠伤寒沙门菌、肠炎沙门菌、猪霍乱沙门菌等引起食物中毒较为常见。沙门菌属不耐热，煮沸可杀灭。水经氯化物消毒5min可杀灭其中的沙门菌。由于沙门菌属不分解蛋白质，污染食品后无异味而易被忽视。

1. 中毒食品　以动物性食品较多见，主要为畜肉类及其制品，也可由鱼虾、家禽、蛋奶类引起中毒。

2. 中毒机制　大量沙门菌随食物进入机体，可在肠道内繁殖并经淋巴系统进入血液，引起菌血症。沙门菌可在肠系膜淋巴结和单核细胞吞噬系统中被破坏而释放出毒力较强的内毒素，与活菌共同侵犯肠黏膜，引起炎症改变，抑制水和电解质吸收，从而出现胃肠炎症状。内毒素亦可作为致热原刺激体温升高。

3. 临床特征　沙门菌食物中毒临床上有5种类型，即胃肠炎型、类霍乱型、类伤寒型、类感冒型和败血症型。其共同特点为潜伏期一般为12~36h，主要症状为呕吐、腹痛、腹泻，大便为黄绿色水样便，有时带黏液和脓血。多数患者体温高达38~40℃。重者出现惊厥、抽搐、昏迷等。病程为3~7d，预后良好。

4. 预防措施

（1）防止污染：不食用病死牲畜肉，加工冷荤熟肉一定要生熟分开。控制感染沙门菌的病畜肉类流入市场。

（2）高温杀灭细菌：烹调时肉块不宜过大，肉块深部温度须达到80℃以上，持续12min；禽蛋煮沸8min以上等。

（3）控制细菌繁殖：低温冷藏食品控制在5℃以下，避光、隔氧，则可有效控制细菌繁殖。

（二）副溶血性弧菌食物中毒

副溶血弧菌中毒是我国沿海地区最常见的一种食物中毒。副溶血性弧菌是一种嗜盐性菌，革兰阴性，在含盐2%～4%的培养基或食物中生长良好，最适生长的pH为5～9.6，温度为15～40℃。该菌不耐热，90℃ 1min或75℃ 5min可被杀灭；对酸敏感，在稀释一倍的食醋中经1min即可死亡。

1. 中毒食品　主要是海产品，亦可由受海产品污染的其他食物如畜禽肉、咸菜、凉拌菜等所引起，以腌制品多见。

2. 中毒机制　随食物摄入的大量活菌在肠道内繁殖，并侵入肠壁上皮细胞和黏膜下组织，引起炎症、水肿和充血。该菌可产生肠毒素及耐热性溶血素，溶血素具有心脏毒性，对其他组织亦有毒，可引起黏液便、血便、腹泻。

3. 临床特征　潜伏期一般在6～10h，最短者1h，长者24～48h。主要症状有恶心、呕吐、上腹部阵发性绞痛，继而出现腹泻，每天5～6次，大便呈水样便或洗肉水样，后可转为脓血黏液便。部分患者体温可达39℃，重症者可出现脱水，血压下降，少数患者有意识不清、循环障碍等。病程为3～4d，预后良好。

4. 预防措施

（1）停止食用可疑中毒食品。

（2）加工过程中生熟用具要分开，防止交叉污染。

（3）烹调后的鱼虾和肉类等熟食品，宜在低温下储藏。

（4）加工海产品，如鱼、虾、蟹、贝类一定要烧熟煮透。海产品适量食醋或用盐渍（40%盐水）也可有效地杀死细菌。

（三）葡萄球菌食物中毒

葡萄球菌在空气、土壤、水、粪便、污水及食物中广泛存在，主要来源是动物及人的鼻腔、咽喉、皮肤、头发及化脓性病灶。引起食物中毒的主要是能产生肠毒素的金黄色葡萄球菌，该菌耐热性不强，适合在31～37℃、pH 6～7、水分较多、蛋白质、淀粉丰富、通风不良的环境中繁殖并大量产生肠毒素。食物中的肠毒素耐热性强，一般烹调温度不能将其破坏，218～248℃油温下经30 min或100℃下2h才能被破坏。

1. 中毒食品　主要为奶类及其制品、蛋及蛋制品、各类熟肉制品，其次为含有乳制品的冷冻食品，剩米饭、糯米饭等含淀粉类食品。

2. 中毒机制　肠毒素作用于迷走神经内脏支可引起反射性呕吐，作用于肠道可使肠蠕动增强，水分的分泌和吸收紊乱而致腹泻。肠壁炎性病变、黏膜充血、水肿、糜烂，并可致伪膜性小肠结肠炎。

3. 临床特征　起病急，潜伏期短，一般在2～3h；多在4h内，最短1h，最长不超过10h。主要症状为恶心、剧烈而频繁的呕吐（严重者可呈喷射状，呕吐物中常有胆汁、黏液和血）、上腹部疼痛、腹泻呈水样便。体温正常或稍高。病程1～2d，预后一般良好。年龄越小对本菌肠毒素的敏感性越强，因此儿童发病较多，病情较成年人严重。

4. 预防措施

（1）防止污染：防止带菌人群对各种食物的污染，定期对食品加工人员、饮食从业人员、保育员进行健康检查，对患局部化脓性感染、上呼吸道感染（化脓性咽炎、口腔疾病等）者，应暂时调换其工作；防止葡萄球菌对奶的污染，要定期对健康奶牛的乳房进行检查，患化脓性乳腺炎时，其奶不能食用。

（2）防止肠毒素的形成：在低温、通风良好条件下储存食物，放置时间不应超过2h。气温较高的夏秋季节，食前还应彻底加热。

（四）肉毒梭菌食物中毒

肉毒梭菌为厌氧性革兰阳性杆菌，具有芽胞，广泛存在于土壤、淤泥、尘土和动物的粪便中。在无氧环境下生长良好并产生外毒素即肉毒毒素。该毒素是一种强烈的神经毒，是已知毒性最强的化学物质。肉毒毒素不耐热，80℃ 20min、90℃ 5min、100℃ 1min 即死亡。但该菌的芽胞耐热性极强，干热180℃、5～15min 或湿热100℃、6h 才能被灭活。

1. 中毒食品　主要是家庭自制的发酵食品，如臭豆腐、豆豉、豆酱等，其次是罐头食品、腊肉、鱼制品、酱菜等。

2. 中毒机制　肉毒毒素经消化道进入血液后，主要作用于中枢神经系统脑神经核、神经肌肉接头处及自主神经末梢，阻止神经末梢释放乙酰胆碱，引起肌肉麻痹和神经功能不全。

3. 临床特征　潜伏期为 6h 至半个月，一般为 12～48 h。中毒主要表现为运动神经麻痹症状，如全身疲倦无力、头晕、视物模糊、上睑下垂、复视、咀嚼与吞咽困难，并伴有声音嘶哑、张口困难、颈肌无力、头下垂等。由于呼吸肌麻痹，可出现呼吸困难或呼吸衰竭。病死率较高，多死于发病后 10d 内。若积极治疗可逐渐恢复健康，一般无后遗症。

4. 预防措施

（1）不吃生酱及可疑含毒食品。

（2）自制发酵食品的原料应清洁无污染，制作中要经常日晒、充分搅拌。

（3）对可疑食品进行彻底加热是破坏毒素预防肉毒中毒的可靠措施。蒸煮温度要达到100℃、10～20min，使各型毒素破坏。

三 有毒动植物中毒

（一）河豚鱼中毒

河豚鱼又名鲀，有上百个品种，是一种味道鲜美但含剧毒毒素的鱼类。河豚鱼引起的食物中毒主要发生在我国沿海地区及长江、珠江等河流入海口处。

1. 毒性物质　河豚鱼的有毒成分为河豚毒素，是一种神经毒，对热稳定、盐腌、日晒均不能破坏，但在 pH>7 时不稳定。一般皮肤、内脏和血液均有毒，其中卵巢和肝脏毒性最强，其次为肾、血液、眼、鳃和皮肤。鱼死后较久时，河豚毒素可渗入肌肉，使本来无毒的肌肉也含毒。河豚毒素常随季节变化而有差异，每年 2～5 月为生殖产卵期，毒性最强。6～7月产卵后，卵巢萎缩，毒性减弱，故河豚鱼中毒多发生于春季。

2. 中毒机制　河豚毒素可阻断神经肌肉间的传导，使随意肌发生进行性麻痹，对骨骼肌纤维和感觉神经有阻断作用；对心血管系统，可导致外周血管扩张及动脉压急剧降低；对呼吸中枢有特殊的抑制作用。

3. 临床表现　发病急，潜伏期 0.5～3h，一般 10～45min。先感觉手指、口唇、舌尖麻木或有刺痛感，然后出现恶心、呕吐、腹痛、腹泻等胃肠道症状，并有四肢无力、口唇、舌尖及肢端麻痹，进而四肢肌肉麻痹，以致身体摇摆、行走困难，甚至全身麻痹成瘫痪状。严重者眼球运动迟缓、瞳孔散大、对光反射消失，随之言语不清、发绀、血压和体温下降；呼吸先迟缓、浅表，继而呼吸困难，最后呼吸衰竭引致死亡。

4. 防治措施　目前尚无特效解毒剂，对患者的处理主要是尽快使毒物排出，并对症治疗。预防中毒的最有效方法是将河豚鱼集中处理，禁止零售。同时加强宣传教育，宣传河豚鱼的毒性及危害，以防误食。对可食用者，应集中加工处理，如去头充分放血，去内脏、皮后，肌肉反复冲洗，加 2%NaHCO$_3$ 处理 24h，经检验鉴定合格后食用。

（二）鱼类引起的组胺中毒

引起中毒的鱼大多是含组胺高的鱼类，主要是海产鱼中的青皮红肉鱼类，如金枪鱼、秋刀鱼、沙丁鱼、青鳞鱼、金线鱼、鲐鱼等。当鱼不新鲜或腐败时，鱼体中游离组氨酸经脱羧酶作用产生组胺，达一定量时可引起中毒。

1. 中毒机制　组胺是一种生物碱，可导致支气管平滑肌强烈收缩，引起支气管痉挛；循环系统表现为局部或全身的毛细血管扩张，患者出现低血压、心律失常，甚至心搏骤停。

2. 临床表现　潜伏期一般为 0.5～1h，最短可为 5min，最长达 4h。中毒特点是发病快、症状轻、恢复迅速，发病率可达 50%左右。主要症状有面红、头晕、头痛、心慌、脉快、胸闷和呼吸促迫等，部分患者出现眼结膜充血、瞳孔散大、视物模糊、面部发胀、唇水肿、口和舌及四肢发麻、恶心、呕吐、腹痛、荨麻疹、全身潮红、血压下降等。

3. 预防措施　不吃腐败变质的鱼，特别是青皮红肉的鱼类。市售青皮红肉鱼类应冷藏或冷冻，保持较高的鲜度。选购时要特别注意其鲜度，如发现鱼眼变红、色泽不新鲜、鱼体无弹性时，则不应选购，亦不得食用。有过敏性疾病患者，不吃此类鱼为宜。

（三）毒蕈中毒

毒蕈又称毒蘑菇，在我国目前毒蕈约有 100 种，可致人死亡的至少有 10 种，如褐鳞小伞、白毒伞、褐柄白毒伞、毒伞、毒粉褶蕈等。毒蕈的有毒成分十分复杂，一种毒蕈可以含有几种毒素，而一种毒素又可存在于数种毒蕈之中。毒蕈中毒全国各地均有发生，多发生在高温多雨的夏秋季节，以家庭散发为主，且常因误食而中毒。

1. 临床表现　根据毒蕈种类与有毒成分不同，临床表现分为 4 种类型。

（1）胃肠炎型：有毒物质可能为类树脂、甲醛类的化合物，对胃肠道有刺激作用。潜伏期一般为 0.5～6h，多在食后 2h 左右发病，最短仅 10min。主要症状为剧烈恶心、呕吐、阵发性腹痛或绞痛，以上腹部和脐部为主，剧烈腹泻，水样便，每日可多达 10 余次，不发热。病程较短，经适当对症处理可迅速恢复，一般病程 2～3d，愈后良好，死亡率低。

（2）神经精神型：毒素为毒蝇碱、蟾蜍素、幻觉原等。潜伏期一般为 0.5～4h，最短仅 10min。中毒症状除胃肠炎外，主要以精神兴奋、精神抑制、精神错乱、矮小幻觉或以上表现交互出现为特点。也可有多汗、流涎、脉缓、瞳孔缩小等。病程 1～2d，无后遗症。

（3）溶血型：毒素为鹿花蕈素、毒伞十肽。潜伏期为 6～12h，除胃肠炎症状外，可出现溶血性黄疸、血尿、肝脾大等。严重者可致死亡。

（4）脏器损害型：毒素为剧毒，主要有毒成分为毒肽类和毒伞肽类。临床经过可分为潜伏期、胃肠炎期、假愈期、脏器损害期、恢复期等五期，但有时分期并不明显。潜伏期 6h 至数天，多数 10～24h 发病，初期出现胃肠炎症状，称为胃肠炎期；以后转假愈期，无明显临床症状，仅有乏力、食欲减退等。轻度中毒者由此进入恢复期；部分严重患者继胃肠炎后病情迅速恶化，进入脏器损害期，患者突然出现肝、肾、心、脑等脏器损害，以肝、肾损害为最重。出现黄疸、肝功能异常、肝坏死、肝昏迷，侵犯肾脏出现尿毒症、肾衰竭等。此型中毒最为严重，病情凶险，如不及时抢救，死亡率极高。经积极治疗的患者，于 2～3 周后进入恢复期。

2. 防治措施　对患者的处理主要是及时催吐、洗胃、导泻，以尽快排出毒素；根据中毒症状，合理使用药物对症处理，如脏器损害型可选用巯基解毒药物等，溶血型可给予肾上腺皮质激素及输血等。

预防毒蕈中毒需加强宣传教育，适时通过新闻媒体进行广泛宣传，教育当地群众不要采集野蘑菇食用，防止因误采、误食导致的食物中毒发生。

（四）其他有毒动植物食物中毒

其他有毒动植物食物中毒的表现和预防措施见表 3-1。

表 3-1　其他有毒动植物食物中毒

中毒名称	有毒成分	临床特点	预防措施
含氰甙果仁中毒	氢氰酸	潜伏期 1~2h，主要症状为口中苦涩、流涎、呕吐、心悸、呼吸困难、青紫，可窒息死亡	苦杏仁、桃仁、枇杷仁中均含有氰甙，应教育儿童不吃生的苦味果仁
鲜黄花菜中毒	秋水仙碱	潜伏期 0.5~4h，以胃肠症状为主	干制黄花菜无毒，鲜食时应加水浸泡或用开水烫，去汁煮熟，煮透
四季豆中毒	皂素、植物血凝素	潜伏期 2~4h，恶心、呕吐、腹泻、头晕、头痛、四肢麻木	充分煮熟后才能食用
发芽马铃薯中毒	龙葵素	潜伏期数十分钟至数小时，咽喉烧灼感、胃肠炎，重症有溶血性黄疸，可因心脏和呼吸麻痹死亡	挖去芽及芽眼，去皮水浸，炒时加醋以破坏龙葵素，如发芽很多应禁食
有毒蜂蜜中毒	雷公藤碱及其他生物碱	潜伏期 1~5d，头晕、疲倦、肢体麻木、发热、肝大、血尿，可因循环呼吸衰竭死亡	重点保护心、肾；蜂蜜应经检验合格方能售卖（生物碱及其有毒花粉鉴定）；不吃有异味的蜂蜜

四 亚硝酸盐食物中毒

亚硝酸盐食物中毒指食用了含硝酸盐及亚硝酸盐的蔬菜或误食亚硝酸盐后引起的一种高铁血红蛋白血症，也称肠源性青紫症。常见的亚硝酸盐有亚硝酸钠和亚硝酸钾。不新鲜的蔬菜、刚腌不久的蔬菜（暴腌菜）、苦井水、腌肉制品等含较多的硝酸盐或亚硝酸盐。亚硝酸盐的中毒剂量为 0.3~0.5g，致死量为 1~3g。

1. 中毒机制　亚硝酸盐为强氧化剂，进入机体后，短期内可使血中低铁血红蛋白氧化成高铁血红蛋白，从而失去携氧功能，引起组织缺氧，出现发绀。

2. 临床表现　误食纯亚硝酸盐引起的中毒，潜伏期一般为 10~15min；大量食入蔬菜或未腌透菜类者，潜伏期一般为 1~3h。主要症状为口唇、指甲及全身皮肤出现发绀等组织缺氧表现，并有头晕、头痛、心率过速、胸闷、嗜睡或烦躁不安、呼吸急促等症状。严重中毒者起病急、病情重，若不及时抢救，可因呼吸困难、缺氧窒息或呼吸麻痹、循环衰竭而死亡。

3. 急救治疗　对患者须及时抢救，早期应洗胃、催吐和导泻，促使未吸收毒物排出。特效治疗可采用 1% 亚甲蓝。亚甲蓝可使高铁血红蛋白还原，恢复其输氧功能。临床上将亚甲蓝、维生素 C 和葡萄糖三者合用效果较好，注意亚甲蓝不能使用过量。

4. 预防措施　严格管理亚硝酸盐，防止污染食品和误食；保持蔬菜的新鲜，勿食存放过久的变质蔬菜及腌制不充分的蔬菜；严格按照国家标准控制肉制品中硝酸盐的加入量；加强水质监测，不饮用硝酸盐和亚硝酸盐含量高的井水。

五 食物中毒的调查与处理

一旦发生食物中毒，应及时做好应急调查处理工作，控制事态的发生和扩大，维护公众健康和正常的社会秩序。

1. 明确诊断和抢救患者　医师通过询问病史和体检，初步确定是否为食物中毒，可能由何种食物引起，并将情况及时向相关部门报告。同时，尽早及时就地抢救患者，重点是老年人、儿童和重症患者。对已摄入可疑食物而无症状者也应严密观察。

2. 现场调查

（1）中毒情况调查：接到食物中毒的报告后立即组织有关人员前往现场，进一步了解发病经过、主要临床表现，发生中毒的地点、单位、时间、中毒人数、重病人数及死亡人数，可疑食物、进食范围及发病趋势、已采取的措施和待解决的问题等。

（2）现场一般卫生情况调查：了解餐具、炊具、用具、设备是否符合卫生要求，炊事人员个人卫生习惯和健康状况，用膳制度等，分析可能引起中毒的原因和条件。

（3）确定中毒食物：详细了解患者发病前 24～48h 内进食的各餐食谱，找出可疑食物。进一步了解可疑食物的来源、运输、贮存情况、制作过程及出售中有无污染的可能。

（4）采样检验：对食剩的可疑食物、餐具及用具涂抹物、患者排泄物、炊事人员的手部等进行检验，查明病原。

3. 现场处理　确定食物中毒类型后，针对原因立即对现场进行处理，以防止事件扩大蔓延：①销毁引起中毒的食物；②针对污染原因及时督促改进，有传染病的炊事人员应暂时调离饮食服务工作，制定和完善卫生管理制度；③指导现场消毒。

4. 卫生部门在追究引起中毒的当事人的法律责任的同时，应该加强卫生宣传与指导工作。

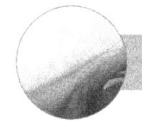

目标检测

选择题

1. 天然食物中蛋白质消化吸收利用率最高的是（　　）
   A. 瘦猪肉　　　　B. 鸡蛋
   C. 牛奶　　　　　D. 鱼
   E. 黄豆制品

2. 必需脂肪酸与非必需脂肪酸的根本区别在于（　　）
   A. 前者是人体所必需的，而后者不是
   B. 前者可以在人体合成，而后者不能
   C. 前者不能在人体合成，而后者可以
   D. 前者不是人体所必需的，而后者是
   E. 以上都不是

3. 以下不属于膳食纤维的是（　　）
   A. 纤维素　　　　B. 果胶
   C. 半纤维素　　　D. 木质素
   E. 果糖

4. 人体的热能来源于膳食中蛋白质、脂肪和碳水化合物，它们在体内的产热系数分别为（　　）
   A. 4kcal/g、9kcal/g、9kcal/g
   B. 4kcal/g、9kcal/g、4kcal/g
   C. 9kcal/g、4kcal/g、4kcal/g
   D. 4kcal/g、4kcal/g、4kcal/g
   E. 4kcal/g、4kcal/g、9kcal/g

5. 下列哪种维生素缺乏时，可引起癞皮病（　　）
   A. 维生素 A　　　B. 维生素 B_1
   C. 维生素 C　　　D. 尼克酸
   E. 叶酸

6. 钙最丰富和良好的食物来源是（　　）
   A. 蔬菜、水果　　B. 乳类、乳制品
   C. 肉类　　　　　D. 植物油
   E. 鱼类

7. 脚气病是由于缺乏下列哪一种维生素引起的（　　）
   A. 维生素 A　　　B. 维生素 B_1
   C. 维生素 B_2　　D. 维生素 C
   E. 维生素 B_6

8. 我国最常见的食物中毒是（　　）
   A. 真菌性食物中毒
   B. 化学性食物中毒

C. 有毒动物食物中毒
D. 细菌性食物中毒
E. 有毒植物食物中毒

9. 花生、花生油、玉米等食品最容易受到哪种毒素的污染（   ）
   A. 黄曲霉毒素
   B. 赭曲霉毒素
   C. 展青毒素
   D. 单端孢霉烯族化合物
   E. 赤霉烯酮毒素

10. 烧焦的鱼、肉中含有下列什么物质可以致癌（   ）
    A. 苯并芘   B. 二噁英
    C. 亚硝胺   D. 黄曲霉毒素
    E. 亚硝酸盐

11. 治疗亚硝酸盐食物中毒的最佳方案是（   ）
    A. 美蓝+维生素C+硫代硫酸钠
    B. 美蓝+维生素C+葡萄糖
    C. 亚硝酸异戊酯+维生素C+葡萄糖
    D. 亚硝酸异戊酯+美蓝+维生素C
    E. 维生素C+葡萄糖+硫代硫酸钠

12. 含盐培养基上可以生长的细菌是（   ）
    A. 副溶血性弧菌   B. 葡萄球菌
    C. 变形杆菌   D. 大肠埃希菌
    E. 沙门菌属

13. 在我国引起肉毒梭菌中毒最常见的食品是（   ）
    A. 肉制品   B. 豆制品
    C. 罐头食品   D. 自制发酵食品
    E. 鱼制品

14. 发生食物中毒后，恶心、呕吐症状较为明显的是（   ）
    A. 沙门菌属食物中毒
    B. 副溶血性弧菌食物中毒
    C. 致病性大肠菌食物中毒
    D. 肉毒食物中毒
    E. 葡萄球菌食物中毒

15. 河豚毒素在下列哪些条件下可被破坏（   ）
    A. 日晒   B. 盐腌   C. 煮沸
    D. 加碱处理   E. 加酸处理

16. 毒蕈种类与有毒成分不同，临床表现也不同，其中死亡率较高的是（   ）
    A. 胃肠炎型   B. 脏器损害型
    C. 神经精神型   D. 溶血型
    E. 神经麻痹型

（张文杰）

第4章 职业卫生与健康

案例4-1

尚××，男，47岁，2012年下半年因劳动能力减退，多方就诊，医院临床诊断为疑似肺尘埃沉着病（又称尘肺病）。根据调查患者1989年起进某石料厂从事运输工，杂务工，带班组长等工作，2007年10月企业转制后从事安全员、点炮员、爆破工。根据职业史、现场调查及临床检查资料，2012年1月24日本市职业病诊断组对该患者作出了尘肺Ⅱ+期的诊断。厂方对此诊断不服，认为其没有接触粉尘，不可能患尘肺病，向本省职业病诊断鉴定组申请鉴定。2012年10月，省职业病诊断鉴定组作出了维持该市职业病诊断组诊断的鉴定结果。

问题：1. 引起尚XX发生疾病的因素是什么？
2. 职业病与普通疾病的区别是什么？

第一节 职业卫生概述

一、职业卫生的概念、研究对象与任务

（一）概念

职业卫生，也称为劳动卫生，职业病学或是职业医学，是预防医学的一个分支学科，旨在研究劳动条件对健康的影响，以及如何改善劳动条件，创造安全、卫生、满意和高效的作业环境，提高劳动者的职业生活质量。只有创造合理的劳动工作条件，才能使所有从事劳动的人员在体格、精神、社会适应等方面都保持健康。只有防止职业病和与职业有关的疾病，才能降低病伤缺勤，提高劳动生产率。

（二）研究对象

职业卫生研究和服务的对象包括个体、人群及其所处环境，三者缺一不可。

个体是群体的基础，对职业人群中个体健康状况和异常发病现象的观察，能获得职业性有害因素对该人群潜在危害的证据。同时，充分了解人群所处环境状况，才能判断疾病与环境间的联系。

（三）任务

一是识别、评价、预测和控制不良劳动条件中存在的职业性有害因素，以防止其对劳动者健康的损害；二是对职业性病损的受罹者进行早期检测、诊断和处理，促使其尽早康复。

随着医学模式的转变，人们逐步认识到，除传统的职业性有害因素外，社会心理因素、个人生活方式等，也可影响劳动者的健康及其职业生活质量。因此，广义的劳动卫生与职业病学还应考虑职业性因素与非职业性因素的联合作用，从而采取综合干预措施，保护和促进劳动者的健康。

 职业性有害因素

职业性有害因素又称职业病危害因素，在职业活动中产生和（或）存在的、可能对职业人群健康、安全和作业能力造成不良影响的因素或条件。

（一）职业性有害因素及其来源

按其来源可分为下列三类。

1. 生产工艺过程中产生的有害因素

（1）化学因素：有毒物质如铅、汞、苯、氯、一氧化碳、有机磷农药等；生产性粉尘如矽尘、石棉尘、煤尘、有机粉尘等。

（2）物理因素：异常气象条件如高温、高湿、低温；异常气压如高气压、低气压；噪声、振动；非电离辐射如可见光、紫外线、红外线、射频辐射、激光等；电离辐射如 X 射线、Y 射线等。

（3）生物因素　如附着在动物皮毛上的炭疽杆菌、甘蔗渣上的真菌、医务工作者可能接触到的生物传染性病源物等。

2. 劳动过程中的有害因素

（1）劳动组织和制度不合理，劳动作息制度不合理等。

（2）精神（心理）性职业紧张。

（3）劳动强度过大或生产定额不当，如安排的作业与劳动者生理状况不适应等。

（4）个别器官或系统过度紧张，如视力紧张等。

（5）长时间处于不良体位或使用不合理的工具等。

3. 生产环境中的有害因素

（1）自然环境中的因素，如炎热季节的太阳辐射。

（2）厂房建筑或布局不合理，如有毒工段与无毒工段安排在一个车间。

（3）由不合理生产过程所致环境污染。

在实际生产场所中，往往同时存在多种有害因素对劳动者的健康产生联合作用。

（二）劳动者不良的机体状况

（1）不良的健康状况。

（2）特殊的生理状态。

（3）不良的行为方式和生活习惯。

（4）不适的营养条件。

（5）不良的心理反应状态。

 职业性病损

不同劳动条件存在各种职业性有害因素，它们对健康的不良影响，统称为职业性病损。包括工伤和职业性疾病（职业性疾病包括职业病和与工作有关的疾病两大类）。

（一）职业病

当职业性有害因素作用于人体的强度与时间超过一定限度时，人体不能代偿其所造成的功能性或器质性病理改变，从而出现相应的临床征象，影响劳动能力，这类疾病通称职业病。

1. 职业病的特点　病因明确；疾病的发生常存在明确的剂量-反应关系；发病集中；避免或减少接触有害因素后，职业病可以得到明显的缓解和控制；治疗复杂，可预防。

（1）病因明确：病因即职业性有害因素，在控制病因或作用条件后，可消除或减少发病。

（2）所接触的病因大多是可检测的，需达到一定的强度（浓度或剂量）才能致病，一般存在接触水平（剂量）——效应（反应）关系。

（3）在接触同一因素的人群中常有一定的发病率，很少只出现个别患者。

（4）大多数职业病如能早期诊断、处理，康复效果较好，但有些职业病（例如硅沉着病（又称矽肺）），目前尚无特效疗法，只能对症综合处理，故发现愈晚，疗效愈差。

（5）除职业性传染病外，治疗个体无助于控制人群发病。

从病因学上说，职业病是完全可以预防的，故必须强调"预防为主"，着重抓好第一级和第二级预防。

职业性疾病可累及各器官、系统，涉及临床医学的各个分科，如内科、外科、神经科、皮肤科、眼科、耳鼻喉科等。所以，需要牢固掌握和充分运用临床多学科的综合知识和技能，处理职业性疾病的早期诊断、治疗、康复，以及就业禁忌证、劳动能力鉴定等问题。

2. 职业病诊断的原则　明确的职业史，有职业环境监测和健康监护资料；有相应的病史和临床症状与体征；实验室检查。

3. 职业病的报告制度

（1）职业病的诊断与鉴定工作应由单位统一管理。职业病诊断和鉴定由单位和当事人如实向诊断部门提供有关职业卫生情况，配合诊断部门进行调查取证工作，按法定程序取得职业病诊断、鉴定的有关资料。

（2）对疑似职业病的职工应及时进行诊断，在其诊断或者医学观察期间的费用由单位承担，在此期间单位不得解除或者终止与其订立的劳动合同。

（3）单位要加强对职业病患者和疑似职业病患者管理，实行职业病患者和疑似职业病患者登记报告管理制度，发现职业病患者和疑似职业病患者时，应按有关规定向区安监局、区卫生局和单位的职业卫生管理部门、劳动人事管理部门等报告。

（4）单位安排职业病患者进行医疗和疗养。对在医疗后被确认为不宜继续在原岗位作业或工作的，立即对其岗位进行调整。

（5）职业病患者的诊疗、康复和复查等费用及伤残后有关待遇和社会保障，依照国家有关规定执行。

（二）工作有关疾病（职业性多发病）

1. 工作有关疾病　工作有关疾病指多因素的疾病，与工作有联系，也见于非职业人群中，因而不是每一病例都必须具备该项职业史或接触病史。当这一类疾病发生于劳动者时，由于职业接触，会使原有的疾病加剧、加速或复发，或使患者劳动力明显减退。工作有关疾病的范围，实际比职业病更为广泛。

2. 工作有关疾病特点

（1）职业因素是该病发生和发展的诸多因素之一，但不是唯一的直接因素。

（2）职业因素影响了健康，从而促使潜在的疾病显露或加重已有疾病的病情。

（3）通过控制和改善劳动条件，可使所患疾病得到控制或缓解。

3. 常见的工作有关疾病　呼吸系统疾病，心血管疾病，矿工的消化性溃疡；建筑工的肌肉骨骼疾病（如腰背痛）；与职业有关的肺部疾病等。

（三）职业性病损的致病条件

职业性有害因素是引发职业性病损的病原性因素，但这些因素是否一定使接触者（机体）产生职业性病损，还取决于若干作用条件。只有当有害因素、作用条件和接触者个体特征三者联系在一起，符合一般疾病的致病模式，才能造成职业性病损。

（四）工伤

又称为产业伤害、职业伤害、工业伤害、工作伤害，是指劳动者在从事职业活动或者与职业活动有关的活动时所遭受的不良因素的伤害和职业病伤害。

2007年，在美国有5488人死于职业伤害，49000死于与工作相关的伤害。国家职业安全卫生机构（NIOSH）估测出在2007年有四百万美国工人遭受非致命的与工作相关的伤害与疾病。

2014年8月20日，最高人民法院对外发布了《关于审理工伤保险行政案件若干问题的规定》，于2014年9月1日起施行。

四 职业性危害的预防

预防与控制的对策：三级预防理论。

1. 一级预防　消除和控制有害因素；预防保健；环境监测；个人防护。
2. 二级预防　早发现、早诊断、早治疗。
3. 三级预防　积极治疗，控制病情，防止并发症，促进康复。

第二节　铅　中　毒

● 案例 4-2

患者赵某，男性，42岁，近年来常感全身乏力，关节酸痛，右上肢发麻，食欲减退，腹部隐痛。因数日未解大便，并出现腹部绞痛，收治入院。查体：神志清楚，一般情况尚可，体温37.1℃，脉搏70次/分，呼吸20次/分，血压120/70mmHg，心肺（−），肝脾不大，腹软，脐周有轻微压痛，无反跳痛，四肢未引出病理反射，血、尿常规未见异常；肝功能、心电图、正常胸部X线摄片未见异常改变。进一步询问患者的职业史，发现该患者在某私人铅酸蓄电池厂工作12年，每天工作10h，疑为慢性铅中毒。

问题：1. 铅中毒患者可能出现哪些临床表现？

2. 常用的驱铅药物有哪些？用药时有哪些注意事项？

3. 除驱铅治疗外，还应给以哪些辅助治疗？

4. 出院后应注意哪些事项？

 概述

（一）概念

1. 毒物　在一定条件下外来化学物质以较小剂量即可引起机体的功能或器质性损害，甚至危及生命，此种化学物质称为毒物。

2. 中毒　机体受毒物的作用引起一定程度损害而出现的疾病状态称中毒。

3. 职业中毒　劳动者在生产过程中由于接触毒物发生的中毒称为职业中毒。

（二）毒物的存在状态与接触机会

1. 生产性毒物的来源与存在形态

（1）生产性毒物的来源：生产性毒物的来源可有多种形式，同一毒物在不同行业或生产环节中又各有差异，可来自于原料、中间产品、辅助原料、成品、夹杂物、副产品或废物。

（2）生产性毒物的存在形态：在生产环境中的毒物可以固体、液体、气体或气溶胶（烟、雾、尘）的形式存在。

了解生产性毒物的来源及其存在形态，对于空气样品的采集、分析及制定相应防护策略均有重要意义。

2. 接触机会　接触生产性毒物主要有两个环节，即原料的生产和其应用。

（1）原料的开采与提炼：材料的加工、搬运、储藏、加料和出料，以及成品的处理、包装等。

（2）生产环节：有许多因素也可导致作业人员接触毒物，如化学管道的渗漏、化学物的包装或储存气态化学物钢瓶的泄漏，作业人员进入反应釜出料和清釜，物料输送管道或出料口发生堵塞，废料的处理和回收，化学物的采样和分析，设备的保养、检修等。

（3）有些作业虽未应用有毒物质，但在一定的条件下亦可接触到毒物，甚至引起中毒。例如，在有机物堆积且通风不良的狭小场所（地窖、矿井下废巷、化粪池等）作业，可发生硫化氢中毒；塑料加热可接触到热裂解产物。

（三）影响毒物对机体毒作用的因素

生产性毒物作用于机体，并非一定会引起职业中毒。毒物对机体的毒作用受很多因素的影响。

1. 毒物的特性

（1）化学结构：化学物质的毒性与其化学结构有一定的关系，目前已获的了一些规律。例如，脂肪族直链饱和烃类化合物的麻醉作用，从丙烷至辛烷，随碳原子数增加而增强。据此，可推测某些新化学物的大致毒性和毒作用特点。

（2）理化性质：毒物的理化性质对其进入机体的机会及其在体内的过程有重要影响。如毒物的分散度、挥发度、溶解度等。

2. 剂量、浓度和接触时间　不论毒物的毒性大小如何，都必须在体内达到一定量才会引起中毒。空气中毒物浓度高，接触时间长，若防护措施不良，则进入体内的量大，容易发生中毒。由于作业时间一般来说，相对固定，因此降低空气中毒物的浓度，减少毒物进入体内的量是预防职业中毒的重要环节。

3. 联合作用

（1）毒物的联合作用：在生产环境中常有几种毒物同时存在，并作用于人体。此种作用可表现为独立、相加、协同和拮抗作用。毒物的拮抗作用在实践中并无多大意义。进行卫生学评

价时应注意毒物的相加和协同作用，还应注意生产性毒物与生活性毒物的联合作用。

（2）生产环境和劳动强度：环境中的温、湿度可影响毒物对机体的毒作用。在高温环境下毒物的毒作用一般较常温高。高温环境还使毒物的挥发增加，机体呼吸、循环加快，出汗增多等，均有利于毒物的吸收；体力劳动强度大时，毒物吸收多，机体耗氧量也增多，对毒物的毒作用更为敏感。

4. 个体感受性　毒物对人体的毒作用有很大的个体差异，接触同一剂量的毒物，不同个体所出现的反应可相差很大。造成这种差异的个体因素很多，如年龄、性别、健康状况、生理变动期、营养、内分泌功能、免疫状态及个体遗传特征等。

（四）职业中毒的预防

职业中毒的预防应采取综合治理的措施。由于其病因的根源来自职业环境中的生产性毒物，故必须从根本上消除、控制或尽可能减少毒物对职工的侵害。在预防上，遵循"三级预防"原则。防毒措施的具体方法有很多，但就其作用可分为以下几个方面。

1. 消除毒物　从生产工艺流程中消除有毒物质，可用无毒或低毒物质代替有毒或高毒物质。例如，用苯作为溶剂或稀释剂的油漆，稀料改用二甲苯等。但此种替代物不能影响产品质量，目前还不能完全做到。

2. 降低毒物浓度　减少人体接触毒物水平，以保证不对接触者产生明显健康危害是预防职业中毒的关键。其中心环节是要使环境空气中毒物浓度降到低于最高容许浓度。因此，要严格控制毒物逸散到作业场所空气中的机会，避免操作人员直接接触逸出的毒物，防止其扩散，并需经净化后排出。

3. 个体防护　个体防护在预防职业中毒中虽不是根本性的措施，但在有些情况下，例如在狭小船舱中、锅炉内电焊，维修、清洗化学反应釜等，个体防护是重要辅助措施。个体防护用品包括防护帽、防护眼镜、防护面罩、防护服、呼吸防护器、皮肤防护用品等。选择个人防护用品应注意其防护特性和效能。在使用时，应对使用者加以培训；平时经常保持良好的维护，才能很好发挥效用。

在有毒物质作业场所，还应设置必要的卫生设施如盥洗设备、淋浴室及更衣室和个人专用衣箱。对能经皮吸收或局部作用危害大的毒物还应配备皮肤洗消和冲洗眼的设施。

4. 工艺、建筑布局　生产工序的布局不仅要满足生产上的需要，而且应符合卫生上的要求。有毒物逸散的作业区域之间应区分隔离，以免产生叠加影响；在符合工艺设计的前提下，从毒性、浓度和接触人群等几方面考虑，应呈梯度分布。有害物质发生源，应布置在下风侧。对容易积存或被吸附的毒物如汞，或能发生有毒粉尘飞扬的厂房、建筑物结构表面应符合卫生要求，防止沾积尘毒及二次飞扬。

5. 安全卫生管理　管理制度不全、规章制度执行不严、设备维修不及时及违章操作等常是造成职业中毒的主要原因。因此，采取相应的管理措施来消除可能引发职业中毒的危险因素具有重要作用。所以应做好管理部门和作业者职业卫生知识宣传教育，提高双方对防毒工作的认识和重视，共同自觉执行有关的职业安全卫生法规。

6. 职业卫生服务　健全的职业卫生服务在预防职业中毒中极为重要，除上面已提及的外，应定期或不定期监测作业场所空气中毒物浓度。对接触有毒物质的职工程技术人员，实施上岗前和定期体格检查，排除职业禁忌证，发现早期的健康损害，以便及时处理。

此外，对接触毒物的人员，合理实施有毒作业保健待遇制度，适当开展体育锻炼以待增强体质，提高机体抵抗力。

二、铅中毒

（一）理化特性

铅为一种质地较软、具有易锻性的蓝灰色金属。比重11.3，熔点327℃，沸点1525℃。加热至400~500℃时，即有大量铅蒸气逸出，在空气中氧化成氧化亚铅，并凝集为铅烟。随着熔铅温度升高，还可逐步生成氧化铅、三氧化二铅、四氧化三铅。所有铅氧化物都以粉末状态存在，并易溶于酸。

（二）接触机会

（1）铅矿开采及冶炼、熔铅作业均可接触铅烟、铅尘或铅蒸气。

（2）铅氧化物常用于制造蓄电池、玻璃、搪瓷、铅丹、铅白、油漆、颜料、釉料、防锈剂的生产中。

（三）毒理

1. 靶器官　在生产环境中，呼吸道是主要吸收途径，其次是消化道；血液循环中的铅早期主要分布于肝、肾、脑、皮肤和骨骼肌中，数周后，铅由软组织转移到骨，并以难溶性的磷酸铅形式沉积下来。人体内90%~95%的铅储存于骨。

2. 中毒机制　铅作用于全身各系统和器官，主要累及血液及造血系统、神经系统、消化系统、血管及肾。

（1）铅对红细胞，特别是骨髓中幼稚红细胞具有较强的毒作用，形成点彩细胞增加。

（2）在铅的作用下，骨髓幼稚红细胞可发生超微结构的改变，如核膜变薄、胞浆异常、高尔基复合体及线粒体肿胀、细胞成熟障碍等。

（3）铅在细胞内可与蛋白质的巯基结合，干扰多种细胞酶类活性，如铅可抑制细胞膜三磷酸腺苷酶，导致细胞内大量钾离子丧失，使红细胞表面物理特性发生改变，寿命缩短，脆性增加，导致溶血。

（4）铅可使大脑皮层兴奋与抑制的正常功能发生紊乱，皮层-内脏调节障碍，使末梢神经传导速度降低。

（5）铅可致外周血管痉挛和肾脏受损。

到目前为止，在铅中毒机制研究中，对铅所致卟啉代谢紊乱和影响血红素合成的研究最为深入，并认为出现卟啉代谢紊乱是铅中毒重要和较早的变化之一。

（四）毒作用表现

工业生产中，急性中毒已极罕见。职业性铅中毒基本上均为慢性中毒，早期表现为乏力、关节肌肉酸痛、胃肠道症状等。随着接触增加，病情进展可表现为以下几个方面。

1. 神经系统　主要表现为类神经征、外周神经炎，严重者出现中毒性脑病。

2. 消化系统　主要表现为食欲缺乏、恶心、隐性腹痛、腹胀、腹泻或便秘。严重者可出现腹绞痛（也称铅绞痛）。

3. 血液及造血系统　可有轻度贫血，多呈低色素正常细胞型贫血；点彩红细胞、网织红细胞、碱粒红细胞增多等。

4. 其他部分　患者可出现肾脏损害；女工可引起月经不调、流产等。

（五）处理原则

1. 铅吸收　可继续原工作，3~6个月复查一次。

2. 轻度中毒 驱铅治疗后可恢复工作，一般不必调离原工作。

3. 中度中毒 驱铅治疗后原则上调离铅作业。

4. 重度中毒 必须调离铅作业，并给予治疗和休息。

（六）治疗方法

1. 驱铅治疗 首选依地酸二钠钙（$CaNa_2$-EDTA）及巯基络合剂。

2. 对症治疗 同内科治疗。

（七）预防原则

降低生产环境中空气铅浓度，使之达到卫生标准是预防的关键，同时应加强个人防护。

1. 降低铅浓度

（1）加强工艺改革：使生产过程机械化、自动化、密闭化。如铅熔炼用机械浇铸代替手工操作；蓄电池制造采用铸造机、涂膏机、切边机等，以减少铅尘飞扬。

（2）加强通风：如熔铅锅、铸字机、修版机等均可设置吸尘排气罩，抽出烟尘需净化后再排出。

（3）控制熔铅温度，减少铅蒸气逸出。

（4）以无毒或低毒物代替铅：如用锌钡白、钛钡白代替铅自制造油漆；用铁红代替铅丹制造防锈漆。用激光或电脑排版代替铅字排版等。车间铅的最高容许浓度为铅烟 $0.03mg/m^3$，铅尘 $0.05mg/m^3$。

2. 加强个人防护和卫生操作制度 铅作业工人应穿工作服，戴滤过式防尘、防烟口罩。严禁在车间内吸烟、进食；饭前洗手，下班后淋浴。坚持车间内湿式清扫制度，定期监测车间空气中铅浓度和设备检修。定期对工人进行体检，有铅吸收的工人应早期进行驱铅治疗。妊娠及哺乳期女工应暂时调离铅作业。

3. 职业禁忌证 贫血、神经系统器质性疾病、肝肾疾病，心血管器质性疾病。

第三节　粉尘与职业性肺部疾患

 生产性粉尘

生产性粉尘是指在生产中形成的，并能长时间漂浮在空气中的固体微粒。

（一）来源

生产性粉尘的来源很多，几乎所有的工农业生产过程均可产生粉尘，有些工艺产生的粉尘浓度还很高，严重影响着职业人群的身体健康。其主要来源可归纳为以下几种。

1. 固体物质的破碎和加工 常见于矿石开采和冶炼；铸造工艺；耐火材料、玻璃等工业原料的加工；粮谷脱粒等过程。

2. 物质的不完全燃烧 煤炭不完全燃烧的烟尘、烃类热分解产生的碳黑。

3. 蒸气的冷凝或氧化 如铅熔炼时产生的氧化铅烟尘。

（二）分类

生产性粉尘按性质可分为三类。

1. 无机粉尘

（1）金属矿物粉尘：如铅、锌、铝、铁、锡等金属及其化合物等。

（2）非金属矿物粉尘：如石英、石棉、滑石、煤等。

（3）人工无机粉尘：如水泥、玻璃纤维、金刚砂等。

2. 有机粉尘

（1）植物性粉尘：棉、麻、谷物、亚麻、甘蔗、木、茶等粉尘等。

（2）动物性粉尘：皮、毛、骨、丝等。

（3）人工有机粉尘：如树脂、有机染料、合成纤维、合成橡胶等粉尘。

3. 混合性粉尘　　指上述各类粉尘的两种或多种混合存在，称为混合性粉尘。此种粉尘在生产中最常见，如清砂车间的粉尘含有金属和型砂粉尘。

在防尘工作中，常根据粉尘的性质初步判定其对人体的危害程度。对混合性粉尘，查明其中所含成分，尤其游离二氧化硅所占比例，对进一步确定其致病作用具有重要的意义。

 生产性粉尘的理化特性及卫生学意义

1. 粉尘的化学组成　　这是直接决定其对人体危害性质和严重程度的重要因素，据其化学成分不同可分别致纤维化、刺激、中毒和致敏作用。如含有游离二氧化硅的粉尘，可引起矽肺，而且含矽量越高，病变发展越快，危害性就越大；石棉尘可引起石棉肺；如果粉尘含铅、锰等有毒物质，吸收后可引起相应的全身铅、锰中毒；如果是棉、麻、牧草、谷物、茶等尘，不但可阻塞呼吸道，而且可以引起呼吸道炎症和变态反应等肺部疾病。

2. 浓度和暴露时间　　浓度和暴露时间也是决定其对人体危害严重程度的重要因素。生产环境中的粉尘浓度越高，暴露时间越长，进入人体内的粉尘剂量越大，对人体的危害就越大。为保护粉尘作业工人的身体健康，对车间空气中生产性粉尘的最高容许浓度作了具体的规定。

3. 分散度　　分散度越高，对人体的危害越大。因为分散度越高，粉尘的颗粒越细小，在空气中飘浮的时间越长，进入体内的机会就大，危害越大；分散度越高，进入呼吸道深部的机会越多，直径<5μm 的粉尘可以进入呼吸道深部及肺泡区，称为呼吸性粉尘，卫生学意义特别大。

4. 硬度　　硬度越大的粉尘，对呼吸道黏膜和肺泡的物理损伤越大。

5. 溶解度　　有毒粉尘如铅等，溶解度越高度毒作用强；相对无毒尘如面粉，溶解度越高作用低；石英尘很难溶解，在体内持续产生危害作用。

6. 荷电性　　固体物质在被粉碎和流动的过程中，相互摩擦或吸附空气中的离子带电，漂浮在空气中的粉尘 90%～95% 的粉尘带正电或带负电，同性电荷相排斥，异性电荷相吸引，带电尘粒易在肺内阻留，危害大。

7. 爆炸性　　有些粉尘达到一定的浓度，遇到明火、电火花和放电时会爆炸，导致人员伤亡和财产损失，加重危害。煤尘的爆炸极限是 35g/m³，面粉、铝、硫磺为 7 g/m³，糖为 10.3 g/m³。

 生产性粉尘的危害

生产性粉尘由于种类和理化性质的不同，对机体的损害也不同。按其作用部位和病理性质，可将危害归纳为尘肺、局部作用、全身中毒、变态反应和其他五部分。

（一）尘肺

尘肺是指在工农业生产过程中，长期吸入粉尘而发生的以肺组织纤维化为主的全身性疾病。按其病因不同又分为五类。

1. 矽肺　在生产过程中长期吸入含有游离二氧化硅粉尘而引起的以肺纤维化为主的疾病。

2. 硅酸盐肺　长期吸入含有结合状态的二氧化硅的粉尘所引起的尘肺，如石棉肺、滑石肺、云母肺等。

3. 炭尘肺　长期吸入煤、石墨、碳黑、活性炭等粉尘引起的尘肺。

4. 混合性尘肺　长期吸入含有游离二氧化硅和其他物质的混合性粉尘（如煤矽肺、铁矽肺等）所致的尘肺。

5. 其他尘肺　长期吸入铝及其氧化物引起的铝尘肺，或长期吸入电焊烟尘所引起的电焊工尘肺等。

上述各类尘肺中，以矽肺、石棉肺、煤矽肺较常见，危害性则以矽肺最为严重。

（二）局部作用

吸入的粉尘颗粒作用于呼吸道黏膜，早期引起其功能亢进、充血、毛细血管扩张，分泌增加，从而阻留更多粉尘，久之则酿成肥大性病变，黏膜上皮细胞营养不足，最终造成萎缩性改变；粉尘产生的刺激作用，可引起上呼吸道炎症；沉着于皮肤的粉尘颗粒可堵塞皮脂腺，易于继发感染而引起毛囊炎、脓皮病等；作用于眼角膜的硬度较大的粉尘颗粒，可引起角膜外伤及角膜炎等。

（三）全身中毒作用

吸入含有铅、锰、砷等毒物的粉尘，可被吸收引起全身中毒。

（四）变态反应

某些粉尘，如棉花和大麻的粉尘可能是变应原，可引起支气管哮喘、上呼吸道炎症和间质性肺炎等。

（五）其他

某些粉尘具有致癌作用，如接触放射性粉尘可致肺癌，石棉尘可引起间皮瘤。沥青粉尘沉着于皮肤，可引起光感性皮炎等。

四、矽肺

（一）接触矽尘作业

通常接触含有 10% 以上游离二氧化硅的粉尘作业，称为矽尘作业。接触矽尘作业在矿山有掘进、采矿、筛选、拌料等作业；修建水利工程、开山筑路；铸造车间的原料粉碎、配料、铸型、开箱、清砂、喷砂等作业。

（二）影响矽肺的发病因素

矽肺的发病与矽尘作业的工龄、防护措施、粉尘中游离二氧化硅的含量和类型、生产场所粉尘浓度和分散度密切相关。此外，个体因素如健康和营养状况等，在矽肺的发生和发展上也有一定的影响。呼吸道疾病，特别是呼吸系统结核患者，能加速矽肺的发生频率并加重病情。

矽肺发病一般较慢，多在持续吸入矽尘 5～10 年发病，有的长达 15～20 年以上。但持续吸入高浓度的矽尘，有的 1～2 年内即可发病，称之为"速发型矽肺"。有的矽尘作业工人吸入矽尘浓度高、时间短，接尘期间未见发病，但在脱离矽尘作业若干年后却发现矽肺，称之为"晚发型矽肺"。

（三）基本病理变化

矽肺的基本病理变化是肺部进行性、结节性纤维化及弥漫性肺间质纤维化。显微镜下可见四种病理类型。

1. 结节型矽肺　一般由游离二氧化硅含量较高（40%～90%）的粉尘而致。如矿山岩层掘进、隧道施工、石粉制造、建筑材料加工等行业。典型的矽结节为圆形或椭圆形，纤维组织呈同心圆状排列，类似洋葱头切面。在结节外围及纤维束之间，因胶原化不同可见数量不等的粉尘颗粒、尘细胞、成纤维细胞。结节愈成熟，细胞成分愈少，最终可发展为玻璃样变及钙盐沉着。

2. 弥漫性肺间质纤维化型矽肺　一般由游离二氧化硅含量较低（40%～90%）的粉尘或游离二氧化硅含量较高，但吸入量较少的粉尘而致，如硅藻土的煅烧工、鳞石英尘接触者。其病理特点是肺泡和肺小叶间隔，以及小血管和呼吸性支气管周围纤维组织呈弥漫性增生。

3. 矽性蛋白沉积型矽肺　又称急性矽肺，多见于短期内接触高浓度、高分散度石英尘的青年工人，如隧道、玻璃拌料及石英喷砂、破碎、磨粉等工种可见。其病理特征为肺泡内脂蛋白沉着症，继而纤维化病变发展。

4. 团块型矽肺　是上述类型矽肺进一步发展，病灶融合而成。矽结节增多、增大、融合，其间继发纤维化病变，融合扩展而形成团块状。多见于双上肺。

（四）临床表现

1. 症状和体征　矽肺患者早期无明显症状、体征，随着病程进展，尤其出现并发症后症状、体征才渐趋明显。最常见的症状是气短、胸痛、咳嗽、心悸，并逐渐加重和增多。体征可有干啰音、哮鸣音、湿啰音等。

2. X线表现　比较典型的有类圆形、不规则形小阴影及大阴影，是矽肺诊断的重要依据。其他表现如肺纹理、肺门、胸膜等改变对矽肺诊断有重要的参考价值。

（1）类圆形小阴影：矽肺类圆形小阴影是典型矽肺最常见和最重要的一种X线表现形态，可以看成是矽结节的影像学反应。其形态大小、致密度与粉尘的游离二氧化硅含量有关。其形态呈圆形或近似圆形，边缘整齐或不整齐，直径小于10mm。按直径大小又可约略分为p（直径<1.5mm）、q（1.5～3.0mm）、r（3.0～10mm）3种类型。早期多分布于双肺中下肺区，随病情进展，数量增多，直径增大，密集度增加，波及双肺上区。

（2）不规则形小阴影：是指粗细、长短、形态不一的致密阴影，宽度小于10mm。多见于游离二氧化硅含量低和浓度较高或游离二氧化硅含量低的混合型粉尘所致矽肺。按宽度大小又可约略分为s（<1.5mm）、t（1.5～3.0mm）、u（3.0～10mm）三种类型。多见于双肺中、下肺区，随病情进展，数量增多，宽度增大，密集度增加，波及双肺上区。

（3）大阴影：是指其长径超过20mm、宽径超过10mm的阴影。为晚期矽肺的重要X线表现。形态为长条性、椭圆形和圆形，多出现在双肺中、上肺区，多对称呈"八"字型。

（4）其他：胸膜、肺门、肺气肿、肺纹理变化。胸膜粘连增厚，以肋膈角变钝或消失最常见；肺门阴影可扩大，密度增高，边缘模糊不清，甚至有增大的淋巴结阴影；肺气肿为弥漫性、局灶性、边缘性及泡性；肺纹理增多、增粗、延伸至肺野外带，甚至扭曲变性、紊乱断裂。晚期可因结节阴影的增多而减少。

（五）并发症

矽肺患者最常见的并发症是肺结核、肺及支气管感染、自发性气胸、肺源性心脏病等。其中以肺结核最常见。一旦出现并发症，则往往促进病情进展，使病情恶化，最终导致死亡。

五 尘肺的预防

（一）技术措施

采用"革、水、密、风、护"等综合措施，做好防尘、降尘工作，是防治尘肺的最根本的预防措施。

1. 改革工艺过程，革新生产设备　消除粉尘危害的根本途径。如用人造砂代替石英砂作为铸型材料；采用远距离操作、隔离室监控、计算机控制等措施避免粉尘接触；风力运输、负压吸砂减少粉尘外逸。

2. 湿式作业　一种非常经济实用的技术措施，如用湿式辗磨石英、耐火原料；湿式凿岩；井下爆破后冲洗岩帮；高压注水采煤等。

3. 密闭、抽风、除尘　密闭尘源与局部抽风相结合，防止粉尘外逸，含尘空气在排出之前应先进行除尘处理。

（二）个人防护措施

粉尘作业的个人防护，比较常用的防护措施是戴防尘口罩或普通纱布口罩，必要时应用送风式防尘头盔。

（三）卫生保健措施

根据"粉尘作业工人医疗预防措施办法"规定，从事粉尘作业工人必须进行就业前和定期健康检查。对上岗（含转岗准备接尘）的职工，必须进行就业前的体检。一方面可建立职工的基础健康资料，另一方面可排除活动性结核、慢性肺支气管疾病、严重的心血管病等职业禁忌证。对在岗和离岗的粉尘作业职工应视情况不同，每隔1～3年进行一次健康检查，重点是X线胸片检查，以早期发现尘肺损伤。

第四节　物理因素及其对健康的影响

● 案例 4-3

老李勤劳能干，性格温和，但美中不足的是耳朵背，别人和他说上几句话要费很大的劲，他才勉强听得到。原来，前几年，老陈所在村里的碾米厂竞标，他通过竞争成为碾米厂的新主人。每天为乡亲碾米，几年下来，他觉得自己的耳朵常常会出现"嗡嗡嗡"的耳鸣声，年复一年，他的耳鸣现象越来越严重，渐渐地就不太听得见别人说话了。

当地职业病防治机构根据老陈的职业接触史及现场调查诊断为职业性噪声聋。

问题：1. 噪声环境对人体的影响有哪些？
　　　2. 职业危害中噪声的防护措施有哪些？

  高温与中暑

高温作业系指工作地点有生产性热源，当室外实际出现本地区夏季通风室外计算温度时，工作地点的气温高于室外 2℃或 2℃以上的作业。

（一）高温作业的类型

1. 高温、强热辐射作业　如冶金工业的炼焦、炼铁、轧钢等车间；机械铸造工业的铸造、锻造、热处理等车间；陶瓷、玻璃、搪瓷、砖瓦等工业的炉窑车间；火力发电厂和轮船的锅炉间等。这些场所的气象条件是气温高、热辐射强度大，而相对湿度较低，形成干热环境。

2. 高湿作业　其特点是高气温、气湿，而热辐射强度不大。主要是由于生产过程中产生大量水蒸气或生产上要求车间内保持较高的相对湿度所致。如造纸、印染、纺织工业中的蒸煮作业。

3. 夏季露天作业　南方的夏季露天作业，如建筑、搬运、露天采矿及各种农田劳动等。

（二）中暑

中暑是高温环境下发生的急性职业病。环境温度过高、湿度过大、风速小、劳动强度过大、劳动时间过长是中暑的主要致病因素。过度劳累、睡眠不足、体弱、肥胖、尚未产生热适应都易诱发中暑。一般临床上将中暑分为热射病、热痉挛、热衰竭三种类型。

1. 临床表现

（1）热射病：人在热环境下，散热途径受阻，体温调节机制紊乱所致。其临床特点是，在高温环境中突然发病，体温可高达 40℃以上，开始时大量出汗，以后无汗，并伴有干热和意识障碍、嗜睡、昏迷等中枢神经系统症状。

（2）热痉挛：由于高温过量出汗，体内钠、钾过量丢失所致。其临床特点是骨骼肌突然痉挛，并伴有收缩痛。痉挛以腓肠肌等四肢肌肉和腹肌为多见。痉挛发作多对称性，可自行缓解。患者神志清醒，体温正常。

（3）热衰竭：发病机制不明确。多数认为在高温、高湿环境下，皮肤血流的增加不伴有内脏血管收缩或血容量的相应增加，导致脑部暂时供血减少而晕厥。发病一般迅速，先有头晕、头痛、心悸、出汗、恶心、呕吐、皮肤湿冷、面色苍白、血压下降，继而晕厥，体温不高或稍高；休息片刻即可清醒，一般不引起循环衰竭。

2. 诊断　按照《防暑降温措施暂行办法》将中暑诊断分为三级。

（1）先兆中暑：在高温作业场所劳动一定时间后，出现大量出汗、口渴、头昏、耳鸣、胸闷、心悸、恶心、全身疲乏、四肢无力、注意力不集中等症状。体温正常或略有升高。

（2）轻症中暑：除上述先兆中暑的症状外，尚有下列综合征之一而被迫停止劳动者，列为轻症中暑：体温超过 38℃，有面色潮红、皮肤灼热等现象；有呼吸、循环衰竭的早期症状。

（3）重症中暑：除上述症状外，不能继续劳动，在工作中出现昏迷或痉挛，皮肤干燥无汗，体温在 40℃以上。

3. 治疗原则　先兆中暑和轻症中暑者，应迅速离开高温作业环境，到通风良好的阴凉处安静休息；补充含盐清凉饮料，必要时给予仁丹、解暑片、藿香正气水。对热痉挛者，及时口服含盐清凉饮料，必要时给予葡萄糖生理盐水静脉点滴。对重症中暑者，应迅速送入医院进行抢救。

4. 防暑降温措施

（1）技术措施：合理工艺设计，疏散、隔离热源，通风降温等。

（2）卫生保健措施：合理饮水、饮食，一般每人每天供水 3～5L、盐 20g，以高蛋白、高维生素、易消化膳食为主。加强个人防护（白色帆布工作服、草帽等）、医疗预防（上岗前查体、入暑前查体）。凡有心血管疾病、持久高血压、溃疡病、活动性肺结核、肝肾疾病、甲状腺功能亢进等患者，均不宜从事高温作业。

（3）组织措施：严格执行高温作业卫生标准，合理安排作息，进行高温作业前热适应锻炼。

二 生产性噪声及危害

（一）基本概念

1. 生产性噪声　生产过程中产生的声音频率和强度没有规律，听起来使人感到厌烦，称为生产性噪声。

2. 声压　声波在空气中传播时，引起介质质点振动，使空气产生疏密变化。这种由于声波振动而对介质产生的压力称声压。以符号P表示，单位为帕（Pa）。

3. 声压级　为计算方便，以1000Hz纯音的听阈声压为基准声压，与被测声压的比值，取对数值即为被测声压的声压级。以符号Lp表示，单位分贝（dB）。$Lp=20lgP/P_0$（dB）。

4. 响度级　人对声音强弱的主观感觉不仅和声压级有关，还与声音的频率有关。以1000Hz的声压级为基准，其他频率的声音强度均通过与基准音等响度比较，被测声音响度级的方值就等于与之等响的基准音的声压级值。

5. A声级　A计权网络是模拟人耳对40方纯音的响应。通过A计权网络测得的声压级称为A声级。国际上评价生产性噪声多用A声级。以dB（A）表示，可直接从声级计上读出。正常青年人的听阈声级是0~10dB（A），平时语言交谈的声级一般在60~70dB（A）。

（二）生产性噪声的来源

生产性噪声的分类很多，按其来源可分为以下几种。

1. 机械性噪声　由于机械的撞击、摩擦、转动所产生的噪声，如机床、纺织机、电锯、球磨机等发出的声音。

2. 流体动力性噪声　气体压力或体积的突然变化或流体流动所产生的声音，如空气压缩机、通风机、喷射器、锅炉排气放水、气笛等发出的声音。

3. 电磁性噪声　由于电机中交变力相互作用而发生，如发电机、变压器等发出的嗡嗡声。

根据噪声随时间的分布不同，噪声又可分为连续性和间断性噪声。连续性噪声又可分为稳态性噪声（声压级波动小于5dB）和非稳态性噪声。后者中的脉冲性噪声（声音的持续时间小于0.5s，间隔时间大于1s，声压级的变化大于40dB）对人体的危害较大。

（三）噪声对人体的危害

根据作用的系统不同可分为听觉系统（特异性）危害和听觉外（非特异性）系统危害。

1. 听觉系统危害　长期接触强烈的噪声，听觉系统首先受损，听力的损伤有一个从生理改变到病理改变的过程。

（1）暂时性听阈位移：是指人或动物接触噪声后引起听阈变化，脱离噪声环境后经过一段时间听力可恢复到原来水平。根据变化程度不同分为听觉适应和听觉疲劳。

1）听觉适应：指短时间暴露在强烈噪声环境中，感觉声音刺耳、不适，停止接触后，听觉器官敏感性下降，脱离接触后对外界的声音有"小"或"远"的感觉，听力检查听阈可提高10~15dB（A），离开噪声环境1min之内可以恢复。

2）听觉疲劳：指较长时间停留在强烈噪声环境中，引起听力明显下降，离开噪声环境后，听阈提高超过 15~30dB（A），需要数小时甚至数十小时听力才能恢复。

（2）永久性听阈位移：是指噪声引起的不能恢复到正常水平的听阈升高。根据损伤的程度，永久性听阈位移又分为听力损伤及噪声性耳聋。

1）听力损伤：听力曲线在 3000~6000Hz 出现"V"形下陷。此时患者主观无耳聋感觉，交谈和社交活动能够正常进行。

2）噪声性耳聋：是人们在工作过程中，由于长期接触噪声而发生的一种进行性的感音性听觉损伤。随着损伤程度加重，高频听力下降明显，同时语言频率（500~2000Hz）的听力也受到影响，语言交谈能力出现障碍。

（3）爆震性耳聋：在某些生产条件下，如进行爆破，由于防护不当或缺乏必要的防护设备，可因强烈爆炸所产生的振动波造成急性听觉系统的严重外伤，引起听力丧失，称为爆震性耳聋。根据损伤程度不同可出现鼓膜破裂、听骨破坏、内耳组织出血，甚至同时伴有脑震荡。患者主诉耳鸣、耳痛、恶心、呕吐、眩晕，听力检查严重障碍或完全丧失。

2. 听觉外系统危害　噪声还可引起听觉外系统的损害。主要表现在神经系统、心血管系统等，如易疲劳、头痛、头晕、睡眠障碍、注意力不集中、记忆力减退等一系列神经症状。高频噪声可引起血管痉挛、心率加快、血压增高等心血管系统的变化。长期接触噪声还可引起食欲缺乏、胃液分泌减少、肠蠕动减慢等胃肠功能紊乱的症状。也有人报道噪声可使肾上腺皮质功能亢进，女工可出现月经不调，男工可出现精子数量减少、活动能力下降。

（四）噪声性耳聋的诊断

噪声性耳聋属我国法定的职业病，其诊断的依据有强噪声的职业接触史、耳鸣症状和自觉听力下降及电测听的听力下降资料、结合工作现场的卫生学资料、排除其他致聋原因（中耳炎、药物、老年聋、外伤等）。其分级如下。

1. 听力损伤　高频纯音 3kHz、4kHz、6kHz 任一频率永久性听力下降≥30dB 为听力损伤，列为观察对象。

2. 噪声性耳聋　语言频率 500Hz、1kHz、2kHz 永久性听力下降三者之平均值≥25dB 为噪声性耳聋。其分级：听力下降 25~40dB 为轻度耳聋；41~55dB 为中度耳聋；56~70dB 为重度耳聋；71~90dB 为严重度耳聋；>90dB 为全聋。

（五）噪声对人体作用的影响因素

1. 强度和频谱特性　噪声的强度越大、频率越高则危害大。

2. 接触时间和方式　同样的噪声，接触时间越长危害越大。噪声性耳聋的发生率与工龄有密切的关系。缩短接触时间有利于减轻噪声的危害；持续接触方式的危害高于间断接触。

3. 噪声的性质　脉冲声的危害高于稳态声，窄频带噪声高于宽频带噪声。

4. 其他有害因素同时存在　有振动、高温、寒冷和毒物存在时加重危害。

5. 机体健康状况和个体敏感性　有听觉系统疾病者或对声音敏感的人，易受损害。

6. 个体防护　个人积极防护，配用防护耳罩、耳塞可有效减轻噪声危害。

（六）噪声危害的控制

1. 工业噪声卫生标准　1980 年我国公布的《工业企业噪声卫生标准》（试行）是 A 声级标准，以语言听力损伤为主要依据，参考其他系统的改变制定的。此标准规定：工人工作地点噪声容许值为 85dB（A）（每天 8h 暴露），对暂时达不到这一标准的企业，可以放宽到 90dB（A）。根据等能量原则，如果接触时间减半，标准可放宽 3dB（A），但最高不能高于 115dB（A）。

2. 消除、控制噪声源　是噪声危害控制的根本措施。采用无声或低声设备代替高噪声的设备，如无梭织布机、无声液压机的应用；将噪声源移到车间外；提高机器的精密度，减少摩擦和撞击；合理配置声源，避免高、低噪声源的混合配置。

3. 控制噪声的传播　采用吸声、隔声、消声、减振的材料和装置，阻止噪声的传播。如隔声防护林带、隔声室、隔声带、用吸声材料装修车间等措施。

4. 个人防护　对生产现场的噪声控制不理想或特殊情况下高噪声作业，个人防护用品是保护听觉器官的有效措施。如防护耳塞、防护耳罩、头盔等，其隔声效果可高达 20~40dB。

5. 健康监护　对上岗前的职工进行体格检查，检出职业禁忌证，如听觉系统疾病、中枢神经系统疾病、心血管系统疾病等。对在岗职工则进行定期的体检，以早期发现听力损伤。

三、振动

振动是指一个质点或物体在外力作用下沿直线或弧线围绕于一平衡位置来回重复的运动。长期接触生产性振动可对机体产生不良影响。

（一）振动的分类与接触机会

根据振动作用于人体的部位和传导方式，可将生产性振动相对分为局部振动和全身振动。这两种振动无论是对机体的危害还是防治措施方面都迥然不同。

1. 局部振动　局部振动是指手部接触振动工具、机械或加工部件，振动通过手臂传导至全身。又称手传振动或手臂振动。接触机会常见于使用风动工具（风铲、风镐、风钻、气锤、凿岩机、捣固机、铆钉机等）、电动工具（电钻、电锯、电刨等）、高速旋转工具（砂轮机、抛光机等）的作业。

2. 全身振动　全身振动是指工作地点或座椅的振动，人体足部或臀部接触振动，通过下肢躯干传导至全身。接触机会常见于在交通工具（汽车、火车、船舶、飞机、拖拉机、收割机等）上的作业或在作业台（钻井平台、振动筛操作台等）上的作业。

（二）振动对人体的影响

全身振动可以对全身个系统产生影响，甚至是晕动病，又称晕车病。局部振动长期作用于人体，可以引起局部振动病，是我国法定职业病。

（三）局部振动病

局部振动病是长期使用振动工具而引起的以末梢循环障碍为主的疾病，也可累及肢体神经及运动功能。发病部位多在上肢末端，其典型表现为发作性白指。

局部振动病患者的主诉多为手部症状和神经衰弱综合征。手部的症状是麻、痛、胀、凉、汗、僵、颤。多汗一般在手掌，麻、痛多在夜间发作，影响睡眠。神经衰弱综合征多表现为头痛、头晕、失眠、乏力、心悸、记忆力减退及记忆力不集中等。临床检查有手部痛觉、振动觉、两点分辨觉减退。前臂感觉和运动神经传导速度减慢。局部振动病的重要且有诊断意义的是振动性白指，以寒冷为诱因的间歇性手指发白或发绀。严重者还会出现骨骼、肌肉和关节的改变。

（四）影响振动对机体作用的因素

1. 振动本身的特性

（1）频率：人体能够感受得到的振动频率在 1~1000Hz，20Hz 以下大振幅的振动全身作用时，主要影响前庭和内脏器官；而当局部受振时骨关节和局部肌肉组织受损较明显。高频率

（40～300Hz）振动对末梢循环和神经功能损害明显。

（2）振幅：在一定的频率下，振幅越大，对机体的影响越大。大振幅、低频率的振动作用于前庭，并使内脏移位。高频率、低振幅的振动主要对组织内的神经末梢其作用。

（3）加速度：加速度越大，振动性白指的发生频率越高，从接触到出现白指的时间越短。

2. 接振时间　接振时间越长，危害越大。

3. 体位和操作方式　对全身振动而言，立位时对垂直振动敏感，卧位时对水平振动敏感。强制体位如手持工具过紧、手抱振动工具紧贴胸腹部时，使机体受振过大或血循环不畅，促使局部振动病的发生。

4. 环境温度和噪声　寒冷和噪声均可促使振动病的发生。

5. 工具重量和被加工件的硬度　工具重量和被加工件的硬度均可增加作业负荷和静力紧张程度，加剧对人体的损伤。

（五）预防措施

振动的预防措施要采取综合性措施，即消除或减弱振动工具的震动，限制接触振动的时间，改善寒冷等不良作业条件，有计划地对从业人员进行健康检查，采取个体防护等项措施。

1. 消除或减少振动源的振动　是控制噪声危害的根本性措施。通过工艺改革尽量消除或减少产生振动的工艺过程，如焊接代替铆接、水利清砂代替风铲清砂。采取减振措施，减少手臂直接接触振动源。

2. 限制作业时间　在限制接触振动强度还不理想的情况下，限制作业时间是防止和减轻振动危害的重要措施。制定合理的作息制度和工间休息。

3. 改善作业环境　是指控制工作场所的寒冷、噪声、毒物、高气湿，特别是注意防寒保暖。

4. 加强个人防护　合理使用防护用品也是防止和减轻振动危害的一项重要措施。如戴减振保暖的手套。

5. 医疗保健措施　就业前查体，检出职业禁忌证。定期体检争取早期发现手振动危害的个体，及时治疗和处理。

6. 职业卫生教育和职业培训　进行职工健康教育，对新工人进行技术培训，尽量减少作业中的静力作用成分。

7. 卫生标准　国家对局部振动作业制定了卫生标准，标准限值的保护率可达 90%。所以通过预防性卫生监督和经常性卫生监督，严格执行国家标准，也可预防振动危害。

目标检测

选择题

1. 职业病是指（　　）

    A. 劳动者在工作中所患的疾病

    B. 用人单位的劳动者在职业活动中，因接触粉尘、放射性物质和其他有毒、有害物质等因素而引起的疾病

    C. 工人在劳动过程中因接触粉尘、有毒、有害物质而引起的疾病

    D. 工人在职业活动中引起的疾病

2. 对从事职业活动的劳动者可能导致职业病的各种危害统称（　　）

    A. 职业病危害　　B. 职业危害

    C. 职业危害因素　D. 职业卫生危害

3. 职业活动中存在的各种有害的（　　）及在作业过程中产生的其他职业有害因素统称职业病危害因素

A. 粉尘、物理、化学因素
B. 粉尘、物理、放射
C. 物理、化学因素、生物因素
D. 粉尘、物理、生物因素

4. （　　）依法享受国家规定的职业病待遇。
   A. 接触职业有害作业的工人
   B. 职业病病人
   C. 接触有毒、有害的劳动者
   D. 接触矽尘工人

5. 职业病危害因素侵入人体的途径有（　　）
   A. 呼吸道　　B. 皮肤
   C. 消化道　　D. 呼吸道、皮肤、消化道

6. 工作场所的设备、工具、用具等设施应（　　）
   A. 考虑保护劳动者身体健康的要求
   B. 符合保护劳动者生理、心理健康的要求
   C. 满足生产要求

7. 粉尘作业时必须佩戴（　　）
   A. 棉纱口罩　　B. 防尘口罩
   C. 防毒面具

8. 尘肺病的早期主要症状是（　　）
   A. 发热鼻塞、四肢酸疼、咳嗽咳痰等
   B. 咳嗽咳痰、胸闷胸痛、呼吸困难等
   C. 肋下隐痛、食欲减退、肝大等

9. 进行职业病诊断重要的前提条件是（　　）
   A. 症状和体征　　B. 实验室检查
   C. 职业史

10. 职业病诊断应当综合分析（　　）和临床表现及辅助检查结果。
    A. 患者的职业史
    B. 患者的职业史、职业病危害接触史和现场危害调查与评价
    C. 职业病危害接触史、既往病史

（陈仪坤）

# 第5章 健康教育与促进

健康是人类生命存在的正常状态，帮助人民获得健康是每个公共卫生工作者的职责。在预防医学领域运用行为科学的知识，对重点人群开展健康教育，从规范行为出发，增强人民的身心健康，对提高人民生活质量有重要意义。

● 案例 5-1

云南省防治艾滋病工作情况通报指出，截至 2016 年 10 月 31 日，全省累计报告现存活艾滋病病毒感染者和患者 93437 例。新报告病例中，性传播占 92.6%，其中，男男同性性传播 558 例；注射吸毒传播占 6.3%；母婴传播占 0.8%，不详占 0.3%。50 岁以上老年人所占比例达到了 29%；15 至 24 岁青年学生感染者和病人 89 例。艾滋病疫情有以下 4 个特点：一是全省艾滋病疫情总体平稳，在逐年扩大检测的基础上，近 5 年新报告发现的感染者/患者稳定，重点人群 HIV 感染率保持稳定，死亡病例数连续两年下降；二是性传播比例继续上升，已占同期报告数的 92.6%（较去年同期上升 1.2 个百分点）；三是老年人报告数持续增加；四是边境外籍人员报告艾滋病病毒感染者和患者数逐年增多。

问题：艾滋病在云南省的传播途径有哪些？易致艾滋病感染的行为属于人的何种行为？如何有效控制艾滋病在青年学生中的传播？

第一节 健康教育与促进的概念

《"健康中国 2030"规划纲要》提出：健康是促进人的全面发展的必然要求，是经济社会发展的基础条件。实现国民健康长寿，是国家富强、民族振兴的重要标志，也是全国各族人民的共同愿望。推进健康中国建设，是全面建成小康社会、基本实现社会主义现代化的重要基础，是全面提升中华民族健康素质、实现人民健康与经济社会协调发展的国家战略，是积极参与全球健康治理、履行 2030 年可持续发展议程国际承诺的重大举措。在维护和促进健康过程中，要强化个人健康责任，提高全民健康素养，引导形成自主自律、符合自身特点的健康生活方式，有效控制影响健康的生活行为因素，形成热爱健康、追求健康、促进健康的社会氛围。而加强健康促进与教育，提高人民健康素养，是提高全民健康水平最根本、最经济、最有效的措施之一。

一 健康的概念

（一）健康的定义

1948年世界卫生组织对健康的定义为"健康不仅是没有疾病或不虚弱，而是身体的、精神的健康和社会适应的完美状态。"这种健康观建立在新的医学模式的基础之上。健康观念的改变，要求人们由过去消极地治疗疾病到积极地预防疾病、促进健康，由个体健康扩大到群体健康，由生理健康发展到心理健康。健康的内涵已经逐步由生物健康的领域扩展到社会健康的领域。

（二）健康的三个层次

1. 一级健康

（1）满足生存条件。

（2）无饥寒、无病、满足基本卫生需求。

（3）有简单防病知识，能采取合理措施。

基本的生存条件人们需要吃饱、穿暖，需要有住房，需要有基本的卫生条件。所以无饥寒、无病，满足基本卫生需求在基本的生存层次，需要有简单防病知识，能采取合理措施。

2. 二级健康

（1）除了基本的生存条件外要有一定的职业和收入，满足经济需求。

（2）日常生活中享用科技成果。

（3）自由自在生活。

这是满意度条件。对健康来说最基本的生活生存，要有一定的社会保障，一定的职业收入，在日常生活中人们需要享用科技成果，人们需要自由自在生活，这是健康的第二个层次。

3. 三级健康

（1）通过适当训练，掌握高层次知识和技术，并且有条件应用这些技术。

（2）能过着为社会贡献的生活。

这是健康的最高层次，是人们对健康更高层次的追求。在高层次的健康追求上，人们在享受科技成果的同时，追求各自价值的实现，人们愿意过着能够享受科技成果同时又为社会做贡献的生活，满足精神上的需求。

（三）健康的影响因素

1. 行为生活方式　生活方式是指人们长期受一定文化、民族、经济、社会、风俗、规范等，特别是家庭影响而形成的一系列生活习惯、生活制度和生活意识。每个人的生活习惯不同，其健康也会不同。

2. 自然环境因素　自然环境是指围绕着人类社会的自然条件的组合，包括生物、物理和化学等因素。自然界中既存在人类赖以生存的必备环境，又存在危害人类健康的诸多因素，如环境污染、气象变化等，都会对人类健康构成威胁。

3. 生物学因素　生物学因素主要指基因和遗传因素。遗传病种类较多，发病率较高，大多缺乏有效的治疗方法，从预防为主出发，提倡优生优育，从根源解决遗传病的发生。

4. 卫生服务因素　卫生服务因素是医疗保健机构及专业人员为防病治病和增进健康而运用卫生资源及医疗手段，有计划、有目的地向个人、群体及社会提供必要的服务活动过程。这是医护人员能够解决和应该关注的问题。

5. 社会因素（社会心理因素）　社会环境指人的文化环境和各种社会关系，包括政治、经济、法律、文化、教育、人口、民族等多种因素通过直接或间接的作用影响人们的健康。

（四）健康四大基石

世界卫生组织对健康的基本基础提出了健康四大基石的理念。

（1）合理膳食：膳食要平衡，热量和各种营养要素应该有一个基本平衡。

（2）适量运动：运动所致的热量消耗应与摄入保持出入量的平衡。

（3）戒烟限酒：吸烟对身体没有任何益处，适量饮酒对健康有一定益处。

（4）心理健康。

（五）健康心理的标准

（1）有充分的适应能力。

（2）充分了解自己，并对自己的能力做出恰当的评估。

（3）生活目标能够切合实际。

（4）与现实环境保持接触。

（5）能够保持人格的完整和谐。

（6）有从经验中学习的能力。

（7）能够保持良好的人际关系。

（8）适度的情绪发泄与控制。

（9）不违背集体意志的前提下有限度的发挥个性。

（10）在不违背社会规范的前提下个人基本需求能恰当满足。

二 健康教育的概念

（一）健康教育的定义

1. 健康教育　健康教育是帮助个体或目标人群改善健康相关行为的系统社会活动。健康教育的内容来源于调查研究所提供的数据，针对重点人群、重点健康问题，采用健康信息传播等手段，促使人们遵守行为规范，避免不健康的行为及生活方式，减少或避免其暴露于危险因素，最终实现健康水平的提高。

2. 健康教育的内涵　健康教育的首要任务是致力于疾病的预防控制；前提是调查研究的基础数据；主要的干预措施是健康信息的传播；改善的对象是特定人群的健康相关行为；最终的目标是提高人们的健康水平。

3. 健康教育的分类　健康教育可以分为专业性健康教育（由医疗机构的公共卫生医师承担）、普及性健康教育（由担任公共卫生服务任务的基层卫生工作者和社区社会工作者承担）。

（二）健康教育既是卫生工作领域之一，又是方法之一

新的医学模式提出疾病的发生受生物—心理—社会三方面的影响。因此，心理行为方式、生活方式是人类健康和疾病的重要影响因素之一。健康教育可以通过改善人类的心理行为、生活方式从而达到促进健康、防治疾病的目的。不管是传染性疾病还是非传染性疾病，但凡其发病的原因与人类的行为、生活方式相关度较高的某些疾病，在现阶段来说，没有特异的防治方法，只能通过健康教育改善行为，防治该疾病发生。如慢性非传染性性疾病，发病机制复杂；获得性免疫缺陷综合征（艾滋病）传播途径多为某个体的私人行为（如性行为、吸毒等）；这些疾病的防治缺少生物学预防手段和治疗方法，并且与个体的行为相关，使得健康教育成为医疗卫生工作中的一个重要领域。

健康教育的基础是调查研究，手段包含健康教育干预、评价等。其被广泛应用于预防医学和临床医学的实践研究中，是一项重要的卫生工作方法。

（三）健康教育的基本特征

（1）健康教育是有计划、有组织、有系统、有评价的传播与教育活动。通过社区诊断，提出周密的教育计划、确定预期目标；采取有效的策略与方法实施健康教育；并对实施的健康教育活动进行科学评价。

（2）健康教育的核心是帮助人们树立健康意识，建立健康行为和生活方式。追求"知—信—行"的统一，知识是基础，信念是动力，行为是目标。

（3）健康教育的基本策略是信息传播、行为干预。正确的信息是行为转变的基础，行为干预是实现健康教育目标的手段。健康教育应该提供必需的知识、技能和服务，帮助个体、群体转变行为。

（4）健康教育的场所遍及社区、医院、学校、工厂、公共场所等。不同的场所有不同的目标人群，以及不同的教育内容和教育方式。

（四）健康教育形式与方法

1. 健康教育的形式　①公众会议；②专题讲座；③教育小组；④服务开发信息：发放小册子、彩页吸引、张贴告示；⑤报刊文章、新闻等媒体；⑥电子手段：电子邮件、网站和聊天等形式。

2. 健康教育的方法

（1）语言教育：讲座、讨论、个别指导、大众传媒。

（2）形象教育：图画、模型、示范表演。

（3）电化教育：电影、电视、网络。

（4）综合教育：展览会、卫生科普。

3. 健康教育者应具备的能力

（1）需求的评估。

（2）健康促进项目的设计。

（3）健康促进项目规划的组织和实施。

（4）评估健康促进项目的效果。

（5）组织与协调能力。

（6）开拓健康促进资源。

（7）健康传播的能力。

 健康促进的概念

（一）健康促进的定义

1986年，《渥太华宪章》首次提出："健康促进是促使人们维护和改善他们自身健康的过程。"而后，经过多年的发展，世界卫生组织（WHO）将健康促进定义为"促使人们维护和提高他们自身健康的过程，是协调人类与环境的战略，它规定个人与社会对健康各自所负的责任。"美国健康促进杂志的最新表述为，"健康促进是帮助人们改变其生活方式以实现最佳健康状况的科学（和艺术）。最佳健康被界定为身体、情绪、社会适应性、精神和智力健康的水平。生活方式的改变会得到提高认知、改变行为和创造支持性环境等三方面联合作用的促进。三者当中,支持性环境是保持健康持续改善最大的影响因素。"

(二)《渥太华宣言》提出健康促进的5个活动领域

1. 制定健康的公共政策　健康促进超越了保健范畴,它把健康问题提到了各个部门、各级领导的议事日程上,使他们了解他们的决策对健康后果的影响并承担健康的责任。

健康促进的政策由多样而互补的各方面综合而成,它包括政策、法规、财政、税收和组织改变等。

2. 创造支持性环境　人类与其生存的环境是密不可分的,这是对健康采取社会—生态学方法的基础。健康促进在于创造一种安全、舒适、满意、愉悦的生活和工作条件。任何健康促进策略必须提出:保护自然,创造良好的环境及保护自然资源。

3. 强化社区行动　健康促进工作是通过具体和有效的社区行动,包括确定需优先解决的健康问题,做出决策,设计策略及其执行,以达到促进健康的目标。在这一过程中核心问题是赋予社区以当家作主、积极参与和主宰自己命运的权利。必须充分发挥社会力量,利用社区资源,积极做好社区定员,为社区居民提供连续性的健康信息。

4. 发展个人技能　健康促进通过提供信息、健康教育和提高生活技能以支持个人和社会的发展,这样做的目的是使群众能更有效地维护自身的健康和他们的生存环境,并做出有利于健康的选择。

5. 调整卫生服务方向　卫生部门的作用不仅仅是提供临床与治疗服务,而必须坚持健康促进的方向。调整卫生服务方向也要求更重视卫生研究及专业教育与培训的转变,并立足于把一个完整的人的总需求作为服务对象。

(三)《渥太华宣言》提出健康促进的3个基本策略

1. 倡导　倡导政策支持,激发社会各界参与健康教育的活力,创造有利于健康教育实施的社会经济、文化、环境等。

2. 赋权　帮助人们获得正确的观念、科学的知识、可行的技能,是人们能自觉控制自身行为的的能力。

3. 协调　健康促进需要个人、卫生机构、政府行政部门、社会其他组织等多方参与,需协调几者间关系,组成强大的社会支持体系。

(四)健康促进的基本特征

(1)健康促进是健康与环境的整合,强调人与环境的协调发展。健康促进直接作用于影响健康的各种因素,包括环境、社会行为、生物遗传、卫生服务等,并在组织、政策、经济、法律等方面提供支持性环境。

(2)健康促进涉及整个人群的健康和生活的各个层面,而非仅限于疾病预防。是以健康为中心的全民教育,强调个体和群体有组织地参与。

(3)在疾病的三级预防中,健康促进强调一级预防甚至更早阶段,即避免暴露于各种行为、心理、社会、环境的危险因素,全面增进健康素质,促进健康。

(4)健康促进的核心是社会动员,强调个体、家庭、社区和各种群体积极地参与。

(5)健康促进工作主体不仅是卫生部门,还包括各个领域和有关部门。

四 健康教育、健康促进、卫生宣教三者间的关系

(一)健康教育与卫生宣教

健康教育和卫生宣教两个名词,在我国,有较长一段时期为共存状态,但现今两者已有根

本区别。

1. 区别　健康教育较之于卫生宣教有更明确的、特定的工作目标，即促使人们养成良好的生活方式、形成良好的心理行为，改善健康相关行为，达到促进健康、防治疾病的目的；卫生宣教仅是一种辅助方法，是某一时期的工作任务；健康教育的对象设计应为多层次、多方面，是多方向性的传播，其实施方法既有调查研究又有干预，其内容较卫生宣教也更加丰富，实施需要较为详细的计划；健康教育的理论、方法指导，既有医学、社会学，又有心理学、管理学、传播学等知识，经过多年的实践，已具备较为完善的理论和方法体系。

2. 联系　卫生宣教是健康教育发展的基础，现今，健康教育仍然主要采用卫生宣教的形式开展。

（二）健康教育与健康促进

健康教育和健康促进两者之间联系紧密，健康促进是健康教育的指导，健康教育能够促使健康促进的实现。

1. 健康促进指导健康教育　人类的行为受多方面、复杂的因素影响，仅仅依靠健康教育传播健康信息难以实现改善人们健康相关行为的目标。行为的改变需要一定的环境条件。我国卫生工作者在 20 世纪 90 年代出版的《健康行为学》已明确指出这一观点。健康促进要求个人及全社会共同承担健康职责，并以 5 个活动领域、3 项基本策略为指导，构建起一种系统的社会活动。这种全社会参与的系统的社会活动，能指导健康教育的开展，更能实现提升人们健康这一目标。

2. 健康促进需健康教育推动、落实　健康促进战略及其 5 个领域的活动的开展，是需要健康教育落实的。公共卫生和临床医学必须依靠健康教育的具体活动，来推动健康促进战略的实施及其目标的实现。没有健康教育，公共卫生和临床医学工作者就没有去改善人们健康行为的工具手段。

健康促进战略为健康教育的进步提供了机遇与挑战。健康教育不能脱离健康促进，健康促进也不能脱离健康教育。

（三）健康教育、健康促进、卫生宣教三者之间的关系

20 世纪 80 年代中期，卫生宣传发展成为健康教育；20 世纪 90 年代中期以来，进入了健康教育与健康促进发展阶段。健康促进包含健康教育，健康教育包含卫生宣传。健康教育以卫生宣教为基础发展而成，健康促进是健康教育的指导，健康教育为健康促进的基础。"健康促进＝健康教育＋环境因素""健康促进＝健康教育＋行政手段"。

五　健康促进的步骤和目标

（一）健康促进的步骤

（1）通过调查了解社区，如开展社区诊断，明确需要解决的问题。

（2）根据要解决的问题，明确要达到的目标。

（3）明确受众人群及其特点，如是以老年为主还是以年轻人为主。

（4）根据人群特点选择其更易接受的传播方式。

（5）寻找可利用资源。

（6）教育与服务同步。

（7）监测与评价。

（8）制订工作时间和计划。
（二）健康促进的目标
（1）制定促进健康的公共政策。
（2）促进社会的参与，协同相关部门的行动。
（3）建设和发展健康促进的基础条件。
（4）发展具有可持续发展的行为干预策略。

第二节　健康相关行为

 行为的基本概念

（一）行为的定义

行为是完整有机体的外显活动，由内、外刺激作用于动物和人所引起。

人的行为是指具有认知、思维能力，并有情感、意志等心理活动的人对内、外环境因素刺激所做出的能动反应。从公共卫生和临床医学角度，人的行为可以分为外显行为和内隐行为。外显行为是指可以被他人直接观察到的行为，如言谈举止。内隐行为是指不能被他人直接观察到的行为，如意识、思想等，即心理活动。外显行为和内隐行为都可能对自身或他人的健康产生影响。

（二）行为的要素

人的行为由五个要素构成，即行为主体、行为客体、行为环境、行为手段、行为结果。

1. 行为主体　人。
2. 行为客体　人的行为所指向的目标。
3. 行为环境　行为主体与客体发生联系的客观环境。
4. 行为手段　行为主体作用于行为客体时的方式、方法和运用的工具。
5. 行为结果　行为对行为客体所致影响。

 行为的影响因素

人的行为由内因和外因共同决定，即受到人自身因素和环境因素的双重影响。

（一）自身因素

人自身有很多方面因素可以影响其行为，例如遗传因素、生理因素等，但最重要的是心理因素。

人的心理现象表现为心理过程和个性（人格）两方面。

1. 需要、动机和动机冲突　需要和需求是人的动力性源泉，是人类行为的根本动因。需求包括生理需求和社会需求。被意识到的需求就是需要。人在需要的基础上产生动机。动机是人采取行动的驱动力。

2. 认知　认知是指人们获得和利用信息的全部过程和活动，可以说是认知心理学相当于信息心理学。认知有三个步骤，一是感受到传来的刺激、信号；二是把传来的信号、刺激转化为某种信息，并进行解释；三是采取适当的行为，对信息做出反应。

3. 态度　是个体对人、物、事的反应倾向，这是一种内部准备状态。其主要特征是评价性。

态度必定具有特定的对象，即评价指向的东西。态度是较稳定的倾向，是跨越时间和情境的。态度的结构包括三部分：认知成分、情感成分、意向成分。

4. 情感　情绪和情感也是一种心理过程，但有别于认知，它具有特殊的主观体验、显著性生理变化和外部表情。情绪常指短暂而强烈的具有情境性的感情反应，如愤怒、恐惧、狂喜等。情感多指稳定而持久的、具有深层体验的感情反应，如自尊心、责任感、热情等。

5. 意志　意志是人有意识、有目的、有计划地调节和支配自己行为的心理过程，人的行为由动机决定。意志的过程包括决定阶段和执行阶段。

人的心理是认知、情感、意志的统一体，三者相互促进、相互影响、相互渗透。意志以认识为基础并随认识的发展而发展。

（二）环境因素

人类的行为环境包括自然环境和社会环境。

1. 自然环境　不同自然环境对人的生活和行为有不同的影响，对健康相关行为而言，同一自然环境又总是既存在有利的因素，又存在不利的因素。自然环境不同，经济活动的内容不同，居民的性格特点不同；人类对环境的适应性不同，行为也不同；环境资源不同，利用资源的行为也不同。

2. 社会环境　经济发展水平与居民健康水平间呈正相关；人口密度通过消费水平、教育投资、就业机会等方面影响人们的健康；各国都通过有关法规来改善健康相关行为，我国主要有《食品卫生法》《传染病防治管理办法》《药品管理法》等，对提高居民的健康起到了积极作用。另外，社会风俗、家庭环境等都对健康有不同程度的影响。

三 健康相关行为

与个体或团体的健康或疾病有关联的行为称为健康相关行为。按行为对行为者自身和他人健康状况的影响，可以分为促进健康的行为和危害健康的行为。

（一）促进健康的行为

促进健康的行为是指个体或团体的客观有利于自身或他人健康的行为。主要特点：①有利性。行为表现有益于自身、他人和整个社会的健康。②规律性。行为表现规律有恒，不是偶然行为。③和谐性。个体行为表现出个性。④一致性。个体外显行为与其内在心理情绪一致，无矛盾。⑤适宜性。行为的强度能理性的控制。

促进健康行为分为以下8个方面。

1. 日常健康行为　合理营养、平衡膳食、适量睡眠、积极锻炼。
2. 保健行为　定期体检、预防接种。
3. 避免有害环境　主动回避、积极应对。
4. 戒除不良嗜好　戒烟限酒、不滥用药物。
5. 预警行为　预防或事故发生后能正确处理，如系好安全带、自救与互救。
6. 求医行为　主动求医、积极配合。
7. 遵医行为　配合、服从医疗。
8. 患者角色行为　正确转换角色，积极治疗康复，以正确人生观对待疾病和死亡。

（二）危害健康的行为

危害健康的行为是指不利于自身和他人健康的一组行为。主要特点：①危害性。行为对他人、对自己、对社会健康有直接或间接的、明显或潜在的危害作用。②明显性和稳定性。行为非偶然行为，有一定的作用强度和持续时间。③习得性。危害健康的行为都是个体在后天的生活经历中学会的，又称"自我制造的危险因素"。

1. 致病性行为模式　A 型（artery）——冠心病易发型，表现为做事动作快，想在短时间内尽可能地完成多的工作，大声和爆发性地讲话；C 型（cancer）——肿瘤易发型，核心表现是处处依顺、谦和善忍、回避矛盾、爱生闷气。

2. 不良生活方式　人们长期受一定社会文化、经济、风俗、家庭影响而形成的一系列有害的生活习惯、生活制度和生活意识。不良生活方式是一组以习以为常、对健康有害的行为习惯，如吸烟、酗酒、不良饮食习惯、缺乏体育锻炼等。不良生活方式与肥胖、心脑血管疾病、早衰等发生有非常密切的关系。

3. 不良疾病行为　角色行为超前，如过于恐惧；角色行为缺失，即不能够及时进入角色，如瞒病、恐病、讳疾忌医、求神拜佛等。

4. 违规行为　违反法律法规、道德规范并危害健康的行为，如药物滥用。

（三）WHO 总结的基本行为与生活方式

1. 良好的生活方式　心胸豁达，情绪乐观；劳逸结合，坚持锻炼；生活规律，善用闲暇；营养适当，防止肥胖；戒除烟草，饮酒适量；家庭和谐，适应环境；与人为善，自尊自重；爱好清洁，注意安全。

2. 不良的生活方式　吸烟，酗酒，服药不适当，体力活动少，饮食高热量、多盐，轻信巫医，社会适应不良，生活节奏破坏。

四 健康相关行为改变的理论

健康相关行为改变的理论通过改变个体行为中的心理活动去解释、预测健康相关行为，并指导健康干预活动的开展。主要介绍三种常用的健康行为改变理论。

（一）知信行模式

知信行模式英文简写为 KABP 或 KAP 模式，已多年运用于我国基层健康教育工作。"知"即知识，"信"即信念，"行"指行动。KAP 模式认为知识是基础，信念是动力，行为改变过程是目标。以戒烟为例，健康教育工作者首先要让被教育对象了解吸烟的危害、烟草的有害物质含量等知识，人们先了解知识，通过思考认识到吸烟有害健康，形成正确的信念和积极的态度，再促使戒烟的行为的发生，实现"知信行"的统一。

（二）健康信念模式

健康信念模式是认为人们要接受医学建议而采取某种有益健康的行为或放弃某种危害健康的行为，又分为知觉到严重性、知觉到易感性、知觉到益处、知觉到障碍、自我效能五个主要方面。如某些高危行为者认为艾滋病只是一般的疾病，感染风险不高，就摒弃了预防艾滋病的保护措施；某些行为者可能对艾滋病过于恐慌，则可能会对艾滋病感染者采取歧视、疏远等反应。又如某些行为者虽然知道艾滋病的严重程度，但认为艾滋病离自己很遥远，对相应的保护措施不够重视。

（三）行为改变阶段模式

行为改变阶段模式认为人的行为改变必须经过一系列的变化过程，在行为变化的不同阶段需要综合应用不同的心理学理论进行相应的干预。如吸烟的行为改变阶段可以分为不打算戒烟、打算戒烟、准备戒烟、戒烟、维持不吸烟几个过程。行为者在戒烟的五个阶段中可能是前进的单向移动，也可能是未达到某一目标而后退到前一个比较早的阶段，因此会有戒烟后再吸烟情况的发生。

第三节　健康教育与健康促进计划设计、实施与评价

计划是指通过预测和研究，对未来的事情做出有条理的决策。任何一项健康教育与健康促进活动都不是无序的。任何一项健康教育与健康促进计划都由设计、实施与评价三部分组成，三者之间相互制约，密不可分。

 计划设计

计划设计即制订健康教育计划，即基于健康教育诊断调查确定影响居民生活质量的健康问题、与此健康问题有关的行为、导致行为发生发展的倾向/促成/强化因素，以及目标人群的基本情况、可获得的资源等情况，通过分析研究形成理论假设，提出解决该问题的目标及为实现该目标所采取的策略和一系列具体的方法、步骤，为计划实施奠定基础，为科学评价提供量化指标。计划设计是健康教育活动成功与否的关键环节。

（一）设计的原则

1. 目标性　坚持以正确的目标为指向，做到目标明确、重点突出，计划干预活动紧紧围绕目标开展，使有限的资源集中使用，切记包罗万象、面面俱到，保证计划目标的实现。

2. 整体性　健康教育是整个卫生事业发展系统中的一个重要部分，制订健康教育计划要立足于"大卫生"概念，以健康为中心，在社会发展的各个方面、在社会发展的过程中明确居民健康发展的目标，解决居民健康问题。在健康教育计划设计中，健康教育总体目标必须建立在社会未来发展方向的基础上。要考虑社会长远发展对健康的需求，健康教育计划要体现出整体性和全局性，目标要体现出长远性和先进性，健康教育计划的制订者要具有全局观念、预测和把握未来的能力。

3. 参与性　目标人群积极参与健康教育的各项活动是健康教育成功的基础。只有把计划目标和目标人群所关心的健康问题紧密结合起来，才能吸引群众参与。制订计划应做到让目标人群早期参与健康需求分析，确定优先项目和制订项目目标，鼓励目标人群积极干预计划的制订及计划的各项干预活动。

4. 弹性与从实际出发的原则　在制订计划时，要一切从实际出发，尽可能地预见到在实施过程中可能发生的情况，因地制宜地进行计划设计。同时，计划的涉及要留有余地，尽可能地预见计划实施中可能发生的情况，并制定相应的应变对策，进行计划修订，确保计划顺利实施。

（二）设计的步骤

健康教育计划制订是在健康教育诊断的基础上，对计划干预活动本身的具体内容、干预方式和步骤进行研究设计的过程。设计的过程和形式依据内容不同而有所差异，但基本步骤相近。主要有以下五个步骤。

1. 健康需求评估（了解需解决的健康优先问题）　健康需求评估包括社区诊断与流行病学调查。具体有以下几种方法。

（1）召开座谈会：通过邀请当地卫生行政部门、医疗卫生机构、预防保健机构、社区管

机构的领导、专家、技术人员及群众代表等参加座谈讨论，集中大多数人的意见和基层群众的要求，分析、研究、确定社区的主要健康问题。

（2）分析文献资料：从当地卫生部门、统计部门公布的信息资料、专题报告，或发表的调查研究文献中获取有关社区人群健康状况、健康危险因素等方面的资料，分析研究，找出存在的主要健康问题。

（3）流行病学调查：发现哪些是最严重、最主要的健康问题和需要优先解决的健康问题，并分析哪些行为因素和环境因素是引起这些健康问题的危险因素及其影响最大的因素是什么，特别是行为危险因素在社区人群中分布的情况，哪一类人群受影响最大等，为制定干预策略提供科学依据。

2. 确定优先项目（如依据对人群健康威胁的严重程度排序） 确定优先项目在于真实地反映社区存在的群众最关心的健康问题，以及反映各种特殊人群存在的特殊健康问题，决定最重要、最有效的，所用的人力、资金最少而能达到最高效益的项目。优选的原则：①对人群健康威胁最严重的问题；②该危险因素通过干预是有效的；③成本低，效益好。

（1）重要性：主要看疾病或健康问题的频度和危害程度，通过分析社区人群中发病率、病残率、死亡率及疾病或健康问题造成的经济负担、社会负担、康复成本、经济损失等来确定其重要性。

（2）有效性：主要看疾病或健康问题是否能够通过健康教育手段得以解决。干预实施后，是否会收到明显的效果和社会效益。

（3）可行性：主要分析社会及政策对疾病或健康问题干预的支持力度和有利条件，包括领导的支持、社会有关部门的配合，人力、物力、技术支援的条件，特别是经济资源的支持，以及健康教育是否会得到社区人群，尤其是干预对象的支持和赞同。

3. 确定总体目标和具体目标（最终结果和具体量化指标） 当项目确定后，就要针对项目计划干预的内容，确定干预人群、范围、计划所要达到的目标及为实现目标要求而制定的各项指标。

（1）制定目标：目标是健康教育与健康促进计划活动的总方向，即在执行计划后，预期要达到的理想结果。例如：通过本项目计划的实施，使社区内吸烟人数减少，吸烟率降低，与吸烟有关的慢性病发病率得到控制。

（2）制定指标：指标即具体的目标，是目标要达到的具体结果，要求是明确的、具体的、可测量的而又必须达到的指标。通常包括三方面的指标，即教育指标、行为指标和健康指标。

1）教育指标：是指为实现行为改变所应具备的知识、态度、信念和技巧等。是反映健康教育计划近期干预效果的指标。例如：实施围产期保健健康教育计划1年后，知识方面，100%的孕妇能说出产前检查的好处；信念方面，100%的孕妇相信她们能够用母乳喂养自己的孩子；技能方面，100%的产妇能够掌握母乳喂养的技巧。

2）行为指标：是指健康教育计划实施后，干预对象特点行为变化的指标，也是反映计划中期效果的指标。例如：实施母乳喂养健康教育计划2年后，使社区90%的产妇实现母乳喂养。

3）健康指标：是指通过健康教育计划的实施，反映干预对象健康状况改善情况的指标。由于要使干预对象的健康状况改变往往是一个较长的时期，所以，健康指标反映的通常为远期效果。包括发病率的降低、健康水平和生活质量、平均期望寿命的提高等。例如：执行控烟健康教育计划3年后，使社区内35岁以上的居民高血压患病率由目前的13%下降至8%以下。

4）健康教育计划的具体目标必须回答"3个W""2个H"。

Who——对谁？

What——实现什么变化？

When——在多长限期内实现这种变化？

How much——变化程度？

How to measure it——如何测量该变化？

5）确定目标还需要考虑到每个指标必须符合 SMART 原则，即特异性、可测量、经努力可以达到的、可靠的、有时间界限。

4. 制定干预策略

（1）确定目标人群：目标人群是指健康教育计划干预的对象或特定群体。通常基于健康教育诊断的结果和优先解决的健康问题，就可以明确特定疾病或健康问题在人群中的分布及分布特点。如高危人群、敏感人群、现患人群、普通人群。

（2）制定教育（干预）策略

1）教育策略：信息交流类（讲课、咨询、小组讨论、科普资料）；技能培训类（技能讲座、示范、观摩学习）；组织方法类（社区开发、社区活动）；同伴教育；医务人员入户指导。

2）社会策略：政策、法规、规定、奖惩办法。如公共场所禁止吸烟、商店禁止向未成年人销售香烟等政策。

3）环境策略：如工作场所设立明显的吸烟区、公共场所不设售烟亭等。

（3）确定教育场所：幼儿园、学校、医院、工作场所、社区、居民家庭等。

教育（干预）策略主要包括以下几项内容：确定教育方法；确定教育内容；确定教育材料；组织与培训。

5. 制定计划实施评价方案　在项目的设计阶段就要考虑评价问题。对监测与评价的活动、指标、方法、工具、时间、监测与评价负责人等做出明确的规定。

 组织实施

组织实施是指按照计划去实现目标、获得效果的过程，实施计划是主体工作部分，也是重点和关键。主要环节有社区开发、培训、组织干预活动、制定实施时间表，配备和购买必要的物品、计划执行过程的监测与质量控制。

 评价

健康教育项目计划的评价是全面监测计划执行情况，控制计划实施质量，确保计划实施成功的关键性措施，也是评估项目计划是否成功，是否达到预期效果的重要手段。特别强调的是：评价不是在计划实施结束后才进行，而是贯穿于计划实施的全过程。根据评价的内容、指标和方法的不同，评价可分为以下几种类型。

（一）形成评价

也称适宜度评价，在计划执行前或执行早期对计划内容所做的评价，包括评价现行计划目标是否合理、指标是否恰当、执行人员是否具有完成计划的能力等。内容涉及了解目标人群的基本特征、目标人群对各种干预措施的看法、对问卷的预实验及修改、干预策略预实验等。

（二）过程评价

过程评价是对计划的全过程进行的评价。包括监测、评估计划执行中的各项活动是否按计划要求进行；计划实施是否取得预期效果；及时发现计划执行中的问题，而有针对性地对计划及干预方法、策略等进行修订，使之更符合客观实际，保证计划执行的质量和目标的实现。

1. 过程评价的主要内容

（1）教育干预是否适合于教育对象，并为他们所接受。

（2）教育干预是否按照计划方案的方法、时间、频率进行，干预的质量如何。

（3）教育材料是否按计划方案要求发放至目标人群，教育覆盖率是否达到要求。

（4）目标人群是否按计划要求参与健康教育活动，存在的主要问题及原因。

（5）信息反馈系统是否健全，各项监测记录全面、完整、系统，符合质量要求。

（6）计划实施过程有无重大环境变化和干扰因素，对计划执行的影响如何。

2. 过程评价的指标

（1）项目干预活动的类型、干预次数、每次持续的时间等。如发放健康教育材料的种类、批次、数量。

（2）健康教育材料拥有率。

（3）干预活动覆盖率。

（4）干预活动暴露率（健康教育培训率）。

3. 过程评价的方法

（1）观察法：直接观察各项健康教育活动，并进行评价。

（2）会议交流法：按阶段召开计划管理人员、执行人员会议，交流、讨论各方面的信息，对计划执行情况进行阶段性评价。

（3）调查法：可采用批质量保证抽样法对目标人群的有关情况进行定量调查，也可进行快速评估法对计划实施情况做定性调查、评估。

（4）追踪调查法：以跟踪工作日志的形式对各项活动进行调查，主要跟踪记录活动的日期、内容、目的要求、活动地点、持续时间、活动组织者、目标人群参与情况等。

（三）效果评价

根据干预变化的时效性，可分为近期、中期和远期效果评价。

1. 近期效果指标　近期效果评价主要是对知识、信念态度的变化进行评估。主要指标有卫生知识知晓率、卫生知识合格率、卫生知识平均分数、健康信念形成率。

2. 中期效果指标　中期效果评价主要是指目标人群的行为改变，评价的指标有健康行为形成率、行为改变率。

3. 远期效果指标　远期效果评价是对健康教育项目计划实施后产生的远期效应进行评价。包括目标人群的健康状况、生活质量的变化。主要评价指标如下：

（1）反映健康状况的指标：①生理指标，包括身高、体重、血压、血色素、血清胆固醇等；②心理指标，包括人格测量指标（埃森克人格量表）、智力测验指标（智商）、症状自评量表（SCL-90）等；③疾病与死亡指标，包括发病率、患病率、死亡率、病死率、婴儿死亡率、平均期望寿命等。

（2）反映生活质量的指标：包括生活质量指数、功能状态量表、生活质量量表等。

（四）总结评价

总结评价是以上三种评价的综合，以及对各方面资料做出总结性的概括，全面反映计划的成败。通过总结评价判断计划完成情况，以总结经验教训，为今后决策提供科学依据。

（五）主要评价指标计算方法

1. 反映个体或人群卫生知识水平的指标

卫生知识及格（满分）率=卫生知识测验及格（满分）人数/参加测验的人数×100%

卫生知识达标率=某一范围内卫生知识达标人数/该范围内应达标人数×100%

2. 反映个体或人群对卫生保健工作态度的指标

（1）对某卫生保健行为的支持（反对）率，例如：

对戒烟的支持（反对）率=被调查范围内支持（反对）戒烟的人数/被调查人数×100%

（2）健康教育活动的自愿参与率，例如：

某疫苗自愿接种率=某范围内资源接种某疫苗人数/该范围内应接种某疫苗的总人数×100%

（3）个体或人群卫生习惯或卫生行为形成情况的指标

卫生保健活动参与率=某范围内坚持参与某项卫生保健活动人数/该范围内有能力参与卫生保健活动的总人数×100%

不良行为或习惯转变率=某范围内已改变或纠正某种不良行为或习惯人群/该范围内有某种不良行为或习惯的人数×100%

（4）反映健康教育深度和广度的指标

卫生知识普及率=某范围内已达到卫生知识普及要求的人数/该范围内总人数×100%

健康教育覆盖率=某范围内接受某种形式健康教育的人数/该范围内总人数×100%

第四节 家庭、学校健康教育

家庭健康教育

社会是以家庭为基础的共同体，家庭是社会的细胞。家庭健康是社会健康的基础，WHO曾经提出："健康自家庭开始"。大量研究表明，肿瘤、肥胖、高血压、糖尿病、血脂异常等目前造成人类死亡的主要疾病，均是遗传因素和环境因素相互作用的结果，在此发展过程中，外显行为和内隐行为发挥着不可忽视的作用，有时甚至是关键的作用。家庭对健康的影响涉及到家庭成员的生理、心理和行为的各个方面，是个人健康和疾病发生发展的最重要的背景因素。因此，实施家庭健康教育、改变健康观念和不健康的行为是必须。

（一）家庭

1. 定义　家庭是指在同一处居住的，靠婚姻血缘或收养关系联系在一起的，两个或更多的人所组成的基本社会单位。

2. 类型

（1）核心家庭：指由父母及其子女组成的家庭，也包括无子女夫妇和养子女组成的家庭。核心家庭的特点是人数少，结构简单，关系单纯，属于通常意义上比较稳定的家庭形式。

（2）扩展家庭：指有两对或两对以上的夫妇及其未婚子女组成的家庭，是由核心家庭及夫妇单、双方的父母亲属共同构成的。扩展家庭又可分为主干家庭和联合家庭。

(3)其他类型家庭：包括单身家庭、单亲家庭、重组家庭、同居家庭、群居体及同性恋家庭等，这些家庭虽然不具备传统的家庭结构，但也执行着类似的功能，表现出家庭的主要特征。

在家庭健康教育中要考虑到不同家庭类型的特点及对健康的影响因素。

(二)家庭教育的主要内容

在开展家庭健康教育活动时，可着重从家庭环境卫生、生活方式、心理健康、疾病防治、防病知识、安全教育、生殖与性教育等方面加以考虑。

1. 家庭环境卫生教育　家庭环境包括住宅庭院和居室内部的环境。

(1)住宅建设方面：居民住宅的选址要求，住宅周围的环境布局，农村庭院的布局，住宅建造应注意的具体问题，住宅的给水与排水布置，农村居民建房还要考虑厕所与禽畜厩置，住宅的通风、采暖卫生要求及室内的采光与照明要求，绿化美化要求等。

(2)住宅装修方面：室内装饰材料的选择（某些装饰材料可能在短期或长期对人体健康造成危害），家庭厨房的布置，居室色调与健康的关系，床位和家俱的合理摆放，老年居室的布置，儿童居室及写字桌的正确布置，灯具的选择等。

(3)家庭室内外卫生方面：居室空气消毒的物理、化学、生物等方法，卫生间的卫生要求，居室养花与空气的关系，庭院绿化与空气净化和气温、气湿的关系，厨房污染、卧室污染、噪声污染、化装品污染、吸烟污染等。

2. 生活方式教育　人们的日常生活活动，大多数是在家庭中进行的。另外，一个人比较稳定的生活方式的形成，往往需要较长的时间。通过家庭成员之间的相互教育、相互影响和相互监督，尤其是家长对子女的言传身教，比之于其他形式的健康教育，更有利于建立良好的生活方式。

(1)饮食行为知识教育

1)营养知识教育：人体对营养的需要、合理营养、均衡膳食，食物的合理烹调，不良饮食习惯对营养素摄取的影响，暴饮暴食的危害等。

2)食品卫生知识教育：食品储藏、保管的卫生，家庭食品容器包装的卫生，厨具、碗柜、冰箱等的卫生要求，水果、蔬菜的卫生要求，食品加工中的卫生原则，生熟菜板、刀具宜分开，传染病患者食具的分开使用和消毒处理办法等。

3)食物中毒的防治知识教育：什么是食物中毒，其症状、原因及种类，救治措施等。

(2)起居生活习惯教育：起居习惯往往影响着人的睡眠质量。尤其是儿童，形成有规则的起居习惯，对睡眠、健康、学习都有重要影响。起居教育内容应包括布置符合卫生要求的居室，怎样正确地掌握起居时间，根据不同季节调整冷暖适度的卧具，形成有利健康的睡眠姿势；孩子睡觉的卫生要求，老年人起居的注意事项，睡眠咬牙是怎么回事；建立起良好的起床后与睡觉前的洗漱习惯。

(3)健身运动教育：运动锻炼是现代生活中重要的保健方法之一。健身运动教育包括要了解体育锻炼对人体有哪些好处，如何正确选择运动项目；进行体育锻炼应注意的事项，运动后不宜大量饮水，饭后不宜做剧烈运动等。

3. 心理健康知识教育　在开展家庭心理卫生教育时，必须考虑到普及性，要选择比较简单易懂又与日常生活相关的心理卫生常识作为教育内容。具体教育内容可从以下加以选择：心理健康的标准有哪些？什么叫心理咨询？怎样寻求心理咨询？个体各个时期的心理特点，心理健康问题的应对措施等。

4. 疾病防治知识教育

(1)家庭护理常识：如对骨折患者、高热患者、高血压患者、冠心病患者、糖尿病患者、瘫痪患者及癌症患者的家庭护理方法。怎样预防褥疮，怎样做冷热敷，测体温、数脉搏、看呼吸、量血压的方法，玩具、衣被褥的消毒方法等。

（2）用药常识：如药品的批准文号及有效期，药物的各种剂型，药物的不良反应，正确掌握用药量，失效药物的特征，常备药的收藏保管，旅游用药须知，服用补益、营养药的注意事项，中西药的服用方法，煎中药的方法，忌乱用未经验证的秘方、偏方，注意药物搭配禁忌，滥用药物的危害，烟、酒、茶对药物的影响等。

5. 生殖与性教育　在家庭中开展生殖与性教育，要把握好传播的内容和传播方法。教育内容主要包括以下几个方面。

（1）夫妻间的生殖与性教育：如男女生殖器官的解剖、生理知识，孕育知识、怀孕期的注意事项；男女性常见的性心理疾病常识、性病及艾滋病的防治知识等。

（2）父母对子女的性教育：如男女生殖器解剖学生理知识、青春期的表现与保健、男女性别心理特征、生育过程等。

（3）中老年性教育：进入中老年期后，由于性生理反应发生一定程度的退行性变化，性心理也会出现问题。老年人的性教育应针对他们的生理和心理特点进行，主要内容包括更年期性问题教育等。

（三）家庭健康教育的组织实施

目前我国家庭健康教育尚处于启蒙阶段，健康教育家庭化时代的到来尚需要健康教育工作者付出长期而艰辛的努力。事实上，在父母对子女的日常教育中，已包含了许多健康教育的内容，如洗脸、刷牙、讲卫生等一般习惯的养成，在许多家庭中都潜移默化地进行着。而全面、系统的家庭健康教育活动，则需要社区健康教育工作者去组织实施。

1. 家庭健康教育的传播方式　常用的家庭健康教育的传播方式有如下几种。

（1）对个人传播：包括个别谈话、谈心、咨询等。

（2）对集体传播：包括集会演说、讲座、座谈会、报告会、经验交流会、上课、参观访问、大组或小组讨论等。

（3）对大众传播：包括报纸、杂志、书籍、广播、电视、电影、戏剧、演唱、说书、唱片、录音、录像、幻灯、传单、标语、墙报、黑板报、宣传栏、宣传画、摄影、图片、模型、标本、展览等。如"卫生科普入户"是我国城乡普遍采用的一种家庭健康教育形式。

2. 培训主要家庭成员　要推动健康教育家庭化的形成，首先要培训家庭主要成员，使受过培训的家庭成员，能够承担起对家庭其他成员进行健康教育的责任，能在长期的家庭日常生活中给其他家庭成员以教育、指导和监督。

3. 培养家庭健康教育示范户　培养家庭健康教育示范户，树立榜样作用，普及家庭健康教育理念及方法。

4. 组织家庭健康教育小组　在培养示范户的基础上，可以组织家庭健康教育小组。做法：把临近几个家庭组织起来，成立一个既有组织而又比较自由的健康教育小组。

二 学校健康教育

（一）定义

学校健康教育是指通过校长、教师、家长和学校所在社区领导的广泛合作，向学生提供完整的积极经验和知识结构，包括设置健康教育课程，创造安全的学校环境，提供合适的健康服务及开展学校健康教育规划,让家庭和更广泛的社区参与,以促进学生健康。

（二）学校健康教育意义

健康是影响儿童青少年学习能力的一个主要因素,政府有责任提供最好的学习条件。这个目标可通过开展学校健康教育实现,能把所有促进儿童青少年健康的因素进行有机地组织和联系。

学校健康教育的意义:我国中小学在校学生约占全国人口的1/5,儿童青少年处于人生的生命准备时期,做好儿童青少年这一代人的健康教育工作,可以使他们从小接受系统的健康教育,提高学生知识水平,形成良好的生活习惯,建立健康的生活方式,增强自我保健意识和能力,预防各种常见病、多发病,乃至成人病,可以为他们一生的健康打下良好的基础,影响终身健康。青少年时期在人的一生中是接受能力最强、可塑性最大的时期,也是形成各种行为模式的时期。这种行为模式一经形成,就不容易改变。

（三）学校健康教育的实施范围

学校健康教育不仅仅局限于健康教育课程,还可通过多种健康教育活动,向儿童青少年的学习和生活渗透。从学校政策、安全、营养、环境、控烟、个人卫生习惯、心理健康、卫生设施和社区参与等进行全方位的健康教育活动。

1. 学校卫生、教学健康教育应是整个学校系统教育的一部分

（1）健康教育课程设置:儿童青少年卫生习惯的训练可在幼儿时期或更早年龄阶段就开始,但系统医学科学知识及保健知识的获得主要是通过学校教育的方式得以实现。学校健康教育课程应是他们获得此类知识的主要途径。

不同年龄阶段的儿童青少年接受能力及思维方式均不同,因此在设置健康教育课程时,目的要求、教育内容与形式、教学模具及教材选编等均要符合该年龄段儿童青少年的特点,因人施教。应尽量使学生对健康教育课程产生兴趣,主动学习而非被动学习。

设置健康教育课程的目的是让学生知晓有关健康知识、信息,掌握自我保健的技能。因此培训称职教师是十分必要的,应不断地对健康教育教师进行培训,使其知识不断更新。

（2）健康行为指导:健康行为指导的目的是帮助学生把学到的卫生知识渗透到日常生活中。主要通过卫生保健信念的改变和正确信念的形成,培养学生正确判断和评价的能力,逐步形成良好的健康行为和习惯。习惯是逐步养成的,一旦形成不易更改并可影响全部生活。习惯的好坏可影响个人、家庭和社会。在学校培养良好的行为习惯有许多优势。良好习惯的培养是年龄越小效果越好,学校既是有计划的教育机构,也是培养健康公民的场所,尤其是教师的一言一行对学生具有权威性。所以在学校培养健康的行为习惯是最适当也是最有效的。

健康行为指导的方式一般有两种:集体活动和个别咨询。前者是针对普遍存在于学生中的行为问题;后者是对出现特殊卫生保健问题的学生逐个进行帮助。

行为指导对学生卫生习惯的形成和巩固起着相当大的作用。为达到满意的效果,学校尚需与家庭之间保持经常联系。

2. 学校卫生服务 学校卫生服务是直接关系到学生健康状况的活动,是整个学校卫生规划不可缺少的部分。包括学生生长发育监测、健康检查、牙齿检查、视听检查、免疫接种和传染病管理、常见病预防和身体缺陷纠正、突发性疾病紧急服务、意外事故应急措施、心理咨询及为伤残学生提供必要的服务等。

3. 学校卫生环境 学校卫生环境是激发和促进学生参加有益健康的活动,主动培养健康意

识的外部环境，包括人际、事物和物质环境。

人际环境主要指校内师生、同学和其他人员间的人际关系是否密切协调、互尊互敬、尊师爱生，形成一种和谐健康的气氛。

事物环境指校内各种活动和措施及学校师生员工的实际健康状况，如课程安排、制度制定、课外活动、学校安全措施、考试等。

物质环境是指学校的基础设施，包括校址选择、校舍建筑、操场大小、教室（采光、照明、通风、温度、噪声、课桌椅等）、给水和排水设备、厕所、浴室、食堂、垃圾处理及学校运动设施等。

（四）学校健康教育的内容

教育部于2008年12月印发了《中小学生健康教育指导纲要》，提出中小学健康教育内容包括五个领域：健康行为与生活方式、疾病预防、心理健康、生长发育与青春期保健、安全应急与避险。

根据儿童青少年生长发育的不同阶段，依照小学低年级、小学中年级、小学高年级、初中年级、高中年级五级水平，把五个领域的内容合理分配到五级水平中，分别为水平一（小学1—2年级）、水平二（小学3—4年级）、水平三（小学5—6年级）、水平四（初中7—9年级）、水平五（高中10—12年级）。五个不同水平互相衔接，完成中小学校健康教育的总体目标。

水平一（小学1—2年级）

1. 目标 知道个人卫生习惯对健康的影响，初步掌握正确的个人卫生知识；了解保护眼和牙齿的知识；知道偏食、挑食对健康的影响，养成良好的饮水、饮食习惯；了解自己的身体，学会自我保护；学会加入同伴群体的技能，能够与人友好相处；了解道路交通和玩耍中的安全常识，掌握一些简单的紧急求助方法；了解环境卫生对个人健康的影响，初步树立维护环境卫生意识。

2. 基本内容

（1）健康行为与生活方式：不随地吐痰，不乱丢果皮纸屑等垃圾；咳嗽、打喷嚏时遮掩口鼻；勤洗澡、勤换衣、勤洗头、勤剪指甲（包含头虱的预防）；不共用毛巾和牙刷等洗漱用品（包含沙眼的预防）；不随地大小便，饭前便后要洗手；正确的洗手方法；正确的身体坐、立、行姿势，预防脊柱弯曲异常；正确的读写姿势；正确做眼保健操；每天早晚刷牙，饭后漱口；正确的刷牙方法及选择适宜的牙刷和牙膏；预防龋齿（认识龋齿的成因、注意口腔卫生、定期检查）；适量饮水有益健康，每日适宜饮水量，提倡喝白开水；吃好早餐，一日三餐有规律；偏食、挑食对健康的影响；经常喝牛奶、食用豆类及豆制品有益生长发育和健康；经常开窗通气有利健康；文明如厕、自觉维护厕所卫生；知道蚊子、苍蝇、老鼠、蟑螂等会传播疾病。

（2）疾病预防：接种疫苗可以预防一些传染病。

（3）心理健康：日常生活中的礼貌用语，与同学友好相处技能。

（4）生长发育与青春期保健：生命孕育、成长基本知识，知道"我从哪里来"。

（5）安全应急与避险：常见的交通安全标志；行人应遵守的基本交通规则；乘车安全知识；不玩危险游戏，注意游戏安全；燃放鞭炮要注意安全；不玩火，使用电源要注意安全；使用文具、玩具要注意卫生安全；远离野生动物，不与宠物打闹；家养犬要注射疫苗；发生紧急情况，会拨打求助电话（医疗求助电话：120；火警电话：119；匪警电话：110）。

水平二（小学3—4年级）

1. 目标　进一步了解保护眼、预防近视知识，学会合理用眼；了解食品卫生基本知识，初步树立食品卫生意识；了解体育锻炼对健康的作用，初步学会合理安排课外作息时间；初步了解烟草对健康的危害；了解肠道寄生虫病、常见呼吸道传染病和营养不良等疾病的基本知识及预防方法；了解容易导致意外伤害的危险因素，熟悉常见的意外伤害的预防与简单处理方法；了解日常生活中的安全常识，掌握简单的避险与逃生技能；初步了解生命的意义和价值，树立保护生命的意识。

2. 基本内容

（1）健康行为与生活方式：读书写字、看电视、用电脑的卫生要求；预防近视（认识近视的成因、学会合理用眼、注意用眼卫生、定期检查）；预防眼外伤；不吃不洁、腐败变质、超过保质期的食品；生吃蔬菜水果要洗净；人体所需的主要营养素；体育锻炼有利于促进生长发育和预防疾病；睡眠卫生要求；生活垃圾应该分类放置；烟草中含有多种有害于健康的物质，避免被动吸烟。

（2）疾病预防：蛔虫、蛲虫等肠道寄生虫病对健康的危害与预防；营养不良、肥胖对健康的危害与预防；认识传染病（重点为传播链）；常见呼吸道传染病（流感、水痘、腮腺炎、麻疹、流脑等）的预防；冻疮的预防（可根据地方实际选择）；学生应接种的疫苗。

（3）生长发育与青春期保健：人的生命周期包括诞生、发育、成熟、衰老、死亡；初步了解儿童青少年身体主要器官的功能，学会保护自己。

（4）安全应急与避险：游泳和滑冰的安全知识；不乱服药物，不乱用化妆品；火灾发生时的逃生与求助；地震发生时的逃生与求助；动物咬伤或抓伤后应立即冲洗伤口，及时就医，及时注射狂犬疫苗；鼻出血的简单处理；简便止血方法（指压法、加压包扎法）。

水平三（小学5—6年级）

1. 目标　了解健康的含义与健康的生活方式，初步形成健康意识；了解营养对促进儿童少年生长发育的意义，树立正确的营养观；了解食品卫生知识，养成良好的饮食卫生习惯；了解烟草对健康的危害，树立吸烟有害健康的意识；了解毒品危害的简单知识，远离毒品危害；掌握常见肠道传染病、虫媒传染病基本知识和预防方法，树立卫生防病意识；了解常见地方病如碘缺乏病、血吸虫病对健康的危害，掌握预防方法；了解青春期生理发育基本知识，初步掌握相关的卫生保健知识；了解日常生活中的安全常识，学会体育锻炼中的自我监护，提高自我保护的能力。

2. 基本内容

（1）健康行为与生活方式：健康不仅仅是没有疾病或不虚弱，还是身体、心理、社会适应的完好状态；健康的生活方式（主要包括合理膳食、适量运动、戒烟限酒、心理平衡）有利于健康；膳食应以谷类为主，多吃蔬菜水果和薯类，注意荤素搭配；日常生活饮食应适度，不暴饮暴食，不盲目节食，适当进零食；购买包装食品应注意查看生产日期、保质期、包装有无涨包或破损，不购买无证摊贩食品；容易引起食物中毒的常见食品（发芽马铃薯、不熟扁豆和豆浆、毒蘑菇、不新鲜黄花菜、河豚鱼等）；不采摘、不食用野果、野菜；体育锻炼时自我监护的主要内容（主观感觉和客观检查的指标）；发现视力异常，应到正规医院眼科进行视力检查、验光，注意配戴眼镜的卫生要求；吸烟和被动吸烟会导致癌症、心血管疾病、呼吸系统疾病等多种疾病；不吸烟、不饮酒。常见毒品的名称；毒品对个人和家庭的危害，自我保护的常识和简单方法，能够远离毒品。

（2）疾病预防：贫血对健康的危害与预防；常见肠道传染病（细菌性痢疾、伤寒与副伤寒、甲型肝炎等）的预防；疟疾的预防；流行性出血性结膜炎（红眼病）的预防；碘缺乏病对人体健康的危害；食用碘盐可以预防碘缺乏病；血吸虫病的预防（可根据地方实际选择）。

（3）心理健康：保持自信，自己的事情自己做。

（4）生长发育与青春期保健：青春期的生长发育特点；男女少年在青春发育期的差异（男性、女性第二性征的具体表现）；女生月经初潮及意义（月经形成及周期计算）；男生首次遗精及意义；变声期的保健知识；青春期的个人卫生知识；体温、脉搏测量方法及其测量的意义。

（5）安全应急与避险：骑自行车安全常识；常见的危险标识（如高压、易燃、易爆、剧毒、放射性、生物安全），远离危险物；煤气中毒的发生原因和预防；触电、雷击的预防；中暑的预防和处理；轻微烫烧伤和割、刺、擦、挫伤等的自我处理；提高网络安全防范意识。

水平四（初中阶段）

1. 目标　了解生活方式与健康的关系，建立文明、健康的生活方式；进一步了解平衡膳食、合理营养意义，养成科学、营养的饮食习惯；了解充足睡眠对儿童少年生长发育的重要意义；了解预防食物中毒的基本知识；进一步了解常见传染病预防知识，增强卫生防病能力；了解艾滋病基本知识和预防方法，熟悉毒品预防基本知识，增强抵御毒品和艾滋病的能力；了解青春期心理变化特点，学会保持愉快情绪和增进心理健康；进一步了解青春期发育的基本知识，掌握青春期卫生保健知识和青春期常见生理问题的预防和处理方法；了解什么是性侵害，掌握预防方法和技能；掌握简单的用药安全常识；学会自救互救的基本技能，提高应对突发事件的能力；了解网络使用的利弊，合理利用网络。

2. 基本内容

（1）健康行为与生活方式：不良生活方式有害健康，慢性非传染性疾病（恶性肿瘤、冠心病、糖尿病、脑卒中）的发生与不健康的生活方式有关；膳食平衡有利于促进健康；青春期充足的营养素，保证生长发育的需要。保证充足的睡眠有利于生长发育和健康（小学生每天睡眠时间10个小时，初中生每天睡眠时间9个小时，高中生每天睡眠时间8小时）；食物中毒的常见原因（细菌性、化学性、有毒动植物等）；发现病死禽畜要报告，不吃病死禽畜肉；适宜保存食品，腐败变质食品会引起食物中毒；拒绝吸烟、饮酒的技巧；毒品对个人、家庭和社会的危害；拒绝毒品的方法；吸毒违法，拒绝毒品。

（2）疾病预防：乙型脑炎的预防；疥疮的预防；肺结核病的预防；肝炎的预防[包括甲型肝炎、乙（丙）型肝炎等]；不歧视乙肝患者及感染者；艾滋病的基本知识；艾滋病的危害；艾滋病的预防方法；判断安全行为与不安全行为，拒绝不安全行为的技巧；学会如何寻求帮助的途径和方法；与预防艾滋病相关的青春期生理和心理知识；吸毒与艾滋病；不歧视艾滋病病毒感染者与患者。

（3）心理健康：不良情绪对健康的影响；调控情绪的基本方法；建立自我认同，客观认识和对待自己；根据自己的学习能力和状况确定合理的学习目标；异性交往的原则。

（4）生长发育与青春期保健：热爱生活，珍爱生命；青春期心理发育的特点和变化规律，正确对待青春期心理变化；痤疮发生的原因、预防方法；月经期间的卫生保健常识，痛经的症状及处理；选择和佩戴适宜的胸罩的知识。

（5）安全应急与避险：有病应及时就医；服药要遵从医嘱，不乱服药物；不擅自服用、不滥用镇静催眠等成瘾性药物；不擅自服用止痛药物；保健品不能代替药品；毒物中毒的应急处理；溺水的应急处理；骨折简易应急处理知识（固定、搬运）；识别容易发生性侵害的危险因素，保护自己不受性侵害；预防网络成瘾。

水平五（高中阶段）

1. 目标　了解中国居民膳食指南，了解常见食物的选购知识，进一步了解预防艾滋病基本知识，正确对待艾滋病病毒感染者和患者；学会正确处理人际关系，培养有效的交流能力，掌握缓解压力等基本的心理调适技能；进一步了解青春期保健知识，认识婚前性行为对身心健康的危害，树立健康文明的性观念和性道德。

2. 基本内容

（1）健康行为与生活方式：食品选购基本知识；中国居民膳食指南的内容。

（2）疾病预防：艾滋病的预防知识和方法；艾滋病的流行趋势及对社会经济带来的危害；HIV感染者与艾滋病患者的区别；艾滋病的窗口期和潜伏期；无偿献血知识；不歧视艾滋病病毒感染者与患者。

（3）心理健康：合理宣泄与倾诉的适宜途径，客观看待事物；人际交往中的原则和方法，做到主动、诚恳、公平、谦虚、宽厚地与人交往；缓解压力的基本方法；认识竞争的积极意义；正确应对失败和挫折；考试等特殊时期常见的心理问题与应对。

（4）生长发育与青春期保健：热爱生活，珍爱生命；青春期常见的发育异常，发现不正常要及时就医；婚前性行为严重影响青少年身心健康；避免婚前性行为。

（5）安全应急与避险：网络交友的危险性。

（五）学校健康教育的实施步骤

1. 逐级培训，转变观念

（1）学校健康教育是在政府和社区的支持下，全面促进学生健康成长的一项系统工程。它不仅体现了全面育人的教育思想，也包涵了现代健康观念、人才观念和现代教育理论等新观念、新理论。因此，在实施健康教育之前，必须首先进行逐级培训，转变观念，以提高对健康教育目的、意义的认识，确立实施学校健康教育的信念。

（2）学校健康教育是要在以往工作的基础上进行，而不是从零开始，但必须在新的观念指导下，将健康教育纳入学校全面教育计划之中，从而增强我们开展学校健康教育的信心。

（3）培训工作应分两个层次进行。由教育和卫生部门完成对学校领导及骨干的培训；由学校完成对全体教师、学生干部及家长的培训。

2. 成立学校健康教育领导小组　学校健康教育工作与其他工作一样，最重要的环节是加强领导。学校成立由主管校长、教务主任、总务主任、校医、健康教育老师等组成的领导小组，负责规划、协调、检查、评估学校的健康教育工作。

3. 制定学校健康教育政策

（1）制定学校健康教育政策，即学校结合本校情况所制定的学校健康教育的目标和政策保证。

（2）完善各项卫生保健规章制度。

4. 制定学校健康教育规划

（1）总目标是全面贯彻党的教育方针，为在校学生提供健康成长的基础，培养学生良好的健康素质和健康技能，使学生圆满完成学业，并为其终生发展奠定基础。

（2）具体目标是认真贯彻国家、市、区（县）教育部门与卫生部门制定的学校卫生保健工作有关规定；开设健康教育课，每两周一课时，做到课本、课时、教师、教案、评估"五落实"；广泛求得社区和家长的帮助与支持；创造良好的学习环境，提供必要的健康服务。

5. **做好课外健康教育工作** 课外健康教育的形式主要归纳为以下几种。

（1）开设讲座，以讲大课或校广播为主要形式，进行卫生知识系列讨论或结合卫生防病中心任务举行讲座。

（2）结合个人卫生和环境卫生的检查评比进行教育。

（3）结合疾病防治工作和爱国卫生运动进行教育。

（4）结合青少年红十字工作或卫生监督岗工作进行教育。

（5）利用大众传播媒介如宣传画廊、橱窗、板报等进行教育。还有其他如卫生知识竞赛、卫生游艺活动、卫生知识专题讨论会、座谈会、观摩等都是可取的健康教育形式。

目标检测

选择题

1. WHO关于健康的定义是（ ）
   A. 健康是指人的生命活动正常
   B. 健康是指身体的结构完好和功能正常，社会适应方面正常
   C. 健康是指身体的结构完好和功能正常，心理处于完好状态
   D. 健康不仅是没有疾病和虚弱的现象，而且是一种身体上、心理上和社会适应方面的完好状态
   E. 健康是宿主对环境中的致病因素具有抵抗的状态

2. 对于健康教育的正确理解是（ ）
   A. 以调查研究为前提，进行健康信息传播和行为干预
   B. 进行疾病信息的传递
   C. 医学科普知识的宣传
   D. 不利于健康行为的干预
   E. 群众性的健康知识宣传

3. 健康教育与健康促进的根本目的是（ ）
   A. 消除或减轻影响健康的危险因素
   B. 预防疾病
   C. 促进健康
   D. 提高生活质量
   E. 以上都是

4. 健康相关行为可分为（ ）
   A. 促进健康的行为和危害健康的行为
   B. 预防行为和治疗行为
   C. 疾病行为与依从行为
   D. 病人角色行为和遵医行为
   E. 康复行为与治疗行为

5. 健康教育与健康促进的最终目的在于（ ）
   A. 开展健康传播
   B. 增加卫生保健知识
   C. 建立正确的健康观念
   D. 形成有益于健康的行为
   E. 确立正确的求医行为

6. 下列哪一项不在影响健康的五大因素之列（ ）
   A. 生物环境因素
   B. 生态学因素
   C. 行为和生活方式因素
   D. 卫生服务因素
   E. 社会（心理）学因素

（杨 黎）

第6章 医学统计学方法概述

本章内容是医学统计学的重要课程之一。根据教学大纲及培养目标，通过学习，学生应掌握医学统计学的基本概念、统计资料的类型、统计工作的基本步骤及医学统计学的主要作用等知识，为数值变量资料和分类变量资料的统计分析奠定坚实基础。

● 案例6-1

某医师为比较中药和西药治疗胃炎的疗效，随机抽取120例胃炎患者随机分成中药组和西药组，结果：中药组治疗70例，有效54例；西药组治疗50例，有效30例。该医师采用χ^2检验（有效，无效）进行假设检验，结果$\chi^2=4.082$，$P<0.05$，差异有统计学意义。故认为中西药治疗胃炎的疗效有差别，中药疗效高于西药。

问题：1. 这是什么资料？
2. 该资料属于何种设计方案？
3. 该医师统计方法是否正确？为什么？
4. 该资料应该用何种统计方法？

统计学（statistics）是收集、处理、分析、解释数据并从数据中得出结论的科学。它是认识社会和自然现象客观规律的重要工具。医学统计学是统计学的分支，是运用概率论和数理统计方法研究医学事件群体数量特征的一门方法学。而医学统计方法则是将统计学的原理和方法在医学实践和医学研究中，对于变异数据有计划收集、合理整理、正确分析和推断的方法。通过它可以获得关于医学事物或现象的本质特征，整体情况和相互关系的客观规律，从而揭示疾病或现象发生、发展规律，为预防疾病、促进健康提供客观依据。医学统计学的任务就是透过偶然现象反映同质事物的特征和规律。因此医学统计学具有两个重要特征：数量反映质量，群体归纳个体。

电子计算机的普及与统计软件的开发，为医学科学研究中数据信息的储存、整理和分析提供了十分便利的条件，同时也促进了医学统计方法的迅速发展和不断完善。

第一节 统计学基本概念

同质与变异

同质（homogeneity）是指观察单位（研究个体）间被研究指标的影响因素相同。医学现象绝大多数是随机现象，其影响因素错综复杂，各不相同。其中有些因素是较易控制的，而另外一些因素是难以控制甚至是未知的。实际工作中，影响被研究指标的主要的可控因素达到相同或基本相同就可以认为是同质。例如，儿童的生长发育的影响因素有年龄、性别、民族、地区、时间、营养、遗传等，前5个因素在研究中较易控制，而后两个因素是不能控制的。例如：调查某地区2016年所有在校10岁健康男孩的血红蛋白含量，它的同质基础就是同地区、同年、同性别的健康儿童。

> **链接6-1**
>
> 观察单位（observation unit）也称个体（indivdual），是组成统计数据最基本的单位，可以是一个人、一个家庭、一个班级、一个地区、一个样本等，然后对每个观察单位的某项特征进行测量和观察，这种观察单位的特征称为变量（variable），变量的测得值称为变量值（variable value）或观察值（observed value）。例如，要调查某年某地区所有在校10岁健康男孩的血红蛋白含量，那么该地区每个在校10岁健康男孩就是一个观察单位，血红蛋白是变量，每个人测得的血红蛋白值就是变量值。

变异（variance）是指在同质基础上被观察单位变量值之间的差异，称为变异。例如，同质的健康男孩，其血红蛋白含量有多有少；同质的成年男子血清中胆固醇含量有高有低。

同质是相对的，变异是绝对的。统计学的任务就是在同质的基础上，对个体变异进行分析研究，从而揭示同质事物内在的本质和规律。

总体与样本

一般来说，总体（population）就是根据研究目的确定的同质研究对象所有观察单位某种变量值的集合。例如为研究某地某年健康成年男子的血红蛋白情况，该地每一个健康成年男子就是一个观察单位，每一个观察单位都可以测得一个血红蛋白值，则该地所有健康成年男子的血红蛋白值就构成一个总体。这里的总体包括的观察单位有一定的时间和空间范围，是有限的，称为有限总体（finite population）。有时总体是无限的，例如研究用某药治疗高血压的疗效，同质的基础是高血压患者，同时用某药治疗，该总体包括用该药治疗的所有高血压患者的治疗结果，是没有时间和空间范围限制的，这类观察单位数是无限的，称为无限总体（infinite population）。

在医学研究中，绝大多数的总体是无限的，即使是有限总体，由于观察单位数太多，需要耗费很大的人力、物力、财力，造成浪费，有时也是不可能或是不必要的。例如食品卫生部门对畜禽肉类的检疫检查，不可能将所有宰杀的畜禽肉类每一个都进行实验室检查。因此，在实际工作中，往往是从总体中随机抽取一部分观察单位组成样本，用样本的信息来推断总体特征。这种从总体中随机抽取部分观察单位变量值的集合，称为样本（sample）。如上例中调查某地区2016年所有在校10岁健康男孩的血红蛋白含量，总体是有限的，但观察单位数太多，可以从总体中随机抽取部分（如抽取120名）健康男孩，这120名健康男孩的血红蛋白值就组成了一个样本。样本包含的观察单位数称为样本含量，用字母 n 表示。为了从样本中准确地推断总体特征，必须遵循抽样随机化原则，即使总体中的每个观察单位被抽到样本中的机会均等，并且样本含量足够大。只有这样，才能保证抽到有代表性的样本，它是统计推断的基础。

三 参数与统计量

总体的统计指标称为参数（parameter）。习惯上用希腊字母表示总体参数，例如 μ 表示总体均数，σ 表示总体标准差，π 表示总体率。样本的统计指标称为统计量（statistic），用拉丁字母表示统计量，例如 $\bar{x}$ 表示样本均数，s 表示样本标准差，p 表示样本率等。例如，某地区 2016 年所有在校 10 岁健康男孩的血红蛋白含量的平均值就是一个参数，随机抽取的 120 名健康男孩的血红蛋白含量的平均值就是统计量。实际工作中参数常常是未知的，需要进行随机抽样研究，抽样研究的目的就是用样本统计量来推断总体参数。

四 误差

测量值与真实值之间的差异，称为误差（error），统计上所说的误差包括三类。

1. 系统误差（systematic error）　　由于仪器未经校正、试剂不纯或判定标准不准确等原因，造成测量结果倾向性偏大或偏小，称为系统误差。系统误差有些是定值的，如仪器的零点不准，有些是积累性的，如用受热膨胀的钢卷米尺测量时，读数就小于其真实长度。系统误差的特点是测量结果向一个方向偏离，其数值按一定规律变化，具有重复性、单向性。因此，多次测量求平均值并不能消除系统误差。应根据具体的实验条件，系统误差的特点，找出产生系统误差的主要原因，采取适当措施降低它的影响。系统误差的消除方法：①在测量结果中进行修正。对于已知的恒指系统误差，可以用修正值对测量结果进行修正；对于变值系统误差，设法找出误差的变化规律，用修正公式或修正曲线对测量结果进行修正。②消除系统误差的根源。在测量之前，仔细检查仪表，正确调整和安装；防止外界干扰；选好观测位置消除视差；选择环境条件比较稳定时读数等。③在测量系统中采用补偿措施。④实时反馈修正。

2. 随机测量误差（random error）　　是指由于各种偶然因素对同一受试对象或检样采用同一方法多次测定结果不完全一致。其特点是大小和方向都不固定，产生的原因不甚明了，是不可避免的。随机误差的性质：随着测定次数的增加，正负误差可以相互抵偿，误差的平均值将逐渐趋向于零。控制重复误差的手段主要是努力做到仪器性能及操作方法稳定，将误差控制在一定的允许范围内。

3. 抽样误差（sampling error）　　在抽样研究中，由于总体中各个体之间存在变异，在消除了系统误差，并控制了随机测量误差在允许范围内后，样本统计量与总体参数也不可能完全相同。相同条件下，即使从同一总体中随机抽取的多个例数相同的样本，其某样本统计量也各不相同。这种由于随机抽样而引起的样本统计量与总体参数之间的差异及各样本统计量之间的差异称为抽样误差。这种误差是不可避免的。抽样误差的大小与多方面因素有关。最主要的是样本量的大小，样本量越大，抽样误差就越小。当样本量大到与总体单位相同时，即抽样调查变成普查，这时抽样误差减小到零。抽样误差的大小还与总体的变异性有关。总体的变异性越大，即各观察单位之间的差异越大，抽样误差也就越大，因为有可能抽中特别大或特别小的样本单位，从而使样本结果偏大或偏小；反之，总体的变异性越小，各观察单位之间越相似，抽样误差也就越小。如果所有观察单位完全一样，只调查一个个体就可以准确无误地推断总体，抽样误差也就不存在了。现实中这种假设是不存在的，否则就不存在对总体的抽样调查了。

五 事件、频率与概率

1. 事件（event） 在同一组条件下，对某事物或现象所进行的观察或实验叫做试验，把观察或试验的结果叫做事件。例如在一定条件下，肯定发生的事件称为必然事件，概率为1，如在1个标准大气压时，纯水加热到100℃，必然会发生沸腾现象。肯定不发生的事件称为不可能事件，概率为0，如从地球上看，太阳从西边升起的事件，必定不会发生。可能发生也可能不发生的事件称为随机事件或偶然事件，简称事件，概率为0~1，如某人在流感高发期，是否会患病，回答是不能肯定的，可能患，也可能不患。

2. 频率（relative frequency） 也是某事件出现可能性大小的度量，频率是对样本而言，而概率是对总体而言。在相同的条件下，随机试验进行 n 次，某事件A出现 m 次（$m \leq n$），则比值 m/n 称为事件A发生的频率。事件A的概率是描述事件A在试验中出现的可能性大小的一种度量，记事件A出现可能性大小的数值为 $P(A)$，$P(A)$ 称为事件A的概率，其值介于0~1。记为：

$$P(A) = \frac{m}{n} = p$$

3. 概率（probability） 是描述某随机事件发伤可能性大小的指标，常用 P 表示。虽然随机事件A在一次试验中可能出现或不出现，但在 n 次重复试验中，它呈现出明显的统计规律性。随着 n 的增大，则事件A的频率围绕某一常数 p 上下波动，且波动的幅度逐渐减小，趋于稳定，这个频率的稳定值即为该事件的概率。概率的取值在 0~1，即 $0 \leq P \leq 1$。某事件发生的可能性愈大，则概率 P 愈接近1；某事件发生的可能性愈小，则其概率 P 愈接近0。在统计学上，习惯将 $P \leq 0.05$ 或 $P \leq 0.01$ 的事件称为小概率事件，表示该事件发生的可能性很小，可以认为在一次抽样中几乎不可能发生。一般说来，小概率事件在现实中出现了，就要追究其原因。在医学科研中，常把 $P \leq 0.05$ 作为差异有统计学意义，$P \leq 0.01$ 作为差异有高度统计学意义的界限。

第二节 统计资料的类型

医学统计资料按其研究指标的性质一般分为数值变量资料和分类变量资料。不同的统计资料有不同的统计描述和分析方法。

一 计量资料

计量资料（measurement data）亦称数值变量资料（numerical variable data）或定量资料（quantitative data）。用定量的方法测定观察单位某项指标数值的大小，所得的资料。这类资料一般有度量衡单位。如调查某年某地10岁健康男童的生长发育状况，每个人的身高（cm）、体重（kg）、脉搏（次/分）、血红蛋白（g/L）等为计量资料。计量资料同组变量值之间，没有质的不同，只有量的差别。

> **链接6-2**
>
> 大多数的数值变量为连续型变量，如体重、身高、血压等；有的定量变量的观测值只能是（正）整数，如脉搏、呼吸频率、人口数等，但在医学调查研究中也把它们视为连续型变量。而计算人的龋齿数，其数据只能是0、1、2、3……在0和1之间没有其他数据，属于非连续型变量。

二、计数资料

计数资料（enumeration data）亦称无序分类变量资料（unmerical categorical variable data）或定性资料（qualitative data）。先将观察单位按某种属性或类别分组，然后清点各组的观察单位数目而得到的资料称为计数资料。如观察某人群的血型，以人为观察单位，结果可以分为A型、B型、AB型与O型。计数资料中同组变量值间无量的区分，异组变量值间性质截然不同。

三、等级资料

等级资料（ranked ordinal data）亦称半定量资料（semi-quantitative data）或有序分类（ordered categories）变量资料，是指将观察单位按某种属性的不同程度分成等级后分组，清点各组的观察单位数所得的资料。这些资料具有计数资料的特性，同时又兼有半定量的性质。这类资料变量值间不仅有类别的不同，且不同分组间也有顺序、等级或量的差别，但这种差别又无法精确量化。如某治疗效果可分为无效、好转、显效和痊愈四个等级；病情分为轻、中、重三个等级；尿酮体化验结果分为－、±、＋、＋＋、＋＋＋五个等级。

尽管根据不同的资料类型，可以选用不同的统计分析方法，实际工作中也可根据需要进行资料的相互转化。如以人为观察单位研究某年某地区成年女子的血红蛋白量（g/L），该资料为数值变量资料；若考虑观察单位血红蛋白含量正常与否，可分成两类；若按血红蛋白量的多少分组，可分为重度贫血、中度贫血、轻度贫血、正常、血红蛋白增高五个等级的等级资料。有时根据需要可将分类变量资料数量化，如将等级资料按治疗结果（无效、好转、显效、治愈）转化为评分，分别用0、1、2……表示，这样就将其转化成了数值变量资料。

第三节　统计工作的基本步骤

医学统计工作可分为四个步骤，即设计、收集资料、整理资料和分析资料。这四个步骤密切联系，缺一不可。

一、设计

设计（design）是统计工作的第一步，也是统计工作中最关键的一步。它是对统计工作具体实施方法和步骤的总体设想与安排。统计设计的内容包括统计工作的主要目的；观察单位的确定；原始资料的收集；原始资料的获得途径；抽样方法的确定；资料的进一步处理；资料的整理、分析和误差控制；预期结果及所需经费等。以上问题都要认真考虑，科学安排，统筹兼顾，力争以较少的人力、物力和时间取得较好的效果。

收集资料

收集资料（collecting data）即根据研究的目的、实验设计的要求，收集准确、完整、可靠、及时的原始资料。它是调查研究的基础，直接关系到统计工作的质量，也是其分析结果可靠的重要保证。数据的准确性要求尽可能做到界限明确、真实可靠；数据的完整性强调避免出现错误、遗漏和缺项；数据收集的及时性强调按规定要求的时间及时完成。只有这样完整、准确的原始数据，才会产生准确的分析结果。

（一）统计资料的来源

医学统计资料的来源主要有以下三个方面。

1. 医疗卫生工作记录　如住院病历、门诊病历、卫生监测记录、检验检查报告单等。这些资料是医疗卫生单位日常的工作记录，在填写时需要严格要求、认真填写、妥善保管，避免漏填、误填，使这些宝贵的医学原始资料在科研研究中充分发挥其医学价值。

2. 统计报表　这些报表是国家规定的医疗卫生机构工作报告制度，需按照要求定期主动上报，也是医学界科研原始资料的主要来源。如法定传染病报表、职业病报表、恶性肿瘤死亡报告单，医院工作报表，突发公共卫生事件报表等。填写报表要求完整、准确、及时。通过这些报表可了解当地居民健康状况，拟订卫生工作方针，为合理配置医疗卫生资源等提供科学依据。

3. 专题调查或实验研究　它是根据研究目的选定的专题调查或实验研究，具有明确的目的与针对性。如结核病、原发性高血压、艾滋病、吸烟流行情况等专项调查；4～10岁儿童龋患率调查；不同护理方法对某临床疗效或预后的影响等。

（二）统计资料的要求

1. 数量足够　根据研究目的、资料的性质及调查或实验条件等因素，来确定研究资料中观察单位的数量。

2. 完整、准确、及时　一项严谨的科研研究，要求资料具有完整、准确、及时的特点。完整指的是调查项目完整无缺，无重复和遗漏；准确指的是填写内容准确无误，界限明确，保证资料真实可靠；及时指的是资料的时间性，要求按规定时间完成资料的收集，不能随意拖延时间。

3. 资料具有代表性和可比性　代表性是指样本对总体的代表性，即在样本的抽取过程中要遵循随机化的原则，保证总体中每个个体都有被抽取的机会，不可带有主观性；可比性指的是在进行统计分析与推断时，对比的各组之间，除观察问题或实验因素不同外，剩余一切条件均要求尽可能一致。

 整理资料

整理资料（sorting data）的目的就是将收集到的原始资料进行反复核对和认真检查，纠正错误，分类汇总，使资料系统化、条理化，便于进一步的计算和分析。

1. 审核　是对原始资料进行核对和检查。主要核对原始资料完整、准确与否，有无错误、重复、矛盾、遗漏等，有无逻辑错误，等等。如一般项目中漏填了年龄、性别；男性患者不应出现妇科疾病；12岁少年体重（kg）记录数据中出现425，就需检查是否遗漏了小数点或笔误，在核对时发现问题应及时补正。

2. 分组　将完整准确的原始资料归纳分组，分组有两种方法：①数量分组，即将观察单位按其数值的大小分组，如按年龄的大小、药物剂量的大小分组；②质量分组，即将观察单位按其类别或属性分组，如按性别、职业、阳性和阴性分组等。

3. 汇总　分组后的资料要按照设计的要求进行汇总，拟订合适的整理表。原始资料较少时，可用手工汇总；当原始资料较多时，一般均使用计算机汇总。

四 分析资料

分析资料（analyzing data）是根据设计的要求，对整理后的数据进行统计学分析，结合专业知识，做出科学合理的解释。统计分析包括以下两个方面。

1. 统计描述（statistical description）　是按照设计要求，计算相应的统计指标、统计表、统计图等方法，对资料的数量特征及分布规律进行描述。如数据的分组归类，使用统计表和统计图描述一组数据的分布情况，通过计算数据的集中量数或差异量数等特征数，缩简数据，从而进一步获得一组数据的特征或全貌。

2. 统计推断（statistical inference）　简单来说就是用样本信息推断总体特征。一般在科学研究中我们得到的都是样本统计量，即通过样本统计量进行总体参数的估计和假设检验，以了解总体的数量特征及其分布规律。常用统计推断有总体参数的估计、计量或计数资料的假设检验及各种非参数统计方法等。

第四节　医学统计学的主要作用和意义

一 医学统计学的主要作用

在医学研究中会遇到大量分散而零乱不能被人们直接利用的信息。我们只有对收集到的信息进行整理、归类、分析和推断，从中提取有用信息，才能帮助我们发现医学现象的规律和特征，帮助人类战胜疾病和死亡。其作用主要设计以下五个方面。

（1）帮助研究者探索医学现象间的规律。
（2）描述医学现象的规律和特征。
（3）由样本信息推断总体特征。
（4）运用统计学方法分析医学现象间的差异。
（5）运用统计学方法分析多种医学现象间的规律与联系。

二 学习医学统计学的意义

1. 能帮助医疗工作者更好地阅读和理解医学科学文献　医学中的科研论文、研究报告和专著等，多采用科学的统计学方法阐述其研究成果。因此作为医疗工作人员，想要研读世界先进的医疗成果，如果不懂医学统计学，将无法从中吸取经验及评价其研究成果。

2. 学习医学统计学能更好的进行医学科学研究　医疗工作人员在进行医学现象研究中，许多领域都需要运用统计学方法进行资料的收集、整理和分析，从而正确处理各种数据，揭示医学规律，得出科学结论。由此可见，医学统计知识有利于医学科研水平的提高，有利于医学学术交流及科学理论的发展。

3. 学习医学统计学能培养科学的思维方式和态度　医学统计学是以数理统计理论发展起来的一门科学，具有数学的严谨性和逻辑性。它在应用过程中所使用的推理和思考问题的方式是科学研究中常用的方法，医疗人员可通过医学统计学的学习和应用，不仅可以培养人们科学思维和态度，还可培养人们严谨的和重视实证的科学思维方式。

目标检测

选择题

1. 在实际工作中，同质是指（　　）
   A. 被研究指标的非实验影响因素均相同
   B. 研究对象的测量指标无误差
   C. 被研究指标的主要影响因素相同
   D. 研究对象之间无个体差异
   E. 以上都对

2. 变异是指（　　）
   A. 各观察单位之间的差异
   B. 同质基础上，各观察单位之间的差异
   C. 各观察单位某测定值差异较大
   D. 各观察单位有关情况不同
   E. 以上都对

3. 统计中所说的总体是指（　　）
   A. 根据研究目的确定的同质的全部个体
   B. 根据地区划分的研究对象的全体
   C. 根据时间划分的研究对象的全体
   D. 随意想象的研究对象的全体
   E. 根据人群划分的研究对象的全体

4. 统计中所说的样本是指（　　）
   A. 从总体中随意抽取一部分
   B. 有意识地选择总体中的典型部分
   C. 依照研究者的要求选取有意义的一部分
   D. 从总体中随机抽取有代表性的一部分
   E. 以上都不是

5. 统计学上的系统误差、测量误差、抽样误差在实际工作中（　　）
   A. 均不可避免
   B. 系统误差和随机测量误差不可避免
   C. 随机测量误差和抽样误差不可避免
   D. 系统误差和抽样误差不可避免
   E. 只有抽样误差不可避免

6. 抽样误差指的是（　　）
   A. 个体值和参数值之差异
   B. 个体值和样本统计量值之差异
   C. 样本指标之间或样本统计量和总体参数之差异
   D. 不同的总体参数之差异
   E. 以上都不是

7. 小概率事件是指概率（　　）的事件
   A. $P \leq 0.05$　　　B. $P \leq 0.5$
   C. $P \leq 0.1$　　　D. $P \leq 0.20$
   E. $P < 0.08$

（邢晓媛）

第 7 章　计量资料的统计描述

● 案例 7-1

　　某中学测得 10 名 16 岁学生的早晨空腹血糖测定值（mmol/L）为 5.2, 5.4, 5.4, 5.1, 5.3, 5.0, 5.9, 6.1, 5.9, 5.2。

　　问题：请问这 10 名学生早晨空腹血糖的平均值是多少？

　　计量资料又称为定量资料，它是测量每个观察单位某项指标值的大小所得的资料，一般均有计量单位。常用描述定量资料分布规律的统计方法有两种：一种是用统计图表，主要是频数分布表（图）；另一种是选用适当的统计指标。

第一节　频数分布表（图）

　　频数是指在具有相同取值或属性的观察单位的个数。频数分布就是观察值在所取值的范围内各组段中分布的情况。

一、频数表

　　频数分布表是一种统计表，它先将一组观察值按数值大小进行分组，然后求出每组中观察值出现的频数。由于这种资料的表达方式较完整地体现了观察值的分布规律，所以称为频数分布表，简称频数表。

● 案例 7-2

　　某医院产科 20 天接产的 144 个新生儿出生时体重资料如下（单位：g）：

3420	3410	3450	3510	3540	3520	3430	3500	3440	3530	3400	3550
2710	3130	2840	3000	3110	3140	3120	2920	3150	2980	3140	3130
4410	4300	4350	4360	4340	4380	4370	4390	4310	4400	4380	4420
3160	3390	3300	3320	3350	3380	3360	3310	3340	3320	3370	3150
3570	3610	3580	3610	3630	3660	3640	3590	3620	3600	3650	3560
4070	4160	4100	4110	4090	4120	4140	4130	4080	4150	4130	4170
3960	3880	3890	3910	3920	3930	3900	3950	3920	3910	3940	3870

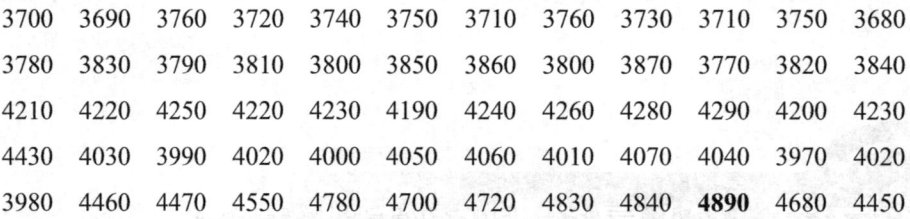

频数表的编制步骤如下（可用计算机完成频数表的编制）。

1. 求全距（range） 又称极差，就是观察值中的最大值（4890）与最小值（2710），其差值即为全距（或极差），用 R 表示，本例 R= 最大值－最小值=2180。

2. 确定组段和组距 根据样本含量的大小确定"组段"数（k），一般设8～15个组段，观察单位较少时组段数可相对少些，观察单位较多时组段数可相对多些，常用全距的1/10取整做组距（i），$i=R/k$，以便于汇总和计算。本例 i=2180/10=218≈200。组限即组间界限。各组段的起点和终点分别称为下限和上限，某组段仅包含下限，不含上限，最后一个组段则包含上限和下限。相邻两组段的下限之差为组距。第一组段应包括全部观察值中的最小值，因本例最小变量值是2710，确定第一组段的下限为2700，该组段的上限为下限加组距即2700+200=2900，此值也是下一个组段的下限值。其余各组段的确定依此类推，最末组段应包括全部观察值中的最大值，见表7-1第①栏。

3. 确定各组频数 确定组段界限后，采用计算机或用划记法将原始数据按组汇总，得出各组段的观察例数，见表 7-1 中的第②栏，此栏为各组的频数，f 又称作权数。第③栏组中值 x 即为下限和上限的平均值。

表7-1 144名新生儿出生时体重（单位：g）

分组①	频数（f）②	组中值（x）③	fx④= ②×③
2700~	2	2800	5600
2900~	3	3000	9000
3100~	9	3200	28 800
3300~	16	3400	54 400
3500~	20	3600	72 000
3700~	25	3800	95 000
3900~	24	4000	96 000
4100~	21	4200	88 200
4300~	16	4400	70 400
4500~	5	4600	23 000
4700~4890	3	4800	14 400
合计	Σf=144	—	Σfx=556 800

第②、④栏最后一行分别是总频数（Σf）和全部样本观察单位变量值（Σfx）的总和。一般组的权数越大则该组的权数与组中值乘积越大，在计算平均水平及变异水平时的作用也越大；权数小则作用也越小。

频数分布的特点

频数分布图指将杂乱无序的数据，整理成有次序的排列，直观显示频数分布情况，常见的频数分布图是直方图（图7-1）。

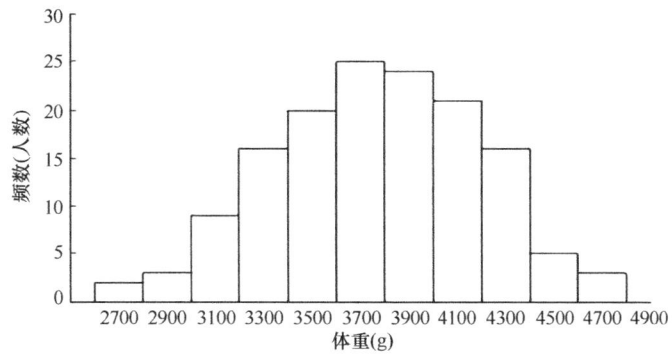

图7-1　144名新生儿出生时体重分布

频数分布具有两个趋势，包括集中趋势和离散趋势。集中趋势指一组数据向某一中心值靠拢的程度，它反映了一组数据中心点的位置所在；离散趋势是一组数据背离中心值的特征，反映各变量值远离其中心值的程度。

 频数表的用途

（1）使数据有次序排列，有利于进一步进行统计分析。

（2）有利于观察数据的分布类型和分布特征。频数分布的类型有正态分布和偏态分布之分。正态分布是指多数频数集中在中央位置，两端的频数分布大致对称。偏态分布可分为正偏态分布和负偏态分布，集中位置偏向数值小的一侧，称为正偏态分布；偏向数值大的一侧，称为负偏态分布（图7-2）。

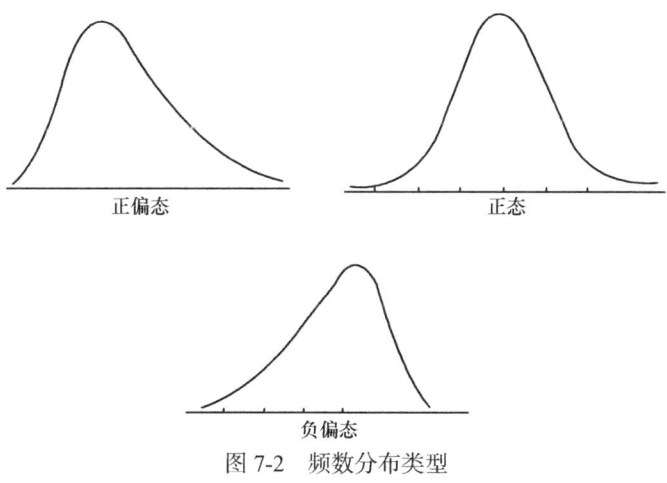

图7-2　频数分布类型

（3）便于发现某些特大或特小的离群值。

第二节 平 均 数

描述一组同质观察值的平均水平或中心位置的指标称为平均指标或集中趋势指标。它反映了观察值的集中位置或平均水平，即是观察值的典型水平或代表值。常用的平均指标有算术均数、几何均数和中位数。

 算术均数

算术均数（arithmetic mean）也称均数，$\bar{x}$ 表示样本均数，μ 表示总体均数。均数用于反映一组同质观察值的平均水平，适用于正态或近似正态分布的数值变量资料。计算方法有以下几种。

1. 直接法　用于样本含量较少时，其公式为：

$$\bar{x} = \frac{x_1 + x_2 + \cdots x_n}{n} = \frac{\sum x}{n} \tag{7-1}$$

式中，希腊字母 Σ（读作 sigma）表示求和；$x_1, x_2, \cdots, x_n$ 为各观察值；n 为样本含量，即观察值的个数。

将案例 7-1 的 10 个数据代入公式（7-1），得：

$$\bar{x} = \frac{6.2 + 5.7 + 5.4 + 5.8 + \cdots + 5.9 + 6.2}{10} = 5.88 (\text{mmol/L})$$

2. 加权法（weighting method）　即频数表法，当样本观察单位数较多时用加权法计算均数，公式为：

$$\bar{x} = \frac{\sum fx}{\sum f} = \frac{f_1 x_1 + f_2 x_2 + \cdots + f_k x_k}{f_1 + f_2 + \cdots + f_k} \tag{7-2}$$

式中，$x_1, x_2, \cdots, x_k$ 与 $f_1, f_2, \cdots, f_k$ 分别为频数表资料中各组段的组中值和相应组段的频数（或相同观察值与其对应的频数）。

如案例 7-2 求 144 名新生儿出生时平均体重。

将表 7-2 中的 Σfx、Σf 的数据代入公式（7-2）得：

$$\bar{x} = \frac{556800}{144} = 3866.67 \text{（g）}$$

故 144 名新生儿出生时的平均体重为 3866.67 克。

 几何均数

几何均数（geometric mean）用 G 表示，适用于：①对数正态分布，即数据经过对数变换后呈正态分布的资料；②等比关系资料，即观察值之间呈倍数或近似倍数变化的资料。如医学实践中的抗体滴度、平均效价等。

计算方法有以下几种。

1. 直接法　当观察值的个数不多时，用直接法计算。

$$G = \sqrt[n]{x_1 \cdot x_2 \cdot x_3 \cdots x_n} \tag{7-3}$$

$$\lg G = \frac{\lg x_1 + \lg x_2 + \cdots + \lg x_n}{n} = \frac{\sum \lg x}{n}$$

即
$$G = \lg^{-1}\left(\frac{\sum \lg x}{n}\right) \qquad (7\text{-}4)$$

式中 lg 为对数值，$\lg^{-1}$ 为反对数值。

● 案例 7-3

有 8 份血清的抗体效价分别为 1∶5，1∶10，1∶20，1∶40，1∶80，1∶160，1∶320，1∶640，求平均效价。

将 8 个数据的倒数代入公式（7-4），得：

$$G = \sqrt[n]{5\times10\times\cdots\times640} = \lg^{-1}\left(\frac{\lg 5 + \lg 10 + \cdots + \lg 5 + \lg 640}{8}\right) = \lg^{-1}(1.7526) = 56.57$$

即 8 份血清的抗体平均效价为 1∶56.57。

2. 加权法　当观察值的个数较多或观察值为频数表资料时可用加权法计算几何均数。

$$G = \lg^{-1}\left(\frac{f_1 \lg x_1 + f_2 \lg x_2 + \cdots + f_n \lg x_n}{f_1 + f_2 + \cdots + f_n}\right) = \lg^{-1}\left(\frac{\sum f \lg x}{\sum f}\right) \qquad (7\text{-}5)$$

● 案例 7-4

现有 50 人份的血清抗体效价，分别是：5 人份 1∶10，9 人份 1∶20，20 人份 1∶40，10 人份 1∶80，6 人份 1∶160，求平均效价。

将数据的倒数代入公式（7-5），得：

$$G = \lg^{-1}\left(\frac{5\lg 10 + 9\lg 20 + \cdots + 6\lg 160}{5+9+20+6}\right) = \lg^{-1}(1.62\,012) = 41.70$$

即 50 人份血清的抗体平均效价为 1∶41.70。

注意：计算几何均数时观察值中不能有 0，因 0 不能取对数；一组观察值中不能同时有正值或负值；若全为负值时，先按正值运算，得出结果后再加负号。

三　中位数与百分位数

1. 中位数（median）　用 M 表示，是一组由小到大按顺序排列的观察值中，其位次居中的数值。中位数可用于描述：①非正态分布资料（对数正态分布除外）；②频数分布的一端或两端无确切数据的资料；③总体分布不清楚的资料。在全部观察中，小于和大于中位数的观察值个数相等。

（1）直接法：当观察值的个数不多时，用直接法计算。将观察值由小到大排列，按公式（7-6）或式（7-7）计算。

$$n \text{ 为奇数，} M = x_{\left(\frac{n+1}{2}\right)} \qquad (7\text{-}6)$$

$$n \text{ 为偶数，} M = \frac{1}{2}\left[x_{\left(\frac{n}{2}\right)} + x_{\left(\frac{n}{2}+1\right)}\right] \qquad (7\text{-}7)$$

式中，下标 $\frac{n}{2}$、$\frac{n}{2}+1$、$\frac{n+1}{2}$ 为有序数列的位次。$x_{\left(\frac{n+1}{2}\right)}$、$x_{(n/2)}$、$x_{\left(\frac{n}{2}+1\right)}$ 为相应位次的观察

值。

● 案例 7-5

调查某传染病 11 个患者的潜伏期（天）分别为 2，3，4，7，10，2，5，15，3，18，2，求中位数。

本例 $n=11$ 为奇数，把 11 个患者的潜伏期（天）按从小到大排列，即：2，2，3，3，4，5，6，7，10，15，18，居于中间位置（即第 6 位）的数值 5 为中位数。

当变量值个数为偶数时，居于中间位置的两个数值的简单平均即为中位数。如上例中增加一个患者的潜伏期 6 天，即：2，2，3，3，4，5，6，6，7，10，15，18。居于中间位置（即第 6、7 位）的数值分别为 5、6，中位数为 $(5+6)/2=5.5$。

（2）加权法：当观察值个数较多时，采用加权法，计算公式为：

$$M = L + \frac{i}{f_M}\left(\frac{n}{2} - \sum f_L\right) \tag{7-8}$$

式中，L，i，f_M 分别为 M 所在组段的下限、组距和频数；$\sum f_L$ 为小于 L 的各组段的累计频数。

● 案例 7-6

199 名食物中毒患者的潜伏期见表 7-2。

问题：计算中位数 M。

步骤：先编频数表，然后按公式（7-8）计算。

1）按所分组段由小到大计算累计频数和累计频率。

2）确定 M 所在组段。累计频数中大于 $n/2$ 的最小数值所在的组段或累计频率中大于 50% 的最小频率所在的组段即为 M 所在的组段。

3）按公式（7-8）求中位数 M。

表 7-2　199 名食物中毒患者平均潜伏期计算

潜伏期（h）①	人数②	累计频数 $\sum f$ ③	累计频率（%）④=③/n
0～	30	30	15.1
12～	71	101	50.8
24～	49	150	75.4
36～	28	178	89.4
48～	14	192	96.5
60～	6	198	99.5
72～84	1	199	100.0
合计	199		

本例 $n=199$，$n/2=99.5$，根据表 7-2 第②栏数据，自上而下计算累计频数及累计频率，见第③、④栏。由第③栏知，101 是累计频数中大于 99.5 的最小值，或由第④栏知 50.8% 是大于 50% 的最小的累计频率，故 M 在"12～"组段内，将相应的 L、i、f_{50}、$\sum f_L$ 代入（7-8），求得 M。

$$M = P_{50} = L + \frac{i}{f_M}(n \cdot 50\% - \sum f_L) = 12 + \frac{12}{71} \times (199 \times 50\% - 30) = 23.75(h)$$

2. 百分位数（percentile） 用 P_x 表示，它是一种位置指标，用于描述一组观察值在某百分位置上的水平。一个百分位数 P_x 将一组观察值分为两部分，理论上有 $x\%$ 的观察值比它小，有 $(100-x)\%$ 的观察值比它大。

中位数是一个特定的百分位数，即 $M=P_{50}$。

百分位数的计算方法与中位数类似，首先确定 P_x 所在的组段。先计算 $n \cdot x\%$，累计频数中大于 $n \cdot x\%$ 的最小值所在的组段或累计频率中大于 $x\%$ 的最小频率所在的组段即为 P_x 所在的组段。计算见公式 7-9。

$$P_{50} = L + \frac{i}{f_x}(n \cdot x\% - \sum f_L) \tag{7-9}$$

式中，L、i、f_x 分别为成所在组段的下限、组距和频数以及小于 L 的各组段的累计频数。

如求案例 7-6 的 P_{25} 和 P_{75}。

P_{25}= 0+12/30（199×25%—0）=19.90（h）

P_{75}=24+12/49（199×75%—101）=35.82（h）

多个百分位数的结合应用，可描述一组观察值的分布特征。

百分位数还可用于确定非正态分布资料的医学参考值范围，但应用时需足够大的样本含量，否则不易取靠近两端的百分位数。

第三节 变异指标

描述数值变量资料分布的另一主要特征是离散程度，用离散指标（或变异指标）表示，即描述了一组观察值之间参差不齐的程度。只有把集中指标和离散指标结合起来才能全面反映资料的分布特征。

● 案例 7-7

将 15 名同龄男孩随机分为三组，测得身高值（cm）如下：

甲组 73　74　75　76　77，$\bar{x}=75$
乙组 55　65　75　85　95，$\bar{x}=75$
丙组 65　70　75　80　85，$\bar{x}=75$

问题：试分析其集中趋势与离散趋势。

分别用算术平均数来描述这三组数据的集中趋势，$\bar{x}$ 的值是相同的。但三组男孩身高参差不齐分布不同，甲组较集中，乙组和丙组较分散。为了说明变量值的离散程度，需选用离散趋势指标或变异指标。常用离散指标有极差、方差、标准差。

1. 极差（range，简记为 R） 亦称全距，是一组同质观察值中最大值与最小值之差。它反映了个体差异的范围，全距大，说明离散程度大，即变异程度大；全距小，说明离散程度小。

求案例 7-7 中三组男孩身高的全距：

$R_{甲}=4$　$R_{乙}=40$　$R_{丙}=20$

说明甲组男孩的身高较集中，而乙组和丙组男孩的身高较分散。

用全距来描述计量资料的离散程度，虽然计算简单，但也有局限性：①只考虑了最大值与最小值之间差异，不能反映组内其他观察值的变异度；②样本含量越大，抽到较大或较小观察值的可能性越大，则全距就越大。因此，样本含量相差悬殊时不宜用全距比较。

2. 方差（variance） 为了全面反映观察值的变异情况，克服全距的缺点，需计算总体中每个观察值 x 与总体均数 μ 的差值 $(x-\mu)$，称之为离均差。由于 $\Sigma(x-\mu)=0$，不能反映变异度的大小，采用离均差平方和 $\Sigma(x-\mu)^2$ 可消除 $\Sigma(x-\mu)=0$，将之称为方差。用方差反映变异程度时，还应考虑观察值个数 N 的影响。统计学中用 σ^2 表示总体方差，计算公式为：

$$\sigma^2 = \frac{\sum (x-\mu)^2}{N} \qquad (7-10)$$

在实际工作中，总体均数 μ 往往未知，所以只能用样本均数 $\bar{x}$ 作为总体均数 μ 的估计值，即用 $\Sigma(x-\bar{x})^2$ 代替 $\Sigma(x-\mu)^2$，用样本例数 n 代替 N，再按公式（7-10）计算。但因计算后的结果总比实际 σ^2 小，于是用 $n-1$ 代替 n 来进行校正，这就是样本方差 s^2，计算公式为：

$$s^2 = \frac{\sum (x-\bar{x})^2}{n-1} \qquad (7-11)$$

式中，$n-1$ 称为自由度（degree of freedom）。

由公式（7-11）可知，方差越小说明观察值的变异程度越小；方差越大，说明变异程度越大。

将案例 7-7 中甲、乙、丙三组男孩的身高数据分别代入公式（7-11）中进行计算，得：

甲组：$s^2=[(73-75)^2+(74-75)^2+(75-75)^2+(76-75)^2+(77-75)^2]/5=2.5$

乙组：$s^2=[(55-75)^2+(65-75)^2+(75-75)^2+(85-75)^2+(95-75)^2]/5=250$

丙组：$s^2=[(65-75)^2+(70-75)^2+(75-75)^2+(80-75)^2+(85-75)^2]/5=62.5$

可见，三组男孩身高中，甲组的方差最小，乙组的方差最大说明甲组身高最集中，而乙组身高最分散。

3. 标准差（standard deviation） 方差的度量单位是原度量单位的平方，将方差开方后与原数据的度量单位相同，这就是标准差。标准差越大，表示观察值的变异度越大；反之，表示观察值的变异度小。标准差的计算公式为：

$$\sigma = \sqrt{\frac{\sum (x-\mu)^2}{n}} \qquad (7-12)$$

$$s = \sqrt{\frac{\sum (x-\bar{x})^2}{n-1}} \qquad (7-13)$$

离均差平方和 $\Sigma(x-x)^2$ 常用 ss 或 l_{xx} 表示。数学上可以证明：$ss=l_{xx}=\sum(x-x)^2 = \sum x^2 - (\sum x)^2/N$，所以，样本标准差的计算公式为：

$$s = \sqrt{\frac{\sum x^2 - \frac{(\sum x)^2}{n}}{n-1}} \qquad (7-14)$$

频数表资料的标准差计算公式为：

$$s = \sqrt{\frac{\sum fx^2 - \frac{(\sum fx)^2}{\sum f}}{\sum f - 1}} \qquad (7\text{-}15)$$

（1）直接法：适用于小样本资料。

将案例 7-7 中甲、乙、丙三组男孩的身高数据分别代入公式（7-14）计算，得：

甲组：$s = \sqrt{s^2} = \sqrt{2.5} = 1.58\text{cm}$

乙组：$s = \sqrt{s^2} = \sqrt{250} = 15.81\text{cm}$

丙组：$s = \sqrt{s^2} = \sqrt{62.5} = 7.91\text{cm}$

说明甲组男孩身高较集中，乙组较分散，与计算方差所得结果一致。

（2）加权法：适用于大样本资料。

● 案例 7-8

用加权法计算 144 名新生儿出生体重的样本标准差，见表 7-3。

表 7-3 中第④栏为组中值与频数的乘积，第⑤栏为组中值的平方与频数的乘积。将表中的合计栏数据代入公式（7-15）计算，得：

$$S = \sqrt{\frac{2179120000 - \frac{556800^2}{144}}{144 - 1}} = 427.71\text{g}$$

144 名新生儿出生体重的样本标准差为 427.71g。

表 7-3 144 名新生儿出生时体重的标准差计算表

分组（g）①	组中值 x②	频数 f③	fx ④=②×③	fx² ⑤=②²×③
2700～	2800	2	5600	15 680 000
2900～	3000	3	9000	27 000 000
3100～	3200	9	28 800	92 160 000
3300～	3400	16	54 400	184 960 000
3500～	3600	20	72 000	259 200 000
3700～	3800	25	95 000	361 000 000
3900～	4000	24	96 000	384 000 000
4100～	4200	21	88 200	370 440 000
4300～	4400	16	70 400	309 760 000
4500～	4600	5	23 000	105 800 000
4700～4890	4800	3	14 400	69 120 000
合计		144	556 800	2 179 120 000

（3）标准差的适用条件与应用

适用条件：方差和标准差都适用于对称分布的资料，特别是正态分布或近似正态分布资料，常把均数和标准差结合起来，全面描述的集中趋势和离散趋势。

1）描述正态分布或近似正态分布资料的变异程度；

2）衡量均数的代表性：在多组（含两组）资料计量单位相同，均数相近条件下，标准差大，表示变量值离均数较远，均数代表性差；标准差小，表示变量值密集于均数两侧，均数代表性好。

3）结合样本均数描述频数分布特征：标准差与均数共同描述正态分布的特征，并对频数分布作出概率估计，可用于确定医学参考值。

4）计算标准误和变异系数。

4. 变异系数（coefficient of variation） 简记为 CV，多用于观察指标单位不同时，如身高与体重的变异程度的比较；或均数相差较大时，如新生儿身高与成人身高变异程度的比较。其计算公式为：

$$CV = \frac{s}{\bar{x}} \times 100\% \qquad (7-16)$$

● 案例 7-9

某地 7 岁男孩身高均数为 123.10cm，标准差为 4.71cm；体重均数为 22.29Kg，标准差为 2.26kg。

问题：试比较身高和体重变异程度。

身高　　　$CV = \frac{s}{\bar{x}} \times 100\% = \frac{4.71}{123.10} \times 100\% = 3.83\%$

体重　　　$CV = \frac{s}{\bar{x}} \times 100\% = \frac{2.26}{22.29} \times 100\% = 10.14\%$

故该地 7 岁男孩体重的变异大于身高的变异。

第四节　正态分布

一、正态分布的概念

正态分布是统计学中一个重要的概率分布。将案例2资料编成的频数分布表（表7-3）绘制成直方图（图7-3），由图7-3可看出，高峰位于中部，左右两侧大致对称。设想，如图7-3所示，如果观察例数逐渐增多，组段不断分细，直方图顶端中点的连线就会逐渐形成一条高峰位于中央（均数所在处），两侧逐渐降低且左右对称，不与横轴相交的光滑曲线，见图7-4。这条曲线略呈钟型，称为频数曲线或频率曲线，它近似数学上的正态分布（normal distribution）曲线。

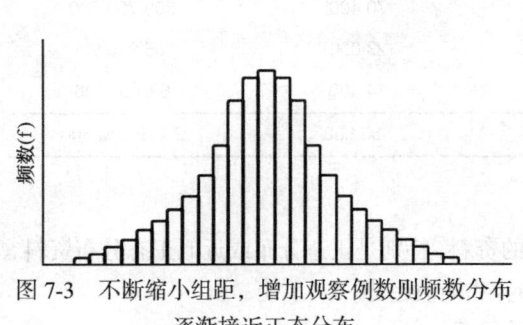

图 7-3　不断缩小组距，增加观察例数则频数分布逐渐接近正态分布

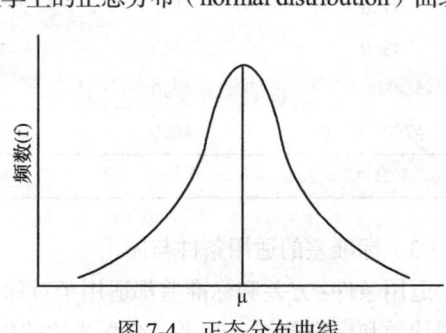

图 7-4　正态分布曲线

在医学研究中,有很多事物的分布都近似正态分布,如儿童身高、健康成人红细胞数等。

二、正态分布曲线的特征

(1)正态分布曲线(normal curve)是一条单峰曲线,在横轴上方均数处最高。

(2)正态分布曲线以均数为中心,左右对称;

(3)正态曲线由两个参数决定,即均数 μ 和标准差 σ。μ 是位置参数,当 σ 固定不变时,μ 越大,曲线沿横轴越向右移动;反之,则曲线沿横轴向左移动。σ 是形状参数,当 μ 固定不变时,σ 越大,曲线越平(矮)阔(胖);σ 越小,曲线越尖(廋)峭(高)。常用 $N(\mu, \sigma)$ 表示均数为 μ,标准差为 σ 的正态分布;用 $N(0, 1)$ 表示标准正态分布。

为使应用方便,常对正态分布变量 x 作变量变换,即将观察值 x 与均数 μ 的离差变换为以标准差 σ 为单位,见公式(7-17),使原来的正态分布转化为标准正态分布(standard normal distribution),亦称 z 分布,即为标准正态分布。

$$z = \frac{x - \mu}{\sigma} \tag{7-17}$$

(4)正态分布曲线下的面积分布是有规律的。

三、正态曲线下面积的分布规律

数理统计证明,由于频率的总和为100%或1,故正态曲线下横轴上的面积为100%或1。实际工作中,常运用正态曲线下横轴上某一区间面积占总面积的百分数,来估计该区间的例数占总例数的百分数(频数分布)或观察值落在该区间的概率。在医学领域中有三个区间的面积应用较多,应熟记,见图7-5。

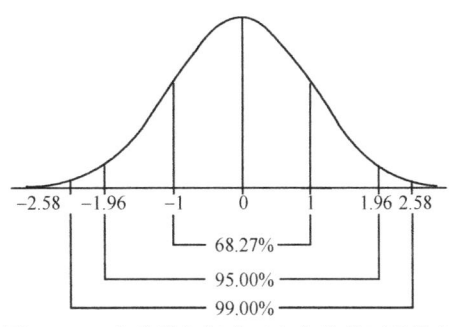

图 7-5 正态曲线与标准正态曲线的面积分布

1. 标准正态分布时,区间(-1, 1)或正态分布时区间($\mu-1\sigma, \mu+1\sigma$)的面积占总面积的68.27%;

2. 标准正态分布时,区间(-1.96, 1.96)或正态分布时区间($\mu-1.96\sigma, \mu+1.96\sigma$)的面积占总面积的95%;

3. 标准正态分布时区间(-2.58, 2.58)或正态分布时区间($\mu-2.58\sigma, \mu+2.58\sigma$)的面积占总面积的99%。计算正态曲线下一定区间的面积,可通过查表7-4"标准正态分布曲线下的面积表"求得。

对于正态或近似正态分布的资料,如果已知均数和标准差,就可对其频数分布情况做出概约估计。

查"标准正态分布曲线下的面积表"时,应注意:①表中曲线下面积为 $-\infty$ 到 u 的左侧累计面积;②当 μ、σ 和 x 已知时,先求得 u 值,再查表;若 μ、σ 未知且样本含量 n 足够大时,可用样本均数 $\bar{x}$ 和标准差 s 分别代替 μ 和 σ,按 $u = (x-\bar{x})/s$ 式求得 u 值,再查表;③曲线下对称于0的区间面积相等,如区间($-\infty, -1.96$)与区间($1.96, \infty$)的面积相等;④曲线下横轴上的总面积为100%或1。

表 7-4 标准正态分布曲线下的面积，$\varphi=(-u)$ 值

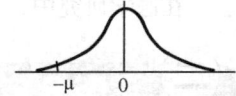

$-u$	0.00	0.01	0.02	0.03	0.04	0.05	0.06	0.07	0.08	0.09
-3.0	0.0013	0.001.	0.0013	0.0012	0.0012	0.0011	0.0011	0.0011	0.0010	0.0010
-2.9	0.0019	0.0018	0.0018	0.0017	0.0016	0.0016	0.0015	0.0015	0.0014	0.0014
-2.8	0.0026	0.0025	0.0024	0.0023	0.0023	0.0022	0.0021	0.0021	0.0020	0.0019
-2.7	0.0035	0.0034	0.0033	0.0032	0.0031	0.0030	0.0029	0.0028	0.0027	0.0026
-2.6	0.0047	0.0045	0.0044	0.0043	0.0041	0.0040	0.0039	0.0038	0.0037	0.0036
-2.5	0.0062	0.0060	0.0059	0.0057	0.0055	0.0054	0.0052	0.0051	0.0049	0.0048
-2.4	0.0082	0.0080	0.0078	0.0075	0.0073	0.0071	0.0069	0.0068	0.0066	0.0064
-2.3	0.0107	0.0107	0.0102	0.0099	0.0096	0.0094	0.0091	0.0089	0.0087	0.0084
-2.2	0.0139	0.0136	0.0132	0.0129	0.0125	0.0122	0.0119	0.0116	0.0113	0.0110
-2.1	0.0179	0.0174	0.0170	0.0166	0.0162	0.0158	0.0154	0.0150	0.0146	0.0143
-2.0	0.0228	0.0222	0.0217	0.0212	0.0207	0.0202	0.0197	0.0192	0.0188	0.0183
-1.9	0.0287	0.0281	0.0274	0.0268	0.0262	0.0256	0.0250	0.0244	0.0239	0.0233
-1.8	0.0359	0.0351	0.0344	0.0336	0.0329	0.0322	0.0314	0.0307	0.0310	0.0294
-1.7	0.0446	0.0436	0.0427	0.0418	0.0409	0.0401	0.0392	0.0384	0.0375	0.0367
-1.6	0.0548	0.0537	0.0526	0.0516	0.0505	0.0495	0.0485	0.0475	.0465	0.0455
-1.5	0.0668	0.0655	0.0643	0.0630	0.0618	0.0606	0.0549	0.0582	0.0571	0.0559
-1.4	0.0808	0.0793	0.0778	0.0764	0.0749	0.0735	0.0721	0.0708	0.0694	0.0681
-1.3	0.0968	0.0951	0.0934	0.0918	0.0901	0.0885	0.0869	0.0853	0.0838	0.0823
-1.2	0.1151	0.1131	0.1112	0.1093	0.1075	0.1056	0.1038	0.1020	0.1003	0.0985
-1.1	0.1357	0.1335	0.1314	0.1292	0.1271	0.1251	0.1230	0.1210	0.1190	0.1170
-1.0	0.1587	0.1562	0.1539	0.1515	0.1492	0.1469	0.1446	0.1423	0.1401	0.1379
-0.9	0.1841	0.1814	0.1788	0.1762	0.1736	0.1711	0.1685	0.1660	0.1635	0.1611
-0.8	0.2119	0.2090	0.2061	0.2033	0.2005	0.1977	0.1949	0.1922	0.1894	0.1867
-0.7	0.2420	0.2389	0.2358	0.2327	0.2296	0.2266	0.2236	0.2206	0.2177	0.2148
-0.6	0.2743	0.2709	0.2676	0.2643	0.2611	0.2578	0.2546	0.2514	0.2483	0.2451
-0.5	0.3085	0.3050	03.015	0.2981	0.2946	0.2912	0.2877	0.2843	0.2810	0.2776
-0.4	0.3466	0.3409	0.3372	0.3336	0.3300	0.3264	0.3228	0.3192	0.3156	0.3121
-0.3	0.3821	0.3783	0.3745	0.3707	0.3669	0.3632	0.3594	0.3557	0.3520	0.3483
-0.2	0.4207	0.4168	0.4129	0.4090	0.4052	0.4013	0.3974	0.3936	0.3897	0.3859
-0.1	0.4602	0.4562	0.4522	0.4483	0.4443	0.4404	0.4364	0.4325	0.4286	0.4247
-0.0	0.5000	0.4960	0.4920	0.4880	0.4840	0.4801	0.4761	0.4721	0.4681	0.4641

注：$\varphi(u)=\varphi(-u)$

四 正态分布规律的应用

某些医学现象，如同质群体的身高、红细胞数、血红蛋白量、胆固醇等，以及实验中的随

机误差，呈现为正态或近似正态分布；有些资料虽为偏态分布，但经数据变换后也可成为正态或近似正态分布，故都可按正态分布规律处理。

1. 估计正态分布资料的频数分布

● 案例 7-10

某地 2003 年抽样调查了 100 名 18 岁男大学生身高（cm），其均数 $\bar{x}$ = 172.70 cm，标准差 s = 4.01cm。

（1）估计该地 18 岁男大学生身高在 168cm 以下者占该地 18 岁男大学生总数的百分数；

（2）分别求 $\bar{x} \pm 1s$、$\bar{x} \pm 1.96s$、$\bar{x} \pm 2.58s$ 范围内 18 岁男大学生占该地 18 岁男大学生总数的实际百分数，并与理论百分数比较。

本例，μ、σ 未知，但样本含量 n 较大，按公式计算，用样本均数 $\bar{x}$ 和标准差 s 分别代替 μ 和 σ，求 u 值，u =（168–172.70）/ 4.01 =1.17。查表 7-4，在表的左侧找到 –1.1，表的上方找到 0.07，两者相交处为 0.1210=12.10%，故该地 18 岁男大学生身高在 168cm 以下者，约占总数 12.10%。

其他计算结果见表 7-5。

表 7-5　100 名 18 岁大学生身高的实际分布与理论分布

$\bar{x} \pm s$	身高范围（cm）	实际分布		理论分布（%）
		人数	百分数（%）	
$\bar{x} \pm 1s$	168.69～176.71	67	67.00	68.27
$\bar{x} \pm 1.96s$	164.84～180.56	95	95.00	95.00
$\bar{x} \pm 2.58s$	162.35～183.05	99	99.00	99.00

2. 制定医学参考值范围　医学参考值范围亦称医学正常值范围。它是指"正常人"的解剖、生理、生化等指标的波动范围。制定正常值范围时，首先要确定一批样本含量足够大的"正常人"，所谓"正常人"不是指"健康人"，而是指排除了影响所研究指标的疾病和有关因素的同质人群；其次需根据研究目的和使用要求选定适当的百分界值，如 80%、90%、95% 和 99%，常用 95%；再根据指标的实际用途确定单侧或双侧界值，如白细胞计数过高或过低皆为不正常，需确定双侧界值；肝功能中转氨酶过高属不正常需确定单侧上界值；肺活量过低属不正常需确定单侧下界。另外，还要根据资料的分布特点，选用恰当的计算方法。常用 u 值见表 7-6。

表 7-6　常用 u 值

参考值范围（%）	单侧	双侧
80	0.842	1.282
90	1.282	1.645
95	1.645	1.960
99	2.326	2.576

常用的计算方法如下。

（1）正态分布法：适用于正态或近似正态分布的资料。双侧界值：$\bar{x} \pm u_\alpha s$ 单侧上界：$\bar{x} + u_\alpha s$，或单侧下界：$\bar{x} - u_\alpha s$。

（2）对数正态分布法：适用于对数正态分布资料。双侧界值：$lg^{-1}(\bar{x}_{lgx} \pm u_\alpha s_{lgx})$；单侧上界：$lg^{-1}(\bar{x}_{lgx} + u_\alpha s_{lgx})$，或单侧下界：$lg^{-1}(\bar{x}_{lgx} - u_\alpha s_{lgx})$。常用 u 值可根据要求由表 7-6 查出。

（3）百分位数法：常用于偏态分布资料及资料中一端或两端无确切数值的资料，双侧界值：$P_{2.5}$ 和 $P_{97.5}$；单侧上界：P_{95}，或单侧下界：P_5。

3. 有助于实行质量控制　为了控制实验中的检测误差，常以 $\bar{x} \pm 2s$ 作为上、下警戒值和以 $\bar{x} \pm 3s$ 作为上、下控制值。这里的 $2s$ 和 $3s$ 是 1.96 与 2.58 的近似值，以 $\bar{x} \pm 2s$ 作为警戒值和以 $\bar{x} \pm 3s$ 作为控制值的依据是：正常情况下检测误差服从正态分布。

4. 统计分析方法的基础　正态分布是许多统计方法的理论基础，如 t 分布、F 分布、χ^2 分布都是在正态分布基础上推导出来的，u 检验也是以正态分布为基础的。此外，t 分布、二项分布、Poisson 分布的极限为正态分布，在一定条件下，可以按正态分布原理来处理。

目标检测

选择题

A1 型题

每一道题下面有 A、B、C、D、E 五个备选答案，请从中选择一个最佳答案。

1. 用频数表计算平均数时各组的组中值应为（　　）
   A. 本组段变量值的平均数
   B. 本组段变量值的中位数
   C. 本组段的上限值
   D. 本组段的下限值
   E. （本组段上限值+本组段下限值）/2

2. 离散型定量变量的频率分布图可以用（　　）表达
   A. 直方图　　B. 直条图
   C. 百分条图　D. 箱式图
   E. 复式条图

3. 变异系数越大说明（　　）
   A. 标准差越大
   B. 平均数越大
   C. 标准差、平均数都大
   D. 平均数小
   E. 以均数为准变异程度大

4. 均数和标准差的关系是（　　）
   A. 均数越大，标准差越小
   B. 均数越大，标准差越大
   C. 标准差越大，均数对各变量值的代表性越好
   D. 标准差越小，均数对各变量值的代表性越好
   E. 均数和标准差都可以描述资料的离散趋势

A2 型题

每一道题以一个小案例出现，其下面有 A、B、C、D、E 五个备选答案，请从中选择一个最佳答案。

1. 已知某疾病患者 10 人的潜伏期（天）分别为：6，13，5，9，12，10，8，11，8，>20，其潜伏期的平均为（　　）天
   A. 9　　　　B. 9.5　　　C. 10
   D. 10.2　　 E. 11

2. 已知某地一群 7 岁男童身高均数为 100cm，标准差为 5cm；体重均数为 20kg，标准差为 3kg，则身高和体重的变异程度有（　　）
   A. 身高的变异程度大于体重的变异程度
   B. 身高的变异程度等于体重的变异程度
   C. 身高的变异程度小于体重的变异程度
   D. 身高的变异程度与体重的变异程度之比为 5∶3
   E. 因单位不同，无法比较

3. 测定 10 名正常人的脉搏（次/分），结果为 68，79，75，74，80，79，71，75，73，84。则 10 名正常人的脉搏标准差为（　　）
   A. 4.73　　B. 22.4　　C. 75.8
   D. 75.0　　E. 1.50

4. 测定 5 人的血清滴度为 1∶2，1∶4，1∶16，

1:32，则 5 人血清滴度的平均水平为（ ）

A. 1:4　　B. 1:8　　C. 1:11.6

D. 1:6.96　　E. 1:16

5. 测得 200 名正常成年男子的血清胆固醇值（mmol/L），为进行统计描述，下列说法不正确的是（ ）

A. 可用频率表法计算均数
B. 可用直接法计算均数
C. 可用直接法计算标准差
D. 可用加权法计算标准差
E. 可用直条图表示频率分布图

（陈明远）

第8章 计量资料的统计推断

● 案例 8-1

某医师从某地抽样调查了 132 名健康新生儿出生身高，其平均数为 53.32cm，标准差为 4.2cm。据全国调查表明全国新生儿出生身高为 52.14cm。

问题：该医师是否能以此调查为依据推断该地新生儿出生身高高于全国？

第一节 均数的抽样误差和标准误

一、均数的抽样误差和标准误

在同一总体中反复多次随机抽取样本含量相同的若干份样本，由于受个体差异和偶然性的影响，样本统计量与总体参数之间可存在差异，为抽样误差。这种由抽样造成的样本均数与总体均数之间的差异称为抽样误差，统计学上反映均数抽样误差大小的统计指标是标准误，即样本均数的标准差，简称标准误（standard error），用 $\sigma_{\bar{x}}$ 表示，计算公式是：

$$\sigma_{\bar{x}} = \frac{\sigma}{\sqrt{n}} \tag{8-1}$$

式中：σ 为总体标准差，n 为样本含量，$\sigma_{\bar{x}}$ 为标准误的理论值。

实际研究中，由于总体较大，对总体的研究无法实现（即 σ 未知），常采用抽样研究的方法，用样本的标准差 s 作为 σ 的估计值。因此，均数标准误的理论值由均数标准误的估计值 $S_{\bar{x}}$ 替代，其公式

$$S_{\bar{x}} = \frac{s}{\sqrt{n}} \tag{8-2}$$

● 案例 8-2

某地 2016 年抽样测量了 25 名 18 岁男生身高，得到 $\bar{x}$ =170.30cm，S= 6.09cm，试估计其抽样误差大小。

将数据代入公式（8-2）：$s_{\bar{x}} = \frac{6.09}{\sqrt{25}} = 1.218(cm)$

即抽样误差为 1.218cm。

从公式（8-1）、公式（8-2）可以看出，$\sigma_{\bar{x}}$ 的大小与总体标准差 σ 成正比，与样本含量的平方根成反比。当 n 一定时，标准误与标准差成正比。标准差愈大，标准误愈大，均数的抽样误差愈大；当标准差一定时，标准误与 $\sqrt{n}$ 成反比。样本含量愈大，均数的抽样误差愈小，当样本含量增大到接近总体观察值，则抽样误差几乎为零。在实际工作中，可通过适当增加样本例数来减小抽样误差。

标准差和标准误是有区别的（表 8-1）。标准差反映个体变量值（x）变异程度的大小，而标准误是反映样本均数的标准差，表示样本均数间变异程度或样本均数与总体均数的接近程度。标准误小，表示样本均数抽样误差小，样本均数与总体均数接近。

表 8-1　标准差与标准误的比较

	标准差	标准误
含义	是反映变量值离散程度大小的统计指标	是描述均数抽样误差大小的统计指标
意义	标准差越大，变量值的离散程度越大，平均数对变量值的代表性越差；反之，变量值的离散程度越小，平均数对变量值的代表性越好	标准误越大，均数的抽样误差越大，样本均数对总体均数的代表性越差。反之，均数的抽样误差越小，样本对总体均数的代表性越好
应用	①结合均数反映计量资料的特征 ②结合均数反映变量值的频数分布情况 ③计算医学参考值范围 ④制定质量控制界限	①结合均数估计总体均数的可信区间 ②用来衡量样本均数的可靠性 ③用于均数的假设检验
与 n 的关系	随着 n 的增大，标准差越趋稳定	随着 n 的增大，标准误越小，当 n 增大到接近总体观察值，则抽样误差几乎为零
联系	①都是描述变异程度大小的统计指标 ②用标准差计算标准误 ③当 n 一定时，在同一总体中抽样，标准误与标准差的大小成正比	

t 值及 t 分布

1. t 值　如本教材第 6 章所述，任何符合正态分布的资料都可以按 $u=\dfrac{x-\mu}{\sigma}$ 进行变量转换（u 称标准正态变量）。但是，当总体标准差 σ 未知时，若用样本标准差 s 替代总体标准差 σ，用 $S_{\bar{x}}$ 作为标准误 $\sigma_{\bar{x}}$ 的估计值时，则按照 $u=\dfrac{x-\mu}{\sigma}$。

例如：从正态分布总体中，随机抽取含量为 n 的若干个样本，则其样本均数 $\bar{x}_1$，$\bar{x}_2$，$\bar{x}_3$……的分布服从正态分布，进行标准正态转换，得到 $u=\dfrac{\bar{x}-\mu}{\sigma_{\bar{x}}}$，服从标准正态分布 N（0，1）。但在实际医学调查研究中 σ 未知，用 s 替代 σ，用 $S_{\bar{x}}$ 替代 $\sigma_{\bar{x}}$，则转换式成为 $\dfrac{\bar{x}-\mu}{S_{\bar{x}}}$。据此计算出的值不是 u 值，而是 t 值，即 $t=\dfrac{\bar{x}-\mu}{s_{\bar{x}}}$。

2. t 分布　t 值的分布，称为 t 分布。从正态分布总体中，随机抽取含量 n 的若干个样本，可计算出若干个 t 值，t 值分布则是服从自由度 $v=n-1$ 的 t 分布（t-distribution），故亦称 student t 分布。且抽取的样本含量不同（即自由度不同），t 分布曲线高低、分散形态不同。不同自由度的 t 分布曲线见图 8-1。

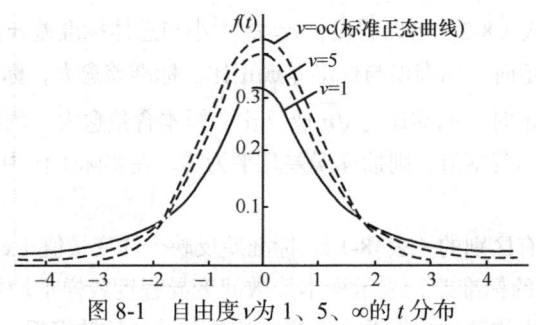

图 8-1　自由度 v 为 1、5、∞ 的 t 分布

3. t 分布曲线的特征　对比标准正态分布曲线，t 分布曲线的特征如下。

（1）是以 0 为中心，左右对称的单峰分布。

（2）t 分布曲线是一簇曲线，其形态变化与自由度 v 大小有关。自由度 v 越小，则 t 值越分散，曲线越低平；自由度 v 逐渐增大时，t 分布逐渐逼近 u 分布（标准正态分布）；当 v 趋于 ∞ 时，t 分布即为 u 分布。

（3）t 分布曲线下面积的 95% 或 99% 界值不是一个常量，而是随着自由度大小而变化。

4. t 分布曲线与正态分布曲线的比较，见表 8-2。

表 8-2　t 分布曲线与正态分布曲线的比较

	正态分布曲线	t 分布曲线
基本形状	是以 μ 为中心，标准差为 σ 的对称的钟型分布曲线	是以 0 为中心、对称的一簇曲线
形态指标	μ 为位置指标，越大，曲线越向横轴右移，越小，曲线越向左移；σ 是形状指标，越大，曲线越扁平，越小，曲线越陡峭	由自由度 v 的大小决定。v 越小，曲线越低平；v 逐渐增大时，曲线越陡峭
联系	①是对称的单峰分布曲线 ②v 趋于 ∞ 时，t 分布曲线就是标准正态分布曲线	

5. t 界值表　为便于使用，统计学家编制了不同自由度 v 对应的 t 界值表（表 8-3），统计分析中可根据该表查找相应的 t 界限值。t 界值表中，横标目为自由度 v，纵标目为概率，一侧尾部面积为单侧概率，两侧尾部面积之和称为双侧概率。表中的值为 t 的界限值，用 $t_{\alpha, v}$ 表示。如当 $v=9$，双侧概率 $\alpha=0.05$ 时，由表中查得 $t_{0.05, 9}=2.262$，表示 $t \leq -2.262$ 和 $t \geq 2.262$ 的面积为总面积的 0.05（5%），$-2.262 < t < 2.262$ 的面积为总面积的 0.95（95%），表中只列出正值，若算得的 t 值为负值时，应使用其绝对值查表。t 界值主要用于总体均数的区间估计及 t 检验。

表 8-3　t 界值

自由度 (v)		概率 (p)								
	单侧	0.25	0.10	0.05	0.025	0.01	0.005	0.0025	0.001	0.0005
	双侧	0.50	0.20	0.10	0.05	0.02	0.01	0.005	0.002	0.001
1		1.000	3.078	6.314	12.706	31.821	63.657	127.321	318.309	636.619
2		0.816	1.886	2.920	4.303	6.965	9.925	14.089	22.327	31.599
3		0.765	1.638	2.353	3.182	4.541	5.841	7.453	10.215	12.924
4		0.741	1.533	2.132	2.776	3.747	4.604	5.598	7.173	8.610
5		0.727	1.476	2.015	2.571	3.365	4.032	4.773	5.893	6.869

续表

自由度 (v)	单侧	0.25	0.10	0.05	0.025	概率(p) 0.01	0.005	0.0025	0.001	0.0005
	双侧	0.50	0.20	0.10	0.05	0.02	0.01	0.005	0.002	0.001
6		0.718	1.440	1.943	2.447	3.143	3.707	4.317	5.208	5.959
7		0.711	1.415	1.895	2.365	2.998	3.499	4.029	4.785	5.408
8		0.706	1.397	1.860	2.306	2.896	3.355	3.833	4.501	5.041
9		0.703	1.383	1.833	2.262	2.821	3.250	3.690	4.297	4.781
10		0.700	1.372	1.812	2.228	2.764	3.169	3.581	4.144	4.587
11		0.697	1.363	1.796	2.201	2.718	3.106	3.497	4.025	4.437
12		0.695	1.356	1.782	2.179	2.681	3.055	3.428	3.930	4.318
13		0.694	1.350	1.771	2.160	2.650	3.012	3.372	3.852	4.221
14		0.692	1.345	1.761	2.145	2.624	2.977	3.326	3.787	4.140
15		0.691	1.341	1.753	2.131	2.602	2.947	3.286	3.733	4.073
16		0.690	1.337	1.746	2.120	2.583	2.921	3.252	3.686	4.015
17		0.689	1.333	1.740	2.110	2.567	2.898	3.222	3.646	3.965
18		0.688	1.330	1.734	2.101	2.552	2.878	3.197	3.610	3.922
19		0.688	1.328	1.729	2.093	2.539	2.861	3.174	3.579	3.883
20		0.687	1.325	1.725	2.086	2.528	2.845	3.153	3.552	3.850
21		0.686	1.323	1.721	2.080	2.518	2.831	3.135	3.527	3.819
22		0.686	1.321	1.717	2.074	2.508	2.819	3.119	3.505	3.792
23		0.685	1.319	1.714	2.069	2.500	2.807	3.104	3.485	3.768
24		0.685	1.318	1.711	2.064	2.492	2.797	3.091	3.467	3.745
25		0.684	1.316	1.708	2.060	2.485	2.787	3.078	3.450	3.725
26		0.684	1.315	1.706	2.056	2.479	2.779	3.067	3.435	3.707
27		0.684	1.314	1.703	2.052	2.473	2.771	3.057	3.421	3.690
28		0.683	1.313	1.701	2.048	2.467	2.763	3.047	3.408	3.674
29		0.683	1.311	1.699	2.045	2.462	2.756	3.038	3.396	3.659
30		0.683	1.310	1.697	2.042	2.457	2.750	3.030	3.385	3.646
31		0.682	1.309	1.696	2.040	2.453	2.744	3.022	3.375	3.633
32		0.682	1.309	1.694	2.037	2.449	2.738	3.015	3.365	3.622
33		0.682	1.308	1.692	2.035	2.445	2.733	3.008	3.356	3.611
34		0.682	1.307	1.691	2.032	2.441	2.728	3.002	3.348	3.601
35		0.682	1.306	1.690	2.030	2.438	2.724	2.996	3.340	3.591
36		0.681	1.306	1.688	2.028	2.434	2.719	2.990	3.333	3.582
37		0.681	1.305	1.687	2.026	2.431	2.715	2.985	3.326	3.574
38		0.681	1.304	1.686	2.024	2.429	2.712	2.980	3.319	3.566
39		0.681	1.304	1.685	2.023	2.426	2.708	2.976	3.313	3.558
40		0.681	1.303	1.684	2.021	2.423	2.704	2.971	3.307	3.551
50		0.679	1.299	1.676	2.009	2.403	2.678	2.937	3.261	3.496

续表

自由度 (v)	单侧	概率 (p)								
		0.25	0.10	0.05	0.025	0.01	0.005	0.0025	0.001	0.0005
	双侧	0.50	0.20	0.10	0.05	0.02	0.01	0.005	0.002	0.001
60		0.679	1.296	1.671	2.000	2.390	2.660	2.915	3.232	3.460
70		0.678	1.294	1.667	1.994	2.381	2.648	2.899	3.211	3.435
80		0.678	1.292	1.664	1.990	2.374	2.639	2.887	3.195	3.416
90		0.677	1.291	1.662	1.987	2.368	2.632	2.878	3.183	3.402
100		0.677	1.290	1.660	1.984	2.364	2.626	2.871	3.174	3.390
200		0.676	1.286	1.653	1.972	2.345	2.601	2.839	3.131	3.340
500		0.675	1.283	1.648	1.965	2.334	2.586	2.820	3.107	3.310
1000		0.675	1.282	1.646	1.962	2.330	2.581	2.813	3.098	3.300
∞		0.674	1.281	1.644	1.960	2.326	2.5758	2.807	3.090	3.290

三、总体均数的估计

统计推断有两个重要内容,即参数估计与假设检验。参数估计(parameter estimation)是用样本统计量来估计总体参数的大小。包括点值估计和区间估计两种方法。实际工作中,常用区间估计。计量资料的参数估计就是用样本均数估计总体均数。例如,测得患糖尿病的患者的空腹血糖指标,以此推测所有患糖尿病的患者空腹血糖的范围;测得部分正常足月男性新生儿的身长,以此推断所有正常足月男性新生儿身长的范围。

1. 点值估计 点值估计(point estimation)是把样本统计量($\bar{x}$)直接作为总体参数(μ)的估计值。由于抽样误差的存在,不同的样本可得到不同的样本统计量($\bar{x}$),从而对总体均数可能得到不同的点估计,因此点值估计的准确度很难评价。

2. 区间估计 区间估计(interval estimation)是按预先确定的概率(可信度)估计总体均数所在范围,也称为可信区间(confidence interval,CI)。区间小的一端叫下限,大的一端叫上限。

可信度用 $1-\alpha$ 表示,对一个样本均数以 95% 或 99% 的可信度估计总体均数的一个范围,称为总体均数 95% 可信区间或 99% 可信区间。根据同一资料所作 95% 可信区间比 99% 可信区间窄些(上、下限较靠近),但估计错误的概率前者为 5%、后者为 1%,进行总体参数的区间估计时可根据研究目的与标准误的大小选用 95% 或 99%。

总体均数的区间估计方法,根据总体标准差 σ 是否已知,以及样本含量 n 的大小而不同。

(1) 当总体标准差 σ 未知,样本含量较小(n<100)时:根据 t 分布的原理, $P(-t_{\alpha,v}<t<t_{\alpha,v})=1-\alpha$,按 $t=\dfrac{\bar{x}-\mu}{S_{\bar{x}}}$。进行变量转换,得到可信度为 $1-\alpha$ 的总体均数可信区间的公式为:

$$\bar{x}-t_{\alpha,v} \cdot S_{\bar{x}} < t < \bar{x}+t_{\alpha,v} \cdot S_{\bar{x}} \qquad (8-3)$$

简记为 $\qquad\qquad\bar{x} \pm t_{\alpha,v} \cdot S_{\bar{x}} \qquad (8-4)$

总体均数 95% 可信区间公式 $\qquad \bar{x} \pm t_{0.05,v} \cdot S_{\bar{x}} \qquad (8-5)$

总体均数 99% 可信区间公式 $\qquad \bar{x} \pm t_{0.01,v} \cdot S_{\bar{x}} \qquad (8-6)$

● 案例 8-3

随机收集某地 5 名刚出生男婴的体重数据，得到平均体重为 3.5kg，标准差为 0.18kg，试估计该地刚出生男婴平均体重的 95%可信区间。

由于 $v=5-1=4$，查 t 界值表（表 8-3）得 $t_{0.05,4}=2.776$，

代入公式（8-5），总体均数 95%可信区间：

$\bar{x} \pm t_{0.05,4} \cdot S_{\bar{x}} = 3.5 \pm 2.776 \times \dfrac{0.18}{\sqrt{5}} = 3.28 \sim 3.72\ \text{kg}$。即该地刚出生男婴平均体重的 95%可信区间为 3.28～3.72kg。

（2）当总体标准差 σ 已知时，按照正态分布原理，用公式（8-7）或公式（8-8）估计总体均数 95%或 99%可信区间。

总体均数 95%可信区间　　　　　　$\bar{x} \pm 1.96 \cdot \sigma_{\bar{x}}$　　　　　　（8-7）

总体均数 99%可信区间　　　　　　$\bar{x} \pm 2.58 \cdot \sigma_{\bar{x}}$　　　　　　（8-8）

（3）当总体标准差 σ 未知，但 n 足够大（$n \geq 100$）时：由于 $t_{0.05,\infty}$ 接近 1.96，$t_{0.01,\infty}$ 接近 2.58，用公式（8-9）或（8-10）计算 95%或 99%可信区间。

总体均数 95%可信区间　　　　　　$\bar{x} \pm 1.96 \cdot S_{\bar{x}}$　　　　　　（8-9）

总体均数 99%可信区间　　　　　　$\bar{x} \pm 2.58 \cdot S_{\bar{x}}$　　　　　　（8-10）

● 案例 8-4

抽样调查某地 100 名正常成年男子的血清胆固醇，得平均数为 4.8mmol/L，$s=3.6$ mmol/L。试估计该地正常成年男子血清胆固醇总体均数 95%可信区间。

由于 $n=100$，为大样本资料，按公式（8-9）：

总体均数 95%可信区间

$$\bar{x} \pm 1.96 \cdot S_{\bar{x}} = 4.8 \pm 1.96 \times \dfrac{3.6}{\sqrt{100}} = 4.09 \sim 5.51\ \text{mmol/L}$$

即该地正常成年男子血清胆固醇总体均数 95%可信区间是 4.09～5.51 mmol/L。

在实际工作中，大部分资料总体标准差 σ 是未知，所以常根据样本含量的大小来选择相应公式。大小样本资料计算总体均数可信区间公式，见表 8-4。

表 8-4　总体均数可信区间估计公式

	小样本资料	大样本资料
95%可信区间	($\bar{x} - t_{0.05,v} s_{\bar{x}}$，$\bar{x} + t_{0.05,v} s_{\bar{x}}$)	($\bar{x} - 1.96 s_{\bar{x}}$，$\bar{x} + 1.96 s_{\bar{x}}$)
99%可信区间	($\bar{x} - t_{0.01,v} s_{\bar{x}}$，$\bar{x} + t_{0.01,v} s_{\bar{x}}$)	($\bar{x} - 2.58 s_{\bar{x}}$，$\bar{x} + 2.58 s_{\bar{x}}$)

四　总体均数可信区间与参考值范围的区别

1. 意义　以 95%为例，95%参考值范围是指同质总体内包括 95%个体值的估计范围，而总体均数 95%可信区间是指按 95%可信度估计的总体均数的所在范围。

2. 计算公式　若总体服从正态分布，参考值范围的公式是：$\bar{x} \pm u \cdot s$，总体均数可信区间的公式是 $\bar{x} \pm u \cdot S_{\bar{x}}$。

第二节 假设检验

假设检验（hypothesis testing）亦称"显著性检验"（test of statistical significance），是用来判断样本与样本，样本与总体的差异是由抽样误差引起还是本质差别造成的统计推断方法。

假设检验的基本原理是先对总体的特征做出某种假设，然后通过抽样研究的统计推理，对此假设应该被拒绝还是接受做出推断。假设检验的基本思想是小概率反证法。小概率事件（$P=0.01$ 或 $P=0.05$）是指在一次试验中发生的可能性很小、统计上认为基本上不会发生的事件。反证法思想是先提出假设（检验假设 H_0），再用适当的统计方法确定假设成立的可能性大小，如可能性小，则认为假设不成立，若可能性大，则还不能认为假设不成立。

以 t 检验（t test）为例：t 检验是以 t 分布作为理论依据的假设检验方法。主要用于样本均数与总体均数的比较、两样本均数的比较等。t 检验的应用条件是当两样本来自呈正态分布的总体，样本含量较小时，且两样本所属总体方差相等，即方差齐 $\sigma_1^2 = \sigma_2^2$。

> **链接8-1**
>
> 在进行两组和多组数据进行 t 检验时候，要使各组数据的方差相等，即方差齐。对两个独立样本所属总体的总体方差的差异进行显著性检验，统计学上称为方差齐性检验。

如果已知正常成年男子血红蛋白的均数为 140.0g/L，某地随机抽样测量 280 名男子血红蛋白含量 $\bar{x}=136.0$g/L，试问能否认为该地男子血红蛋白含量与正常成年男子血红蛋白含量不同？

对本案例进行分析：该地抽样的 280 名男子血红蛋白含量（$\bar{x}$/136.0g/L）与正常成年男子血红蛋白含量（$\mu=140.1$g/L）在数值上有差别，这个数量上的差异应考虑有两种可能性的原因：一是由于抽样误差导致抽样的样本均数与总体均数在数量上出现差异，但其实质是样本属于已知总体，因此差异在统计学上无统计学意义；二是由于本质不同，即该地男子的血红蛋白均数确实与正常成年男子的血红蛋白不同，即差异在统计学上有意义。为判断是上述何种原因所致，则利用假设检验来推断。其目的在于排除抽样误差的影响，区分差别在统计上是否成立，并了解事件发生的概率。

一、假设检验的基本步骤

1. **建立假设和确定检验水准** 做假设检验时，所做的假设包括两个方面，即检验假设和备择假设。

检验假设（hypothesis under test）亦称无效假设，符号为 H_0，也就是假设样本指标与总体指标或样本指标与样本指标之间的差异是由抽样误差引起的。通常检验假设 $H_0：\mu=\mu_0$。

备择假设（alternative hypothesis）亦称对立假设，符号为 H_1 它是与 H_0 相对立的假设。亦就是假设样本指标与总体指标或样本指标与样本指标之间的差异，不是由抽样误差引起的。通常备择假设 $H_1：\mu \neq \mu_0$。

确定检验水准。检验水准（size of a test）也称为显著性（significance level）。用 α 表示，它是肯定或否定 H_0 的概率标准，通常取 0.05 或 0.01。

确定做双侧检验（two-sided test）还是单侧检验（one-sided test）。若研究者不清楚该 280

名男子的血红蛋白是否高于或低于正常男子，假设检验的目的是判断其是否不同（可能高也可能低），则这时应选用双侧检验；若研究者已经确定该 280 名男子的血红蛋白不会高于正常男子，假设检验的目的是判断是否低于正常成年男子，则应选用单侧检验。通常假设检验选用双侧检验较为稳妥。

2. 选定检验方法并计算统计量　根据资料性质类型、分析目的和检验方法的适用条件等选择适当的检验方法，并根据选择的方法计算相应的统计量。如成组设计两样本均数比较通常选用 t 检验。

3. 确定 P 值　P 值是在 H_0 成立时，确定样本指标与已知总体指标或样本指标与样本指标之间的差异由于抽样误差引起的概率。确定 P 值的方法是根据计算出的检验统计量，查相应自由度的 t 界值表，t 值对比即可得概率 P。

当 $t \geq t_{0.05, \nu}$，则 $P \leq 0.05$，差异有统计学意义

当 $t \geq t_{0.01, \nu}$，则 $P \leq 0.01$，差异有高度统计学意义

当 $t < t_{0.05, \nu}$，则 $P > 0.05$，差异无统计学意义

4. 判断结果　当 $P \leq \alpha$ 时，说明样本指标与已知总体指标，或样本指标与样本指标的差别由抽样误差引起的概率很小，按小概率反证法，就有理由按 α 水准拒绝 H_0，接受 H_1；相反，当 $P > \alpha$ 时，就没有理由按 α 水准拒绝 H_0，即统计上所称的不拒绝 H_0，差别有可能由抽样误差引起。最后再根据统计推断的结果并结合相应的专业知识，得出专业结论。

二、样本均数与总体均数比较的 t 检验

一般把标准值、理论值或经大量调查所获得的较稳定值作为已知的总体均数 μ_0。样本均数与总体均数比较的目的是推断样本所代表的总体均数（未知的）与已知总体均数 μ_0 有无差别。计算公式如下：

$$t = \frac{|\bar{x} - \mu_0|}{s_{\bar{x}}} = \frac{|\bar{x} - \mu_0|}{s / \sqrt{n}} \tag{8-11}$$

● 案例 8-5

已知正常成年人脉搏均数为 72 次/分。某医师随机抽取某病成年患者 25 人，测得脉搏均数为 74.32 次/分，标准差为 6.09 次/分，因此认为该病成年患者的脉搏比一般人为快。

问题：此结论是否正确，应用何种统计方法来判断？

（1）建立假设和确定检验水准

H_0：某病患者脉搏均数与正常成年人脉搏均数相同，即 $\mu = \mu_0 = 72$ 次/分

H_1：某病患者脉搏均数与正常成年人脉搏均数不同，即 $\mu \neq \mu_0$

$\alpha = 0.05$

（2）计算 t 值

本题 $\bar{x} = 74.32$，$\mu_0 = 72$，$s = 6.09$，$n = 25$

$$t = \frac{74.32 - 72}{6.09 / \sqrt{25}} = 1.905$$

（3）确定 P 值：按 $\nu = 25 - 1 = 24$，查 t 界值表，得 $t_{0.05, 24} = 2.064$，$1.905 < t_{0.05, 24}$，$P > 0.05$。

（4）判断结果：按 $\alpha = 0.05$ 水准，不拒绝 H_0，还不能认为该病患者的脉搏均数与正常成年

人的脉搏均数不同。

三、两样本均数比较的 t 检验和 z 检验

1. 两小样本均数比较的 t 检验 目的是推断两样本各自代表的总体均数 μ_1 与 μ_2 是否相等。当两个样本含量较小，即 $n_1+n_2<100$，用 t 检验。

t 值的计算公式：

$$t=\frac{|\bar{x}_1-\bar{x}_2|}{s_{\bar{x}_1-\bar{x}_2}}=\frac{|\bar{x}_1-\bar{x}_2|}{\sqrt{s_c^2\left(\frac{1}{n_1}+\frac{1}{n_2}\right)}} \tag{8-12}$$

式中：$s_{\bar{x}_1-\bar{x}_2}$ 是两均数之差的标准误

s_c^2 是两样本合并方差，计算公式如下：

$$s_c^2=\frac{\Sigma x_1^2-\frac{(\Sigma x_1)^2}{n_1}+\Sigma x_2^2-\frac{(\Sigma x_2)^2}{n_2}}{n_1+n_2-2}=\frac{(n_1-1)s_1^2+(n_2-1)s_2^2}{n_1+n_2-2} \tag{8-13}$$

● 案例 8-6

某院用黄连黄柏和硼酸湿敷治疗局部药物渗漏，结果见表 8-5。

问题：问两种药物的疗效是否相同，如何用统计学方法进行科学判断？

表 8-5 两药治疗局部药物渗漏疗效观察

药物	例数	平均止痛时间（h）	平均治疗有效时间（h）
黄连黄柏	21	1.09±0.67	5.31±1.01
硼酸	15	2.18±0.64	7.09±1.14

（1）建立假设和确定检验水准

H_0：两药平均止痛时间相同，$\mu_1=\mu_2$。

H_1：两药平均止痛时间不同，$\mu_1\neq\mu_2$。

$\alpha=0.05$

（2）计算 t 值

$$s_c^2=\frac{(21-1)\times 0.67^2+(15-1)\times 0.64^2}{21+15-2}=0.433$$

$$t=\frac{|1.09-2.18|}{\sqrt{0.433\times\left(\frac{1}{21}+\frac{1}{15}\right)}}=4.90$$

（3）确定 P 值：按 $\nu=n_1+n_2-2=21+15-2=34$，查 t 界值表，$t_{0.05,34}=2.032$，$t_{0.01,34}=2.728$，本例 $t=4.90>2.728$，$P<0.01$。

（4）判断结果：因为 $P<0.05$，按 $\alpha=0.05$ 水准，拒绝 H_0，可以认为两药平均止痛时间不同。

2. 两大样本均数比较的 u 检验 目的是推断两样本各自代表的总体均数 μ_1 与 μ_2 是否相等。

当两个样本含量较大，即 $n_1+n_2>100$，用 u 检验。

u 值的计算公式：

$$u = \frac{\overline{x}_1 - \overline{x}_2}{S_{\overline{x}_1-\overline{x}_2}} = \frac{\overline{x}_1 - \overline{x}_2}{\sqrt{\dfrac{s_1^2}{n_1} + \dfrac{s_2^2}{n_2}}} \tag{8-14}$$

● 案例 8-7

某医院对 11 771 例正常足月新生儿出生时体重进行了收集，其中男婴 5968 例，平均体重为 3330g，标准差为 389.9g，标准误为 5.05g；女婴 5803 例，平均体重 3224g，标准差为 371.42g，标准误为 4.88g。

问题：该院出生的男、女新生儿体重有无差别？

（1）建立假设和确定检验水准
H_0：男女足月新生儿出生体重相同，$\mu_1=\mu_2$。
H_1：男女足月新生儿出生体重不同，$\mu_1 \neq \mu_2$。
$\alpha = 0.05$

（2）计算 u 值

$$u = \frac{\overline{x}_1 - \overline{x}_2}{S_{\overline{x}_1-\overline{x}_2}} = \frac{\overline{x}_1 - \overline{x}_2}{\sqrt{\dfrac{s_1^2}{n_1} + \dfrac{s_2^2}{n_2}}} = \frac{3330 - 3224}{\sqrt{\dfrac{3.89.9^2}{5968} + \dfrac{371.42^2}{5803}}} = 15.1050$$

（3）确定 P 值：本例为大样本，直接用 u 值比较。$u=15.1050>1.9$。则 $P<0.05$。同时 $u=15.1050>2.58$，$P<0.01$。

（4）判断结果：因 $P<0.05$，在 $\alpha=0.05$ 水准上，拒绝 H_0，不拒绝 H_1，可认为足月男女新生儿体重不相同，足月男性新生儿重于足月女性新生儿。

四 配对计量资料比较的 t 检验

在医学研究中，为了减少误差提高检验效率，常采用配对设计（paired design）。配对设计有三种情况：①自身配对比较，是指同一组试验对象在处理前后观察某种指标的变化，目的是推断这种处理有无作用。②将试验对象按照一定的条件配成若干对，然后随机将每对中的两个观察单位分配到实验组和对照组中去，给予不同的处理，观察某种指标的变化，目的是观察实验组与对照组的处理结果有无不同。③对同一样品用两种方法检测，观察某种指标的数量变化，目的是推断这两种方法的结果有无不同。

配对计量资料的 t 检测计算公式如下：

$$t = \frac{|\overline{d}|}{s_{\overline{d}}} = \frac{|\overline{d}|}{s_d/\sqrt{n}} \tag{8-15}$$

式中：$\overline{d}$ 为差值的均数；$s_{\overline{d}}$ 为差值的标准误；s_d 为差值的标准差。

$$s_d = \sqrt{\frac{\Sigma d^2 - (\Sigma d)^2/n}{n-1}} \tag{8-16}$$

式中：Σd^2 为差数的平方之和；Σd 为差数之和。

案例 8-8

应用某药治疗 8 例高血压患者,观察患者治疗前后舒张压变化情况,如表 8-6。

问题: 该药对高血压患者治疗前后的舒张压变化有否影响?

表 8-6 用某药治疗高血压患者前后舒张压变化比较

患者编号	舒张压(mmHg)		差值 d
	治疗前	治疗后	
1	96	88	8
2	108	102	6
3	112	108	4
4	100	96	4
5	106	102	4
6	102	98	4
7	98	100	-2
8	100	92	8

(1)建立假设和确定检验水准:若该药治疗高血压不影响舒张压的变化,则理论上每个患者治疗前后的舒张压差值 d 的总体均数 $\mu_d=0$,即:

H_0: $\mu_d=0$

H_1: $\mu_d \neq 0$

$\alpha=0.05$

(2)计算 t 值:为配对资料,按公式(8-15)及公式(8-16):

$$s_d = \sqrt{\frac{\Sigma d^2 - (\Sigma d)^2/n}{n-1}} = \sqrt{\frac{232 - \frac{36^2}{8}}{8-1}} = 3.16$$

$$S_{\bar{d}} = \frac{S_d}{\sqrt{n}} = \frac{3.16}{\sqrt{8}} = 1.12$$

$$t = \frac{\bar{d}}{S_{\bar{d}}} = \frac{36/8}{1.12} = 4.02$$

(3)确定 P 值:自由度 $v=8-1=7$,查表 $t_{0.05, 7}=2.365$,由于 $t=4.02>2.365$,故 $P<0.05$。

(4)判断结果:因为 $P<0.05$,按 $\alpha=0.05$ 水准,拒绝 H_0,不拒绝 H_1,可以认为该药有降低舒张压的作用。

> **链接8-2**
>
> t 检验的资料要求样本取自正态或近似正态分布总体,若资料为偏态分布,可采取数据变换(如对数变换等)的方法,尝试将数据变换成正态分布或近似正态分布资料后再进行 t 检验。若数据经变换后仍为非正态分布,则应选用非参数检验。

第三节 t 检验应用时应注意的问题

t 检验应用时应注意的问题如下。

1. **正确理解差别有无统计学意义的含义**　差别有统计学意义，是指如果总体均数相同，抽到这样大或更大的统计学量可能性很小，因而拒绝此无效假设。但这并不是说两总体均数的差别很大。因为在做差别的统计检验时，当样本足够大时，即使是均数间差别很小也能得出小的 P 值（因为标准误小）。

2. **t 检验的应用条件**　资料的性质不同、设计类型不同、检验方法也不相同，因此，选用检验方法应注意其应用条件。t 检验的前提是要有严密的抽样设计，以保证对比之间具有可比性。在此基础上，做 t 检验的资料应满足以下条件：若样本含量 n 较小（如 $n<50$），要求样本取自正态或近似正态分布总体，两个小样本均数比较时还要求两样本所属的总体方差相等，即方差齐。资料的正态性可通过正态性检验来判断。

3. **正确选择 t 检验的方法**　做 t 检验时，具体选择何种方法来计算检验统计量 t 值，主要取决于资料的设计方案、分析的目的、变量的分布、样本含量的大小等方面。如配对设计且配对差值服从正态分布的计量资料，常采用配对 t 检验；资料为完全随机的两个小样本均数的比较，两样本均来自正态分布总体且总体方差相等，应采取成组 t 检验；若资料为单个样本均数与已知总体均数的比较，样本与已知总体均数的比较，样本取自正态总体且总体方差未知，此时应采用单个样本 t 检验；完全随机设计的两大样本均数的比较，常用 u 检验，也可用 t 检验，但不能用大样本均数的 u 检验代替小样本均数的 t 检验。总之，如果资料与所用的 t 检验方法条件不符，可能会得出错误的结论，故实际应用 t 检验时要充分考虑其应用性。

4. **正确理解 t 检验结论的概率性**　当 $P<0.01$ 和 $P<0.05$，表示犯第一类错误的概率大小，并不意味着 $P<0.01$ 比 $P<0.05$ 的两均数实际差别更大。P 值越小，越有理由拒绝检验假设；反之，如 $P>0.05$，不拒绝 H_0，意思是当 H_0 为真时，由抽样误差造成如此大差别的概率 $P>0.05$，并不是 H_0 绝对成立。

5. **正确理解 Ⅰ 类错误和 Ⅱ 类错误**　在检验假设中，不论接受 H_0 还是拒绝 H_0，都可能犯错误。如果无效假设 H_0 为真，拒绝了它，这叫 Ⅰ 类错误（type Ⅰ error）。如果无效假设 H_0 不真，接受它，这叫 Ⅱ 类错误（type Ⅱ error）。Ⅰ 类错误又称假阳性错误，Ⅱ 类错误又称假阴性错误。Ⅰ 类错误的概率为检验水准 α，如 $P<0.05$，在 100 次抽样中，发生这样的错误不到 5 次，Ⅱ 类错误的概率用 β 表示，β 很难估计，当样本含量确定时，α 愈小，β 愈大；反之，α 愈大，β 愈小，要同时减小 α 和 β，唯一的方法是增大样本含量（表 8-7）。

表 8-7　假设检验中的两类错误

客观实际	拒绝 H_0	不拒绝 H_0
H_0 成立	Ⅰ 类错误（α）	推断正确（$1-\alpha$）
H_0 不成立	推断正确（$1-\beta$）	Ⅱ 类错误（β）

6. **统计分析不能代替专业分析**　假设检验结果中的无统计学意义是统计结论，主要说明差别引起的可能性大小，并不代表专业上差别大小的实际意义，而差别的实际意义则对应的是专业结论。专业结论只能根据专业知识来确定，故统计结论必须与专业结论有机结合，才能得出符合客观实际的最终结论。当样本含量足够大或标准差特别小时，即使两样本均数相差很小，也能得出足以拒绝 H_0 的检验统计量值和 P 值。例如，欲比较甲、乙两种药物治疗贫血的效果，随机抽取贫血患者各 100 名，分别测定两组患者用药后血红蛋白值，得两组样本的血红蛋白值之差为 2g/L，作两大样本的 u 检验，$P<0.05$，有统计学意义。但因两组贫血患者用药后血红

蛋白的均值之差较小，仅为2g/L，这在专业上认为临床意义不大。相反，若统计结论无意义，而专业结论被认为有意义，那就应当检查设计是否合理、统计分析方法的应用是否恰当等，并进一步加以验证。

7. 正确地确定单侧检验或双侧检验　采用单侧还是双侧检验，必须事先根据专业知识及问题的要求来决定。若从专业知识判断一种方法的结果不可能低于或高于另一种方法的结果（即检验假设为 $H_0: \mu=\mu_0$; $H_1: \mu>\mu_0$ 或 $H_0: \mu=\mu_0$; $H_1: \mu<\mu_0$），可用单侧检验；在尚不能从专业知识判断两种结果谁高谁低时，则用双侧检验。一般认为采用双侧检验使检验结论较稳妥。

目标检测

选择题

A1 型题

每一道题下面有 A、B、C、D、E 五个备选答案，请从中选择一个最佳答案。

1. 表示均数抽样误差大小的统计指标是（　　）
   A. 标准差　　B. 方差　　C. 标准误
   D. 变异系数　　E. 样本标准误

2. $S_{\bar{x}}$ 表示（　　）
   A. 总体均数
   B. 样本均数的标准差
   C. 总体均数离散程度
   D. 变量值 X 的离散程度
   E. 变量值 X 的可靠程度

3. 标准误越大，则表示此次抽样得到的样本频率（　　）
   A. 系统误差越大　　B. 可靠程度越高
   C. 抽样误差越大　　D. 可比性越差
   E. 代表性越好

4. 要减小抽样误差，通常的做法是（　　）
   A. 适当增加样本例数
   B. 将个体变异控制在一个范围内
   C. 严格挑选观察对象
   D. 增加抽样次数
   E. 减小系统误差

5. 关于 t 分布的图形，下述哪项是错误的（　　）
   A. 当 A 趋∞时，标准正态分布是 t 分布的特例
   B. 当 v 逐渐增大，t 分布逐渐逼近标准正态分布
   C. v 越小，则 t 分布的尾部越高
   D. t 分布是一条以 0 为中心左右对称的曲线
   E. t 分布是一簇曲线，故临界值因自由度的不同而不同

6. 下面有关假设检验的描述，错误的是（　　）
   A. 检验假设又称无效假设，用 H_0 表示
   B. 备择假设用符号 H_1 表示
   C. H_1 是从反证法角度提出的
   D. H_0、H_1 既相互联系又相互对立
   E. H_0、H_1 都是根据统计推断的目的而提出的对总体特征的假设

7. 两样本均数比较，经 t 检验差别有统计学意义时，P 值越小，越有理由认为（　　）
   A. 样本均数与总体均数差别大
   B. 两样本均数差别越大
   C. 两总体均数差别越大
   D. 两样本均数不同
   E. 两总体均数不同

8. 当样本例数相同时，计量资料的成组 t 检验与配对 t 检验相比，一般情况下为（　　）
   A. 成组 t 检验效率高一些
   B. 配对 t 检验效率高一些
   C. 两者效率相等
   D. 大样本时两者效率一致
   E. 与两组样本均数的大小有关

9. 在比较两个独立样本资料的总体均数时，进行 z 检验的前提条件是（　　）
   A. 两总体均数不等　　B. 两总体均数相等
   C. 两总体方差不等　　D. 两总体方差相等

E. 以上都不对

A2 型题

每一道题以一个小案例出现，其下面都有 A、B、C、D、E 五个备选答案，请从中选择一个最佳答案。

1. 已知某地 25 岁正常成年男性的平均收缩压为 113.0mmHg，从该地随机抽取 20 名 25 岁正常成年男性，测得其平均收缩压为 119.0mmHg。119.0mmHg 与 113.0 mmHg 不同，原因是（　　）
 A. 样本例数太少　　B. 抽样误差
 C. 总体均数不同　　D. 系统误差
 E. 个体差异太大

2. 从上述第 1 题的同一个地区中雨随机抽取 20 名 8 岁正常男孩，测得其平均收缩压为 90.0mmHg，标准差为 9.8mmHg。90.0mmHg 与 113.0mmHg 不同，原因是（　　）
 A. 样本例数太少　　B. 抽样误差
 C. 总体均数不同　　D. 系统误差
 E. 样本均数不可比

3. 用上述第 2 题的样本，估计该地 8 岁正常男孩的平均收缩压的 95% 置信区间为（　　）
 A. $113.0 \pm t_{0.05, 19} \times 9.8$
 B. $90.0 \pm 1.96 \times 9.8$
 C. $90.0 \pm t_{0.05, 19} \times 9.8/\sqrt{20}$
 D. $90.0 \pm 1.96 \times 9.8/\sqrt{20}$
 E. $90.0 \pm t_{0.05, 19} \times 9.8$

4. 某地成年男子红细胞数普查结果为：均数为 480 万/mm³，标准差为 41.0 万/mm³，那么标准差反映的是（　　）
 A. 抽样误差　　B. 总体均数不同
 C. 随机误差　　D. 个体差异
 E. 以上均不正确

5. 测定某地 100 名正常成年男子的血红蛋白量，要估计该地正常男子血红蛋白均数的 95% 置信区间为（　　）
 A. $\mu \pm 1.96\sigma_{\bar{x}}$　　B. $\bar{x} \pm 1.96\sigma_{\bar{x}}$
 C. $\bar{x} \pm 2.58 S_{\bar{x}}$　　D. $\bar{x} \pm 1.96 S_{\bar{x}}$
 E. $\mu \pm 2.58 S_{\bar{x}}$

6. 以往的经验：某高原地区健康成年男子的红细胞数不低于一般健康成年男子的红细胞数。某医师在某高原地区随机抽取调查了 100 名健康成年男子的红细胞数，与一般健康成年男子的红细胞数进行 t 检验后，得到 $P=0.1785$，故按照 α=0.05 的水准，结论为（　　）
 A. 地区健康成年男子的红细胞数高于一般
 B. 该地区健康成年男子的红细胞数等于一般
 C. 尚不能认为该地区健康成年男子的红细胞数高于一般
 D. 尚不能认为该地区健康成年男子的红细胞数等于一般
 E. 无法下结论，因为可能犯 II 类错误

7. 某地成年男子红细胞普查结果：均数为 480 万/mm³，标准差为 41.0 万/mm³，随机抽取 10 名男子，测得红细胞均数为 400 万/mm³，标准误 50 万/mm³，那么标准误反映的是（　　）
 A. 抽样误差　　B. 总体均数不同
 C. 随机误差　　D. 个体差异
 E. 以上均不正确

（陈明远）

第9章 计数资料的统计描述

在医学研究中，除了前面我们讨论的计量资料，还有计数资料，如有效、无效、阴性、阳性、治愈、未愈等，这些资料将研究对象按照不同性质或特征分类，再分别清点每一类的个数。计数资料也需要对数据特征进行统计描述。

● 案例 9-1

某年冬天甲、乙两地出现流行性感冒，甲地发病1200人，乙地发病1040人，甲地总人口数 20 000 人、乙地总人口数 13 000 人。

问题：1. 该资料属于什么类型资料？
  2. 描述甲、乙两地流行特征？
  3. 此次流行性感冒甲、乙两地谁更严重？

第一节 常用相对数

计数资料整理后得到的数据称为绝对数。上诉案例中甲地发病人数 1200 人和乙地发病人数 1040 人是绝对数，反应两地流行性感冒实际发生的绝对水平，甲地发病人数多于乙地发病人数，但不能肯定甲地流行性感冒发病情况比乙地严重，因为两地的易感人数不相等，甲地为 20 000 人，乙地为 13 000 人。需要计算两地的发病率，方法如下：

甲地流行性感冒发病率：

$$\frac{1200}{20\ 000} \times 100\% = 6.0\%$$

乙地流行性感冒发病率：

$$\frac{1040}{13\ 000} \times 100\% = 8.0\%$$

可见，乙地流行性感冒发病率高于甲地，因此乙地流行性感冒发病较甲地严重。这个发病率就是相对数。

相对数是两个有关的绝对数之比，也可以是两个有关联的统计指标之比。常用的相对数指标有率、构成比、相对比。

一 率

表示在一定时间范围内某现象发生数与可能发生数之比称率（rate），反映某现象发生的频率或强度，通常以百分率（%）、千分率（‰）、万分率（1/万）或十万分率（1/10 万）等来表示。计算公式为：

$$率 = \frac{某现象发生数}{可能发生某现象的总数} \times k \quad (9-1)$$

式中 k 为比例基数（100%，1000‰……），比例基数的选择主要根据实际工作中的习惯而定，一般为计算出的率保留 1~2 位整数。常用的率有发病率、患病率、感染率、死亡率、病死率等。总体率用 π 来表示，样本率用 P 来表示。

二 构成比

表示事物内部各个组成部分所占整体的比重称构成比（proportion），常以百分数来表示，计算公式为：

$$构成比 = \frac{该事物内部某一组成部分的观察单位数}{某事物内部的所有观察单位之总和} \times 100\% \quad (9-2)$$

构成比有两个特点：描述同一事物的 k 个构成比的总和应等于 100%，即各个分子的总和等于分母；各个构成部分之间相互影响，某一部分比重发生变化，其他部分比重也会发生变化。

三 相对比

相对比（relative ratio）简称比，是 A、B 两个有关联的指标之比，用以描述两者的对比水平，说明 A 是 B 的多少倍或百分之几，常用倍数或百分数表示。其计算公式为：

$$相对比 = \frac{A}{B}(\times 100\%) \quad (9-3)$$

如我们班男同学有 23 人，女同学有 21 人，求本班级男女比例。

$$相对比 = \frac{23}{21} = 1.095$$

男女比例为 1.095∶1，或男性是女性的 1.095 倍。

● 案例 9-2

某地 2010—2015 年某病患者人数及死亡人数情况见表 9-1 所示，其中第④列为构成比，是由第③列数据计算而得；第⑤列为病死率，是由第③列与第②列数据计算而得；第⑥列为相对比，是由第⑤列数据计算而得。

表 9-1　某地 2010—2015 年某病患者人数及死亡人数统计

年份①	病人数②	病死人数③	死亡构成（%）④	病死率（%）⑤	病死率相对比⑥
2010	720	8	10.00	1.11	—
2011	670	9	11.25	1.34	1.21
2012	636	12	15.00	1.89	1.40

续表

年份 ①	病人数 ②	病死人数 ③	死亡构成（%）④	病死率（%）⑤	病死率相对比 ⑥
2013	558	15	18.75	2.69	1.42
2014	962	19	23.75	1.98	0.73
2015	952	17	21.25	1.79	0.90
合计	4588	80	100.00	1.78	—

由表 9-1 的第④与第⑤列可以看出，构成比和率都是相对数，但是两种不同的概念，应用于不同的场合，构成比之和为 100%，某一构成部分的增减会影响其他部分的变化；而各部分率的变化并不相互影响，且平均率不能将各个率相加后求其平均值。还需注意，死亡构成比只能说明某年死亡人数占总死亡人数的比重，说明死亡人数的顺位关系，如果需要说明致死的严重程度，用病死率来描述，如本例病死率 2.69%为最高，可见 2013 年该病更易导致死亡。

四 相对数使用应注意的问题

1. 计算相对数一般分母不宜过小　若计算相对数时分母过小或观察例数过少，则抽样误差较大，其计算出的相对数不稳定，可靠性差。如当用某药治疗某病时，5 例中有 4 例有效，即说明有效率为 80%，显然这个有效率很不稳定，此时最好用绝对数表示。

2. 正确区分构成比与率的含义，不要把构成比与率混淆　构成比与率是两个不同的概念，其意义也不相同，构成比反映事物内部各组成部分所占的比重和分布，并不能反映某事件发生的强度与频率。如表 9-1，从第④列的死亡构成可以看出 2014 年死亡人数占全部 6 年死亡人数的比例最大，从第⑤列各年病死率来看，2013 年疾病死亡危险性最大。

3. 正确计算平均率　计算平均率时，不能简单地将几个率相加后求平均值，如表 9-1 将第⑤列采用（1.11+1.34+1.89+2.69+1.98+1.79）/6=1.80（%）的方法计算 6 年平均病死率是错误的，因为各年度病死率的分母（患者人数）不同，必须将各率的分子、分母分别相加后，再用分子之和除以分母之和进行计算才是正确的，即 6 年的平均病死率是 80/4498=1.78%，见表 9-1。

4. 注意资料的可比性　在比较相对数时，用以比较的资料应该是同质的，即除了研究因素外，其余影响因素如性别、年龄、病情等应尽量相同或相近。对于不同时期、地区、条件下的资料进行比较时应该注意观察对象、观察时间、研究方法等是否齐同。对于内部构成不同的资料进行比较时，如年龄构成不同，可分别比较各年龄别的率或者对总率进行标准化后再比较。

5. 样本率或构成比存在抽样误差　样本率或构成比进行比较时，应考虑存在抽样误差，应对各组的样本率或构成比做假设检验（参见第 10 章）。

第二节　率的标准化

 标准化的意义

在比较两个不同人群的发病率、患病率或病死率等资料时，为消除其内部构成（如年龄、性别、工龄、病情轻重、病程长短等）对率的影响，可以计算标准化率（standardization rate）。

● 案例 9-3

甲、乙两地死亡率比较的资料如表 9-2。

表 9-2　甲、乙两地死亡率的比较

病型	甲　地			乙　地		
	病例	死亡数	死亡率（%）	病例	死亡数	死亡率（%）
普通型	300	30	10.00	100	8	8.00
重型	100	19	19.00	300	51	17.00
合计	400	49	12.25	400	59	14.75

从表 9-2 中分病型看，甲地死亡率均高于乙地（普通型 10.00%＞8.00%，重型 19.00%＞17.00%），但是从总死亡率看甲地低于乙地（12.25%＜14.75%），这种偏差源于两地病型构成不同。甲地普通型病例多而导致死亡率偏低，乙地重型病例多而导致死亡率高，如将两地总死亡率直接比较，结果显然是不合理的。为了正确比较两地死亡率的大小，统计学上常用标准化的方法来消除内部构成的影响，先将两地的构成按照统一的标准进行校正，计算出校正的标准化死亡率后再进行比较。

二 标准化率的计算

常用的标准化法包括直接标准化法和间接标准化法。本节仅介绍常用的直接法。

1. 直接标准化法的计算公式

$$P' = \frac{N_1 P_1 + N_2 P_2 + \cdots + N_K P_K}{N} = \frac{\sum N_i P_i}{N} \quad (9\text{-}4)$$

式中 P' 为标准化率，为某一影响因素（如年龄、病型等）标准构成的每层（如各年龄段）例数，为原始数据中每层的率，N 为标准构成的总例数。此公式也可以写成：

$$P' = C_1 P_1 + C_2 P_2 + \cdots + C_K P_K = \sum C_i P_i \quad (9\text{-}5)$$

式中 $C_i = N_i / N$ 为标准化构成比。

2. 标准构成的选取方法　选择统一的标准构成是标准化法计算的关键，选择标准构成的方法常有下面三种。

（1）另外选取一个有代表性的、较稳定的、数量较大的人群构成作为标准构成，如全国的、全省的数据作为标准构成。

（2）取比较各组的各层例数合计作为标准构成。

（3）从比较的各组中任选一组作为标准构成。

● 案例 9-4

对表 9-2 资料计算甲、乙两地的标准化率。

步骤如下：

（1）取比较各组的各层例数合计作为标准构成，即将甲、乙两地不同病型病例人数之和作为标准构成，见表 9-3 第①栏。

表 9-3　甲乙两地标准化死亡率计算

病型	标准构成人数 N_i①	甲地		乙地	
		原死亡率（‰）P_i ②	预期死亡人数 N_iP_i③	原死亡率（‰）P_i ④	预期死亡人数 N_iP_i⑤
普通型	400	10.00	40	8.00	32
重型	400	19.00	76	17.00	68
合计	800	12.25	116	14.75	100

（2）根据两地各层的死亡率，计算两地各层的预期死亡人数，预期死亡人数＝标准构成人数（N_i）×原死亡率（P_i）

即第①栏分别与第②、④栏相乘，得到预期死亡人数第③、⑤栏。

（3）预期死亡总人数除以标准构成总人数即得到标准化率，甲地标准化后的总死亡率为：

$$P'_{甲} = \frac{\sum N_i P_i}{N} = \frac{116}{800} \times 100\% = 14.5\%$$

乙地标准化后的总死亡率为

$$P'_{乙} = \frac{\sum N_i P_i}{N} = \frac{100}{800} \times 100\% = 12.5\%$$

由上可见，甲地标准化后的总死亡率高于乙地标准化后的总死亡率。这与分病型比较甲地死亡率高于乙地结果一致。

3. 应用标准化率应注意的问题

（1）率的标准化法适用于某两组内部构成不同，对于其他条件不同而产生的不具可比性的问题，标准化法不能解决。

（2）由于选择不同的标准构成，计算出的标准化率也不同。因此，比较几个标准化率时，应选择同一标准构成。

（3）标准化率仅代表相互比较的各组间的相对水平，而不能代表实际情况。

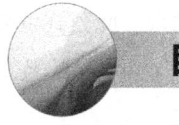 目标检测

选择题

1. 某年某地结核发病人数占同年传染病人数的 8.7%，这是一种（　　）指标
   A. 率　　B. 相对比　　C. 构成比
   D. 发病率　E. 患病率

2. 欲计算某地某年糖尿病发病率，其分母应该为（　　）
   A. 该地平均患病者人数
   B. 该地平均就诊人数
   C. 该地平均人口数
   D. 该地体检人数
   E. 该地易感人群数

3. 已知老年人高脂血症患病率高于青年人，欲比较甲、乙两地居民高脂血症患病情况，甲地老年人多于乙地，而乙地青年人多于甲地，采用适当的比较方法是（　　）
   A. 比较甲乙两地高脂血症患病人数多少
   B. 比较甲乙两地高脂血症患病率高低
   C. 不能比较
   D. 计算标准化率后进行比较
   E. 以上说法都不对

4. 在某医院 350 个住院患者中，有 5 人患有肝癌，可计算（　　）
   A. 发病率　　B. 患病患　　C. 构成比
   D. 相对比　　E. 都不能计算

5. 男性吸烟率是女性吸烟率的 8 倍，该指标为（ ）
   A. 相对比   B. 率   C. 构成比
   D. 标准化率   E. 都不是
6. 标准化率（ ）
   A. 仅仅作为比较的基础，它反映了一种相对水平
   B. 它反映了实际水平
   C. 它不会随标准构成的选择变化而变化
   D. 它反映了事物实际发生的强度
   E. 以上都不对

7. 某市两所小学发生腮腺炎流行，甲校有 76 名学生患病，乙校有 96 名学生患病，则结论为（ ）
   A. 甲校学生比乙校学生易患腮腺炎
   B. 乙校学生比甲校学生易患腮腺炎
   C. 甲、乙两校学生均易患腮腺炎
   D. 甲、乙两校学生均不易患腮腺炎
   E. 尚不能得出结论

（米术斌）

第10章 计数资料的统计推断

第一节 率的抽样误差和区间估计

 率的抽样误差

在医学研究中，常常是用样本信息推断总体特征，由于个体间存在变异，通过样本推断总体时会存在误差，如前面讨论过的计量资料抽样计算的样本均数不等于总体均数，存在抽样误差，同样计数资料抽样计算的样本率也不等于总体率，存在抽样误差。误差的大小用率的标准误来描述，用σ_p表示。

计算公式为：

$$\sigma_p = \sqrt{\frac{\pi(1-\pi)}{n}} \tag{10-1}$$

式中π为总体率，n为样本例数。

在实际中，总体率π往往未知，我们常用样本率P来代替总体率π，则σ_p的估计值为

$$S_p = \sqrt{\frac{p(1-p)}{n}} \tag{10-2}$$

式中S_p为率的标准误的估计值，p为样本率，n为样本含量。可见率的标准误与样本含量有关，样本含量越大，率的标准误越小，即率的抽样误差越小。

● 案例 10-1

某地欲了解老年人患高血压情况，抽取 100 名，结果 20 人患有高血压，患病率为 20%，求样本率的抽样误差是多少？

本例 $n=100$，$p=20\%=0.2$，按公式（10-2）：

$$s_p = \sqrt{\frac{0.2 \times (1-0.2)}{100}} = 0.04 = 4.0\%$$

则抽样误差为 4.0%。

 率的区间估计

总体率的估计可以进行点值估计和区间估计，点值估计是直接用样本率P作为总体率π的

估计值，因其未考虑抽样误差，在实际研究中，常用总体率的区间估计。其方法如下。

1. 正态近似法　当样本 n 较大（如 $n>50$），样本率 p 和 $1-p$ 均不太小，如 np 和 $n(1-p)$ 均大于 5 时，可根据样本率 p 近似服从正态分布的原理来估计总体率的区间。计算公式为：

$$(p \pm z_a S_p) \tag{10-3}$$

或

$$(p - z_a S_p, \ p + z_a S_p) \tag{10-4}$$

式中：S_p 为样本率的标准误，$S_p = \sqrt{p(1-p)/n}$，z_a 为概率为α的 z 界值，$z_{0.05}=1.96$，$z_{0.01}=2.58$。

总体率的95%可信区间为：$(p - 1.96 S_p, p + 1.96 S_p)$

总体率的99%可信区间为：$(p - 2.58 S_p, p + 2.58 S_p)$

● 案例 10-2

估计案例 10-1 中，老年人高血压患病率95%和99%的可信区间。

本例 $n=100$，$p=20\%$，$S_p=4.0\%$，代入公式（10-3）或公式（10-4）。

95%可信区间为：

$(20\% - 1.96 \times 4.0\%, 20\% + 1.96 \times 4.0\%) = (12.16\%, 27.84\%)$

即 12.16%～27.84%

99%可信区间为：

$(20\% - 2.58 \times 4.0\%, 20\% + 2.58 \times 4.0\%) = (9.68\%, 30.32\%)$

即 9.68%～30.32%

老年人高血压患病率 95%的可信区间为 12.16%～27.84%，99%的可信区间为 9.68%～30.32%。

2. 查表法　当样本含量 n 较小（如 $n \leq 50$），且样本率 p 接近于 0 或 1 时，可直接根据样本含量 n 和阳性数 X 查百分率的可信区间表（查阅相关统计学书籍）得到总体率的可信区间。

第二节　χ^2 检 验

在医学研究中，经常需要对计数资料进行假设检验，常用的方法就是 χ^2 检验。χ^2 检验是一种以 χ^2 分布为基础，以 χ^2 值为检验统计量的假设检验方法。检验两个（或多个）率或构成比之间差异有无统计学意义，推断两个（或多个）总体率或构成比是否相同。

● 案例 10-3

某制药厂为比较一种新药治疗原发性高血压的疗效，随机抽取 200 例高血压患者分成新药组和常规药组，结果新药组治疗 120 例，有效 96 例，常规药组治疗 80 例，有效 52 例。试分析新药与常规药治疗高血压的疗效是否有差别？

问题：1. 该资料属于什么类型资料？
　　　2. 该资料属于哪种设计方案？
　　　3. 该资料应该用什么统计方法？

一、完全随机设计的四格表资料 χ^2 检验

1. 四格表 χ^2 检验的基本思想

上例两组高血压患者为随机抽取，用有效率来描述治疗疗效；比较两组的有效率有无差异，用 χ^2 检验（chi-square test），是完全随机设计的四格表 χ^2 检验。整理成统计表如下。

表 10-1 中 a、b、c、d 四个格子代表的是实际频数，其余格子的数据都是根据这四个基本数据推算出来的，故把这四个基本数据组成的表格称为四格表，这样描述的资料称为四格表资料，用 χ^2 检验。

表 10-1　两种药物治疗原发性高血压的疗效比较

分组	有效人数	无效人数	合　计	有效率（%）
新药组	96（a）	24（b）	120（$a+b$）	80.0
常规药组	52（c）	28（d）	80（$c+d$）	65.0
合计	148（$a+c$）	52（$b+d$）	200（n）	74.0

χ^2 检验的基本公式为：

$$\chi^2 = \sum \frac{(A-T)^2}{T} \qquad (10\text{-}5)$$

$$\nu = （行数-1）（列数-1） = (R-1)(C-1) \qquad (10\text{-}6)$$

公式（10-5）中，A 为实际频数，T 为理论频数，它是根据 H_0 假设推算出来的。H_0 假设，即新药与常规药的有效率相同（74.0%），则理论上，新药组有效人数应为 120×74.0%=88.8 人，无效人数应为 120×（1-74.0%）=31.2 人；常规药组有效人数应为 80×74.0%=59.2 人，无效人数应为 80×（1-74.0%）=20.8 人；理论上计算得出的 88.8、31.2、59.2 和 20.8 称为理论频数（theoretical frequency），简称理论数（T）。而实际观测得到的数据 96、24、52 和 28 称为实际频数（actual frequency），简称实数（A）。理论频数的计算公式为：

$$T_{RC} = \frac{n_R n_C}{n} \qquad (10\text{-}7)$$

公式（10-7）中，T_{RC} 为第 R 行（row）第 C 列（column）的理论频数，n_R 为相应行的合计数，n_C 为相应列的合计数，n 为总例数。

从公式（10-5）可以看出，χ^2 值反映了实际频数与理论频数的吻合程度，其中 $\frac{(A-T)^2}{T}$ 反映了某个格子实际频数与理论频数的吻合程度。如果检验假设 H_0 成立，则实际频数与理论频数的差值会较小，χ^2 值也会较小；反之，如果检验假设 H_0 不成立，实际频数与理论频数的差值会较大，χ^2 值也会较大。

χ^2 值的大小还取决于 $\frac{(A-T)^2}{T}$ 个数的多少（严格地说是自由度 ν 的大小）。由于各 $\frac{(A-T)^2}{T}$ 皆为正值，故自由度 ν 越大，χ^2 值也会越大。所以，只有考虑了自由度 ν 的影响，χ^2 值才能正确地反映实际频数 A 与理论频数 T 的吻合程度。由公式（10-6）可见，χ^2 检验的自由度 ν 取决于可以自由取值的格子数目，而不是样本含量 n。

因此，χ^2 检验时，要根据自由度 ν 查 χ^2 界值表（附表 1）。当 $\chi^2 \geqslant \chi^2_{a,\nu}$ 时，$P \leqslant a$，则拒绝 H_0，接受 H_1，差异有统计学意义；当 $\chi^2 < \chi^2_{a,\nu}$ 时，$P > a$，则不拒绝 H_0，差异无统计学意义。

2. 四格表χ^2检验的基本公式　以案例10-3中的资料为例进行假设检验，其步骤如下。

（1）建立假设，确定检验水准

H_0：$\pi_1=\pi_2$，新药与常规药疗效无差别，即两组有效率相同。

H_1：$\pi_2 \neq \pi_2$，新药与常规药疗效有差别，即两组有效率不同。

$\alpha=0.05$

（2）选择检验方法，计算检验统计量χ^2值：先按公式（10-7）计算出四个格子的理论频数T_{RC}：

第1行第1列格子的理论频数：$T_{11}=148×120/200=88.8$

第1行第2列格子的理论频数：$T_{12}=52×120/200=31.2$

第2行第1列格子的理论频数：$T_{21}=148×80/200=59.2$

第2行第2列格子的理论频数：$T_{22}=52×80/200=20.8$

根据计算结果，将四个格子实际频数和理论频数列成表10-2。

表10-2　两种药物治疗原发性高血压的疗效

分组	有效人数	无效人数	合计	有效率（%）
新药组	96（88.8）	24（31.2）	120	80.0
常规药组	52（59.2）	28（20.8）	80	65.0
合计	148	52	200	74.0

由上表可见：

$T_{11}+T_{12}=120$　　$T_{21}+T_{22}=80$　　$T_{11}+T_{21}=148$　　$T_{12}+T_{22}=52$

按公式（10-5）计算χ^2值：

$$\chi^2 = \sum \frac{(A-T)^2}{T} = \frac{(96-88.8)^2}{88.8} + \frac{(24-31.2)^2}{31.2} + \frac{(52-59.2)^2}{59.2} + \frac{(28-20.8)^2}{20.8} = 5.61$$

自由度：$\nu=(R-1)(C-1)=(2-1)(2-1)=1$，

（3）确定P值，做出推断结论：查χ^2界值表，$\chi^2_{0.05,1}=3.84$，本例$\chi^2=5.61$，$\chi^2 > \chi^2_{0.05,1}$，故$P<0.05$。按$\alpha=0.05$水准，拒绝H_0，差异有统计学意义。认为新药与常规药疗效有差别，新药有效率高于常规药（80.0%＞65.0%），故新药疗效好于常规药。

3. 四格表χ^2检验的专用公式　对于四格表资料，还可用下述四格表的专用公式计算χ^2值，它省去了计算理论频数的步骤，简化了计算过程。计算公式为：

$$\chi^2 = \frac{(ad-bc)^2 n}{(a+b)(c+d)(a+c)(b+d)} \qquad (10-8)$$

公式（10-8）中，a、b、c、d分别为四格表中的四个实际频数，n为总例数，$n=a+b+c+d$。

现仍以案例10-3采用专用公式计算χ^2值：

将表10-1资料中的数据，代入公式（10-8）得：

$$\chi^2 = \frac{(96×28-24×52)^2 × 200}{120×80×148×52} = 5.61$$

计算结果与公式（10-5）的计算结果相同。

4. 四格表χ^2值的校正　由于χ^2界值表是根据连续性的χ^2分布计算出来的，χ^2的基本公式只是一种近似。在总例数n较大（$n \geq 40$），且各个格子的理论频数T均≥ 5时，这种近似较好。

如果四格表资料理论频数较小，或总例数较小时，计算出的χ^2值偏离χ^2界值较远，所得概率偏低，易出现假阳性错误，故当四格表资料的总合计数$n \geq 40$，但有理论频数$1 \leq T<5$时，计算χ^2值时则需进行校正。校正χ^2值的计算公式为：

对基本公式的校正：

$$\chi^2 = \sum \frac{(|A-T|-0.5)^2}{T} \qquad (10\text{-}9)$$

对专用公式的校正：

$$\chi^2 = \frac{(|ad-bc|-\frac{n}{2})^2 n}{(a+b)(c+d)(a+c)(b+d)} \qquad (10\text{-}10)$$

应注意的是：当四格表资料的总合计数$n<40$，或任一格的理论频数$T<1$时，则用上述校正公式也不行，需用有关医学统计书籍中所介绍的四格表资料的 Fisher 确切概率法进行统计推断。

● 案例 10-4

某学校抽样调查大学一年级和五年级学生近视眼病情况，一年级学生的近视眼患病率为 7.14%，五年级学生的近视眼患病率为 35.71%，结果见表 10-3。

问题：大学一年级与五年级学生的近视眼患病率有无差异？

表 10-3　不同年级大学生近视眼患病率比较

年级	近视人数	非近视人数	合计	近视率（%）
一年级	2（4.67）	26（23.33）	28	7.14
五年级	5（2.33）	9（11.69）	14	35.71
合计	7	35	42	16.67

检验步骤如下：

（1）建立假设，确定检验水准

H_0：$\pi_1 = \pi_2$，即一年级与五年级学生近视眼患病率相同；

H_1：$\pi_1 \neq \pi_2$，即一年级与五年级学生近视眼患病率不同；

$\alpha = 0.05$

（2）选择检验方法，计算检验统计量χ^2值

表 10-3 的四个格子中，总合计数$n=42>40$，最小的理论数为$T_{21} = \frac{7 \times 14}{42} = 2.3$，故需用校正公式计算$\chi^2$值，代入公式（10-10）得：

$$\chi^2 = \frac{\left(|ad-bc|-\frac{n}{2}\right)^2 n}{(a+b)(c+d)(a+c)(b+d)} = \frac{\left(|2 \times 9 - 26 \times 5|-\frac{42}{2}\right)^2 \times 42}{(2+26)(5+9)(2+5)(26+9)} = 3.62$$

本例$\nu = (R-1)(C-1) = (2-1)(2-1) = 1$

（3）确定P值，做出推断结论

查χ^2界值表，$\chi^2_{0.05,1} = 3.84$，本例$\chi^2 = 3.62 < \chi^2_{0.05,1}$，故$P>0.05$。按$\alpha=0.05$水准，不拒绝$H_0$，差异无统计学意义。尚不能认为一年级与五年级学生近视眼患病率不同。

本例若不采用校正公式计算，则计算出χ^2=5.49 > $\chi^2_{0.05,1}$，拒绝H_0接受H_1差异有统计学意义，会得出一年级与五年级学生近视眼患病率不同的结论。

二、配对设计四格表资料的χ^2检验

与计量资料一样，计数资料有时也通过配对的方法进行试验，如每一对试验对象分别给予不同的处理，或同一试验对象先后给予不同的处理。所不同的是计量资料的配对，其结果是数值变量，而计数资料的配对，其结果是分类变量，描述成配对设计的四个表资料。配对设计常用于两种检验方法、两种诊断方法或两种培养方法的比较。配对资料的χ^2检验相对于一般四格表资料的χ^2检验，可提高两个总体率差别的假设检验的检验效能，或减少样本含量。

● 案例 10-5

有 198 份患者标本，每份标本分别用 A、B 两种培养基筛查结核菌，结果见表 10-4。
问题：A、B 两种培养基的阳性率是否相等？

表 10-4　两种培养基培养结核结果

B 培养基	A 培养基		合计
	+	−	
+	48（a）	20（b）	68
−	24（c）	106（d）	130
合计	72	126	198

从表中资料可见，198 份标本每份分别用两种培养基进行结核菌筛查，结果有四种情况：两种培养基均阳性（a），两种培养基均阴性（d），A 培养基阴性而 B 培养基阳性（b），A 培养基阳性而 B 培养基阴性（c）。我们比较的目的是判断两种方法的结核菌筛查效果是否相同，a 和 d 两种结果是相同的，对差异比较无意义，可以不计。判断只考虑结果不同的 b 和 c 有无差别。若总体的 B=C，即两总体率相等$\pi_1 = \pi_2$。但考虑到抽样误差的影响，可能样本的$b \neq c$，因此，需进行假设检验。

当 $b+c \geq 40$ 时，需应用公式（10-11）计算χ^2值：

$$\chi^2 = \frac{(b-c)^2}{b+c}, \quad \nu=1 \tag{10-11}$$

若 $b+c<40$ 时，需对公式（10-11）进行校正，校正公式为：

$$\chi^2 = \frac{(|b-c|-1)^2}{b+c}, \quad \nu=1 \tag{10-12}$$

本例检验步骤：
（1）建立假设，确定检验水准
H_0：$\pi_1 = \pi_2$，即两种培养基的筛查阳性率相同
H_1：$\pi_1 \neq \pi_2$，即两种培养基的筛查阳性率不相同
α=0.05
（2）选择检验方法，计算检验统计量χ^2值
本例 b=20，c=24，$b+c$=20+24=43>40，故按公式 10-11 计算得：

$$\chi^2 = \frac{(b-c)^2}{b+c} = \frac{(20-24)^2}{20+24} = 0.36$$
$$\nu = 1$$

（3）确定 P 值，做出推断结论

查χ^2界值表，$\chi^2_{0.05,1}=3.84$，本例$\chi^2=0.36<\chi^2_{0.05,1}$，故 $P>0.05$。按 $\alpha=0.05$ 水准，不拒绝H_0，差异无统计学意义。尚不能认为两种方法的结核菌筛查效果不相同。

三、行×列表资料的χ^2检验

四格表用两个率比较的χ^2检验。当基本数据的行数或列数大于 2 时，统称为行×列表或 $R\times C$ 表，行×列表资料的χ^2检验，主要用于多个样本率的比较，或多组构成比的比较。

（一）行×列表资料的χ^2检验方法

行×列表资料的χ^2检验可用公式（10-5），即χ^2检验的基本公式来计算检验统计量χ^2值。但因该公式需计算理论频数 T_{RC}，计算较为烦琐，所以一般采用由基本公式推导简化后得出的行×列表资料χ^2检验的专用公式：

$$\chi^2 = n\left(\sum \frac{A^2}{n_R n_C} - 1\right) \tag{10-13}$$

$$\nu = （行数-1）（列数-1） = （R-1）（C-1）$$

式中，n 为总例数，A 为每个格子的实际频数，n_R 为相应行的合计数，n_C 为与相应列的合计数。

1. 多个样本率的行×列表资料χ^2检验

● **案例 10-6**

某医师用三种方案治疗急性肝炎254 例，结果见表 10-5。

问题：三种方案治疗急性肝炎的有效率有无差别？

表 10-5　三种方案治疗急性肝炎的效果比较

组别	有效	无效	合计	有效率（%）
中药组	35	45	80	43.75
西药组	51	49	100	51.00
中西药结合组	59	15	74	79.73
合计	145	109	254	57.09

检验步骤如下：

（1）建立假设，确定检验水准

H_0：$\pi_1 = \pi_2 = \pi_3$，三种治疗方案的有效率相等。

H_1：π_1、π_2、π_3 之间不等或不全相等，即三种方案治疗急性肝炎的有效率不等或不全相等。

$\alpha=0.05$

（2）选择检验方法，计算检验统计量χ^2值

本例为 3×2 表，属于三个率的比较，把数据代入公式（10-13）计算得：

$$\chi^2 = 254 \times \left(\frac{35^2}{145 \times 80} + \frac{45^2}{109 \times 80} + \frac{51^2}{145 \times 100} + \frac{49^2}{109 \times 100} + \frac{59^2}{145 \times 74} + \frac{15^2}{109 \times 74} - 1\right)$$
$$= 22.81$$

$$v = (R-1)(C-1) = (3-1)(2-1) = 2$$

(3) 确定 P 值，做出推断结论

查 χ^2 界值表，$\chi^2_{0.05,2} = 5.99$，本例 $\chi^2 = 22.81$，$\chi^2 > \chi^2_{0.05,2}$，故 $P<0.05$。按 $\alpha=0.05$ 水准，拒绝 H_0，接受 H_1，差异有统计学意义。可认为三种药物治疗急性肝炎的有效率不全相同。究竟哪两组间的有效率有差别，须进一步做两两组间率的比较，这要进行行×列表的分割来完成，请参考有关统计学书籍。

2. 多个构成比的行×列表资料 χ^2 检验。

● 案例 10-7

某研究者搜集了甲、乙、丙三地区共 2592 人的血型资料，结果见表 10-6。

问题：这三个地区人群的血型分布是否相同？

表 10-6　三个地区人群血型构成比较

地区	A	B	O	AB	合计
甲地	258	43	194	22	517
乙地	408	106	444	37	995
丙地	321	369	295	95	1080
合计	987	518	933	154	2592

检验步骤如下：

(1) 建立假设，确定检验水准

H_0：甲、乙、丙三地人群血型分布总体的构成比相同

H_1：甲、乙、丙三地人群血型分布总体的构成比不全相同

$\alpha = 0.05$

(2) 选择检验方法，计算检验统计量 χ^2 值

本例为 3×4 表，属于三组构成比的比较，把数据代入公式 10-13 计算得：

$$\chi^2 = 2592 \times (\frac{258^2}{517 \times 987} + \frac{43^2}{517 \times 518} + \frac{194^2}{517 \times 933} + \frac{22^2}{517 \times 154} +$$

$$\frac{408^2}{995 \times 987} + \frac{106^2}{995 \times 518} + \frac{444^2}{995 \times 933} + \frac{37^2}{995 \times 154} + \frac{321^2}{1080 \times 987}$$

$$+ \frac{369^2}{1080 \times 518} + \frac{295^2}{1080 \times 933} + \frac{95^2}{1080 \times 154} - 1)$$

$$= 297.38$$

$$v = (R-1)(C-1) = (3-1)(4-1) = 6$$

(3) 确定 P 值，做出推断结论

查 χ^2 界值表，$\chi^2_{0.05,6} = 12.59$，本例 $\chi^2=297.38$，$\chi^2 > \chi^2_{0.05,6}$，故 $P<0.05$。按 $\alpha=0.05$ 水准，拒绝 H_0，接受 H_1，差异有统计学意义。可认为三地区人群血型构成不全相同。

(二) 行×列表 χ^2 检验的注意事项

(1) 一般认为，行×列表资料中各个格子的理论频数不应小于 1，并且 $1 \leq T < 5$ 的格子数不宜超过格子总数的 1/5。若出现理论频数太小的这种情况，有三种处理方法：①最好是增加样本例数，使理论频数增大；②根据专业知识，考虑能否删去理论频数太小的行或列，或将太

小理论频数所在的行或列的实际频数与性质相同或相近的邻行的实际频数进行合并；但此法可能会损失资料原蕴含的部分信息，也会损害原样本的随机性，不同的合并方式有可能得到不同推断结论，故不宜作为常规方法使用；③改用 $R\times C$ 表的 Fisher 确切概率法。

（2）多个样本率或构成比比较的 χ^2 检验，如果所得统计推断结论为拒绝 H_0，接受 H_1，只能认为各总体率或构成比之间总的来说有差别，但不能认为它们彼此之间都有差别。若要比较彼此间的差别，可参阅有关统计学书籍中所介绍的方法，采用行×列表的 χ^2 分割等方法进一步做多重比较。

（3）有些行×列表资料不能用 χ^2 检验，如等级资料"痊愈、显效、有效、无效"即有序分类变量资料不宜使用 χ^2 检验，可以用非参数秩和检验，请参阅有关统计学书籍。

目标检测

选择题

1. n 足够大，样本率不接近于 1 或 0，估计总体率 95% 的可信区间用（　　）
   A. $p\pm 1.96 S_p$　　B. $p\pm 2.58 S_p$
   C. $p\pm 1.96 S$　　D. $p\pm 2.58 S$
   E. $p\pm 1.96 s_{\bar{x}}$

2. 四格表 χ^2 检验中，如果 $\chi^2 < \chi^2_{0.05(1)}$，可以认为（　　）
   A. 两样本率不同
   B. 不能认为两样本率不同
   C. 两总体率不同
   D. 不能认为两总体率不同
   E. 以上都不对

3. 当三个样本率比较时，有一个实际频数小于 1 时（　　）
   A. 不能做 χ^2 检验
   B. 必须先进行合理的并组
   C. 可以做 χ^2 检验
   D. 作校正 χ^2 检验
   E. 不能确定是否能进行 χ^2 检验

4. 三行四列表做 χ^2 检验当有 3 个格子的实际频数在 1 和 5 之间时（　　）
   A. 做校正 χ^2 检验
   B. 应进行合理的合并
   C. 直接做 χ^2 检验
   D. 不能确定，应验证条件
   E. 最好增加样本例数

5. 用 CT 和病理检查对 50 名疑似恶性肿瘤患者做检查，两种方法均阳性者 20 名，CT 检查有 26 名阳性，病理检查有 32 名阳性，两种方法检查均为阴性的人数是（　　）
   A. 6　　B. 18　　C. 24　　D. 12　　E. 30

6. 当三个样本率做比较，$\chi^2 > \chi^2_{0.05(2)}$，可认为（　　）
   A. 各总体率均不相同
   B. 各总体率不同或不全相同
   C. 各样本率均不相同
   D. 各样本率不同或不全相同
   E. 尚不能认为各总体率不相同

7. 某医师用物理疗法治疗椎间盘突出，治疗 26 例 12 人有效，用手术方法治疗 25 人，18 人有效，若进行 χ^2 检验，用（　　）
   A. $(|A-T|-1)^2/T$
   B. $\sum (|A-T|+1)^2/T$
   C. $\sum (|A-T|-0.5)^2/T$
   D. $\sum (A-T)^2/T$
   E. $\sum (|A-T|+0.5)^2/T$

（米术斌）

第11章 统计表和统计图

统计表（statistical table）与统计图（statistical graph）是对资料进行统计描述的重要工具，具有简单明了、易于理解和接受的优点，广泛应用于资料的整理及研究结果的对比分析之中。

第一节 统 计 表

● 案例 11-1

某医院采用艾叶、苍术、黄柏等中草药制成消毒片，用于病房空气中真菌的消毒。为观察效果，以中草药消毒片为实验组，以紫外线灯照射为对照组，两组各随机消毒 15 间病房，然后考核消毒前后空气中真菌数（cfu/m^3）的变化。结果表明，实验组消毒前病房的空气中真菌数平均为（94.3±54.4）cfu/m^3，消毒后为（12.9±9.6）cfu/m^3；对照组消毒前病房的空气中真菌数平均为（86.0±47.9）cfu/m^3，消毒后为（44.2±26.9）cfu/m^3。

问题： 1. 该资料属于何种类型资料？
  2. 试用统计表表示之。

将统计资料及分析指标用表格的形式列出，称为统计表。它可以避免冗长的文字叙述，能把有关的数字列在一起，使数据条理化和明晰化，即便于计算、分析和对比，又易于发现错误和遗漏。

 统计表的制表

1. 统计表的结构　统计表由标题、标目、线条和数字等要素组成，必要时可加备注。其基本格式如下。

表序　标题

横标目的总标目	纵标目	纵标目	纵标目
横标目	×××	×××	×××
横标目	×××	×××	×××
…	…	…	…
…	…	…	…
合计	×××	×××	×××

备注：

2. 制表要求

（1）表序与标题：标题是统计表的总名称，放在表的上方中间位置，简明扼要地说明表的主要内容。一个完整的标题应包括时间、地点和研究内容。统计表应有表号，并将其写在上端的左侧，以备查引证。

（2）标目：是统计表内的项目，用来表达所研究事物的内容。标目分为横标目、纵标目和总标目。

①横标目：是被研究事物的主要内容，一般多为观察事物群体的分组情况，列在统计表的左侧，说明每一横行数字的意义，通常称为主语。

②纵标目：用来指示被研究事物的次要分组内容和研究指标经计算获得的统计量，列在统计表的右侧顶层，说明每一纵列的意义，通常称为谓语。几个纵标目或横标目具有共同性质时，可冠以总标目。

横标目与纵标目有主语和谓语的关系，连起来是一句完整通顺的句子。标目内容或指标的排列应按时间的先后或由小到大的顺序排列，以更好地说明事物的规律性。

（3）线条：线条应简洁，常用三条基本线表示，即顶线、底线、标目线，如有合计，则用横线隔开。如表中有总标目，在总标目与纵标目之间常用短横线隔开。统计表中只有横线，无竖线和斜线。

（4）数字：表内的数字必须准确无误。要求一律用阿拉伯数字表示，同一指标的数字其小数位数要一致，上下要对齐。表内不宜留有空格，数字暂缺或未有记录用"……"表示，无数字用"—"表示，数字为零时用"0"表示。

（5）备注：不是统计表的必要结构，一般不列入表内。如需对某个数字或指标加以说明时，可在该数字或指标右上方用"*"标注，并在统计表的下方用文字加以说明。

统计表的种类

根据研究事物特征的复杂程度，统计表可分为简单表和复合表。

1. 简单表　只按单一特征或标志分组的统计表，如表 11-1。

表 11-1　某地 1980 年男、女 HBsAg 阳性率

性别	调查人数	阳性人数	阳性率（%）
男	4234	303	7.16
女	4530	181	4.00
合计	8764	484	5.52

2. 复合表　按两个或两个以上特征或标志分组，即由一组横标目和两层及以上纵标目构成的统计表，如表 11-2。

表 11-2　某地 1980 年不同年龄、性别者 HBsAg 阳性率

年龄组（岁）	男			女		
	调查数	阳性数	阳性率（%）	调查数	阳性数	阳性率（%）
0～	726	31	4.27	1706	27	1.58
10～	1392	115	8.26	1013	47	4.64

续表

年龄组（岁）	男			女		
	调查数	阳性数	阳性率（%）	调查数	阳性数	阳性率（%）
20～	735	59	8.03	614	37	6.03
30～	574	57	9.93	554	45	8.12
40～	463	27	5.83	384	19	4.95
50～	232	10	4.31	187	4	2.14
60～	112	4	3.57	72	2	2.78
合计	4234	303	7.16	4530	181	4.00

三、统计表的修改

统计表的修改是对原统计表按统计表的制表要求进行审核和重新制作的过程。

● 案例 11-1

表 11-3 是某年某村居民饮用水源与肠道传染病的患病情况，分析该表的制作存在哪些缺点？如何修改？

表 11-3　水源与肠道传染病情况（原表）

患病	塘水		井水		合计	
	患病人数	患病率	患病人数	患病率	患病人数	患病率
结果	50	20%	15	5%	65	11.8%
调查人数	250		300		550	

表 11-3 的缺点：①标题太简单，不能说明统计表的内容，不知是何时何地的情况；②主、谓语位置颠倒，符号"%"应写在"患病率"的后面，并用括号括上次；③线条太多，不应有竖线和不必要的横线；④同一指标的数字其小数位数要一致，上下要对齐。修正表见表 11-4。

表 11-4　某年某村居民饮用水源与肠道传染病的患病率（修正表）

水源	调查人数	患病人数	患病率（%）
塘水	250	50	20.0
井水	300	15	5.0
合计	550	65	11.8

> **链接**
>
> 某研究欲分析甲、乙两医院某年内住院患者情况列表如下，试指出其中的缺点并加以改正。
>
> | % | 科别 | 内科 | 外科 | 妇科 | 儿科 | 合计 |
> |---|---|---|---|---|---|---|
> | 甲医院 | 人数 | 850 | 1133 | 425 | 425 | 2833 |
> | | % | 30 | 40 | 15 | 15 | 100 |
> | 乙医院 | 人数 | 861 | 1126 | 430 | 437 | 2854 |
> | | % | 30 | 39 | 15 | 15 | 100 |

第二节 统计图

统计图（statisticalchart）是用点、线、面等各种几何图形来表达统计资料的数量及变化趋势，使统计资料更形象、更易懂，可直观地反映出事物间的数量关系。但统计图表达事物数量较为粗略，不便于做细致表示，故一般使用统计图时，应配有相应资料的统计表。统计图的种类很多，常用的有条图、圆图、百分条图、线图、半对数线图、直方图和散点图等。

制图的基本要求

1. 根据资料的性质和分析的目的选择相应的统计图。

2. 与统计表相似，统计图必须有标题，概括统计图资料的时间、地点和主要内容。标题一般位于统计图的下方正中位置。标题左侧要有图的编号，以备查考。

3. 统计图一般要有横、纵两轴。横轴用来说明资料的主要内容，如果用来表示连续型变量，要求有定量尺度，尺度从左到右，由小到大，等距标明。纵轴必须有定量尺度，尺度由下至上，由小到大，等距划分。一般将两轴相交点处定为0。纵横轴的比例一般以5∶7为宜。

4. 几种不同的事物绘制在同一图形内比较时，应有不同的线条或颜色表示，并附图例加以说明。图例可放在图的右上角空隙处或下方中央位置。

常用统计图及其绘制方法

1. 条图 又名直条图（bar graph），是用等宽直条的长短表示各相互独立指标之间的大小关系。条图有单式条图（图11-8）和复式条图（图11-9）。

直条图的横轴为观察项目，纵轴为数值，纵轴坐标一定要从0开始。各直条的宽度应相同，间隔与直条等宽或为其一半；复式条图在同一观察项目的各组之间无间距。各直条按自然顺序排列，若无自然顺序则按直条长短顺序排列，以便更好地对比分析。

● 案例11-2

将表11-5的资料绘制成直条图（图11-8）。

表11-5　某医院10年来5种疾病住院患者死亡人数

病名	死亡人数
肿瘤	187
脑外伤	44
心脏病	42
脑出血	32
肺炎	29

Excel 绘制直条图：

（1）在 Microsoft Excel 运行条件下，新建一工作表，输入表头"某医院10年来5种疾病住院患者死亡人数"，输入表11-5中的数据（图11-1）。

1	某医院10年来5种疾病住院病人死亡人数	
2	病名	死亡人数
3	肿瘤	187
4	脑外伤	44
5	心脏病	42
6	脑出血	32
7	肺炎	29
8		

图 11-1　表 11-5 资料 Excel 格式

（2）单击【插入】/【图表】，在出现的【图表向导-4 步骤之 1-图表类型】对话框中，在【标准类型】选项卡的【图表类型】列表框选择【柱形图】，在【子图表类型】选项组中单击选中【簇状柱形图】，如图 11-2 所示，单击【下一步】按扭。

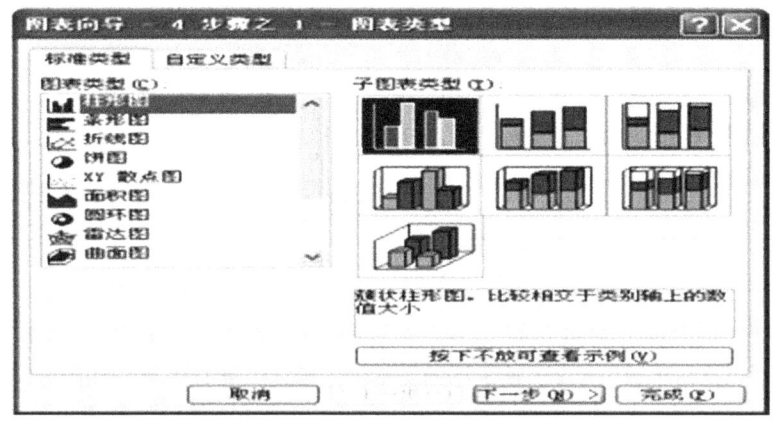

图 11-2　图表向导之【图表类型】对话框

（3）在出现的【图表向导-4 步骤之 2-源数据】对话框中，单击【数据区域】选项卡中【数据区域】后的折叠按钮，选择 B3：B7 单元框区域，单击选中【系列产生在】选项组中的【列】单选按扭，如图 11-3 所示。

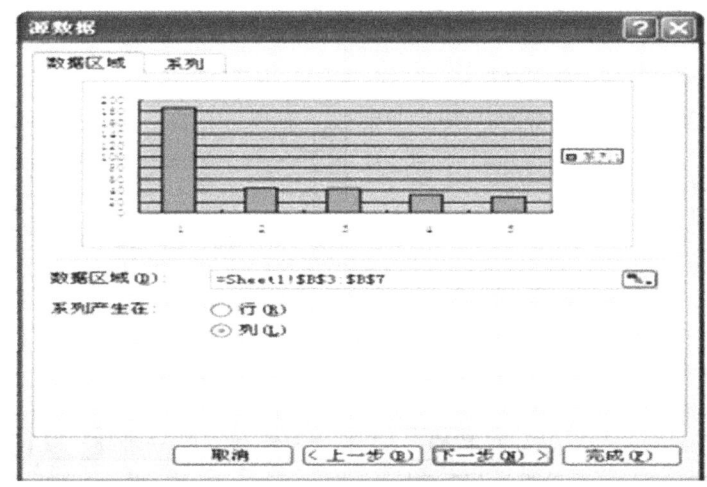

图 11-3　图表向导之【数据区域】选项

选择【系列】选项卡,在【名称】文本框中输入"某医院 10 年来 5 种疾病住院病人死亡人数",单击【X 值】后的折叠按钮,选择 A3:A7 单元框区域,如图 11-4 所示,单击【下一步】按扭。

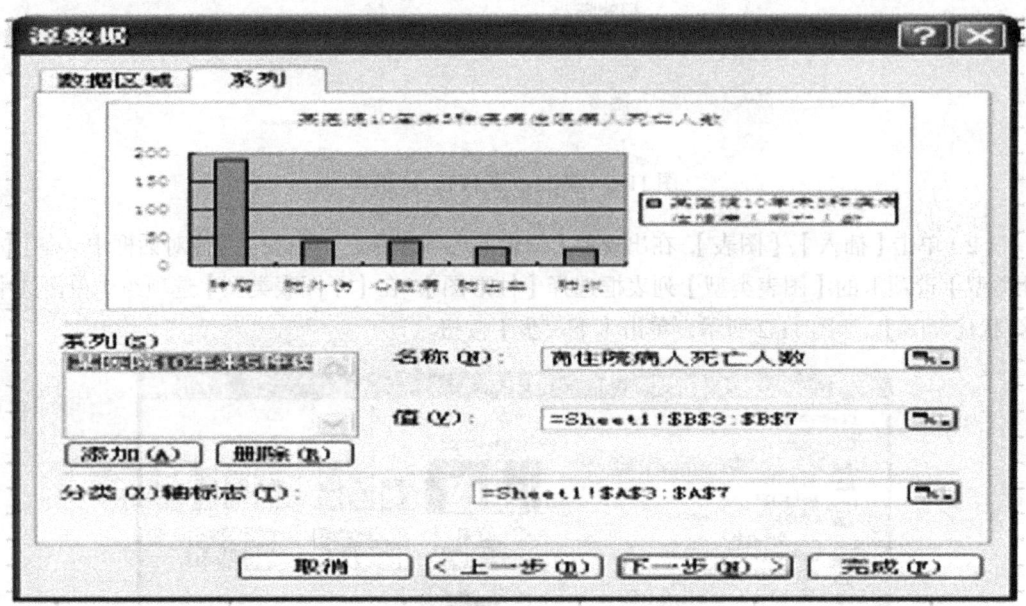

图 11-4　图表向导之【系列】选项

（4）在出现的【图表向导-4 步骤之 3-图表选项】对话框中,在【数值（X）轴】下的文本框中输入"病名",在【数值（Y）轴】下的文本框中输入"死亡人数"如图 11-5 所示。选择【网格线】选项卡,取消选中【数值（Y）轴】选项区域的【主要网格线】复选框,如图 11-6 所示。选择【图例】选项卡,取消选中【显示图例】复选框,如图 11-7 所示,完成后单击【完成】按扭。输出结果如图 11-8 所示,必要时也可对图形进行编辑与修改。

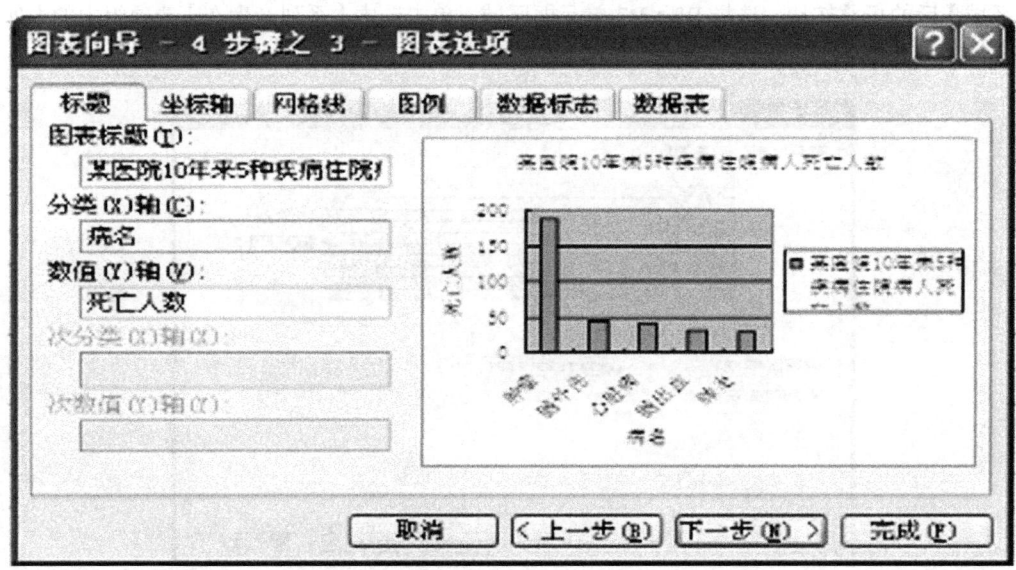

图 11-5　图表向导之【标题】选项

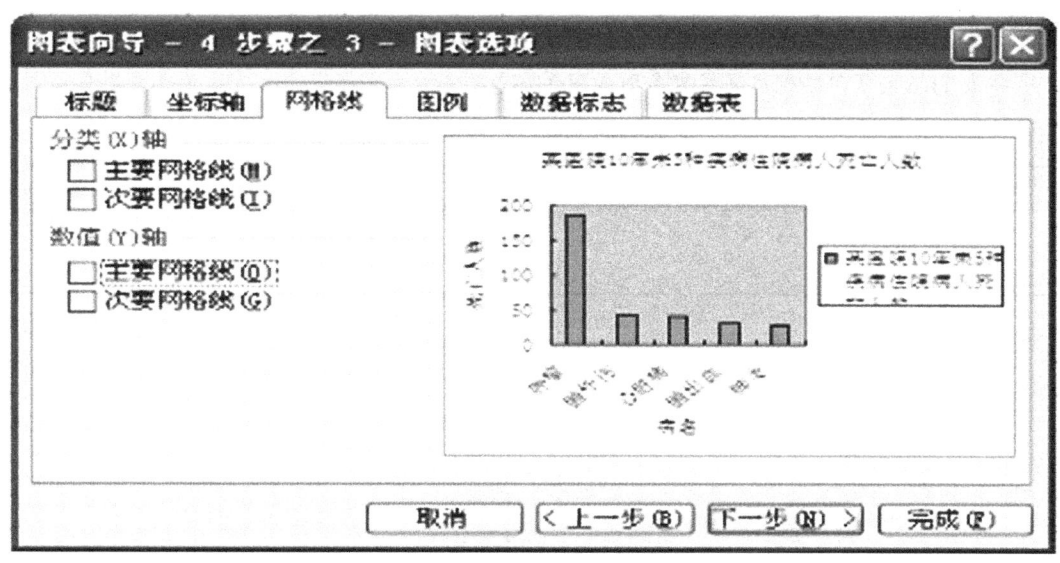

图 11-6　图表向导之【网格线】选项

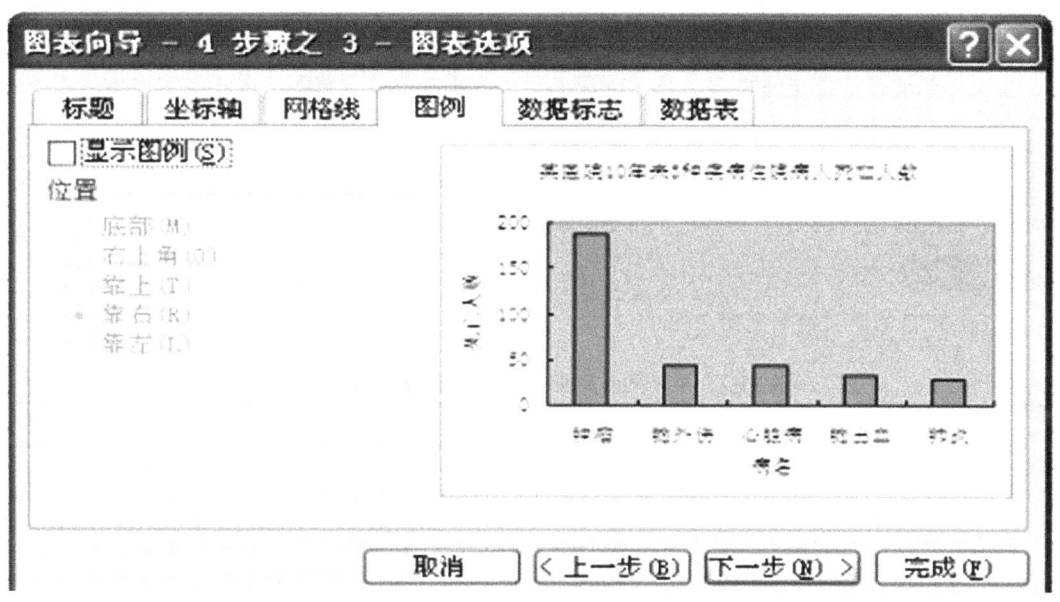

图 11-7　图表向导之【图例】选项

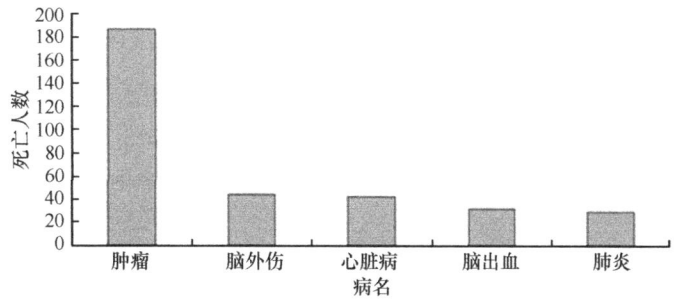

图 11-8　某医院 10 年来 5 种疾病住院病人死亡人数

● 案例 11-3

将表 11-6 的资料绘制成复式直条图（图 11-9）。

表 11-6　某年某师各团菌痢、肠炎发病人数（个）

病种	一团	二团	三团	炮团
菌痢	41	43	61	34
肠炎	26	23	38	35

操作步骤大致同前，结果如图 11-9。

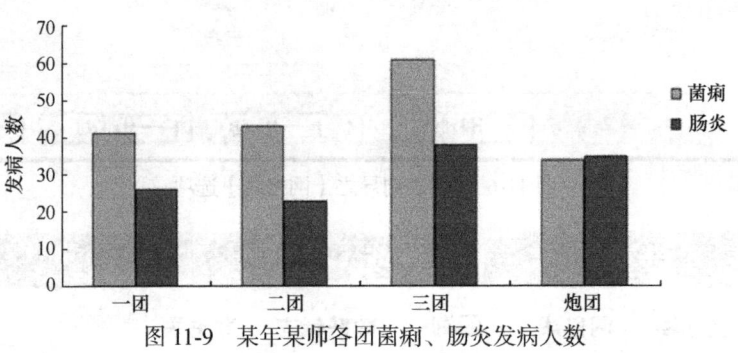

图 11-9　某年某师各团菌痢、肠炎发病人数

2. 圆图　圆图（pie graph）是以圆面积 100% 表示事物的全部，圆内各扇形面积为各部分所占的百分比，用来表示事物各组成部分的构成比。适用于构成比资料。

● 案例 11-4

将表 11-7 的资料绘制圆图（图 11-11）。

表 11-7　某年某市疾控中心专业技术人员学历构成

学历	人数	构成比（%）
本科	56	53.33
大专	24	22.84
中专	15	14.29
高中及以下	10	9.52

Excel 绘制圆图：操作步骤大致同前。只是在出现的【图表向导-4 步骤之 1-图表类型】对话框中，在【标准类型】选项卡的【图表类型】列表框选择【饼图】。在出现【图表向导-4 步骤之 3-图表选项】对话框中，选择【数据标志】选项卡，选中【百分比】和【图例项标示】复选框，如图 11-10 所示。完成后单击【完成】按扭。输出结果如图 11-11 所示，必要时也可以对图形进行编辑与修改。

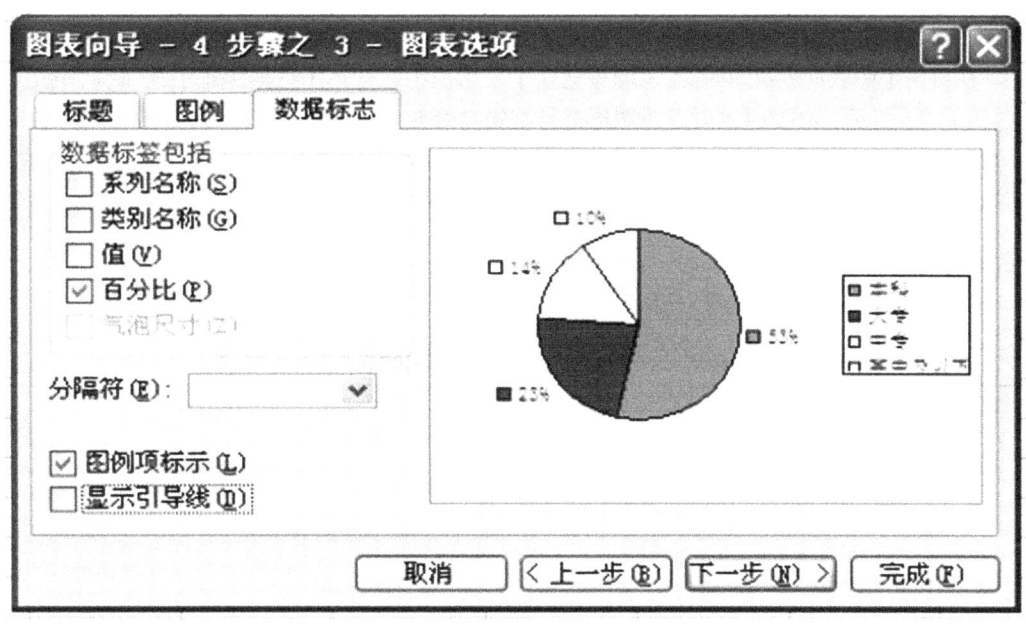

图 11-10　图表向导【图表类型】选项

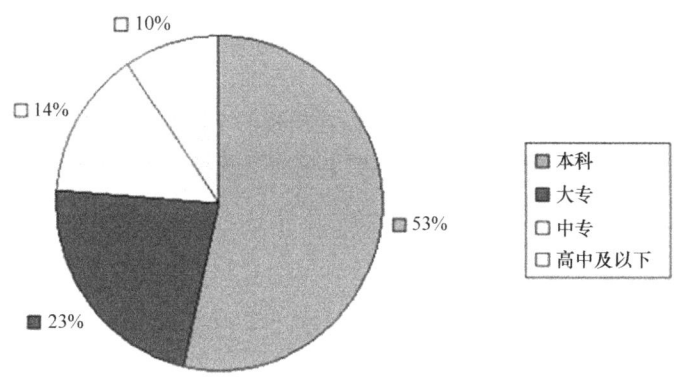

图 11-11　某年某市疾控中心专业技术人员学历构成

3. 百分条图　百分条图（percent bar graph）是用一个长条的面积表示事物的全部，条内各段的面积为相应部分所占的百分比。适用于表示事物中各部分所占的比重和构成。凡能绘制圆图的资料，也可用百分条图表示。如图 11-12 所示某年某地不同性别患者肿瘤的构成情况。

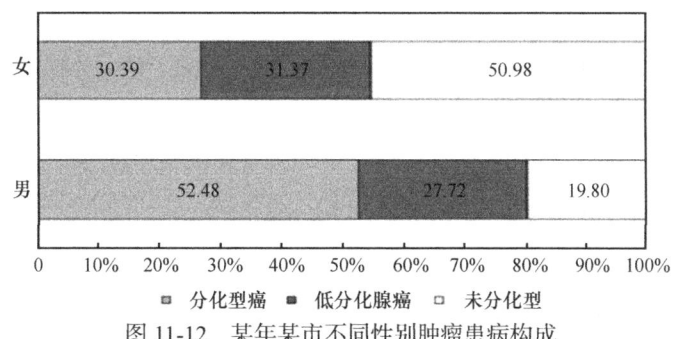

图 11-12　某年某市不同性别肿瘤患病构成

Excel 绘制百分条图：操作步骤大致同前。只是在出现的【图表向导-4 步骤之 1-图表类型】

对话框中,在【标准类型】选项卡的【图表类型】列表框选择【条形图】的【百分比堆积条形图】。在出现【图表向导-4 步骤之 3-图表选项】对话框中,选择【数据标志】选项卡。输出结果如图 11-12 所示,必要时也可以对图形进行编辑与修改。

4. 线图　线图(line graph)是用线段的升降来表示某事物在时间上发展变化的趋势,或某现象随着另一现象变迁的情况。适用于连续性资料。

● 案例 11-5

将表 11-8 的资料绘制线图(图 11-13)。

表 11-8　某地区 1975—2000 年痢疾与百日咳病死率(1/10 万)

年份	痢疾		百日咳	
	病死率	对数值	病死率	对数值
1975	1.45	0.1614	0.220	−0.6576
1980	0.82	−0.0862	0.050	−1.3010
1985	0.23	−0.6383	0.020	−1.6990
1990	0.14	−0.8539	0.010	−2.0000
1995	0.10	−1.0000	0.005	−2.3010
2000	0.04	−1.3979	0.002	−2.6990

Excel 绘制线图:操作步骤大致同前。只是在出现的【图表向导-4 步骤之 1-图表类型】对话框中,在【标准类型】选项卡的【图表类型】列表框选择【折线图】,输出结果如图 11-13 所示。

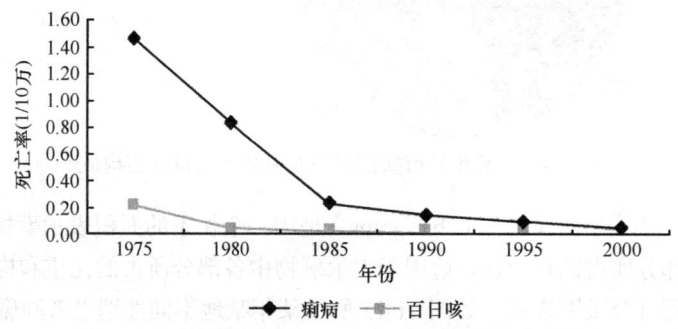

图 11-13　某地区 1975—2000 年痢疾与百日咳病死率

5. 半对数线图　半对数线图(semi-logarithmic line graph)是一种特殊的线图,用于比较事物之间的变化速度。

● 案例 11-6

将表 11-8 的资料绘制半对数线图(图 11-14)。

Excel 绘制半对数线图:先将纵坐标变量取对数值,横坐标变量不变,再绘制线图,即为半对数线图。输出结果如图 11-14 所示。

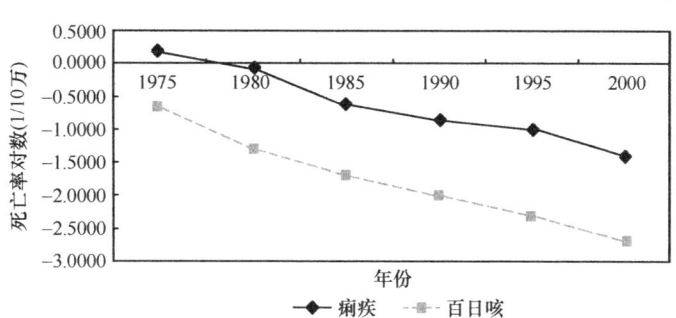

图 11-14　某地区 1975—2000 年痢疾与百日咳病死率

6. 直方图　直方图（histogram）是用矩形的面积表示各组段的频数，各矩形面积的总和为总频数，用以表示连续性资料的频数分布。

● 案例 11-7

将表 11-9 的资料绘制直方图（图 11-15）。

表 11-9　某校 198 名学生的身高分布

身高（cm）	组中值（cm）	人数	身高（cm）	组中值（cm）	人数
152～	154	1	168～	170	52
156～	158	10	172～	174	34
160～	162	28	176～	178	12
164～	166	56	180～184	182	5

操作步骤大致同条图，在出现的【图表向导-4 步骤之 2-源数据】对话框中，选择【系列】选项卡，单击【X 值】后的折叠按钮，选择组中值单元框区域。生成条形图后，对图形进行编辑，双击任意一直条，出现【数据系列格式】对话框，选择【选项】选项卡，将【分类间距】设为 0。输出结果如图 11-15。

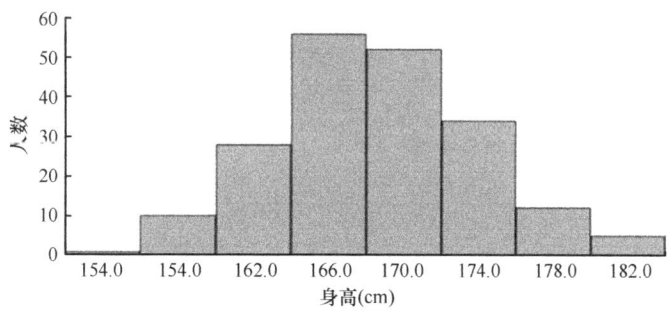

图 11-15　某校 198 名学生的身高分布

7. 散点图　散点图（scatter chart）是以点的密集程度和变化趋势来表示两种现象的相关关系。适用于双变量资料，均具有连续变化的特征。

● 案例 11-8

将表 11-10 的资料绘制散点图。

表 11-10　某年某小学 14 名 8 岁男孩身高与坐高

序号	身高 X（cm）	坐高 Y（cm）	序号	身高 X（cm）	坐高 Y（cm）
1	120.2	65.9	8	126.1	68.5
2	122.5	67.0	9	131.8	71.3
3	127.5	67.0	10	120.0	64.0
4	126.3	68.6	11	121.1	66.3
5	117.8	63.1	12	130.0	71.9
6	127.7	69.1	13	120.0	68.3
7	117.4	61.0	14	116.3	61.5

Excel 绘制散点图：在出现的【图表向导-4 步骤之 1-图表类型】对话框中，在【标准类型】选项卡的【图表类型】列表框选择【XY 散点图】，其余操作方法大致同前。输出结果（图略）。

目标检测

选择题

1. 在统计表内，如无数字，应记作（　　）
   A. …　　B. —　　C. *
   D. 空格　E. 0

2. 对于构成比资料适用的统计图是（　　）
   A. 线图　　B. 条图　　C. 直方图
   D. 半对数线图　　E. 百分条图

3. 适宜做不同指标变化速度比较的统计图是（　　）
   A. 圆图　B. 复式条图　C. 半对数线图
   D. 直方图　E. 散点图

4. 下列对直方图描述不正确的是（　　）
   A. 多用于描述连续性资料的频数分布
   B. 横轴和纵轴的尺度可以不从 0 开始
   C. 纵轴的尺度须从 0 开始
   D. 各组段组距必须相等
   E. 各直条间不留空隙

5. 统计图中纵坐标长度与横坐标长度之比一般是（　　）
   A. 2∶1　B. 1∶1　C. 4∶3
   D. 5∶7　E. 2∶3

6. 比较某地在两个年份几种传染病的发病率可用（　　）
   A. 百分条图　B. 复式条图
   C. 线图　　　D. 圆图
   E. 直方图

7. 用图形表示某地自 1970 年以来五种传染病的发病率的总体变化情况，宜绘制（　　）
   A. 线图　　B. 百分条图　C. 散点图
   D. 复式条图　E. 圆图

8. 调查某地 6 至 16 岁学生近视情况，需描述近视学生的年龄分布可用（　　）
   A. 普通线图　　B. 半对数线图
   C. 条图　　　　D. 直方图
   E. 圆图

9. 表示各相对独立指标的数值大小用（　　）
   A. 直方图　　B. 条图　　C. 构成图
   D. 普通线图　E. 散点图

（王福彦）

第12章 流行病学方法

本章内容是预防医学的重要课程之一。根据教学大纲及培养目标，通过学习，学生能掌握流行病学的定义；描述疾病分布常用的统计指标；现况调查的基本原理、分类；筛检试验的评价方法；病例对照研究的基本原理、研究对象的选择方法、资料收集和分析的方法；实验性研究的基本原理、特点、分类。熟悉流行病学的用途；研究疾病分布的意义；筛检试验的用途；现况调查、病例对照研究常见的偏倚及控制方法；实验性研究的设计与实施。了解疾病三间分布的特点；现况调查中常用的随机抽样方法；病例对照研究的优点和局限性。

第一节 流行病学概述

 流行病学的定义

流行病学是研究人群中疾病与健康状况的分布及其影响因素，并研究防治疾病及促进健康的策略和措施的科学。

流行病学的定义内涵丰富，其诠释可包括如下内容。

（1）流行病学研究的对象是人群，包括各种患者和健康人。

（2）流行病学研究的内容包括疾病与健康状况，即疾病、伤害和健康三个层次。

（3）流行病学的任务依次通过揭示现象、寻找原因和探求措施和对策三个阶段来实现。

（4）流行病学的工作过程是通过描述流行病学来揭示现象；通过分析流行病学方法来寻找原因（即提出病因假说）；通过流行病学来探求措施和对策，并证实措施的有效性。

（5）流行病学研究的三种基本方法分别是观察法、实验法、数理法，其中又以观察法最为重要。

 流行病学的用途

随着现代医学的迅速发展，以及流行病学方法和原理的扩展，流行病学已深入到医药卫生、疾病预防和公共卫生事业的多个方面。

1. 疾病的预防和健康促进　流行病学的根本任务是预防疾病，具体体现在疾病三级预防的思想及其实践中，这一用途在传染病和寄生虫病的预防中已显而易见。在慢性非传染性疾病，例如癌症、心血管病和糖尿病等的预防控制中取得了一定的成绩。随着社会的发展，健康教育和健康促进逐渐成为疾病预防的重要内容。在制订促进人群健康的策略和措施，开展社区卫生服务和社区干预方面流行病学发挥了重要的作用。

2. 疾病监测　在疾病的防治过程中，流行病学坚持长期地、系统地收集并分析疾病的资料，以了解疾病的流行趋势及其影响因素。疾病监测的范围包括传染病、非传染性疾病或其他（如伤残或健康状态）。我国卫生部门目前已建立的全国传染病监测系统和死因监测系统，正在发挥着重要的作用。

3. 疾病病因和危险因素研究　流行病学在研究疾病的病因和危险因素方面具有特殊的方法学意义和重要的实际意义。有些疾病的病因是单一的，如传染病中的麻疹；但有些疾病的病因较复杂，如慢性非传染性疾病就是由多种因素综合作用的结果，如高血压、血脂异常、肥胖和吸烟等均被认为是冠心病的危险因素。因此，流行病学的主要任务就是尽量阐明这些危险因素。有时，虽然真正的病因机制尚未完全被阐明，但针对诸多危险因素所采取防制疾病的措施仍收到很好的效果，这是很实际的，是流行病学应用中的一大特点。

4. 疾病自然史研究　疾病从发生到结局有一个自然发展过程，如亚临床期、症状早期、症状明显期、症状缓解期和恢复期。通过流行病学方法研究人类疾病和健康的发展规律，研究自然史可以用于疾病预防和健康促进。

5. 疾病防治的效果评价　观察疫苗接种的效果、了解新药的安全性和有效性、评价社区干预项目、评价卫生工作或卫生措施的效果等，均需进行流行病学研究看看是否降低了人群发病率，是否提高了治愈率和促进了健康水平。简言之，只有人群中的结果才能最终说明人群中的问题。

第二节　疾病的分布

● 案例 12-1

1854 年伦敦爆发严重霍乱，当时流行的观点是霍乱是通过空气传播的，即瘴气学说，而 John Snow 医生研究发现，霍乱是通过饮用水传播的。研究过程中，John Snow 医生统计每户病亡人数，每死亡一人标注一条横线，分析发现，大多数病例的住所都围绕在 Broad Street 水泵附近，结合其他证据得出饮用水传播的结论，于是关掉了 Broad Street 水泵的把手，霍乱最终得到控制。Snow 医生的霍乱研究彻底否定了瘴气学说，而霍乱弧菌的发现则是在 29 年后的 1883 年。

问题：这一案例说明了什么？

疾病的分布（distribution of disease）以疾病的频率为指标，描述疾病在不同人群、不同时间、不同地点的分布现象。在流行病学中简称"三间分布"它是流行病学研究的起点和基础，可以发现病因线索，为进一步医学研究指明方向。

疾病的三间分布是指疾病在地区、时间和人群上的三间分布，可以反映出疾病的流行特征。流行特征是判断和解释病因的依据，也是形成病因假设的重要来源。

一、疾病频率常用的测量指标

(一) 发病指标

1. 发病率

(1) 定义：是指在一定时期内特定人群中某病新病例出现的频率。

$$发病率 = \frac{一定时期某人群中某病新病例数}{同期暴露人口数} \times K \qquad (12-1)$$

K=100%、1000‰、100 000/10 万……

发病率是描述发病频率的一项指标，看发病率有多大，K用多大，多用 100 000/10 万。

(2) 分子与分母的确定：分子是新发病例数，是指在观察期间内新发生的病例，亦即起病开始时间在观察期间内出现的新发病例数。若对于一些急性病，病程短，在观察期间内一个人多次患病，则应多次记为新发病例数，如流感、腹泻等，因此发病率可大于 1。对发病时间难以确定的一些疾病可将初次诊断的时间作为发病时间，如精神疾病、恶性肿瘤等。

分母是暴露人口数，即易感人口数（对疾病无特异免疫力的人），是指在观察期间内观察地区的人群中有可能发生所要观察的疾病的人口数，亦即有可能成为分子的人口数。观察人群中哪些不属于暴露人口，是需要去除的呢？传染病中，有免疫力的人，理论上不应计入分母内，如接种过疫苗者、已患过该病者，以及观察开始时正在患该病的人。如麻疹，对于曾患过麻疹、正在患麻疹的，以及接种麻疹疫苗者，这三类人需要去除；慢性病中，包括正在患病的或因患病经治疗后不可能再患的。如研究 2002 年高血压的，在 2000—2001 年就已经患病的不能算。另外，像阑尾切除、胆囊切除术后的肯定不会再发阑尾炎、胆囊炎应去除。

但在实际工作中，暴露人口数不易获得，往往用同期平均人口数来代替，而且一般研究的都是较大范围的人群，需要去除的可能只是其中很小的一部分，如研究的是 100 万的大人群，只有 100 个人肯定不会再患病，是需要去除的，那么这 100 人只是其中很小的一部分，此时就可以忽略不计，而直接用平均人口数，对结果影响不大。

(3) 平均人口数计算：发病率多以年为时间单位，未特指则一般为一年。年平均人口数有两种计算方法：①某年 7 月 1 日零时的人口数；②（年初人口数+年末人口数）/2

(4) 用途：发病率是衡量疾病危险性的指标，发病率高说明疾病对健康影响大，反之影响小。发病率可用作描述疾病的分布，其变化可能是某些自然发生的波动，可能反映了疾病因素的变化，也可能是某些有效措施的结果。通过比较不同特征人群的某病发病率，可用于病因学探讨发病因素，提出病因假设和评价防制措施的效果。

2. 罹患率

$$罹患率 = \frac{观察期间某病新病例数}{同期暴露人口数} \times K \qquad (12-2)$$

与发病率一样是测量新发病例的指标，是发病率的一种特殊类型，其公式与发病率的公式几乎相同。

唯一不同在于它们的适用范围不同，罹患率主要用于衡量小范围、短时间内新发病例的频率。但要注意罹患率的分母，不能用平均人口数替代，必须准确计算暴露人口数。

3. 患病率

(1) 定义：指在一定时间，特定人群中某病新旧病例数所占的比例。

$$患病率 = \frac{特定时期某人群中某病新旧病例数}{同期观察人口数} \times K \qquad (12-3)$$

(2)分子和分母的确定:分子是新旧病例数。旧病例,为研究开始之前就已经起病但病程延续到研究开始后的患者。如研究 2002 年某病的患病率,2002 年以内发病的即为新病例数;2001 年就已经发病,至 2002 年元月仍未痊愈的,则为旧病例;而对于 99 年发病已经痊愈者,则不计算在内。

分母是平均人口数。分母可按照观察时间的不同分为:时点患病率和期间患病率。时点患病率:某一时点,如 6 月 30 日零点的患病率(理论上),但实际工作中将 1 个月以内的都作为时点患病率。时点患病率较为常用,公式为:

$$时点患病率 = \frac{某一时点一定人口数中现患某病新旧病例数}{该时点人口数(被观察人数)} \times K \qquad (12\text{-}4)$$

期间患病率:指的是特定的一段时间,通常多超过 1 个月,但通常不超过 1 年,一般在 6 个月以下。其公式为:

$$期间患病率 = \frac{某观察期间一定人口中现患某病的新旧病例数}{同期的人口数(被观察人数)} \times K \qquad (12\text{-}5)$$

(3)影响患病率的因素

使患病率升高的因素:①病程延长;②未治愈者的寿命延长;③发病率增高;④病例迁入;⑤易感者迁入;⑥健康者迁出;⑦诊断水平提高;⑧报告率提高。

使患病率降低的因素:①病程缩短;②病死率高;③发病率下降;④病例迁出;⑤健康者迁入;⑥治愈率提高。

(4)患病率与发病率和病程两个因素的关系:患病率取决于两个因素,即发病率和病程。因此患病率的变化可反映出发病率的变化或疾病结果的变化或两者兼有。如由于治疗的改进,患者免于死亡但并未恢复,这可导致患病率增加;或者由于发病率下降或患者恢复快或死亡快,病程缩短等,可导致患病率下降,如果发病率增高但同时病程缩短,患病率也可能降低。可见患病率水平(所有病例)是随着发病率(新病例)增高而增高,并随着疾病的死亡或恢复加速而下降。

当某地某病的发病率和该病的病程在相当时间内保持稳定时,患病率、发病率和病程三者之间的关系是:患病率=发病率×病程。例如,有人曾调查美国某州癫痫的患病率是 376/10 万,发病率是 30.8/10 万,则病程为 12.2 年。

(5)患病率与发病率的区别

①分子不同:发病率为新病例数,而患病率为新旧病例数,不管病例的发病时间。

②收集资料的方式不同:发病率是衡量疾病的出现情况,需准确定发病开始时间,需要经一段时间观察才能获得。而患病率其分子是衡量疾病的一种存在状态,可通过描述性研究中的横断面调查获得,因而调查时间不能拖得太长,应在一至数月内完成,不得超过 1 年。

用途:患病率主要用于病程较长的慢性病的流行情况及其对健康人群的影响程度,是横断面研究的常用指标。对于急性病,病程太短,调查时已痊愈,价值不大。如可用于表示冠心病、糖尿病等的发生或流行情况,为医疗设施规划,估计医院床位周转等提供依据,以及可估计该病对居民健康危害的严重程度。

4. 感染率

(1)定义:是指在某个时间内能检查的整个人群样本中,某病现有感染者人数所占的比例。

$$感染率 = 受检者中阳性人数 / 受检人数 \times 100\% \qquad (12\text{-}6)$$

感染者或感染状态可通过检出某病的病原体的方法来发现,也可用血清学或其他方法获得。

（2）用途：感染率是评价人群健康状况常用的指标。感染率常用于研究某些传染病或寄生虫病的感染情况、流行状态和分析防治工作的效果，特别是对那些隐性感染、病原携带及轻型和不典型病例的调查较为实用，如乙型病毒性肝炎、脊髓灰质炎、结核、寄生虫病等。感染率也可为制定防治措施提供依据。

（二）死亡指标

1. 死亡率

（1）定义：某人群一定时期内因各种原因而死亡的人数所占的比例。（又称总/粗死亡率）

$$死亡率 = \frac{某期间内（因某病）总死亡人数}{同期平均人口数} \times K \quad （12-7）$$

K=100%、1000‰、100 000/10 万……

分子为死亡人数，分母为可能发生死亡事件的总人口数，一般为年中人口数，常以年为单位。未经过调整的率也称粗死亡率。死亡率也可按不同特征分别计算，如分别按年龄、性别、职业、民族、种族、婚姻状况及病因等，即死亡专率。粗死亡率综合反映了一个国家或地区文化、卫生水平。注意其分子与分母应是相对应的人群，分母应为可能成为分子的人口。对不同地区的人口死亡率进行比较时，需注意不同地区人口构成的不同对比较结果可能造成的影响，为消除年龄构成不同所造成的影响，常需要将死亡率进行标准化后，再进行比较。

婴儿死亡率：婴儿死亡率非常重要，是衡量一个社会经济及卫生状况的一项敏感指标。婴儿死亡率高的地区，相对就落后一些，一般说来发达国家低于发展中国家。其不受人口构成的影响，因其本身就是年龄别的死亡专率，所以可以直接进行比较。

（2）用途：死亡率是用于衡量某一时期，某一地区人群死亡危险性大小的一个常用指标。它可反映一个地区不同时期人群的健康状况和卫生保健工作的水平，也可为该地区卫生保健工作的需求和规划提供科学依据。某些死亡率高的恶性肿瘤，死亡率与发病率十分接近，其死亡率基本上可以代替该病的发病率，而且死亡率准确性高于发病率，因此常用作病因探讨的指标。死亡专率可提供某病死亡在人群、时间、地区上变化的信息，可用于探讨病因和评价防治措施。

2. 病死率

（1）定义：指某人群某时期内（一般为1年），患某病的全部患者中因该病而死亡的比例。病死率只是一个比值，不是一个真正的率。通常用于急性病，较少用于慢性病。

$$病死率 = \frac{一定时期内因某病死亡人数}{同期确诊患某病的人数} \times 100\% \quad （12-8）$$

（2）用途：病死率表示确诊疾病的死亡概率，它反映的是疾病的严重程度。同时该指标也反映了诊治能力等医疗水平。一种疾病的病死率在不同流行中可因病原体、宿主和环境之间的平衡发生变化而变化，但是在比较不同医院的病死率时，需要特别注意，因为医疗设备、规模等的差异都会影响医院接受危重患者的病死率，所以用病死率作为评价不同医院的医疗水平时，特别要注意它们的可比性。

二 疾病的流行强度

疾病的流行强度是指某种疾病在某地区一定时期内某人群中，发病数量的变化及其各病例间的联系程度。常用散发、流行和暴发等来表示。

1. 散发　是指发病率呈历年的一般水平，各病例间在发病时间和地点方面无明显联系，散在发生。散发的确定多与此病近三年的发病率进行比较。散发适用于范围较大的地区。

形成散发的原因：①某病在当地常年流行，居民有一定的免疫力或因疫苗接种维持人群一定的免疫水平；②以隐性感染为主的传染病；③传播机制难以实现的传染病；④潜伏期长的传染病。

2. 流行　是指某病在某地区显著超过该病历年发病率水平。流行应根据不同病种、不同时期、不同历史情况来进行判定。有时疾病迅速蔓延可跨越一省、一国或更广，其发病率水平超过该地一定历史条件下的流行水平时，称大流行（pandemic），如流感、霍乱曾多次造成世界性大流行；当前 AIDS 的流行也是呈世界性的；又如，我国 1910 年曾发生一次鼠疫大流行。当时从 1910 年 9 月开始至 1911 年 4 月完全扑灭，持续 8 个月。从满洲里至济南：该疾病沿着铁路线传播，8 个月死亡人数达 6 万人，来势相当迅猛，这就是一次大流行。

3. 暴发　是指在一个局部地区或集体单位中，短时间内突然有很多相同的患者出现。传染病爆发时，大多数患者常常同时出现在该病的最长潜伏期内，如托幼机构的手足口病、流行性脑脊髓膜炎等暴发。非传染性疾病也可呈暴发形式出现，如食物中毒等。

 疾病的分布形式

（一）人群分布

人群可根据不同的自然或社会属性，如年龄、性别、民族、职业、宗教、婚姻与家庭等进行分组或分类，不同疾病在某一属性（如年龄）上有其分布特点。

1. 年龄　不同疾病在不同的年龄组中发病率不同，研究疾病的年龄分布可以帮助我们确定高危人群，从而进行预防。除此之外，还可以帮助我们探索疾病病因和评价防治措施，以及观察人群中免疫状态的变化。

疾病的年龄分布一般具有以下几种。

（1）儿童高发：多以传染病为主，此类传染病具有易传播，多以隐性感染，且病后可产生稳固免疫力的特点。如麻疹、水痘、猩红热、百日咳、流行性腮腺炎、流行性脑脊髓膜炎等均在儿童中高发，但可以通过预防接种使某些儿童期高发的传染病出现年龄后移现象。

（2）青壮年高发：消化系统疾病、心肌炎等在青壮年期属高发病；青年期的情绪易受到外界影响，精神分裂症受遗传影响易在此期发病；风湿性关节炎、系统性红斑狼疮及胶原病等与免疫有关的疾病多发于 40 岁前后。

（3）老年高发：有些疾病会随着年龄的增长而增加，如恶性肿瘤、缺血性心脏病、脑血管病、白内障等疾病，原因是因为致病因素需长时间积累才能发病。

（4）其他：某些疾病年龄发病率出现双峰现象。如肺炎、支气管炎既多发于儿童期又高发于老年期。结核病在儿童和青壮年期各有一个发病高峰，前一个高峰为初感期，常因营养不良或其他疾病而使其恶化，后一个高峰常为劳累过度、精神不安等因素所致。

2. 性别　描述疾病在不同性别的分布有助于探索致病因素。如癌症，除乳腺癌和宫颈癌外，一般男多于女，原因就是暴露机会不同。云南某锡矿肺癌性别比为 13.2∶1（男∶女）其原因是锡矿男工多，接触致癌物机会多；有些疾病女多于男，如地方性甲状腺肿、轻微碘缺乏，女高于男；重度缺乏，则男、女发病率没差别。

3. 职业　研究职业与疾病的关系，首先应考虑暴露机会的多少及劳动条件，其次应考虑职业劳动者所处的社会经济地位和卫生文化水平及不同职业的体力劳动强度和精神紧张程度等都可能在疾病的发生过程中有反映。与职业有关的疾病很多，如长期接触联苯胺，易患膀胱癌；

从事矽尘作业,易患矽肺;从事皮毛加工业,易感染炭疽等。

4. 种族和民族　不同的民族和种族之间在疾病的发生和死亡及其严重性等方面可存在明显差异。存在的主要影响因素有遗传因素、风俗习惯、生活习惯、饮食习惯、经济状况与医疗水平、地理环境等。如鼻咽癌,在我国广东高发,又称"广东瘤",与遗传有关;美国白人中动脉粥样硬化自杀高于和黑人,而黑人子宫癌病死率显著高于白人,这是种族和民族不同所致。

5. 婚姻状况　好的则感情好,对健康有利。不同婚姻状况人群的健康常有很大的差别,如离婚者全死因死亡率最高,丧偶及独身者次之,已婚者最低;婚姻状况对女性健康有明显影响,如婚后的性生活、妊娠、分娩、哺乳等对女性健康均有影响;近亲婚配,会增加隐性遗传疾病的发生概率;家庭是社会的基本单位,其成员的数量、年龄、性别、文化水平、风俗习惯、行为等均对疾病分布频率产生影响。

（二）时间分布

时间分布是对某一地区人群中发生的一种疾病按时间的变化进行描述,以检查可能病因因素与该病的关系。研究病因的时间分布不仅可以提供疾病病因的重要线索,也可反映疾病病因的动态变化,同时还有助于验证可疑的致病因素及其与该种疾病的关系。疾病的时间分布常包括以下几点。

1. 短期波动　主要是以日、周、月计数的短期观察数据。短期波动的含义与爆发相近,区别主要是爆发常用于少量人群,而短期波动常用于较大数量的人群。短期波动或爆发都是因为人群中大多数人在短时间内接触或暴露于同一致病因素所致,且多数病例发生于该病的最长潜伏期与最短潜伏期之间。传染病或非传染性疾病都可呈现短期波动或爆发现象。如1988年,上海因食用毛蚶引起的甲型肝炎大爆发及1972年因桑毛虫引起的皮炎爆发等。

2. 季节性　季节性指的是疾病每年在一定季节内呈现发病率升高的现象。其特点主要有以下几点。

（1）严格的季节性:传染病发病多集中在少数几个月内,这种严格的季节性多见于虫媒传播的传染病。

（2）季节性升高:虽一年四季均发病,但仅在一定月份发病升高,如肠道传染病夏秋季高发、呼吸道传染病冬春季高发。非传染性疾病也有季节性升高的现象,如克山病就具有明显的冬季发病的流行病学特点。

季节性升高的原因主要有气象条件、媒介昆虫、动物及人类活动,以及暴露因素等影响。

3. 周期性　有些疾病每隔一个相当规律的时间间隔发生一次流行的现象,称为疾病的周期性。周期性主要表现在传染病上,因传染病生病后大多具有一定免疫力。如伤寒,一次流行后人群中大多有免疫力。只有在免疫力消退及无免疫力的人涌入（新生儿增加或易感者加入）,当总数达一定水平就会导致再次流行。

4. 长期趋势　又称长期变异,是指在一个相当长的时间内,疾病的发病率、死亡率、临床表现及病原体型别同时发生显著变化。如肺结核,发病率和死亡率逐渐减少,但近年来又有抬头趋势,我国和国外均是,且对经典药物不敏感,主要是其型别的变化及出现耐药性。临床表现:如麻疹,原有典型的 Koplik 斑及出疹,现典型症状可能都看不见了。因此,研究疾病的长期趋势,可为探索疾病的病因线索和疾病预防策略及措施的制定提供依据。

(三) 地区分布

各种疾病（传染病、非传染病及原因未明疾病）均具有地区分布的特点。不同地区疾病的分布不同，这与周围的环境条件有关，它反映出致病因子在这些地区作用的差别，所以疾病的地区分布不同的根本原因是治病危险因素的分布和致病条件的不同。

1. **疾病在不同国家间的分布** 如黄热病只在非洲部分国家和南美洲部分国家流行。霍乱多见于印度，日本的胃癌及脑血管病的调整死亡率或年龄死亡专率居首位，但乳腺癌、大肠癌及冠心病最低。

2. **疾病在同一国家内的不同地区分布** 我国幅员辽阔，南北方气候明显不同，北方干燥寒冷，以呼吸道疾病居多；南方潮湿，风湿病多见。社会环境，如 AIDS，云南一带多，静脉吸毒者多，其他地方少些；湖南省内，洞庭湖血吸虫病多。气候条件，如北京一儿童不明原因发热，北京医师诊断"血液病？"而另一医师认为该孩子刚从南方外婆家回来，应怀疑"疟疾"。

3. **疾病的城乡分布** 城市人口多，密度大，交通拥挤，出生率常保持在一定水平，因此呼吸道传染病容易传播，如流行性感冒、水痘等常在城市中流行。在城市中与空气污染或噪声有关的职业性因素所致疾病要高于农村。农村人口少，居住分散，尤其偏远山区交通不便，呼吸道传染病不易流行，有些地方多年无麻疹、腮腺炎等传染病的发生。但是农村卫生设施相对差，肠道传染病如伤寒、痢疾等传染病易流行。

4. **地方性疾病** 地方性是指由于自然因素或社会因素的影响，某种疾病经常存在于某一地区，或只在某一地区的人群中发生，不需自外地输入，这种状况称为地方性。地方性疾病有以下几种。

（1）自然地方性：自然因素引起的疾病具有地方性，地理环境和气候条件所致。如媒介昆虫，疟疾要看该地适不适合蚊生长；血吸虫，北方无而南方有，南方适合钉螺生长。还有一些地方病，是由于地理环境中某种微量元素缺乏或过多所致，如克山病、地方性甲状腺肿、氟斑牙等。

（2）统计地方性：纯社会因素，与自然无关，使疾病只在某地存在或局限性升高。如沙特阿拉伯的"麦加"是伊斯兰教徒朝圣地，卫生条件差，常年霍乱流行。

（3）自然疫源性：一些疾病的病原体不依靠人而能独立地在自然界的野生动物中绵延繁殖，并且在一定条件下可传染给人，这种情况称自然疫源性。常见的自然疫源性疾病疾病有鼠疫、钩端螺旋体病、森林脑炎、流行性出血热等。这类疾病流行的地区称自然疫源地。

（4）疾病地方的判断：居住在当地的各人群组该病的发病率均高，并可随年龄的增长而上升；在其他地区居住的相似人群组该病的发病率低，甚至不发病；迁入该地区的健康人在当地居住一定时间后可发病，其发病率同当地居民相似；自该地区迁出的居民，经一定时间后该病的发病率可下降，患者症状减轻或呈自愈趋势；当地对该病易感的动物也可发生类似疾病。

（四）疾病的人群、地区、时间分布的综合描述

在实际的流行病学研究中，对一种疾病的描述往往是从人群、地区和时间分布三方面综合进行的，只有这样才能全面获取有关病因线索和流行因素的资料。移民流行病学就是进行综合描述的典型实例。

移民流行病学是通过比较移民人群、移居地当地人群和原居住地人群的某病发病率或死亡率差异，分析该病的发生与遗传因素和环境因素的关系。其在研究中应遵循的原则：①若某病在移民中的发病率或死亡率与原居住地人群的发病率或死亡率不同，而接近于移居地当地人群的率，则该病发病率或死亡率差别是由环境因素造成的；②若某病在移民中的发病率或死亡率与原居住地人群的发病率或死亡率相同，而不同于移居地当地人群的率，则该病发病率或死亡率的差别是由遗传因素造成的。

第三节 描述性研究

● 案例 12-2

1933 年，Dean 为探索氟化物与斑釉齿和龋齿之间的关系，在 6 个市（镇）进行研究。研究对象是出生在当地并持续饮用共同水源的 9 岁儿童。检查患龋情况，并对斑釉齿与龋齿以及饮用水含氟量与龋齿的关系做了分析。结果表明，斑釉齿流行区与非流行区比较，居民斑釉齿现患率与儿童患龋率成反比；饮用水中含氟浓度与儿童患龋率成反比；与居民斑釉齿现患率成正比。

问题：1. Dean 采用的研究方法属于流行病学研究的哪一类？
2. 这种研究方法有哪些优缺点？

描述性研究（descriptive study）是指利用现有记录资料或通过专题调查获得的资料，描述疾病或健康状况在不同时间、地点或人群中的分布特征，为进一步开展分析流行病学研究提供病因或流行因素的线索。描述性研究是流行病学最常用的研究方法，也是流行病学开展调查的第一步。当某种疾病或人群健康状况的原因不明时，应该从描述性研究开始，通过对该病或健康状况的基本分布特征进行对比分析，从而获得有关病因假设的线索，逐步建立病因假设。描述性研究主要包括：现况研究、生态学研究和纵向研究。

一、现况研究

（一）概述

现况研究（prevalence study）又称现况调查、横断面研究、患病率研究，是指在某一特定时间内（时点或时期）对某一特定范围内的人群，收集和描述人群的特征及疾病或健康状况的方法；是一种应用最广的的描述性研究。

现况调查的目的和用途通常是：①描述疾病或健康状况的三间分布；②寻找病因，发现病因线索；③了解人群健康水平；④适用于疾病的二级预防（通过普查、筛检等实现早发现、早诊断、早治疗）；⑤评价疾病防治效果（通过多次横断面研究的动态对比来实现）；⑥疾病监测；⑦其他，如衡量一个地区的卫生水平或健康状况，用于卫生服务需求的研究，用于社区卫生规划的制订与评估等。

（二）现况调查的种类：普查和抽样调查

1. 普查

（1）概念：普查（census）是指为了解某病的患病率或某人群的健康状况，在特定时间对特定范围内人群中的每一成员进行的调查或检查。普查分为以了解人群中某病的患病率、健康状况等为目的的普查和以早发现患者为目的的筛查。

（2）适用条件：①所普查的疾病患病率较高；②调查目的明确，调查项目简单；③疾病检验方法、操作技术不复杂，灵敏度和特异度高；④有足够的人力、物质和设备用于发现病例和及时治疗；⑤有严密的组织和高质量的普查人员队伍；⑥有群众基础。

（3）优缺点：普查的优点是能够发现人群中的全部病例，使其得到及时治疗；能提供疾病分布情况和流行因素或病因线索；通过普查能普及医学科学知识。缺点是普查工作量大，质量很难控制；易发生重复和遗漏现象；不适用于患病率低的疾病；耗费人力、物力，成本高；只能获得患病率资料，而不能获得发病率资料。

2. 抽样调查

（1）概念：抽样调查（sampling survey）是指从总体中随机抽取一部分具有代表性的观察单位作为研究对象进行调查，以样本统计量估计总体参数。

（2）优缺点：与普查相比较，抽样调查的优点是节省时间、人力和物力，花费少；由于调查范围小，调查工作容易做得细致。抽样调查的缺点是设计、实施及资料分析较为复杂；不适于调查变异较大的资料；不适用于患病率很低的疾病，因小样本不能提供足够的信息，不如直接普查，或者花费太大，无法进行。

（3）抽样方法：常用的抽样方法有单纯随机抽样、系统抽样、分层抽样、整群抽样和多级抽样等。

筛检

（一）概念及用途

筛检（screening）是指通过快速、简便的试验或其他手段，从表面健康的人群中去发现那些未被识别的可疑病人或有缺陷者。筛检试验不是诊断试验，对筛检试验阳性或可疑阳性者，必须进一步行确诊检查。

筛检的主要目的是做到疾病的早发现，属于疾病的二级预防，即早期发现那些处于临床前期或临床初期的患者，可提高治愈率，降低死亡率，达到疾病早诊断、早治疗和减少伤残的目的。

（二）筛检试验的评价指标

进行筛检试验评价时，必须明确疾病诊断的金标准（即标准诊断方法，是指可靠的、公认的、能正确地将有病和无病区分开的诊断方法）将研究人群分成有病和无病两组，然后用待研究的筛检试验，对该人群进行同步盲法重复检查，将两组检查结果进行分析比较后，就能对筛检试验进行评价（表 12-1）。对筛检试验的评价，除考虑安全可靠、简单快速及方便价廉外，主要从试验的真实性、可靠性及收益三个方面进行评价。

表 12-1 评价某筛检试验的资料整理表

筛检试验	金标准确诊		合计
	病例	非病例	
阳性	a（真阳性）	b（假阳性）	a+b
阴性	c（假阴性）	d（真阴性）	c+d
合计	a+c	b+d	N（a+b+c+d）

1. 真实性评价　真实性（validity）又称准确性或效度，指测量值与实际值的符合程度，是指将正常人和患者正确区分的能力。评价指标将出现如表 12-1 所示的真阳性、假阳性、假阴性、真阴性四种情况，由此可算出评价真实性的指标。

（1）灵敏度：又称真阳性率，筛检试验阳性者占受检者总人数的比例。即将实际有病的人正确的判断为患者的能力。理想的试验灵敏度为 100%。

$$灵敏度（\%）=\frac{a}{a+c}\times100\% \qquad (12-9)$$

（2）特异度：又称真阴性率，是指将实际无病的人正确的诊断为非患者的能力。理想试验特异度应为 100%。

$$\text{特异度}(\%) = \frac{d}{b+d} \times 100\% \qquad (12\text{-}10)$$

（3）假阴性率：又称漏诊率，是指实际患病者被判定为无病者的百分比。理想试验假阴性率应为 0。

$$\text{假阴性率}(\%) = \frac{c}{a+c} \times 100\% \qquad (12\text{-}11)$$

（4）假阳性率：又称误诊率，是指实际无病者而被判定为有病的百分比。理想试验的假阳性率应为 0。

$$\text{假阳性率}(\%) = \frac{b}{b+d} \times 100\% \qquad (12\text{-}12)$$

（5）约登指数：又称正确诊断指数，是指灵敏度和特异度之和减去 1，是综合评价真实性的指标。理想试验约登指数应为 1。其值越接近 1 说明正确诊断率越高，常用于不同诊断方法之间的比较。

$$\text{约登指数} = \text{灵敏度} + \text{特异度} - 1 \qquad (12\text{-}13)$$

（6）似然比（LR）：分为阳性似然比（LR+）与阴性似然比（LR-）。阳性似然比为经金标准确诊的患某病组中试验阳性者所占的比率（真阳性率）与经金标准确诊未患某病者中试验阳性者所占的比率（假阳性率）的比值。即真阳性率与假阳性率的比值，这个比值越大，说明该诊断方法越好。

$$LR+ = \frac{a}{a+c} \Big/ \frac{b}{b+d} \qquad (12\text{-}14)$$

在诊断试验中，阴性似然比为经金标准确诊的患某病者中试验阴性者所占的比率（假阴性率）与经金标准确诊的未患某病者中试验阴性者所占的比率（真阳性率）的比值。简言之，阴性似然比即为假阴性率与真阴性率的比值，这个比值越小，说明该诊断方法越好。

$$LR- = \frac{c}{a+c} \Big/ \frac{d}{b+d} \qquad (12\text{-}15)$$

例如，通过测定肌酸激酶（CK）来诊断心肌梗死（经尸解证实），其结果与疾病真实情况比较（表 12-2）。

表 12-2 测定肌酸激酶（CK），其结果与疾病比较

CK 实验结果	心肌梗死（金标准）		合计
	有	无	
阳性（≥80IU）	215	16	231
阴性（<80IU）	15	114	129
合计	230	130	360

对表 12-2 真实性评价结果如下：
灵敏度=215/230×100%=93.5%
特异度=114/130×100%=87.7%
假阴性率=15/230×100%=6.5%
假阳性率=16/130×100%=12.3%
约登指数=0.935+0.877-1=0.812
阳性似然比=0.935/0.123=7.60

阴性似然比=0.065/0.877=0.07

2. 可靠性评价　可靠性（reliability）又称重复性或信度，是指在完全相同的条件下，重复试验获得相同结果的稳定程度。

（1）可靠性常用的评价指标

①变异系数：试验测量的如果是血压、血糖等计量指标，则可用变异系数来表示可靠性。变异系数越小，可靠性越好。

$$变异系数 = \frac{测定值均数的标准差}{测定值均数} \times 100\% \qquad (12\text{-}16)$$

②符合率：试验测量的如果是阳性和阴性、正常与异常这样的定性指标，则可用符合率来表示可靠性，符合率越高，可靠性越好。

$$符合率 = \frac{a+d}{a+b+c+d} \times 100\% \qquad (12\text{-}17)$$

③Kappa 值：观察者对研究结果判断的一致性既可用符合率表示，也可用 Kappa 值来描述。Kappa 值与符合率比较，其考虑了机遇因素对一致性的影响并加以校正，从而提高了判断的有效性。

例如，评价两位放射科医师对一批矽肺胸片独自诊断结果的可靠性，结果见表 12-3。

表 12-3　两位放射科医师对一批胸片的诊断结果比较

甲医师	乙医师		合计
	Ⅱ级	Ⅲ级	
Ⅱ级	32	15	47
Ⅲ级	7	45	52
合计	39	60	99

依据上表计算 Kappa 值的步骤如下：

①计算两医师诊断结果一致性（符合率，P_0）

$P_0=(a+d)/n=(32+45)/99=0.7778$

②计算两种诊断结果的机遇一致率（Pe）

$Pe=[(a+c)(a+b)+(b+d)(c+d)]/n^2=(39\times47+60\times52)/99^2=0.5054$

③计算 Kappa 值

Kappa=$(P_0–Pe)/(1-Pe)=(0.7778-0.5054)/(1-0.5054)=0.55$

Kappa 值即内部一致性系数，是作为评价判断的一致性程度的重要指标。取值在 0~1 之间。Kappa≥0.75 两者一致性较好；0.75＞Kappa≥0.4 两者一致性一般；Kappa＜0.4 两者一致性较差。

（2）影响可靠性的因素：影响一项筛检试验或诊断的可靠性的因素包括观察者、被观察者和试验条件三方面的变异。

①观察者的变异：包括不同观察者之间的变异和同一观察者在不同条件、不同时间下重复检查同一样本时所得结果的不一致性，如几名观察者同时测量同一人的血压值，即使观察者训练有素，差异在 2mmHg 以内为允许范围。因此，观察者要经过严格的上岗培训，增强责任心，在试验过程中使观察者的变异降到允许范围内。

②受试对象生物学变异：生物个体的各种生理、生化指标均随测量时间、条件等变化而不

断变化。如血糖值在饭前、饭后不同时间由明显差异；而血压值在不同季节，一天的上下午，也会随着测量的体位和部位的不同而有变化。为此，要严格规定统一的测量时间、条件等，使被观察者在相同条件下进行比较。

③试验条件的影响：主要包括试验的环境条件（温度、湿度）；试剂与药品的质量及配制方法；仪器是否校准等。因此，试验人员必须严格规定试验的环境条件、试剂与药品的级别，仪器必须先校准，以确保试验的可靠性。

3. 效益　可从个体效益和社会效益的生物学、社会经济学效益等方面进行评价。这里仅介绍一个间接反映试验收益的指标，即预测值。可从以下几方面进行评价。

（1）预测值：预测值（predictive value）又称诊断价值，表示试验能做出正确判断的概率，还表示试验结果的实际临床意义。根据实验结果的不同，预测值分为阳性预测值和阴性预测值。

①阳性预测值（positive predictive value，PPV）：是指试验为阳性者真正患有该病的可能性。

$$阳性预测值（+PV）=\frac{a}{a+b}\times 100\% \qquad (12\text{-}18)$$

②阴性预测值（negative predictive value，NPV）：是指试验为阴性者真正没有患该病的可能性。

$$阴性预测值（-PV）=\frac{d}{c+d}\times 100\% \qquad (12\text{-}19)$$

（2）影响预测值的因素：预测值的大小与研究疾病的患病率和试验本身的灵敏度和特异度有关，其关系如下式：

$$阳性预测值（\%）=\frac{患病率\times 灵敏度}{患病率\times 灵敏度+(1-患病率)(1-特异度)}\times 100\% \qquad (12\text{-}20)$$

$$阴性预测值（\%）=\frac{(1-患病率)\times 特异度}{(1-患病率)\times 特异度+患病率\times (1-灵敏度)}\times 100\% \qquad (12\text{-}21)$$

表 12-4 说明了人群在不同患病率、灵敏度与特异度的情况下，阳性预测值与阴性预测值的变化。

表 12-4　在灵敏度、特异度和患病率不同水平时某人群糖尿病筛检的结果

患病率（%）	灵敏度（%）	特异度（%）	筛检结果	金标准 患者	金标准 非患者	合计	阳性预测值（%）	阴性预测值（%）
50	50	50	+	250	250	500	50	
			−	250	250	500		50
			合计	500	500	1000		
20	50	50	+	100	400	500	20	
			−	100	400	500		80
			合计	200	800	1000		
20	90	50	+	180	400	580	31	
			−	20	400	420		95
			合计	200	800	1000		
20	50	90	+	100	80	180	56	
			−	100	720	820		88
			合计	200	800	1000		

（Gordis 2000）

第四节 队列研究

一、队列研究的概念

队列研究是指将某一特定人群按是否暴露于某可疑因素或暴露程度分为不同的亚组，追踪观察两组或多组成员结局（如疾病）发生的情况，比较各组之间结局发生率的差异，从而判定这些因素与该结局之间有无因果关联及关联程度的一种观察性研究方法（图12-1）。

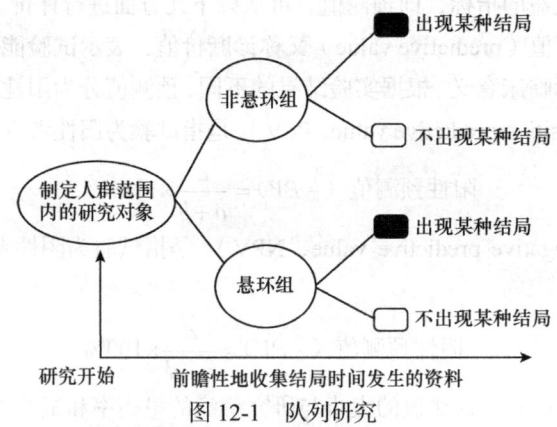

图 12-1 队列研究

二、队列研究的用途

（一）检验病因假设

多数时候，队列研究用来研究一种暴露与一种疾病的关联，但它也可同时观察某种暴露因素对人群健康的多方面影响，检验多个假说。

（二）描述疾病自然史

队列研究可观察到疾病的自然史，即疾病从易感期、潜伏期、临床前期、临床期到结局的整个自然发展过程。

（三）预防、治疗及预后研究

有时在随访人群中研究对象可能受各种因素的影响而自行采取一种与暴露致病作用相反的措施，出现预防效果，这种现象称为"人群的自然实验"。此外，队列研究还可研究某种疾病的长期变动趋势，为制定新的预防规划、治疗方案或康复措施提供依据。

三、队列研究的种类

（一）前瞻性队列研究

研究开始时暴露因素已经存在，但疾病尚未发生，研究的结局要前瞻一段时间才能得到，这种设计模式称为前瞻性队列研究，也叫同时性或即时性队列研究。它所需观察时间往往很长，要对研究对象进行定期随访。

（二）历史性队列研究

研究开始时暴露和疾病均已发生，即研究的结局在研究开始时已从历史资料中获得，研究对象的确定与分组是根据研究开始已掌握的历史资料，这种设计模式即为历史性队列研究，也称为非同时性或非即时性队列研究。

（三）双向性队列研究

也称混合性队列研究，即在历史性队列研究之后，继续进行一段时间的前瞻性队列研究。这种研究方法兼有上述两种方法的优点，在一定程度上弥补了两者的不足，在实际工作中常常用到，适用范围较广。

四 研究对象的选择

队列研究根据受暴露与否，将研究对象分为暴露组与对照组。研究对象的选择是关键步骤，要根据一定的原则进行。

（一）暴露人群的选择

1. **一般人群** 即一个范围明确的地区的全体人群或其样本，由具有不同暴露因素的个体组成，适用于同时观察多种暴露和多种疾病间的关系。若着眼于研究一般人群的发病情况，或暴露因素和疾病在人群中常见，不需要或没有特殊暴露人群，就可以选择一般人群作为暴露人群。实际工作中，常选择有组织的人群团体，如机关、团体、学校或详细可靠的人群资料作为一般人群的特殊形式，提高收集随访资料的效率。

2. **职业人群** 某些职业中常存在特殊暴露因子，使职业人群的发病或死亡率远远高于一般人群，选择职业人群进行研究，便于证实暴露与疾病的联系。如研究联苯胺的致癌作用，选择染料厂工人；研究石棉致肺癌的作用，选择石棉作业工人等。

3. **特殊暴露人群** 指具有特殊暴露经历的人群。如研究射线与白血病的关系、原子弹爆炸后的孕妇存活者与胎儿畸形的关系。

（二）对照人群的选择

队列研究结果的真实性依赖于是否正确选择了对照人群。选择对照组的基本要求是尽可能高的可比性，即对照人群除未暴露于所研究的因素外，其余各因素的影响或人群特征（年龄、性别、职业、民族、文化程度等）都应尽可能与暴露组相同，这称为齐同。对照人群大致可分为四种：

1. **内对照** 在同一研究人群中既有暴露组又有对照组。将统一研究人群中的非暴露人群或具有最低暴露剂量的人群称为内对照。如研究某人群中吸烟与疾病的关系，不吸烟者或少吸烟者就是内对照。

2. **外对照** 选择人口学特征与暴露组相似的另一个非暴露人群作对照，称为外对照。在以职业人群或特殊暴露人群为暴露组时，常需选择外对照。如放射科医师为研究射线致病作用的暴露对象时，可以不接触或极少接触射线的儿科或五官科医师为外对照。

3. **总人口对照** 用暴露人群所在地区的一般人群的发病率、死亡率或其他结局与暴露组相比较。这种对照的优点是统计资料容易得到，缺点是比较粗糙，有时暴露与疾病的联系会被低估。实际应用时，常采用间接标化比来代替两组率的直接比较。

4. **多重对照** 即用上述两种或两种以上的形式同时作对照，以减少只用一种对照所带来的偏倚以增强结果的可靠性。

五 队列研究样本含量的估计

（一）确定样本量大小的四个因素

队列研究样本量的大小主要取决于四个因素。

1. 非暴露人群的发病率（P_0）　P_0越接近0.50，所需样本越小。

2. 暴露人群的发病率（P_1）　暴露人群与对照人群两发病率之差越大，所需样本量越小。

3. 显著性水平（α）　即假设检验时的第Ⅰ类错误。要求假阳性错误出现的概率越小（即α越小），需样本量越大。通常α取0.05或0.01。

4. 检验效能（$1-\beta$）　即检验假设时能够避免假阴性出现的能力，β为检验假设时出现Ⅱ类错误的概率。若要求$1-\beta$越大，即β越小，所需样本量也越大。通常β取0.10。

（二）样本量确定应注意的问题

1. 抽样方法　队列研究往往要从实际人群中抽取一定数量的样本。抽样方法与以前介绍的方法相同，即单纯随机抽样、系统抽样、分层抽样、整群抽样。要根据样本估计值和实际情况选择恰当的抽样方法，以提高样本的代表性。具体方法可参考有关章节，此处不重述。

2. 暴露组与非暴露组的样本比例　两者等量还是对照多于暴露何者为优尚无定论，通常采用等量的做法。一般说来，对照组样本含量不宜少于暴露组。

3. 失访率　由于队列研究观察随访时间长，研究对象的失访在所难免。因此计算样本量时，应预先估计一下失访率，以扩大样本量，防止在研究后期因样本量不足而影响结果的分析。通常按10%来估计失访率。以计算出来的样本量再加10%作为实用样本量。

除了计算，还可以通过查表的方法获得样本含量，只要具备上述四个基本数据，即可从参考书的相应附表中查出所需的样本含量。

队列研究的资料分析

（一）资料的整理

根据队列研究统计资料的分析需要，我们往往把资料整理成以下统计表形式（表12-5）。

表12-5　队列研究资料归纳整理表

	发病	未发病	合计
暴露史	a	b	$a+b=n_1$
非暴露史	c	d	$c+d=n_0$
合计	$a+c=m_1$	$b+d=m_0$	$a+b+c+d=t$

（二）率的计算

1. 累积发病率　当研究时间不长，研究人群的数量较多，人口比较稳定，资料比较整齐时，可用固定人口作分母来计算发病率，称之为累积发病率。如从某年1月1日开始观察至该年底12月31日截止，全年内某疾病发病的累积总数除以该研究人群数，即得出某病的年累积发病率。

$$累计发病率 = \frac{观察期间发病人数}{观察开始时队列人数} \times 100\% \quad (12-22)$$

2. 发病密度　如果观察时间较长，难以作到人口稳定，如：观察对象进入队列的时间不一致；由于迁移、死亡或其他原因造成失访等，则应以人时为单位来计算发病率。以人时为单位计算出来的率带有瞬时频率的性质，因此区别于累积发病率而称之为发病密度（incidende density）又称人时数。

$$发病密度 = \frac{观察期间发病人数}{观察的人时数} \times 100\% \quad (12\text{-}23)$$

3. 率的显著性检验 检验暴露组与对照组的发病(死亡)率是否有显著性差异可采用 χ^2 检验；若观察样本量较大，样本率的频数近似正态分布，可用 u 分布。

$$u = \frac{P_1 - P_0}{\sqrt{S^2_{P_1} + S^2_{P_0}}} \quad (12\text{-}24)$$

4. 暴露于疾病关联强度的测量

（1）相对危险度（RR）：是暴露组的危险度（测量指标是累积发病率）与对照组的危险度之比。暴露组与对照组的发病密度之比称为率比（RR）。危险度比和率比都是反映暴露与发病（死亡）关联强度的最有用的指标。

$$RR = \frac{I_e}{I_0} = \frac{a/n_1}{c/n_0} \quad (12\text{-}25)$$

式中：I_e 和 I_0 分别代表暴露组和对照组的率，RR 表明暴露组发病或死亡的危险是对照组的多少倍。RR 值越大，表明暴露的效应越大，暴露与结局关联的强度越大。

（2）归因危险度（AR）：是暴露组发病率与对照组发病率相差的绝对值，它表示危险特异地归因于暴露因素的程度。

$$AR = I_e - I_0 = \frac{a}{n_1} - \frac{c}{n_0} \quad (12\text{-}26)$$

RR 与 AR 都是表示关联强度的重要指标，彼此密切相关，但其流行病学意义却不同。RR 说明暴露使个体比未暴露情况下增加相应疾病的危险程度，是比值；AR 则是指暴露使人群比未暴露情况下增加超额疾病的数量，如果暴露因素消除，就可减少这个数量的疾病发生。前者具有病因学的意义，后者更具有疾病预防和公共卫生学上的意义。

（3）人群归因危险度（PAR）：是指人群由于暴露于某一危险因子而增加的发病率。PAR 与 AR 不同，AR 仅是从抽取的人群资料中计算而来，而研究对象暴露与非暴露的比例不会与目标人群中两者的比例一致，若目标人群中暴露的比例低，尽管 AR 较高，人群中的实际发病者也不会很高，即人群中的归因危险度受人群暴露比例的影响。

设 I_t 为全人群的率，P_e 为全人群的暴露比例，则：

$$PAR = I_e - I_0 = AR \times P_e \quad (12\text{-}27)$$

七、队列研究中的偏倚及控制

偏倚是影响流行病学研究真实性的重要问题。与其他类型的研究一样，队列研究也会由于研究设计的失误、资料获取的失真，或分析推断不当而造成所获结论系统地偏离其真实值，即产生偏倚，从而错误地描述暴露与疾病之间的联系。因此，如果对偏倚的来源和产生原因有比较全面而深刻的认识，就有可能最大限度地减少偏倚的发生，提高研究的价值。在队列研究中常见的偏倚主要有以下几类。

（一）选择偏倚

由于选择研究对象的条件受限制或选择对象的方法有问题，而使研究人群中某个或某些非研究因素的分布与目标人群中该因素的分布不一致，造成研究结果偏离真实情况，就是产生了选择偏倚。选择偏倚发生的原因：最初选定参加研究的对象中有人拒绝参加了；

进行历史性队列研究时，有些人的档案丢失了或记录不全；研究对象由志愿者组成，他们往往是较健康或具有某种特殊倾向或习惯的；早期患者，在研究开始时未能发现，如肿瘤早期；暴露与疾病的规定不明确，有时是执行得不严格，等等。在进行职业流行病学研究时，由于被选择作为暴露组的工人的健康状况优于一般人群，导致暴露组的发病率或死亡率低于一般人群，即发生了所谓的健康工人效应。发生这种选择偏倚的研究常会低估暴露与疾病的联系。

（二）失访偏倚

队列研究的研究方法决定了它不可避免地要发生失访偏倚，因为在一个较长的随访观察期内，总会有对象迁移、外出，死于非终点疾病或拒绝继续参加观察而退出队列。这种偏倚实质上与选择偏倚相同，即使研究人群与目标人群的人群特征发生了偏差，但它是在追踪随访过程中出现的。一般而言，一项研究的失访率最好不超过 10%，否则其结论的真实性值得怀疑。

（三）信息偏倚

在收集和整理有关暴露和疾病的资料时所出现的系统误差称为信息偏倚。它主要取决于调查的内容、受调查者的素质和合作程度，以及资料收集过程中的质量控制好坏。引起信息偏倚最常见的情况：测量仪器不精确，检验技术不熟练；被调查者故意谎答或不应答；医师诊断偏严或偏松；调查者询问技术不当而诱使被调查者做某一倾向性的回答；长期随访时，使用的调查方法或诊断标准不一致，从而导致错误分类偏倚。

（四）混杂偏倚

在对某病的病因学研究中，当对所关心的某种暴露因素与这种疾病之间的联系定量估计时，由于其他外部因素的影响，致使暴露与疾病之间联系的真实性被歪曲，联系强度被放大或缩小，这种歪曲联系强度的作用被称为混杂作用，产生混杂作用的外部因素称为混杂因子。混杂作用是在研究的设计阶段未对混杂因子加以控制或分析资料时未能进行正确校正所致，混杂偏倚在研究中可以避免和控制。混杂因子既是疾病的危险因素，又与所研究的暴露因素之间存在统计学联系，且它不是暴露因素与疾病因果关系链上的中间变量。正是由于混杂因子、暴露因素和疾病三者之间的内在关系造成了当混杂因子在暴露组与对照组中的分布不均衡时就会产生混杂偏倚。性别、年龄和吸烟是最常见的三个混杂因子。

（五）偏倚的控制

控制、避免偏倚的发生是研究各种偏倚的最终目的。根据偏倚产生的不同原因可采用相应的办法加以控制。

1. 选择偏倚的控制　严格按规定的标准选择对象，尽量使暴露组与对照组的人群特征相近，尽量使用敏感的疾病早期检查技术。

2. 失访偏倚的控制　主要靠提高研究对象的依从性。在尽量减少失访的基础上，对失访者和已随访者的特征做比较分析，从各种途径了解失访者最后的结局，并与已随访者的最后观察结果做比较，有助于正确估计研究结果的正确性。

3. 信息偏倚的控制　依靠精确的测量，同等地对待每个研究对象，提高调查诊断技术，明确各项标准，严格按规定执行，可有效减少信息偏倚的发生。

4. 混杂偏倚的控制　在研究者有能力识别混杂因子的前提下，研究设计阶段可采用限制研究对象的选择条件和匹配的方法来控制；分析资料阶段利用分层分析、标准化和多因素分析对混杂偏倚加以控制。

队列研究的优点和局限性

（一）优点

（1）研究人群定义明确，选择性偏倚较小。

（2）由于是前瞻性的，有可能使测量暴露的方法标准化，以减少观察者、对象和技术变异而引起的误差，又由于事先不知道谁将发病，信息偏倚较小。

（3）可以直接计算暴露组和非暴露组的率，从而计算出 RR 和 AR 等反映疾病危险关联的指标，可以充分而直接地分析病因的作用。

（4）有可能观察到暴露和疾病在时间上的先后。

（5）有助于了解人群疾病的自然史。有时还可能获得多种预计以外的疾病的结局资料。

（6）可按暴露水平分级，从而有可能观察到剂量反应关系。

（二）局限性

（1）不适于发病率很低的疾病的病因研究，因所需对象数量很大，难以达到。即使是研究常见病，仍需大量对象，才能获得暴露组与对照组之间有意义的差异。

（2）需要长期随访，对象不易保持依从性，容易产生各种失访偏倚。

（3）研究费时间、费人力、物力，其组织与后勤工作相当艰巨。

（4）研究者虽然可预先根据暴露与否进行分组，但有时难以控制暴露以外的其他特征在两组中的分布，而造成混杂偏倚。

第五节　病例对照研究

 案例 12-3

法国 Robert 等人利用里昂地区出生缺陷监测系统 1976 年和 1978—1982 年的监测资料进行病例对照研究，以 146 例脊柱裂患儿作为病例，其他各种畸形 6616 例作为对照，回顾调查两组母亲妊娠期前 3 个月服用丙戊酸及其他抗惊厥药物的情况。结果显示，母亲孕期前 3 月服用丙戊酸与新生儿脊柱裂畸形的比值比为 20.6，95% 可信限区间为 8.2~47.9，表明两者关联强度很大，提示丙戊酸是脊柱裂的危险因素。

问题：1. 此研究采用的方法属于流行病学研究的哪一类？
　　　2. 这种研究方法有哪些优缺点？

一、病例对照研究的概念

以确诊某特定疾病的患者作为病例组，未患该病但具有可比性的人群作为对照组，回顾调查两组人群过去暴露于某个或某些因素的情况及暴露程度，从而推断某个或某些暴露因素与该病是否有关联及其关联程度大小。病例对照研究（experimental epidemiology）是一种"果"推"因"的，回顾性的观察性研究方法（图 12-2）。

暴露是指研究对象（病例或对照）曾经接触过某些因素，或具备某些特征，或处于某种状态，这些因素、特征或状态即为暴露因素。暴露因素可以是有害的，也可以是有益的。

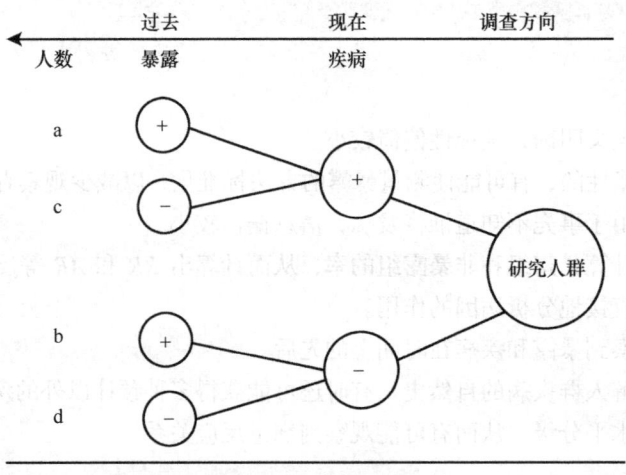

图 12-2 病例对照

病例对照研究的类型

（一）非匹配的病例对照研究

在设计的研究人群中，分别抽取一定数量的病例和对照作为研究对象，一般仅要求对照组的人数应等于或多于病例组的人数，其他不做限制和规定。

（二）配比的病例对照研究

配比要求对照在某些非研究因素或特征上与病例保持一致。配比分为：①频数配比。配比的因素所占的比例，在对照组与在病例组一致。如病例组中男女各半，则对照组中也应如此。②个体配比。以病例和对照的个体为单位进行匹配。1∶1配比又称配对，1∶2、1∶3……1∶M匹配时，称为配比。

病例对照研究的实施

（一）实施步骤

提出假设；制订研究计划；收集资料；对收集到的资料进行整理与分析；总结并提出研究报告。

（二）明确研究目的选择适宜的研究类型

如果为广泛地探索疾病的危险因子，可以采用非匹配或频数配比；根据提供研究用的病例的数量，若研究的是罕见病，或能得到的符合规定的病例数很少时，选择个体配比方法；能否以较小的样本获得较高的检验效率，如1∶M的配比方法，M值不宜超过4。

（三）病例与对照的基本来源与选择

包括：①以医院为基础的来源。医院的现患患者、门诊的病案及出院记录等。②以社区为基础的来源。社区、社区的监测资料或普查、抽查的人群资料等。

1. 病例的选择 ①疾病有明确统一、宽严适度的诊断标准。②对病例其他特征的规定，如性别、年龄、民族等。控制非研究因素增强可比性。在选择病例时有新发病例、现患病例与死亡病例三种，尽量使用新发病例。③保证使病例达到有关规定的标准，如要求通过某一级医院或试验室的诊断，或患者必须经过某项检查等。

2. 对照的选择　一般是参照病例的来源并与之一致。①同一或多个医疗机构中诊断的其他病例；②病例的邻居或所在同一居委会的健康人或非该病患者；③社会团体人群中的非该病病例或健康人；④社区人口中的非病例或健康人群；⑤病例的配偶、亲戚、同事等。对照应当来自于产生病例的人群，能代表产生病例的人群。在医院为基础的病例对照研究中，常常不能识别源人群。此时，总人群的随机样本不一定与源人群的随机样本一致。当使用医院病例时，改进对照系列的一个方法是将对照限制为那些与暴露没有联系迹象的患者。选择对照时必须考虑对照的代表性，对照与病例的可比性，以及可能出现的选择偏倚等。

（四）样本含量的估计

1. 影响样本大小的因素　①研究因素在对照人群中的估计暴露率 P_0；②预期该研究因素引起的相对危险度 RR 或比值比 OR；③预期达到的假设检验的显著性水平 α；④预期达到的假设检验的把握度（$1-\beta$）。

2. 估计方法（具体估计样本含量的公式参见其他参考教材。）需要注意的是：①所估计的样本含量并非绝对精确的数值，因为样本含量的估计是有条件的，而这些条件并非是一成不变的；②应当纠正样本量越大越好的错误看法。样本量过大，常会影响调查工作的质量，增加负担、费用；③病例组和对照组样本含量相等时效率最高。

四 资料的整理与分析

（一）数据整理

对调查研究所得到的原始资料应进行质量评价，然后将原始资料进行分组、归纳、编号后输入计算机。

（二）资料数据分析

1. 统计描述　对研究对象的一般特征进行描述，如性别、年龄、职业、出生地、居住地、疾病类型等的分布情况，对于匹配资料应描述匹配情况，如成组匹配应描述匹配因素的频数比例。此外，还需比较病例组和对照组之间除研究因素以外的各种特征是否近似或齐同，考察组间的均衡性。

2. 推断性分析

（1）把资料整理成四表格形式，如表 12-6。

表 12-6　病例对照研究资料整理表

组别	病例组	对照组	合计
暴露	a	b	$a+b=n_1$
非暴露	c	d	$c+d=n_0$
合计	$a+c=m_1$	$b+d=m_0$	$a+b+c+d=N$

（2）假设检验：对于检验病例组某因素的暴露率或暴露比例（a/m_1）与对照组（b/m_0）之间的是否具有统计学差异，常采用四格表 χ^2 检验。

$$\chi^2 = \frac{(ad-bc)^2 n}{(a+b)(c+d)(a+c)(b+d)} \tag{12-28}$$

若两组差异有统计学意义，则表明暴露与疾病有关联，可进一步分析关联强度。

（3）关联强度的计算：病例对照研究中表示疾病与暴露之间联系强度的指标为比值比

（OR）。所谓比值是指某事物发生的可能性与不发生的可能性之比，即病例组的暴露比值与对照组的暴露比值之比。概率的分母中包括未发生事件数，而比值的分母中不包括未发生事件数。因此，比值取值为 $0\sim\infty$，而概率取值为 $0\sim1$。

$$OR = \frac{a/c}{b/d} = \frac{ad}{bc} \quad (12\text{-}29)$$

OR 是指暴露者的疾病危险性为非暴露者的多少倍。当 $OR=1$ 时，表示暴露与疾病无关联；当 $OR>1$ 时，说明暴露使疾病的危险度增加，称为"正"关联，暴露是疾病的危险因素；当 $OR<1$ 时，说明暴露使疾病的危险度减少，称为"负"关联，暴露是疾病的保护因素。

（4）OR 可信区间的计算：OR 值只是一个点估计，由于抽样误差的存在，可以按一定概率即可信度来估计总体 OR 所在的范围，即 OR 的可信区间。一般计算 OR 的 95% 的可信区间。这里只介绍 Miettnen 氏卡方值法：

$$OR95\%CI = OR^{(1\pm 1.96/\sqrt{x^2})} \quad (12\text{-}30)$$

（5）实例分析：一项关于口服避孕药与心肌梗死的病例对照研究，结果见表 12-7。

表 12-7　口服避孕药（OC）与心肌梗死（MI）关系的病例对照研究结果

有无服用避孕药	病例	对照	合计
有	60（a）	44（b）	104（$a+b$）
无	144（c）	197（d）	341（$c+d$）
合计	204（$a+c$）	241（$b+d$）	445（$a+b+c+d$）

①本例进行四格表 χ^2 检验，将表格当中的数据代入公式：

$$\chi^2 = \frac{(ad-bc)^2 n}{(a+b)(c+d)(a+c)(b+d)} = \frac{(60\times 197 - 44\times 144)^2 \times 445}{104\times 341\times 204\times 241} = 7.61$$

自由度 $v=1$，$P<0.05$，说明病例组和对照组暴露率差异有统计学意义，口服避孕药与心肌梗死有关联。

②计算 OR 值：

$$OR = \frac{a/c}{b/d} = \frac{ad}{bc} = \frac{60\times 197}{44\times 144} = 1.87$$

③计算 OR 值的 95% 可信区间：

$$OR95\%CI = OR^{(1\pm 1.96/\sqrt{x^2})} = 1.87^{(1\pm 1.96/\sqrt{7.61})}$$

本例 OC 与 MI 的关联强度，即 OR 值 95% 可信区间为：

$$OR^{(1+1.96/\sqrt{x^2})} = 1.87^{(1+1.96/\sqrt{7.61})} = 2.92$$
$$OR^{(1-1.96/\sqrt{x^2})} = 1.87^{(1-1.96/\sqrt{7.61})} = 1.20$$

结果表明口服避孕药是心肌梗死的危险因素，口服避孕药者患心肌梗死的危险是不口服避孕药的 1.87 倍。OR 值 95% 可信区间为 $1.20\sim 2.92$，大于 1，说明 OR 值有统计学意义。

五、常见偏倚与控制

（一）选择偏倚

在以医院为基础的病例对照研究中更易发生。常见的选择偏倚（selection bias）有入院率偏倚、现患病例-新发病例偏倚、检出征候偏倚、时间效应偏倚。选择偏倚的控制主要是在研究设计阶段。尽量随机选择研究对象，以人群为基础选择研究对象或从多家医疗单位选择研究对象；调查时明确规定纳入标准为新发病例；尽量选择不同病情、不同特征的患者作为病例组；调查中尽量采用敏感的疾病早期检查技术等。

（二）信息偏倚

病例对照研究中常见的信息偏倚（information bias）有回忆偏倚和调查偏倚。对于回忆偏倚的控制主要是选择不易被人们忘记的重要指标，并重视问卷的提问方式和调查技术；对于调查偏倚可以通过规范调查研究方法、校正仪器、严格按照规定程序收集资料或采用盲法收集资料、完善质量控制方法等措施进行控制。

（三）混杂偏倚

混杂偏倚（confounding bias）是由于混杂因素的影响，掩盖或夸大了研究因素与疾病之间的联系。混杂因素是指与所研究的暴露因素和所研究的疾病均有关的因素，这些因素如果在病例组和对照组中分布不均，就可能歪曲暴露与疾病之间的真正联系。要控制混杂偏倚，首先必须认识混杂现象及其影响，并对混杂因素采取相应的控制措施。在研究设计阶段，可通过限制研究对象的入选条件、匹配等方法对一些主要混杂因素（年龄、性别、职业等）进行控制，其他混杂因素则可以在结果分析阶段采用分层分析、多元回归分析等方法解决。

 病例对照研究方法的优缺点

（一）优点
（1）特别适用于罕见病的研究。
（2）节省人力、物力和财力，容易组织。
（3）既可以检验有明确危险因素的假设，又可以广泛探索尚不够明确的多种因素。
（4）可以同时探讨多个因素与疾病的关联。

（二）缺点
（1）不适用于研究人群中暴露比例很低的因素。
（2）选择研究对象时，容易产生选择偏倚。
（3）信息的真实性难以判断。暴露与疾病的时间先后常难以判断，难以论证因果关系。
（4）获取既往信息时，难以避免回忆偏倚。

第六节　实验性研究

 实验性研究概述

（一）实验性研究的概念

实验性研究是按随机分配的原则，将研究对象分为实验组与对照组，将所研究的干预措施给予实验组人群后，然后随访一段时间并比较两组人群的结局，如发病率、死亡率、治愈率等，评价干预措施效果。

（二）实验性研究的基本特点

1. 前瞻性研究　干预在前，效应在后。
2. 随机分组　严格的实验流行病学应采用随机方法把研究对象分配到实验组或对照组。

3. 具有平行的对照组　实验组和对照组的研究对象均来自同一总体的样本人群，其基本特征、自然暴露因素相似，且两组研究对象同期随访观察，因此，结果的组间差别才能归之于干预措施的效应。

4. 有干预措施　这是与观察性研究的根本区别，实验流行病学研究的目的是评价干预措施的效果。

（三）主要类型

1. 临床试验（clinical trial）　其研究对象以患者个体为单位进行随机化试验分组的试验方法，可以是住院或未住院的患者。

2. 现场试验（field trial）　是以尚未患病的人作为研究对象个体，并随机化分组的试验方法。接受处理或某种预防措施的基本单位是个人，也称人群预防试验。

3. 社区试验（community trial）　也叫社区干预项目，是以人群作为整体进行试验观察，常用于对某种预防措施或方法进行考核或评价。社区试验可以看做是现场试验的一种扩展，两者的主要区别在于：现场试验接受干预的基本单位是个人，而社区试验接受干预的基本单位是整个社区，或其某一人群的各个亚人群。

　实验性研究的设计与实施

（一）明确实验研究目的

进行实验研究前需制定比较完善可行的设计方案。在设计方案中首先应明确实验研究的目的，即要解决什么问题，是验证病因假设还是评价某种措施或药物的效果等。要注意，一次实验最好只解决一个目的，如果目的过多，则力量分散，难以达到预期效果。

（二）选择研究对象

确定研究对象无论何种实验研究，原则上所选择的研究对象应该能够从实验研究中受益。如果是现场试验，应该在预期发病率较高的人群中进行。在临床试验中，选择病例要有统一的、公认的诊断标准，且代表性好。

（三）确定试验现场

选择的实验现场应具备以下条件：①人口数量足够大，比较稳定且具有良好的代表性；②所预防的疾病具有较高而稳定的发病率，以期在实验结束后保证有足够的病例数，便于评价预防措施的流行病学效果；③当地近期未流行过所研究的疾病，也未进行过针对该病的其他预防措施，以保证效果是由研究因素所引起；④当地有较好的医疗卫生条件，便于疾病的诊断、治疗及保证登记报告资料的完整性等；⑤当地领导重视，群众乐于合作。

（四）估计样本含量

合适的样本量是保证统计推断有效性的基础。合适的样本大小指的是在实验结束时实验组与对照组比较指标可能获得显著差异所需要的最少人数。样本含量的决定因素：①研究因素的有效率，即实验组和对照组结局比较，数值差异越大，样本量就可以越少；②预期结局（如疾病）的发生率，预期结局发生率越高，样本量就可以越少；③显著性水平（α），α 越小，所需要的样本量越大；④把握度（$1-\beta$），β 越小，所需要的样本量越大。

（五）盲法

盲法分为以下三种。①单盲：只有研究执行者（如医师）了解分组情况，研究对象（如病人）不知道自己是实验组还是对照组；②双盲：研究对象和研究执行者都不了解实验分组情况，研究设计者知道但不亲自执行；③三盲：不但研究执行者和研究对象不了解分组情况，而且负责资料收集和分析的研究人员也不了解分组情况，只有研究设计者知道，设计与实施完全分离，这样能较好地避免了偏倚，从理论上讲三盲更合理，但实际实施起来很困难。

注意事项

（一）伦理道德问题

（1）试验性研究的对象是人，必须遵循伦理道德。为了确保研究对象的安全，研究必须要有充分的科学依据。在开始人群试验前，应先做动物实验，初步验证此种实验方法合理、效果良好、无危害性。

（2）实验设计和实施方案应提交伦理委员会审核。

（3）受试者必须自愿并对实验研究项目有充分的认识，签属知情同意书。

（4）尊重受试者权利，保护其隐身。

（5）临床试验中，研究工作和对患者的医学照顾要同步进行，不能因为实验研究而忽视了对病人的治疗。任何新的干预措施一般应当同目前通常采取的（标准）措施比较。在不存在确实有效的干预措施时，或者在不采取措施情况下不存在"延误"病情的问题，才可以考虑安慰剂或空白对照。

（二）预实验

在进行正式大规模试验之前，应先在小范围作一次预试验，其目的是检验实验设计的科学性和可行性，以免由于设计问题造成人力、物力和财力的浪费。

一、选择题

1. 疾病三间分布是指（　　）
   A. 年龄、性别、季节分布
   B. 时间、地区、人群分布
   C. 年龄、季节、地区分布
   D. 病因、宿主、环境分布
   E. 年龄、季节、职业分布

2. 关于普查的目的，以下哪一项不正确（　　）
   A. 早期发现病例
   B. 检验病因
   C. 了解疾病的分布
   D. 为病因研究提供线索
   E. 普及医学知识

3. 应用筛检的主要目的是（　　）
   A. 病因探索
   B. 疾病普查
   C. 确诊患者
   D. 评价患者的预后
   E. 发现外表正常实际有病者

4. 病例对照研究的研究对象为（　　）
   A. 暴露组和非暴露组
   B. 试验组和非试验组
   C. 患病组和非患该病组
   D. 干预组与对照组
   E. 试验组与对照组

5. 流行病学的分析性研究不包括（　　）
   A. 病例对照研究
   B. 现场试验
   C. 队列研究
   D. 历史性队列研究
   E. 匹配性病例对照研究

6. 以下哪一项不是流行病学的特征（　　）
   A. 群体特征
   B. 以分布为起点的特征
   C. 预防为主的特征
   D. 对比的特征

E. 以治疗疾病为主的特征
7. 流行病学的描述性研究不包括（　　）
   A. 普查　　　　B. 抽样调查
   C. 病例对照研究　D. 现况研究
   E. 生态学研究
8. 流行病学的研究对象是（　　）
   A. 疾病　　　　B. 患者
   C. 人群　　　　D. 健康人
   E. 亚临床型患者
9. 在流行病学研究中，由于研究者不能或不能全部掌握或控制所研究现象发生的条件，因此采用什么方法就是很重要的方法（　　）
   A. 观察法　　　B. 建立数学模型
   C. 临床试验　　D. 实验研究
   E. 以上都不是
10. 流行病学属于什么范畴（　　）
    A. 预防医学　　B. 基础医学
    C. 临床医学　　D. 生物医学
    E. 医学统计学
11. 关于流行病学，下列哪种说法是正确的（　　）
    A. 从个体的角度研究疾病和健康状况及其影响因素
    B. 只研究传染病的流行和防治
    C. 只研究慢性病的危险因素
    D. 研究人群中疾病和健康状况的分布及其影响因素
    E. 只研究疾病的防制措施
12. 表示流行强度的一组术语是（　　）
    A. 散发、流行和大流行
    B. 周期性、季节性和长期变异
    C. 发病率、死亡率和患病率的大小
    D. 传染性、易感性和免疫性的大小
    E. 以上都不是
13. 在对病因不明疾病的研究中，描述性研究的主要用途是（　　）
    A. 早期发现患者
    B. 早期诊断患者
    C. 筛查各种高危患者
    D. 概括和检验病因假说
    E. 描述分布，提出病因假说
14. 关于现况调查的叙述，下列哪项是错误的（　　）
    A. 是一种观察法
    B. 可分为普查和抽样调查
    C. 又称为横断面调查
    D. 是一种分析性流行病学研究
    E. 现患调查进行时，疾病与研究变量可以同时存在
15. 病例对照研究主要检验表示暴露与疾病关联强度，即（　　）
    A. 相对危险度
    B. 比值比
    C. 超额危险度
    D. 归因危险度
    E. 归因危险度百分比
16. 在一项病例对照研究中，某研究因素 OR 值的95%可信区间为0.3~0.75，那么该研究因素可能为（　　）
    A. 危险因素
    B. 保护因素
    C. 混杂因素
    D. 无关因素
    E. 以上均不是

二、简答题
1. 简述疾病流行强度的描述。
2. 队列研究的优点和缺点有哪些？
3. 病例对照研究的优缺点有哪些？

（刘更新）

第13章 疾病的预防与控制

● 案例 13-1

1988 年 1 月 19 日,上海市民中出现"甲型肝炎"大流行,在短短的几日之内"甲型肝炎"病患人数成倍增长,到了当年的 3 月 18 日,先后共出现病患近 3 万例。经当地流行病学调查发现,这次"甲型肝炎"的暴发流行是由于上海市民生食"毛蚶"的不良习惯所导致。由于及时明确了该次暴发流行流行的原因,而且采取了相应措施,从而使得疫情在 3 个月内得到有效控制。

问题:针对这些疾病的流行,我们有哪些基本的预防策略与措施?

第一节 疾病预防的策略与措施

疾病的预防工作必须贯彻预防为主,加强组织领导、坚持群众路线、依靠科学技术、讲究工作策略,只有在正确的预防策略指导下,采用合理措施,才能取得实际效果。策略着眼全局,措施立足局部,两者密切相关。不考虑措施可行性所制定的策略,则策略会落空;而仅凭局部经验,缺少策略指导的措施,其效必甚微。新中国成立以来,由于党和政府对人民群众健康的高度重视,我国的公共卫生事业得到了空前发展,取得了前所未有的成效,在预防控制疾病方面积累了丰富的经验,为我们今后疾病的预防控制工作奠定了坚实的基础。

一 全球卫生策略

(一)全球卫生策略产生的背景

第二次世界大战后,随着世界经济的高速发展,人们的健康状况也得到了很大的改善,但不同地区在经济发展和人群健康方面存在着显著发展不平衡的状况。在非洲、亚洲、拉丁美洲一些发展中国家,相当一部分人连基本的温饱问题尚未解决,他们的健康也缺乏必要的保障,得不到任何长期有效的卫生保健服务,许多疾病严重威胁着他们的健康甚至是生命。一些经济发达国家也存在医疗卫生资源分配不均衡不合理的现况,大部分的医疗卫生资源集中在大中城市的大型医疗机构中,而广大边远乡村和城镇基层依然缺医少药,缺乏最基本的医疗卫生服务。

(二)全球卫生策略的含义

世界卫生组织(WHO)从 20 世纪 70 年代以来,提出了全球卫生策略,并不断完善其内容。1977 年 5 月,第 30 届世界卫生大会通过决议:WHO 和各国政府在今后的主要卫生目标为"2000年人人享有卫生保健"（HFA/2000），即到2000年要使全世界的人们都能具有过富裕社会生活和经济生活所需要的健康水平。全球卫生战略目标是WHO提出的旨在促进世界各国为实现"人人享有卫生保健"目标所制订的整体计划，是全世界各国政府和人民共同合作与协调，为促进全人类的健康事业发展而制定的共同策略。

在21世纪初始，WHO又在第51届世界卫生大会上进一步提出了21世纪前二十年人人享有卫生保健的总体目标，希望通过该目标，努力使全人类增加期望寿命，改善生活质量，促进国家之间和国家内部卫生公平的实现，使全体人民有平等的机会获得可持续性的、经济便捷的各种医疗卫生服务。

"2000年人人享有卫生保健"（HFA/2000）的涵义并不是说WHO和各国政府努力争取到了2000年人人都不生病，也不是说到了2000年所有病人的病都将治愈，而是指从2000年起：①人们能方便地从社区基层获得应有的卫生保健服务；②人们懂得使用有效可行的保健措施来预防疾病、降低病残、保持身心健康；③能更好地使人们愉快度过人生中每一个时期。

（三）全球卫生目标

"人人享有卫生保健"（HFA/2000）的根本目的是使全世界人民在其一生历程中均有机会实现和保持最可能的健康水平。其总体目标是：①增加全体人民期望寿命并提高其生活质量；②在国家与国家之间及同一国家内部改进健康的公平程度，让人人都有享受平等的健康机会；③让全体人民都能充分利用可持续发展的卫生保健服务。为了实现总体目标，"人人享有卫生保健"（HFA/2000）的现阶段目标是：①促进各国社会发展和经济增长，努力促使贫穷的人口摆脱贫困生活，创造健康生活的物质基础；②改善生活、生产环境，促进健康，积极消除致病因素，预防疾病，通过健康教育、健康促进等措施，努力提高人们的保健意识；③通过有效措施协调政府各部门之间的关系和政策，力求各部门卫生政策保持一致，以便更好促进人民健康事业的发展；④各国政府及各级部门应将卫生工作列入可持续发展计划，使健康成为各国政府及各级部门持续发展的中心工作和必须优先考虑的问题。

 初级卫生保健

（一）初级卫生保健的概念

初级卫生保健（primary health care，PHC）依然是实现"人人享有卫生保健"的策略，是我们当今基层社区基本的卫生保健。1978年在前苏联阿拉木图召开的国际初级卫生保健会议上提出："初级卫生保健是一项基本的卫生保健，它依靠经济可行、学术可靠而且又深受社会欢迎的方法及技术，它是社区个人和家庭积极参与且普遍能够享受的，其所需费用也是社区或国家依靠自力更生能够承担的。它是国家卫生系统及社会经济发展的重要组成部分，也是国家卫生系统的核心职能和重要环节。它是实现个人、家庭和社区同国家卫生系统保持接触，将卫生保健深入人们生产和生活的第一步，也是整个卫生保健工作的首要要素。"

从上可知：①初级卫生保健是人们不可或缺的一种最基本的卫生保健，但它不是一种低级的卫生保健；②初级卫生保健的方法、技术是可行可靠的，是受人们普遍欢迎的；③初级卫生保健的费用是经济实惠的，是社区人们普遍能够承担的；④初级卫生保健是各国政府及各级部门应承担的基本职责之一。

（二）初级卫生保健的主要内容

初级卫生保健的主要内容包括：①开展社区健康教育与健康促进；②引导人们平衡膳食、合理营养，改进食品供应；③改善基本环境卫生设施、设备，提供安全、充足的生活饮用水；④开展妇幼保健和计划生育工作；⑤开展主要传染病的计划免疫、预防接种工作；⑥开展社区常见病、多发病及外伤等的合理治疗；⑦开展地方病的预防控制工作；⑧满足社区基本药物的供应。

第二节 传染病的预防与控制

● 案例 13-2

2002 年 11 月至 2003 年 11 月，全球众多国家和地区爆发了传染性非典性肺炎（SARS），截止到 2003 年 6 月 1 日，全球共报道累计病例 8360 例，死亡 764 例，发病地区涉及 33 个国家和地区。中国总发病 5328 例，死亡 332 例，病死率为 6.23%。现有研究资料表明：该病是由一种冠状病毒引起；患者是主要传染源，潜伏期 7～10d。存在隐性感染者，但有研究认为不会是重要传染源。动物作为传染源的意义目前尚在研究中；传播途径以近距离呼吸道飞沫传播为主；所有人群都易感，90%的确诊病例与 SARS 患者有直接接触史，高危人群主要是与 SARS 患者有密切接触且缺少防护措施的人群，如医护人员、与 SARS 患者同居一室者。但是，儿童等人群对 SARS 感染性较其他人群低。

问题：根据上述案例提供的材料，应如何预防和控制传染性非典型肺炎的流行呢？

在人类历史上，传染病尤其是天花、鼠疫、霍乱、结核、白喉等烈性传染病的猖獗流行曾严重威胁人类的健康，人类为此付出了惨痛的代价。随着科学的进步和医学家不懈的努力，人类在预防和控制传染病方面已经取得巨大的成就。目前危害人类的大多数传染病都得到了有效控制，有的甚至已经被消灭或基本消灭。但从 20 世纪 70 年代以来，人类传染病出现了一些新的变化，给传染病防治工作带来新的挑战。一方面，已控制或消灭的传染病又死灰复燃；另一方面，一些新的传染病如艾滋病、传染性非典型肺炎、埃博拉出血热等又不断出现，其中一部分出现世界范围的流行。因此，研究传染病的流行规律，加强对传染病的预防和控制，仍是现今疾病防治的重点。

传染病是由各种病原体感染引起的具有传染性质的疾病。其可在人与人、动物与动物或人与动物之间相互传播。来势凶猛，危害性大，传播范围广，社会影响大。传染病的流行病学是研究传染病在人群中发生、发展及分布规律和影响因素，并制定预防、控制和消灭传染病对策与措施的科学。

一 传染病流行过程的三个环节

传染病的流行过程是指传染病在人群中发生、蔓延和终止的过程。表现为群体发病的特点。构成传染病流行过程必须具备相互联系、同时存在的三个环节，即传染源、传播途径和易感人群。三个环节缺一不可，任何一环消失，流行过程即终止。

（一）传染源

传染源是指体内有病原体生长、繁殖，并能排出病原体的人和动物。包括传染病病人、病原体携带者、隐性感染者和受感染的动物。

1. 患者 患者是显性感染者，是最重要的传染源。按病程的发展过程可分为潜伏期、临床症状期和恢复期。由于疾病不同及其病程长短不一，排出病原体的数量不同，所以其传染性和传染期各不相同。各期患者作为传染源的意义大小,主要取决于患者是否排出病原体、排出数量和频度及持续时间的长短。

2. **病原携带者** 指外表无任何临床症状和体征,但携带并能排出病原体的人。其传染性的强弱,取决于排出病原体的数量多少,携带时间的长短,携带者个人职业及个人卫生习惯等,其中以携带者职业及个人卫生习惯最重要。一般可分为潜伏期、恢复期及健康病原携带者三种。

3. **隐性感染者** 又称亚临床感染,是指病原体侵入人体后,仅引起机体产生特异性的免疫应答,不引起或只引起轻微的组织损伤,因而在临床上不显出任何症状和体征,甚至生化改变,只能通过免疫学检查才能发现。如脊髓灰质炎、流行性脑脊髓膜炎、流行性乙型肝炎及艾滋病等,隐性感染者是重要的传染源。

4. **受感染的动物** 由共同病原体引起的在动物和人类之间自然感染和传播的疾病称人兽共患病。其病种极多,如狂犬病、鼠疫、布鲁菌病、人型结核(人传给猫)、阿米巴病(人传给狗)、血吸虫病、猪绦虫病等。

动物作为传染源的流行病学意义,主要取决于人与动物的接触机会与密切程度,且与动物的种类和密度有关。一般在人群中流行多呈散发,多数有较明显的地区分布和职业分布特点,有些动物性传染病还有严格的季节性。

(二)传播途径

病原体由宿主排出后再侵入新的宿主之前,在外界环境中所经历的全部过程称为传播途径。各种传染病流行时其传播过程是十分复杂的,一种传染病可同时通过几种途径传播,不同传播途径的传染病流行特征亦不相同。

1. **经空气传播** 是呼吸道传染病的主要传播途径。可经飞沫、飞沫核和尘埃三种形式传播。其流行特征:①传播速度快,发病率高,儿童多见;②周期性升高,有明显的季节性,以冬春季多见;③流行强度往往与人口密度、居住条件及人群的特异性免疫性水平有关。

2. **经食物传播** 是许多肠道传染病、某些寄生虫病、个别呼吸道传染病(白喉、结核病)及少数人畜共患病(炭疽病)的常见传播途径。其流行特征:①患者有食用同种污染食物的历史,不食者不发病;②一次大量污染食物可出现爆发;③停止食用污染食物后爆发即平息;④多发生于夏秋季,持续时间较短,一般不会形成慢性流行。

3. **经水传播** 是肠道传染病、某些人畜共患病、寄生虫病常见的传播途径。常通过两种方式传播。①经饮水传播:主要是肠道传染病,由于饮用被病原体污染的水所致。其流行特征:病例的分布与供水范围分布一致;除哺乳婴儿外,年龄、性别、职业分布差异不明显;停用被污染的水源后或采取净化措施后,流行即可平息。②经疫水传播:血吸虫病和钩端螺旋体病等。其流行特征:患者都有接触疫水的历史;发病有季节性、地方性和职业性的特点;对疫水采取措施或加强自我防护后,可控制新病例的发生。

4. **经接触传播** 多种肠道传染病、某些呼吸道传染病、人畜共患病、皮肤传染病等均可经此途径传播。根据接触的方式分为两类。①直接接触传播:指传染源直接与易感者接触的一种传播,如性病、狂犬病等;②间接接触传播:指易感者接触被传染源排泄物或分泌物所污染的某些物品所造成的疾病传播,又称日常生活接触传播,如通过被污染的毛巾传播皮肤病、污染的餐具传播甲肝等。

其流行特征:病例多呈散发,但可形成家庭或同室内成员间的传播;流行过程缓慢,无明显的季节性;在个人卫生习惯不良和卫生条件差的情况下发病较多。

5. **经节肢动物传播** 又称虫媒传播。指经节肢动物叮咬吸血或机械携带所造成的传播。按传播病原体的方式可分为两类。①机械性传播：指节肢动物接触或吞食病原体后，通过接触、反吐或粪便将病原体排出，污染食物或餐具使接触者感染；②生物性传播：病原体随着宿主的血液进入节肢动物的体内，经过发育和（或）繁殖后，方能感染易感者。其流行特征：一般具有地区性和季节性升高；某些具有明显的职业特点；发病年龄有差异，老疫区病例多见于儿童，新疫区病例无年龄差异；人与人之间一般不直接传播。

6. 经土壤传播　指易感人群通过各种方式接触了被病原体污染的土壤所致的传播。其意义大小主要取决于病原体在土壤中的存活力、人与土壤接触的机会与频度及个人卫生习惯等。

7. 医源性传播　指在医疗及预防工作中，由于没有严格执行无菌操作，人为地引起某些传染病的传播。一般分两类：①易感者在接受治疗、预防及检查时，因使用污染的器械，如针筒、针头、采血器、导尿管等而感染；②生物制品或药品受污染而造成的传播，如病人在使用血液制品时而感染乙肝、丙肝和艾滋病等。

8. 垂直传播　病原体通过母体传给子代称为垂直传播，又称母婴传播。垂直传播方式有三种。①胎盘传播：指母体内的病原体可经胎盘血液使胎儿遭受感染。如风疹病毒、乙型肝炎病毒、艾滋病病毒、巨细胞病毒等；②上行性传播：指病原体经孕妇阴道口上行性进入子宫到达绒毛膜或胎盘引起胎儿感染，如葡萄球菌、链球菌、大肠埃希菌、白念珠菌等；③分娩时传播：分娩时由于产妇产道严重污染，病原体经胎儿破损的皮肤、呼吸道、消化道而引起胎儿的感染，如淋球菌、疱疹病毒等。

（三）易感人群

人群作为一个整体对某种传染病易感的程度称人群易感性，通常以人群中非免疫人口占全部人口的百分比表示。人群易感性是引起传染病传播的必要条件之一，在其他条件不变的情况下，易感性高，则传染病易于发生和传播，流行的可能性大；反之，流行的可能性小。

1. 使人群易感性升高的主要原因　①新生儿的增加；②易感人口的迁入；③免疫人口的迁出或死亡使人群易感性相对升高；④免疫人口免疫力自然消退。

2. 使人群易感性下降的主要原因　①计划免疫是降低人群易感性的重要措施；②传染病流行后易感者由于感染获得免疫力；③隐性感染后免疫人口增加。

 疫源地

疫源地是指在一定条件下，传染源向其周围排出病原体所能波及的范围。传染源是形成疫源地的基本条件，每个传染源可单独构成一个疫源地，但在一个疫源地内可同时存在一个以上的传染源。一般把范围较小的疫源地称为疫点，而范围较大的疫源地或若干疫源地连成片时称为疫区。

疫源地的范围大小主要取决于传染源的活动范围、传播途径的特点和周围人群的免疫状态。不同传染病的疫源地大小不一，同一种传染病在不同条件下其疫源地范围也不相同。

疫源地被消灭的条件：①传染源已被迁走（住院、治愈或死亡）；②传染源散播外界环境的病原体被彻底清除；③所有易感的接触经过该病的最长潜伏期而未发病或证实未感染。同时具备了上述3个条件时，针对疫源地的各种防疫措施即可解除。

 影响传染病流行的因素

传染病在人群中流行的三个基本环节是传染病流行的基础，但流行与否及流行的过程受到自然因素和社会因素的共同影响，这两类因素通过作用于3个基本环节而影响传染病的流行过程。

（一）自然因素的影响

自然因素包括气候、地理、土壤、动植物等因素。其中以气候和地理因素影响最大。自然因素可直接作用于传染源，对以野生动物为传染源的疾病、虫媒传染病和寄生虫病的影响更大，如流行性乙型脑炎和疟疾发病多在夏季，同该季节雨水充沛、蚊虫大量孳生有关。自然因素对传播途径也有一定影响，如夏、秋季因暴雨可引起洪水泛滥，当地猪或鼠类中流行钩端螺旋体病，它们的尿可污染水体，当人们接触污染的水体后可导致钩端螺旋体病爆发。自然因素对易感人群亦有一定作用，寒冷季节，人群室内活动多，接触密切，常出现呼吸道疾病的季节性高峰。

（二）社会因素的影响

社会因素包括人类活动所形成的一切条件，如社会的政治制度、社会交往、社会习惯、道德规范、宗教信仰、人口流动、社会动荡等。由于社会因素广泛而复杂，因此它对传染病的流行过程的影响广泛而深远。近年来新发、再发传染病的流行，很大程度上同社会因素有密切的关系。如抗生素和杀虫剂的滥用使病原体和媒介昆虫的耐药性日益增强；生态环境的恶化，森林砍伐改变了媒介昆虫和动物宿主的栖息习性；战争、动乱、贫困和饥荒；城市化和人口爆炸和全球旅游业的急剧发等均可能导致传染病的蔓延和传播。因此，充分重视社会因素的影响及作用，积极发挥社会的有利因素，控制和消除不利因素，动员社会力量是传染病防控的重要措施。

四 传染病的预防和控制措施

传染病流行过程的"三环节二因素学说"是指导传染病防制的基本理论，针对传染源、传播途径和易感人群和影响流行过程的两大因素，采取综合性措施。但在采取综合性措施的同时，应根据各种传染病的特点及不同时间、地区的具体条件，分清主次，突出主导措施，才能取得最大的效果。

（一）传染病的预防措施

传染病的预防性措施是在传染病的疫情未出现以前所采取的措施，目的是预防疫情的发生，属于一级预防，是最积极、最有效的措施。

1. 一般性措施

（1）开展预防传染病的健康教育，提高人们防病知识，加强自我保健能力和意识。

（2）有计划地建设和改造城乡公共卫生措施，对污水、污物、粪便进行无害化处理，组织力量消除鼠害和蚊蝇等病媒昆虫的危害。

（3）改善饮用水卫生条件，实行饮用水的净化和消毒，贯彻《食品卫生法》，加强食品卫生检验和监督。

（4）各类医疗机构必须严格执行有关的管理制度和操作规范，建立、健全和完善的消毒隔离制度，杜绝医源性传播。

（5）传染病患者、病原携带者和疑似传染病患者，必须严格执行相关的管理制度，禁止从事易使该传染病扩散的工作。

（6）严格执行《中华人民共和国国境卫生检疫法》，加强国境卫生检疫工作，防止传染病的输入和输出。

2. 预防接种　又称人工免疫，是有针对性地将生物制品接种到易感者体内，使机体产生对相应传染病的特异性免疫力，提高人群的免疫水平，从而预防传染病的发生或流行。预防接种是针对易感人群最积极、有效的卫生干预措施。

（1）预防接种种类

1）人工自动免疫：指通过接种免疫原性物质，使人体自行产生特异性的免疫方式。免疫原物质包括处理过的病原体或其提炼成分及类毒素等。具体有下列三种：①活菌（疫）苗；②死菌（疫）苗；③类毒素。

2）人工被动免疫：指通过接种含抗体的血清或制剂，使人体获得现成的抗体而受到保护。被动免疫的抗体半衰期短，主要用于疫情控制和临床治疗。常用的制剂：①免疫血清；②免疫球蛋白（丙种球蛋白及胎盘球蛋白）。

3）被动自动免疫：指在接种被动免疫制剂的同时接种自动免疫制剂，是在有疫情时用于保护易感者（婴幼儿及体弱者）的一种免疫方法，兼有被动及自我免疫的长处，但只能用于少数传染病。如白喉可肌内注射白喉抗毒素 1000～3000 单位，同时接种精制吸附白喉类毒素。

（2）预防接种时的注意事项

1）对各类生物制品的接种对象、剂量、次数、间隔时间、接种途径及保存条件等均应严格按说明书要求执行。

2）正确掌握禁忌证：各种传染病患者及恢复期患者；各种器质性疾病患者；有过敏史者；孕妇及哺乳期母亲；年老及过度体弱者等都不应予接种。

3）预防接种制剂必须建立相应的冷链系统，以保证其额定的效价。各类生物制品必须保持在相应恒定的冷藏条件下，这一套从产品生产出来到最终的接种现场用来维持温度的链状系统，称为冷链。

4）接种时间：一般在该传染病流行季节前 1～2 个月完成。如在流行性乙型脑炎（乙脑）流行期禁用乙脑疫苗，避免激发潜伏感染者发病。

5）接种时要做到"一人一针一管"，避免交叉污染。

（3）计划免疫：是根据传染病的疫情监测结果和人群免疫水平的分析，按照科学的免疫程序，有计划地使用疫苗进行预防接种以提高人群免疫水平，达到控制以致最终消灭传染病的目的。预防接种是计划免疫的一个组成部分。

1982 年，我国制定了《全国计划免疫工作条例》，将儿童基础免疫纳入国家内容规划。其主要内容为"四苗防六病"，即对 7 周岁及以下儿童进行卡介苗、脊髓灰质炎三价糖丸疫苗、百白破三联疫苗和麻疹疫苗的基础免疫并及时加强免疫接种，使儿童获得对结核、脊髓灰质炎、百日咳、白喉、破伤风和麻疹的免疫。1992 年国家将乙肝疫苗纳入计划免疫范畴，2002 年乙肝疫苗又纳入儿童免疫规划。随着科技进步，计划免疫的内容将不断扩大。

免疫程序应根据有关传染病的流行病学特征、免疫因素、卫生设施等条件而制定。免疫程序内容包括：初种的起始月龄、接种免疫制剂的间隔时间、加强免疫的时间和年龄范围等（表 13-1）。

表 13-1 我国现行的儿童计划免疫程序

免疫制剂	出生	1个月	2个月	3个月	4个月	5个月	6个月	7个月	8个月	18～24个月	4岁	7岁	12岁
卡介苗	初种											复种	复种
脊灰疫苗			1次	2次	3次					加强			
百白破					1次	2次	3次			加强			
麻疹疫苗									初种	加强			
乙肝疫苗	1次	2次					3次			加强			

（二）传染病的控制措施

传染病的防疫措施是指在传染病疫情发生后，为控制传染病疫情的蔓延所采取的各种措施。

1. 我国传染病的分类　我国新修订的《传染病防治法》将法定传染病分为甲、乙、丙三类共计39种。

（1）甲类传染病：鼠疫、霍乱。

（2）乙类传染病：传染性非典型肺炎、艾滋病、病毒性肝炎、脊髓灰质炎、人感染高致病性禽流感、甲型H1N1流感、麻疹、流行性出血热、狂犬病、流行性乙型脑炎、登革热、炭疽、细菌性和阿米巴性痢疾、肺结核、伤寒和副伤寒、流行性脑脊髓膜炎、百日咳、白喉、新生儿破伤风、猩红热、布鲁菌病、淋病、梅毒、钩端螺旋体病、血吸虫病、疟疾。

（3）丙类传染病：流行性感冒、流行性腮腺炎、风疹、急性出血性结膜炎、麻风病、流行性和地方性斑疹伤寒、黑热病、包虫病、丝虫病、除霍乱、细菌性和阿米巴性痢疾、伤寒和副伤寒以外的感染性腹泻病、手足口病。

2. 管理传染源

（1）对患者的管理措施：要做到"早发现、早诊断、早报告、早隔离和早治疗"，即"五早"措施。"五早"是控制传染病扩散、蔓延的重要措施。

早发现和早诊断：早发现、早诊断不仅有利于对传染源的控制，而且可使患者得到早期治疗。

早报告：传染病报告是我国传染病法定管理的重要制度之一。发现传染病的患者，疑似患者或病原携带者时，要依法报告。各级医务人员、检验人员或卫生防疫工作人员是法定报告人，其他行业的职工、干部居民等各类人员也都有报告的义务。报告必须迅速、及时，使防疫部门能及时掌握疫情，作出判断，制定消灭疫情的策略和具体措施。甲类传染病和乙类传染病中的传染性非典型肺炎、炭疽中的肺炭疽和人感染高致病性禽流感由于传染性强，危害大，应采取强制管理措施，一般应于2h内利用最快的通讯方式向当地县级疾病控制中心报告，并于2h内完成报告卡报送。对于其他乙、丙类传染病责任报告单位应于24h内进行网络直报或报出传染病报告卡。非法定传染病也要报告。

早隔离与早治疗：早期隔离患者是切断传染过程，防止疫情扩散的最有效方法。隔离期限根据各种传染病的最长传染期及参考检验结果而定。患者及时、正确、彻底地进行治疗，不仅使受感染者早日恢复健康，不再起传染源的作用，同时也可防止某些传染患者变成慢性携带者。对甲类传染病和乙类传染病中的传染性非典型肺炎、肺炭疽、高致病性禽流感患者和病原携带者，必须隔离治疗。

注：以下链接制作成视频。

1. 完整演示医务人员六步洗手法。
2. 完整演示医务人员穿、脱隔离衣方法。

链接13-1

医务人员六步洗手法：①流动水下充分淋湿双手。②取适量肥皂（皂液），均匀涂抹至整个手掌、手背、手指和指缝。③认真揉搓双手至少15s，注意清洗双手所有皮肤，包括指背、指尖和指缝，具体步骤：a. 掌心相对，手指并拢相互揉搓；b. 手心对手背沿指缝相互揉搓，交换进行；c. 掌心相对，双手交叉指缝相互揉搓；d. 弯曲手指使关节在另一手掌心旋转揉搓，交换进行；e. 右手握住左手大拇指旋转揉搓，交换进行；f. 将五个手指尖并拢放在另一手掌心旋转揉搓，交换进行。④用避免手部再污染的方式，在流动水下彻底冲净双手，用一次性纸巾擦干。

> **链接13-2**
>
> 医务人员穿、脱隔离衣：
>
> 1. 穿隔离衣法 穿隔离衣之前先挽起袖子、洗手、戴帽子和口罩。①右手提衣领，左手伸入袖内，右手将衣领向上拉，露出左手；②换左手持衣领，右手伸入袖内，露出右手，勿触及面部；③两手持衣领，由领子中央顺着边缘向后系好颈带；④再扎好袖口；⑤将隔离衣一边（约在腰下5cm）处渐向前拉，见到边缘捏住；⑥同法捏住另一侧边缘；⑦双手在背后将衣边对齐；⑧向一侧折叠，一手按住折叠处，另一手将腰带拉至背后折叠处；⑨将腰带在背后交叉，回到前面将带子系好。
>
> 2. 脱隔离衣法 ①解开腰带，在前面打一活结；②解开袖带，塞入袖拌内，充分暴露双手，进行手消毒；③解开颈后带子；④右手伸入左手腕部袖内，拉下袖子过手；⑤用遮盖着的左手握住右手隔离衣袖子的外面，拉下右侧袖子；⑥双手转换逐渐从袖管中退出，脱下隔离衣；⑦左手握住领子，右手将隔离衣两边对齐，污染面向外悬挂污染区；如果悬挂污染区外，则污染面向里；⑧不再使用时，将脱下的隔离衣，污染面向内，卷成包裹状，丢至医疗废物容器内或放入回收袋中。

（2）对接触者的管理措施：指曾接触过传染源，可能已感染而处于潜伏期的人。根据接触者的免疫状态分别进行处理。

医学观察：对某些比较严重的传染病应每天视诊，测量体温，特别要注意早期症状出现，以便及早发现新患者，但不限制接触者的日常活动。

隔离或留验：对甲类传染病的接触者应严格隔离，或收留在检疫机构所指定的地点实施诊察检验，在检疫同时应限制其活动范围。

应急接种：对某种疫苗可预防的传染病爆发或预测有可能出现时，对疫区内的易感者进行紧急接种，以在短期内提高易感人群对某病的免疫水平。如麻疹爆发时可接种麻疹疫苗。

药物预防：对某些有特效药物防治的传染病，流行期间可采取药物，尤其是对于密切接触者。如用氯喹、乙胺嘧啶预防疟疾。

（3）对动物传染源的管理措施：有经济价值的动物由兽医部门尽可能进行隔离治疗，对无经济价值或虽有经济价值但患烈性传染病的感染动物如狂犬病、疯牛病等应予以杀灭，并对病畜尸体要彻底焚化或深埋，防止出现二次污染。

3. 切断传播途径 主要是针对传染源污染环境所采取的措施。由于各种传染病的传播途径不同，故采用的措施也各不相同，如对肠道传染病，重点搞好"三管一灭"，即管好饮食、饮水、管好粪便、消灭苍蝇；对呼吸道传染病，重点是空气消毒、通风换气、个人防护（如戴口罩、减少或禁止集会，少到或不到人口拥挤的场所）等措施；对病媒昆虫传播的疾病重点在于杀灭虫媒。对于血液传播的疾病应做到"一人一针一管"；某些传染病，如血吸虫病，由于传播因素复杂，应采取综合性措施切断传播途径。

消毒指消除和杀灭传播途径上的病原体的过程。消毒又分为预防性消毒与疫源地消毒。预防性消毒指对可能被病原体污染的场所和物品的消毒，如饮水消毒、空气消毒、乳品消毒等。疫源地消毒即对现有或曾有传染源的场所进行的消毒，目的是杀灭由传染源排出的病原体，又分为随时消毒与终末消毒。随时消毒指疫源地现有传染源存在时，随时对其排泄物、分泌物及污染的物品进行消毒。终末消毒指传染源已迁走（住院、死亡、痊愈等）对疫源地进行一次彻底消毒，以消除遗留在外界环境中的病原体。

4. **保护易感人群** 对易感人群的措施主要有预防接种提高人群的免疫力及给予高危人群预防性服药两大类。

第三节 地方病的预防与控制

● 案例 13-3

某地方病研究所对所属地区 8~12 岁蒙古族儿童的抽样调查发现 90% 以上患有不同程度的氟斑牙，牙齿表面呈粉笔状的白垩样改变，部分患者牙齿有缺损。另外一项调查也发现，那里的蒙古族人群，X 线检查骨质疏松的发病率比对照人群要高 17%，尿氟平均水平与对照地区尿氟值相比，前者比后者高出数倍。被调查地区无工业性氟污染，饮用水氟含量低于 1.0mg/L，患者均为当地出生的牧民。当地牧民有大量饮用浓茶和奶茶（用砖茶泡制）的习惯，成年牧民平均每天饮用 5L 水，其中大部分是奶茶和浓茶，儿童饮茶量也很大。调查发现饮用的"砖茶"，氟含量达 1000 mg/kg 左右，含量很高。

问题：根据案例中提示该地区影响居民健康的主要因素是什么？

地方病是指具有严格地方性特点的一类疾病。我国是地方病病情严重的国家，全国各省、自治区、直辖市都有不同的地方病发生。在我国纳入重点地方病防治管理的有 5 种，分别是碘缺乏病、地方性氟中毒、克山病、大骨节病、地方性砷中毒。上述地方病是我国主要的地方病，其病区面积广泛、病情严重，危害极大。因此，研究地方病的发病特点、病因及影响因素，发病机制和流行规律，探索有效防治措施以致最终控制地方病是一项重要的公共卫生任务。

一 地方病的概述

（一）地方病的分类

地方病的发生与流行同病区特殊的地理环境因素密切相关，按致病原因的不同，地方病分为以下两类。

1. **自然疫源性地方病** 病因为环境中存在与该类疾病宿主生活习性相关的微生物和寄生虫，是一类传染性地方病，包括鼠疫、布鲁菌病、血吸虫病等，又称生物性地方病。

2. **地球化学性地方病** 病因为某些化学元素分布不均衡所致。由于自然或人为因素的影响，导致环境中某些化学元素分布过多、不足或比例失常，机体和环境之间的平衡被打破，最终导致的地方病，又称为化学元素性地方病。①元素缺乏性：如碘缺乏病；②元素中毒性（过多性）：如地方性氟中毒、地方性砷中毒等。

（二）地方病的特征

（1）地方性流行特点，即地域的特异性。只有病区才发病，病区的发病率都显著高于非病区，或在非病区内无该病的发生。

（2）居住病区的人均可患病，患病率一般随年龄的增大而递增。因为年龄越大，在病区生活的时间越长，接触致病因子越多。

（3）非病区的健康人迁入病区后同样也会发病，而且发病率及发病程度往往比当地居民更高，这同外来人迁入后对致病因子更敏感和机体的适应性差有关，他们属危险人群。

（4）从病区迁出的健康人，除处于潜伏期者外，不会再患该种地方病。迁出病区的患者，其症状不再加重,并可逐渐减轻或自愈。

(5) 病区的某些易感动物也可发生和当地居民相似的地方病。

(6) 控制或根除病区环境中的相应的致病因子后,病区可转变为非病区。

(三) 地方病的流行规律

(1) 在病区人群的发病无年龄、性别、民族等选择性,各种人群都可发病。但受某些因素的影响,发病程度上有差异性。

(2) 老少边穷地区发病严重。同这些地区交通不便、文化落后、饮食单调、生活水平偏低,环境中相应致病因素很难得到有效控制有关。

(3) 地球化学性地方病流行规律为深山区高于半山区,高原高于平原,内地高于沿海,河流上游高于中下游,农村高于城市。

(4) 生物源性地方病分布和宿主的生活习性等关系更为密切,因而形成在分布地带、纬度及流行季节的不同特点。

(四) 地方病的预防与控制

地方病的预防和控制是社会系统工程,应从中央到地方层层建立地方病领导小组和相应的防治队伍,还要发挥社会各职能部门齐抓共管的作用。

1. **建立和完善地方病监测体系** 地方病监测是有计划、有系统、有规律地连续观察地方病的消长趋势、影响因素和预防措施效果,为控制和最终消灭地方病提供科学依据的一种方法。地方病监测体系在监控病情趋势、信息分析和利用,适时调整防控策略,指导地方病的防治决策发挥了重要作用。

2. **建立健全地方病防治管理机构,加强专业防治队伍建设** 卫生部设有全国地方病防治办公室;各省、自治区、直辖市都建立了相应的管理机构和专业机构,组建专业防治队伍,组织和指导人民群众开展地方病防治工作。

3. **防治地方病主要是一级预防** 化学元素性地方病主要是纠正化学元素的数量多寡与作用强弱,使之适合人类维持健康所必需的水平。生物源性地方病主要采取杀灭宿主、媒介昆虫及消毒等的根本控制措施。

二、碘缺乏病

碘缺乏病是指机体在特定的地理环境中由于长期碘摄入量不足引起的一系列病症的总称,主要包括地方性甲状腺肿、克汀病、亚临床克汀病、单纯性聋哑、流产、早产、死胎、先天性畸形等,最主要的危害是缺碘影响胎儿的脑发育,导致儿童智力和体格发育障碍。

(一) 碘在自然界和人体的分布

碘广泛分布于自然界中,空气、水、土壤、岩石及动植物体内都含有碘,并主要以碘化物形式存在。碘化物溶于水,可随水而迁徙,因此,海洋是碘的总贮存库,海洋中生物和海产品含碘丰富。居民饮用水碘含量(喝水和井水)在一定程度上反映了土壤中的含碘量,因此它们常常被用来做为外环境碘含量的主要指标。从流行病学调查结果来看,当饮用水中碘含量<$5\mu g/L$时,则有可能有碘缺乏的发生。

人体碘主要来源于食物,少部分来源于水和空气。成年人体内正常含碘量为20~50mg,其中20%(4~10mg)存在于甲状腺中,地方性甲状腺肿患者可降至1mg。食物中的碘化物在消化道还原成碘离子形式,可完全被吸收入血,血碘被甲状腺浓集摄取移至甲状腺滤泡上皮细胞内，经促甲状腺激素和过氧化物酶氧化形成活性碘，活化的碘再与甲状腺蛋白分子上的酪氨酸结合，形成一碘酪氨酸和二碘酪氨酸，偶合后生成甲状腺激素即三碘甲状原氨酸和四碘甲状原氨酸贮存于甲状腺滤泡胶质中，在蛋白水解酶作用下释放入血，分布于各组织中。在完成激素作用后，甲状腺激素中的碘在脱碘酶的催化下脱碘，所脱下的碘再重新被甲状腺摄取被重新利用。机体碘主要通过肾由尿排出，10%左右由粪便排出，极少部分可经乳汁、毛发、皮肤及肺排出。由于人体绝大部分吸收的碘从尿中排出体外，所以尿碘水平是衡量摄入碘量很好的指标，通常用于评价群体碘摄入的营养状况。

（二）碘缺乏病的流行状况

碘缺乏病分布广泛，在全世界有110多个国家和地区都存在碘缺乏问题，是发病人数最多、危害最大的世界性疾病。据估计全球受碘缺乏威胁的人群约为16亿，在我国除上海外，全国各省市、自治区都有不同程度的流行，病区地理分布特点是山区高于平原，内陆高于沿海，农村高于城市；可发生于任何年龄，生长发育旺盛的青春期发病最高；一般女性患病率高于男性。

（三）碘缺乏病的发病原因

1. 环境碘缺乏　人类生存的外环境中碘缺乏是目前一致公认的主要病因。经过研究证明：地方性甲状腺肿病区水土食物中碘的含量不足和因此导致的膳食中碘摄入量减少是此病最重要的决定性因素。当饮水中碘含量在5μg/L以下时，随碘含量降低，地方性甲状腺肿患病率急剧增高；水碘在5~40μg/L时，随碘含量增加，患病率缓慢下降；水碘在40~90μg/L时，患病率降至最低。在缺碘地区广泛采用碘盐和碘化油防治后，甲状腺肿患病率和肿大率均显著下降。

2. 高碘　高碘引起的甲状腺肿的发病机制，可能是过多的摄入碘占据过氧化酶的活性基团，导致甲状腺激素合成受到抑制，从而使甲状腺滤泡代偿性增生。目前高碘与甲状腺肿有比较明确的关系，但高碘与智力发育的关系尚不十分明确。

3. 致甲状腺肿物质　近年来有流行病学调查中发现：某些碘缺乏病流行区补充碘后患病率无明显下降，有些地区环境中并不缺碘，但却有该病的流行。提示：缺碘并不是甲状腺肿大唯一原因。环境中还存在除碘缺乏的其它致病原因，称之为致甲状腺肿物质。目前知道的约有上千种这样的物质，主要有：①硫氰酸盐，如木薯、玉米、高粱、小米、黄豆、花生、豌豆、生姜、杏仁都含有硫氰酸盐，致肿作用在于竞争性地抑制碘离子向甲状腺的输送，使碘排出增多；②硫葡萄糖苷，如甘蓝、卷心菜、芜青、大头菜、芸苔、芥菜等蔬菜，主要干扰碘的有机化及碘化酪氨酸的偶联过程。

4. 其他因素　有些调查发现，膳食中维生素A、维生素C、维生素B_{12}不足可促使甲状腺肿的发生，食物中的钙可干扰碘的吸收，抑制甲状腺素的合成，加速碘的排泄。硫脲类抗甲状腺药物抑制碘的有机化和偶联过程；治疗精神病的碳酸锂抑制甲状腺激素的分泌；他巴唑、雷锁辛、洋地黄、四环素类药物均有一定的致甲状腺肿作用。

（四）碘缺乏病的临床表现和诊断

1. 地方性甲状腺肿

（1）临床表现：主要症状是甲状腺肿大，早期患者甲状腺呈轻度肿大，一般无自觉症状。中晚期，由于病变发展，甲状腺严重肿大，可能会压迫毗邻器官引起呼吸困难，吞咽困难，声音嘶哑等症状。目前甲状腺严重肿大极为少见，多数表现为可触及或轻度可见性肿大。

（2）诊断标准（WS276-2007）：生活在缺碘病区或高碘病区，甲状腺肿大超过本人拇指末节且可以观察到；并排除甲状腺功能亢进、甲状腺炎、甲状腺肿瘤等疾病后，即可诊断。

2. 地方性克汀病

（1）临床表现：在严重的缺碘流行区出现的一种地方病，表现为患者出生后出现不同程度的智力低下、体格矮小、听力障碍、神经运动障碍、甲状腺功能低下、性发育落后等。

（2）诊断标准（WS 104-1999）：凡具备下述必备条件，再具有辅助条件中的一项或多项者，排除由碘缺乏以外原因所造成的疾病后即可诊断。①必备条件：患者必须出生和居住在碘缺乏病病区；有不同程度的神经系统发育迟滞，主要表现为不同程度的智力障碍。②辅助条件：神经系统有不同程度的听力、语言及运动功能障碍；甲状腺功能减退，不同程度的身体发育障碍、甲状腺功能减退症及克汀病面容。

（五）碘缺乏病病区的判定和消除

1. 病区判定标准（GB 16005-2009）　以乡镇为单位，同时具备以下三项指标即可判定为碘缺乏病流行区：饮用水中碘化物的含量中位数小于 10μg/L；8～10 岁儿童尿碘中位数小于 100μg/L，且小于 50ug/L 的样品数占 20%以上；8～10 岁儿童甲状腺肿大率大于 5%。

2. 碘缺乏病消除标准（GB 16006-2008）　碘盐覆盖率不低于 95%，居民合格碘盐食用率不低于 90%；8～10 岁儿童触诊或超声诊断甲状腺肿大率小于 5%；8～10 岁儿童尿碘 100ug/L 以下的比率小于 50%，50μg/L 以下的比率小于 20%。

（六）碘缺乏病的防治措施

补碘是碘缺乏病的主要防治措施。可采用大力推广碘盐为主的综合性补碘措施，另外，可肌注碘油或口服甲状腺制剂，食用含碘量高的食物等。

1. 食盐加碘　食盐加碘价格低廉易得，适用方便，安全可靠，易于推广也容易长期坚持，是其他方法无法替代的，因此食盐加碘是全世界进行防治碘缺乏病的最重要和最根本的措施。2011 年我国卫生部颁布《食用盐碘含量》（GB26878-2011）规定使用碘强化剂主要为不易氧化挥发的碘酸钾，推荐碘含量的平均水平为 20～30mg/kg。

2. 碘油　碘化油以植物油为原料和碘化物制成的，是一种长效、经济、方便、副作用小的防治药物，适用于碘盐难以普及的偏远山区及特需人群如新婚育龄妇女、孕妇、哺乳期妇女、婴幼儿和 7～14 岁儿童等。碘油分注射和口服两种，注射用针剂通常肌内注射，一般注射一次，有效期为 2～3 年，而后可反复注射。另一种为口服碘油胶丸，方法简便，群众更乐于接受，防治效果同样明显，供碘效能一般为 1 年半左右。

3. 其他补碘方法　在有饮茶习惯而不使用商品盐的少数民族地区可用碘茶补碘。碘化饮水或碘化土盐水也有较好补碘效果，在难以推广加碘食盐地区亦可试用，还可食用含碘丰富食品，如海产品等。

三、地方性氟中毒

地方性氟中毒又称地方性氟病，是生活在高氟地区的居民由于长期摄入过量氟而引起的以氟斑牙和氟骨症为特征的一种慢性全身性疾病。

（一）氟在自然界和人体的分布

氟广泛分布于自然界，一般不存在游离状态，而以化合物的形式存在。地下水含氟较地面水高。

人体氟主要通过饮水及食物获得，含氟的空气和粉尘亦可通过呼吸道被完全吸收。氟在体内主要分布在骨骼、牙齿、指甲及毛发中，其中骨骼和牙齿的含氟量约占身体含氟总量的 90%以上，并以每年增加 0.02%的量蓄积，具有调节血氟浓度的作用。氟主要通过肾脏随尿排出，由尿排出摄氟量的 50%～80%，故尿氟可作为估计近期摄氟水平的指标。小部分由粪便和汗液排出，经头发、指甲、乳汁排出量极微。氟可通过胎盘屏障进入胎儿体内。

（二）地方性氟中毒的流行状况

地方性氟中毒是地球上分布最广的地方病之一，在全球 50 多个国家有不同程度的流行。我国是流行较为严重的国家之一，除上海和海南省外，其他各省、自治区、直辖市均存在不同程度的地方性氟病的流行区。据全国地方病统计报表数据，不包括饮茶型氟中毒病情，全国大约有 3800 多万氟斑牙和 230 多万氟骨症患者。

（三）地方性氟中毒的发病原因

1. 饮水型　由于长期生活在水氟含量较高的环境中，通过饮水所导致的慢性蓄积中毒。此型病区分布最广、患病人数最多，是我国最主要的病区类型。我国饮水型中毒病区主要分布在淮河—秦岭—昆仑山以北的广大地区。

2. 饮茶型　由于长期饮用含氟量较高的茶水所致的慢性蓄积中毒。病区主要分布在西藏、四川、内蒙古、青海、新疆、宁夏、甘肃等西部少数民族居住地区，当地居民有大量饮用砖茶，或用砖茶泡成奶茶或酥油茶的习惯。

3. 燃煤污染型　由于人们长期使用落后的燃煤方式，燃烧高氟劣质煤污染了空气、饮食等所致。此型是 20 世纪 70 年代后期被确认我国独有的一种病区类型，病区水氟不高但存在氟中毒的流行，我国重病区基本上集中在云南、贵州、四川省交界的山区。

（四）地方性氟中毒的发病机制

地方性氟病病因清楚，但发病机制尚未完全阐明，一般认为主要有以下三个方面的原因。

1. 氟斑牙的发病机制　过量的氟对牙齿的危害主要累及的是发育期的恒牙牙釉质。人的恒牙牙胚形成、釉质沉积和牙冠的形成，起始于胚胎，完成于生后 7～8 岁。因此，出生后至 8 岁这段时间，处于发育阶段的恒牙对氟作用非常敏感。过量氟影响成釉细胞及釉质形成致使牙釉质不能形成正常的棱晶结构，破坏了正常釉面的光学特征，出现白垩样改变；若有外源性色素沉着时，牙面出现不同程度的着色；中毒严重时，成釉细胞坏死，成釉活动停止，出现釉质缺损。近年来研究证实：人类氟斑牙的病变性质并非釉质生长障碍，而是釉质成熟缺陷，特征性改变是釉质表面下方的多孔性和低矿化，而釉质出现缺损是因多孔性和低矿化使得病变部位釉质对机械磨损的抵抗力降低，容易发生破损和剥落。适量的氟可影响羟磷灰石和晶体的生长，增加晶体的的稳定性，并具有抗酸作用，因此，认为氟有预防龋齿的作用。

2. 氟骨症的发病机制　氟骨症的骨和关节损伤包括骨硬化、骨质疏松、骨软化、骨周软组织化骨和关节退行性改变等多样性改变。现有充分证据证明，成骨活跃和骨转化加速时氟骨症特征性病变，是形成骨病变多样性的病理基础。目前认为氟骨症的骨硬化主要是成骨活动加强，骨质疏松属于骨转化加速的活动性骨质疏松，骨软化属于骨转化加速，兼有甲状旁腺功能亢进的混合性骨软化，骨周软组织化骨在骨转化加速和成骨活动显著活跃的情况下发生。

3. "钙矛盾"疾病学说　该学说的提出，基于以下几点：①氟中毒患者机体整体缺钙。氟与钙有很强的亲和力，吸收入血的氟可能即刻与钙发生反应形成氟化钙，造成血清 Ca^{2+} 暂时性下降；过量氟激活成骨细胞，骨形成增多，增加 Ca^{2+} 的需求，造成机体相对缺钙。②氟中毒患者有继发性甲状旁腺功能亢进。氟中毒时，血 Ca^{2+} 浓度下降，刺激甲状旁腺功能亢进，PTH 分泌增多，使骨转换加速，破骨性吸收加强。③细胞钙离子内流增多。慢性氟中毒时体内普遍存在细胞 Ca^{2+} 内流增多的现象，这可能同 PTH 升高和细胞内 Ca^{2+} 的排出机制受到抑制及细胞膜系统对 Ca^{2+} 的转运能力受损有关。

（五）地方性氟中毒的临床表现及诊断

1. 氟斑牙

（1）临床表现：氟斑牙是地方性氟中毒的早期最常见最突出的症状，凡在高氟区出生或恒牙生长期进入高氟区居住者，几乎均可发生不同程度的氟斑牙。其临床主要呈下述改变。

1）白垩样变：牙表面部分或全部失去光泽，出现不透明云雾状或粗糙似粉笔样的条纹、斑点、斑块，或整个牙面呈白色粉笔样改变。

2）釉质着色：牙表面出现点、片状浅黄褐色、黄褐色、深褐色病变，重者呈黑褐色，着色不能刮除。

3）釉质缺损：牙釉质破坏、脱落，牙面出现点状甚至地图样凹陷，缺损呈浅蜂窝状，深度仅限于釉质层，严重者釉质大面损失。

（2）诊断：2011年10月8日发布的《氟斑牙诊断标准》(WST 208-2011)规定了氟斑牙的临床分类指证，分度标准也由原标准的8级变为5级。有明确的牙发育期间摄氟过量病史，结合临床检查，出现具有白垩样、牙齿釉质着色或釉质缺损至少一项者，即可诊断氟斑牙。

2. 氟骨症

（1）临床表现：地方性氟病发病缓慢，没有急性发病过程，患者多在20岁后发病，初期仅有一般中毒症状和骨关节疼痛，继续发展可出现关节不灵活，运动故能障碍和肢体变形体征，严重者劳动和生活能力丧失。

（2）X线表现：主要表现为骨质及密度的改变；骨周改变；关节改变等。X线表现从另一侧面反映了损害的状态，是目前公认的诊断氟骨症的可靠方法。

（六）地方性氟中毒的防治措施

预防和控制本病的根本措施就是控制氟源，减少氟的摄入量。另外促进体内氟的排泄，增加人体的抗病能力等都可起到预防和控制地方性氟中毒的作用。

饮水型氟中毒应以改水和降氟为原则，可选用低氟水作为生活饮用水水源，无低氟水源可采用饮水除氟方法降低；饮茶型氟中毒应加强低氟砖茶和砖茶除氟技术研究，将氟含量降低到安全范围内；高氟煤烟污染食物和空气的病区应以改炉改灶防污染为主，不用高氟劣质煤，预防含氟烟尘污染空气和食物。

目标检测

一、名词解释

1. 传染源
2. 疫源地

二、选择题

1. 以下关于"2000年人人享有卫生保健"（HFA/2000）的理解，哪项是错误的（　　）
   A. 2000年要使全世界的人们都能具有过富裕社会生活和经济生活所需要的健康水平
   B. 2000起人们懂得使用有效可行的保健措施来预防疾病、降低病残、保持身心健康
   C. 2000起能更好地使人们愉快度过人生中的童年、青年、中年、老年等每一个时期
   D. 2000起人们能方便地从社区基层获得应有的卫生保健服务
   E. 世界卫生组织（WHO）和各国政府努力争取到了2000年人人都不生病。

2. 初级卫生保健是（　　）
   A. 最低级的卫生保健
   B. 最高级的卫生保健
   C. 最昂贵的卫生保健

D. 高精尖技术为主的医疗保健
   E. 最基本的卫生保健
3. 初级卫生保健的具体任务不包括（　　）
   A. 健康教育和健康促进
   B. 疾病预防和保健服务
   C. 基本治疗
   D. 社区康复
   E. 发展疾病监测网络
4. 构成传染病流行的三个基本环节是（　　）
   A. 传染源、传播途径和易感者
   B. 传染源、传播途径和易感人群
   C. 病原体、宿主和环境
   D. 病原体、易感者和环境
   E. 以上都不是
5. 疫源地存在传染源时进行的消毒属于（　　）
   A. 疫源地消毒　　B. 随时消毒
   C. 终末消毒　　　D. 病家消毒
   E. 预防性消毒
6. 从感染后到症状出现前能排出病原体的人属于（　　）
   A. 恢复期病原携带者
   B. 潜伏期病原携带者
   C. 病原携带者
   D. 健康病原携带者
   E. 非典型患者
7. 人群作为一个整体对某种传染病的易感程度称为（　　）
   A. 人群的易感性
   B. 人群的免疫水平
   C. 人群的传染水平
   D. 人群的感染性
   E. 以上都不是
8. 决定病人隔离期限的重要依据是（　　）
   A. 潜伏期　　　　B. 传染期
   C. 感染期　　　　D. 临床症状是否消失
   E. 以上都不是
9. 下列哪项不属于增加人群对传染病易感性的因素（　　）
   A. 免疫人口死亡
   B. 人群免疫力消退
   C. 人口外流
   D. 人群抵抗力低下
   E. 外地人口迁入
10. 下列哪项不是生物媒介传染病的流行特点（　　）
    A. 病人的地区分布于生物媒介的分布相一致
    B. 发病有年龄差别
    C. 发病季节性同生物媒介活跃季节一致
    D. 均具有职业特点
    E. 一般无人与人之间的传播
11. 我国目前法定管理的传染病有（　　）
    A. 三类39种　　　B. 三类37种
    C. 三类35种　　　D. 三类36种
    E. 三类34种
12. 下列哪项不是传染病接触者管理的内容（　　）
    A. 预防接种　　　B. 卫生检疫
    C. 药物预防　　　D. 严密观察
    E. 卫生教育
13. 对碘缺乏病的预防措施描述错误的是（　　）
    A. 宣传多食用海产品，以预防碘缺乏病
    B. 发展经济、普及教育、消除贫困
    C. 在缺碘的地区，补碘半年即可
    D. 食盐加碘可预防碘缺乏病
    E. 碘油通常用于难以推广碘盐的边远地区，可作为碘盐干预的辅助措施
14. 下列哪种疾病不是我国纳入重点防治的地方病（　　）
    A. 克山病　　　　B. 炭疽病
    C. 碘缺乏病　　　D. 血吸虫病
    E. 大骨节病
15. 预防地方性氟中毒根本性措施是（　　）
    A. 选择低氟饮用水源
    B. 改炉改灶
    C. 控制煤烟的污染
    D. 控制氟源，减少氟的摄入
    E. 以上都是
16. 以下不是地方性甲状腺肿的诊断标准的是（　　）
    A. 甲状腺功能检测异常
    B. 甲状腺明显增大，超过受检者拇指末节
    C. 居住在地方性甲状腺肿病区
    D. 排除甲状腺功能亢进、甲状腺炎和甲

状腺癌等其他甲状腺疾病
E. 生活于存在致甲状腺肿物质的地区
17. 下列哪项不是判断地方病的依据（　　）
A. 外地迁入该地的居民均不发病
B. 外地类似居民的发病率均低
C. 当地不同居民的发病率均高
D. 迁出该地的居民发病率下降
E. 当地动物中也可能发生类似疾病
18. 因地理地质化学因素的区域性差异而造成的疾病称为（　　）
A. 生物性地方病
B. 自然疫源性地方病
C. 地球化学性地方病
D. 地区营养性缺乏病
E. 以上都不是
19. 氟进入人体后主要分布于（　　）
A. 血液
B. 各种脏器中
C. 骨组织和牙齿
D. 牙齿
E. 骨组织
20. 地方性碘缺乏病的表现有哪些，除外（　　）
A. 胎儿早产
B. 地方性甲状腺肿
C. 坏死性心肌病
D. 地方性克汀病
E. 地方性亚克汀病

三、简答题

1. 试述防止传染病扩散所采取的措施。
2. 试述疫源地消灭的条件。
3. 试述经食物传播传染病的流行特点。
4. 试述计划免疫的概念和我国计划免疫的内容。
5. 地方性碘缺乏病预防措施有哪些？
6. 地方性氟中毒的预防措施有哪些？

（张文涛）

第14章 慢性非传染病的预防与控制

● 案例 14-1

某企业职员，男，45岁，体重超重，工作压力大，经常加班导致睡眠不足，久坐办公室，外出以车代步，每日吸烟15~20支，每周饮酒3~4次，三餐时间不规律，喜食油炸食品、腌制食物、碳酸饮料、烧烤等高脂肪、高盐、高糖、缺乏膳食纤维的食物，为乙肝病毒携带者，有肝癌的家族史。单位体检发现：高血压、脂肪肝、糖耐量异常。

问题：1. 该职员具有哪些罹患慢性病的危险因素？
2. 该职员可能罹患哪些慢性疾病？
3. 该职员需要采取哪些措施来防制慢性病？

慢性非传染性疾病（non-communicable disease，NCD）简称"慢性病"，不是特指某种疾病，而是对一组起病时间长、缺乏明确的病因依据，一旦发病病情迁延不愈的非传染性疾病的概括性总称。

随着社会经济的发展，我国的疾病谱和死因谱正在发生变化。在对结核病、HIV、寄生虫病等传染性疾病的控制取得显著成效的同时，心脑血管疾病、恶性肿瘤、糖尿病及慢性呼吸系统疾病等慢性病的发生率和病死率正在呈逐年上升趋势。据 WHO 估计，2005 年全球死亡人数的 61%与慢性病有关，用于该类疾病的医疗费用占全球卫生费用的 43%。因此，如何行之有效的防治慢性病，成为影响全球经济发展的重要公共卫生问题。

第一节 心脑血管疾病的防制

心脑血管疾病是指心脏血管和脑血管疾病的统称，泛指由于高脂血症、血液黏稠、动脉粥样硬化、高血压等所导致的心脏、大脑及全身组织发生的缺血性或出血性疾病，是一种严重威胁人类健康，特别是 50 岁以上中老年人健康的慢性病。我国心血管病患病率处于持续上升阶段，目前我国有心血管病患者 2.9 亿，每 5 个成年人中就有 1 名患心血管病。即使应用目前最先进的治疗手段，仍有 50%以上的脑血管意外幸存者生活不能完全自理。据 2000 年 WHO 统计，全世界每年有 1670 万人死于心脑血管疾病，占总死亡人口的 30%，占全世界所有死因的首位。可见，心血管疾病具有高患病率、高致残率和高病死率的特点，心脑血管疾病造成的残疾和死亡，给全人类带来了巨大的躯体痛苦、精神及经济负担，心血管疾病已成为重点预防和控制的慢性病之一。

一 心脑血管疾病的主要危险因素

心脑血管疾病的发生与多种因素有关，包括机体因素、疾病因素、生活行为因素和社会心理因素等，每种因素往往不独立存在，多种因素同时存在时就形成了多因素联合作用。

（一）机体因素

1. 遗传　原发性高血压和冠心病有明显的家族聚集现象，其遗传方式表现为多基因遗传。具有冠心病家族史的人群，其冠心病的病死率为一般人群的2.4倍。父母双方均有原发性高血压，其子女中有45.5%的人血压高于正常值；父母双方中一人患有原发性高血压，其子女中有28.3%的人血压高于正常值。

2. 超重与肥胖　超重与肥胖是导致心脑血管疾病发生的重要因素。肥胖者血液中的脂质含量往往较高，增高的脂质会损伤血管内皮，并通过受损的内皮进入血管壁，沉积于血管内皮下，逐渐形成动脉粥样硬化斑块，导致冠心病、心肌梗死、脑梗死等心脑血管事件。国外研究显示：体重每增加10%，血压平均增加0.86kPa（6.5mmHg），血清胆固醇平均增加0.48mmol/L。超过平均体重10%的人，其发生冠心病的危险性为正常体重者的1.3~3.4倍。

3. 年龄与性别　心脑血管疾病的发生与年龄及性别相关。男性40岁以后冠心病的发病率随年龄的增长而升高，平均每增长10岁，冠心病发病率可升高1倍。女性因受雌激素保护，冠心病的发病年龄平均较男性晚10年，女性在更年期后发病率逐渐接近男性。中老年冠心病患者的病死率男性是女性的2倍。

（二）疾病因素

1. 原发性高血压　原发性高血压是心脑血管疾病最重要、最独立的危险因素。血压高的患者其冠心病的患病率比血压正常者高约4倍，且患高血压病年龄越早，患冠心病的危险性越高。血压的增高还使得脑卒中的发病风险增加，我国脑卒中患者中，有76%的患者既往有原发性高血压病史。

2. 高血脂　高血脂是世界公认的引起动脉粥样硬化和冠心病等心血管疾病的主要危险因素，包括高胆固醇血症、高脂血症等。胆固醇可与体内蛋白质结合形成脂蛋白，低密度脂蛋白胆固醇（LDL-c）与冠心病的发生呈正相关，高密度脂蛋白胆固醇（HDL-c）与冠心病的发生呈负相关。

3. 糖尿病或糖耐量异常　心脑血管疾病是糖尿病患者最常见和危险的并发症。糖尿病人群中心脑血管疾病患病率的增加，主要原因是动脉粥样硬化的速度加快。国外研究表明，糖尿病患者患冠心病的机会较无糖尿病者高2~4倍。在葡萄糖耐量降低的患者中，脑卒中的发病率也有明显增高。约3/4的2型糖尿病患者死于心脑血管疾病，是2型糖尿病患者中第1位死亡原因。

4. 心脏病　心脏病是脑卒中的主要危险因素。无论血压水平如何，心脏病患者脑卒中的危险性都是增加的，特别是冠心病患者，其发生脑卒中的风险是无冠心病人群的5倍。

5. 短暂性脑缺血发作（transient ischemic attack，TIA）　TIA是一种反复发作的局部脑供血障碍导致的短暂性神经功能缺损，其本质上不是独立的疾病，而是变化复杂的一种综合征。TIA是各型脑卒中特别是缺血性脑卒中的重要危险因素，临床数据显示，约30%完全性脑卒中患者既往有TIA发作，且约有1/3的TIA患者迟早要发展或再发生完全性脑卒中。在既往有脑卒中史者，脑卒中的复发率比一般人群高4倍。

（三）行为生活方式

1. 吸烟　吸烟已被公认为是心脑血管疾病的危险因素，且成剂量反应关系。吸烟的支数越多、吸烟年限越长、开始吸烟年龄越早，发生心脑血管疾病的危险性越高。研究资料表明，大量吸烟的男性发生心脑血管疾病的危险性约为非吸烟者的 3 倍。

2. 酗酒　人群研究表明，饮酒有升高血压的作用，饮酒者高血压发病危险性比不饮酒者高 40%。我国高血压抽样人群调查表明，饮酒量与高血压患病率呈剂量反应关系，饮酒量越高，血压也越高。当饮酒量减少后，血压可下降。酗酒者冠心病的发病危险性明显增加，大量饮酒还可诱发高血压患者发生脑卒中。

3. 饮食因素　高盐饮食与血压升高有关，可增加高血压的患病率。高热量、高脂肪、高胆固醇膳食是导致动脉粥样硬化的重要因素，可使心脑血管疾病的患病率明显上升。国外研究报道，饮用软水的人群中心脑血管疾病的病死率高于饮用硬水的人群，这可能与机体缺乏人体必需的钙、镁微量元素有关。

4. 体力活动不足　长期缺乏体力活动，静坐的生活方式可引起心血管代偿功能受损，冠心病的危险性增加。流行病学研究提示适量的有氧运动能有效预防冠心病的发生。

（四）社会心理因素

社会心理因素对心脑血管疾病的影响越来越受到人们的重视。精神紧张、忧虑、注意力高度集中、时间紧迫感等均可使血压、血脂升高，导致罹患冠心病和脑卒中的风险升高。研究显示，A 型性格者血液中三酰甘油浓度升高，可使冠心病的危险性增高，为非 A 型性格者的 2 倍，复发心肌梗死的危险增加 5 倍。

（五）多因素联合作用

资料显示全球 83%～89%的冠心病和 70%～76%的脑卒中可归因于高血压、高血脂、肥胖、蔬菜水果摄入不足、缺乏运动和吸烟等六种危险因素的作用。可见，心脑血管疾病大多是上述因素综合作用的结果，危险因素越多，发生心脑血管疾病的危险性越高，其危险因素的联合作用多表现为协同作用，其效应至少是相加的，也可能是相乘的。

心脑血管疾病的防制措施

预防心脑血管疾病的措施包括针对普通人群的一级预防（社区预防）、针对已患病个体或群体的二级预防和三级预防措施，以针对主要危险因素进行防制的一级预防为主。

（一）一级预防

心脑血管疾病的一级预防是对一般人群开展的病因预防，即针对危险因素积极采取综合性措施。

1. 健康教育　健康教育是一级预防的重要环节。利用一切有效传播方式，使人群充分认识心脑血管疾病的危险因素和对健康的危害，自觉改变不健康的生活习惯和行为，大力倡导"不吸烟、少吃盐、合理膳食、经常运动"的健康生活理念，达到降低危险因素水平，促进健康的目的。实践证明，在童年期减低心脑血管疾病的危险因素，最终降低成年人上述疾病的发病率是完全可行的。因此在防治心脑血管疾病中，健康教育应以全人群为对象，进行整体社会人群的预防。一级预防需针对不同人群的特征，有重点地进行，提高疾病防治的卫生知识普及率，降低人群中主要危险因素水平。

2. 疾病危险因素的干预

（1）限制食盐摄入量：据 WHO 资料，人群中每日食盐平均减少 5g，则舒张压平均下降

0.532kPa（4mmHg），在限盐的同时增加膳食钾的量，降低钠/钾比值，使<2~3，食盐每日以3~5g为宜，是预防高血压的重要措施之一。

（2）戒烟限酒：为预防心脑血管疾病，最好不抽烟。戒烟是高血压患者预防心血管病最有效的措施，可使心血管疾病危险性下降50%。有饮酒习惯的高血压病人应建议限制饮酒量，男性每日乙醇量不超过20~30g，女性不超过10~20g。

（3）合理膳食：控制总热量的摄入，以维持理想体重的需要为准；饱和脂肪酸摄入不超过总能量的10%，胆固醇摄入量不超过300mg/d；食用油以植物油为主；多食谷类、豆类及其制品；适量饮用茶水；多食新鲜蔬菜和水果。

（4）加强体育锻炼：增加体力活动，控制体重，改善机体各系统的功能，是预防心脑血管疾病的重要手段。充分的体力活动可降低血压，降低血清胆固醇，增加冠脉储备。

（5）保证充足的睡眠，增加愉悦身心的娱乐活动，如散步、气功、阅读、下棋等，以减轻社会压力感，缓解心理应激状态。

（二）二级预防

二级预防是要做到早发现、早诊断和早治疗，控制危险因素，以防止心脑血管疾病加重和并发症的发生。

1. 高危人群筛检

（1）早期发现高血压：由于高血压早期无明显症状，患者一般不主动就医。因此对于35岁以上的首诊病人应常规测量血压，以尽早发现高血压患者。

（2）早期发现动脉粥样硬化：对于有冠心病或动脉粥样硬化家族史的患者，以及高血压病、糖尿病、肥胖者，应定期检查心电图、血脂，必要时完善冠状动脉CTA或冠状动脉造影，以早期发现冠状动脉硬化患者。

2. 控制危险因素　对于心脑血管疾病的危险因素，应根据患者的具体情况，控制血压、血脂、血糖，积极运动，保持乐观稳定的情绪，戒烟限酒，降低体重，合理膳食等，以减少心脑血管疾病的发病。

3. 药物治疗　可靠持续的药物治疗，如应用阿司匹林，可抗血小板凝集和释放、改善前列腺素与血栓素 A_2 的平衡、预防血栓形成、降低心肌梗死、脑卒中的发病及死亡的风险。应用中医药，可降血压、降血黏度、改善微循环、抗氧化、抗血栓形成等。

（三）三级预防

三级预防是指借助各种临床治疗方法，使患者早日康复，减少疾病造成的不良后、致残等。心脑血管疾病为慢性病，在积极治疗的基础上，还需进行心理干预和功能的康复治疗，并定期随访，预防并发症的发生，努力使患者做到病而不残、残而不废，鼓励其参加社会活动，延长寿命，以提高患者生活质量。

第二节　恶性肿瘤的防制

恶性肿瘤是一类因机体细胞失去控制而异常增生，可发生于机体100多个不同部位的疾病。随着城市工业化的发展，环境污染日趋严重，人群不良生活方式的影响和心理压力的增大，恶性肿瘤的发病率和病死率呈逐年上升趋势。根据国际癌症研究中心报告：2012年全球新发癌症病例1409万，死亡820万，现患3255万，发病及死亡与2008年相比分别增长了11.2%及8.3%。

预测到 2020 年全球将有癌症新发病例 2000 万,死亡病例将达到 1200 万。我国的现状更加严峻,发病率年增 4%,恶性肿瘤导致的死亡成为我国死因之首。2012 年我国新发癌症病例 307 万,死亡 221 万,现患 505 万,发病和死亡占发展中国家的 40% 和全球的 25%。恶性肿瘤造成的早死和健康寿命损失,导致生产力下降和社会负担剧增。因此,恶性肿瘤已成为威胁人类健康的严重疾病之一,成为全球最大的公共卫生问题。

 恶性肿瘤的主要危险因素

恶性肿瘤是多因素、多阶段、多基因的致病结果,70%~80% 的人类肿瘤是包括生活方式在内的环境因素引起,致癌的环境因素包括物理、化学及感染性因素,其致癌效应依赖于暴露时间、剂量和持续性。此外,遗传因素、社会心理因素在肿瘤的发生中也起着重要作用。

(一)环境因素

环境中的致癌因素主要包括自然环境的物理、化学和生物因素,其中最主要的是化学因素。

1. 化学因素　凡是能引起人或动物肿瘤形成的化学物质均称为化学致癌物。人类肿瘤的 80%~85% 是由化学致癌物所致。目前已证实的对动物致癌的化学物质就有 100 多种,对人类有致癌作用的达 30 多种,其中在职业环境中有 21 种化学物质被确定为肯定致癌物,可疑致癌物约 30 种。这些致癌物来自工业、交通、生活污染、烟草、食品、药物、饮用水等方面,不仅种类和数量多,而且人们接触的机会多、时间长,与癌症的发生和发展关系密切。

2. 物理因素　包括各种波段的电磁波、紫外线、热辐射、机械刺激等。其中电离辐射(X 线、γ 射线)是最主要的物理性致癌因素,可能引起白血病、恶性淋巴瘤、多发性骨髓瘤等。紫外线的过度照射可引起皮肤癌。慢性机械性刺激和外伤性刺激可致组织慢性炎症和非典型增生而诱发组织癌变,如锐齿、龋齿、错颌牙长期刺激,可发生黏膜白斑、溃疡以至癌变。

3. 感染性因素　目前认为,约 1/6 的全球新发恶性肿瘤归因于感染因素。其中,幽门螺杆菌相关胃癌、乙型/丙型肝炎病毒相关肝癌、人乳头瘤病毒相关宫颈癌占所有感染相关肿瘤的 95% 以上。感染性病因与吸烟同列为肿瘤的前两位危险因素。

(二)生活行为方式

1. 吸烟　吸烟是最主要的肿瘤环境危险因素,与肺癌关系最为密切,其吸烟量、吸烟时间、开始吸烟的年龄和戒烟的年限等与肺癌都有明显的剂量反应关系。开始吸烟年龄越小,吸烟量越大,发生肺癌的危险性就越大,戒烟后肺癌危险度逐渐下降。吸烟除引起肺癌外,还可导致膀胱癌、口腔癌、胰腺癌、肾癌、胃癌、喉癌和食管癌等多种恶性肿瘤。

2. 饮酒　数据显示 2%~4% 的恶性肿瘤的死亡与酗酒有关。酒精中含有亚硝胺和多环芳烃等致癌物,长期嗜酒可能会罹患口腔癌、咽癌、喉癌、食管癌、胃癌和直肠癌等。

3. 饮食

(1)脂肪摄入过多:动物脂肪及肉类可以增加乳腺癌、结肠癌和前列腺癌的患病机会。

(2)缺乏膳食纤维、维生素和微量因素:长期摄入精制而缺少纤维素的食物,罹患结肠癌的危险性会升高;严重缺乏维生素 C 和微量元素(硒、锌、铜、铁)等可导致食管癌和胃癌的发生;长期缺乏碘或碘摄入过多与甲状腺癌的发生有关。

(3)食品添加剂、食品污染:食用香料、色素及调味品中的黄樟素、二甲氨基偶氮苯与肝癌有密切联系;食物(如玉米、花生)受到黄曲霉毒素等污染使肝癌的发病率明显升高。

(4)食品不良加工方法:食物的加工烹调,如烟熏、炙烤及高温煎炸等都会产生致癌物,经常食用烟熏、炙烤食品和酸菜、咸菜等高盐饮食均是食管癌、胃癌的危险因素。

（三）遗传因素

目前认为，环境因素是肿瘤发生的始动因素，而个人的遗传特征决定肿瘤的易感性。通过对遗传性或家族性肿瘤综合征的研究，人们已经鉴定出一些符合孟德尔遗传的高外显度的肿瘤致病基因，因为这些基因处于癌变通路上，其胚细胞突变携带者具有很高的患癌风险。例如，5%~10%的乳腺癌是家族性的，如有一位近亲患乳腺癌，则患病的危险性增加 1.5~3 倍；如有两位近亲患乳腺癌，则患病率将增加 7 倍。肝癌、食管癌高发地区也发现一定数量的高发家族。然而，遗传性肿瘤只占极少部分，大多数常见肿瘤是散发性的而不是家族性的，散发性肿瘤的遗传易感性因素尚没有被完全阐明。

（四）社会心理因素

社会心理因素与癌症的发生密切相关，精神刺激和心理紧张因素在恶性肿瘤的发生、发展中起到不可忽视的作用。当生活中遇到诸如丧失亲人、家庭纠纷、事业失败、工作学习过度紧张等生活事件，可使人产生不良的精神刺激，进而引起强烈持久的消极情绪，这些不良情绪都可能成为癌细胞的"激活剂"，促使癌症的发生。

二 恶性肿瘤的防制措施

WHO 认为通过卫生教育计划和预防已知的致癌因素，约 1/3 的癌症是可以预防的；通过普查、早期发现癌症患者，约 1/3 的癌症患者可以得到早期诊断和治疗；另外还有 1/3 的癌症患者，通过积极治疗，仍可能延长生存期，减轻痛苦，提高生活质量。肿瘤预防以降低恶性肿瘤的发病率和病死率为目标，力求减少恶性肿瘤对国民健康、家庭的危害及对国家医疗资源的消耗，减轻家庭和社会的经济负担。

（一）一级预防

一级预防的目标是防止恶性肿瘤的发生。一级预防的任务包括研究各种癌症的病因和危险因素，针对化学、物理、生物等具体致癌或促癌因素和体内外致病条件，采取预防措施。针对健康机体，在人群中开展健康教育，加强环境保护，提倡合理膳食，改变人们不良的行为生活方式等措施，以此来预防肿瘤的发生。

（1）健康教育：特别对高危人群，更应提高他们的认识和自我保健能力。通过健康教育提高人群对恶性肿瘤危险因素的认识和自我保护能力，是预防和控制恶性肿瘤的有效措施。如不吸烟、不酗酒、合理使用药物、合理营养、保持良好的情绪等。

（2）加强劳动保护、环境保护、食品卫生等立法。

（3）合理膳食：WHO 提出合理饮食预防癌症的五条建议：避免动物脂肪；增加粗纤维食物的摄入；减少肉食；增加新鲜水果和蔬菜；避免肥胖。

（4）保持健康的生活行为方式：如保持良好的情绪，不吸烟、不酗酒，注意口腔卫生及性器官卫生，坚持体育锻炼，保持适宜的体重等，以增强机体防癌和抗癌能力。

（5）疫苗接种和化学预防：疫苗接种可防止生物因素引起的致癌效应。如 80%的肝癌与乙型肝炎病毒有关，接种乙肝疫苗可预防肝癌。化学预防可降低致癌物的作用剂量和时间，阻止致癌化合物形成和吸收，从而防止肿瘤的发生。化学预防剂如维生素类的叶酸及维生素 A、C、E 等，矿物质如硒、钼、钙等，天然品如胡萝卜素等。

（6）其他：合理使用医药用品；切忌滥用药物及放射线；提倡晚婚和计划生育等。

(二) 二级预防

二级预防的目标是防止恶性肿瘤的发展。人体所患的恶性肿瘤约 75% 以上发生在身体易于查出和易于发现的部位。多种肿瘤都可以通过健康检查、肿瘤普查及定期的随访而早期发现，因此早发现、早诊断、早治疗是提高癌症治愈率、降低死亡率的关键。

1. 癌症筛查

（1）乳腺癌的筛查：20 岁以上妇女应推行乳房自我检查；40 岁以上妇女应每年进行一次临床检查；50～59 岁妇女除临床检查外，每 1～2 年应进行一次超声检查和 X 线摄影检查。

（2）宫颈癌的筛查：宫颈脱落细胞涂片检查是筛查宫颈癌的主要方法，每年做一次，连续检查三次正常后，由医师酌情决定减少检查频度。

（3）结肠、直肠癌的筛查：40 岁以上的人群应每年进行一次直肠指检，50 岁以上人群，特别有家族肿瘤史、家族息肉史、息肉溃疡史及结肠直肠癌病史者，应每年进行一次大便潜血试验，每隔 3～5 年做一次乙状结肠镜检查。

（4）高危人群的监测：对高危人群如癌症高发地区、有明显家族史者、有职业接触史者及有癌前病变者，可通过定期检测，以达到早期发现的目的。如乙型、丙型肝炎患者及肝硬化患者是肝癌的高危人群，应定期通过 B 超检查或甲胎蛋白化验，尽早发现癌变和癌前病变。

2. 癌症自我监护　常见肿瘤的十大症状如下。

（1）身体任何部位如乳腺、颈部或腹部的肿块，尤其是逐渐增大的无痛性肿块。

（2）身体任何部位如舌、颊、皮肤等处非外伤性溃疡，特别是经久不愈的。

（3）不正常的出血或分泌物，如中年以上妇女出现不规则阴道流血或分泌物增多。

（4）进食时胸骨后闷胀、灼痛、异物感或进行性吞咽困难。

（5）久治不愈的干咳、声音嘶哑或痰中带血。

（6）长期消化不良、进行性食欲减退、消瘦，又未找出明确原因的。

（7）大便习惯改变或有便血。

（8）鼻塞、鼻出血、单侧头痛或伴有复视者。

（9）赘生物或黑痣突然增大或有破溃、出血，或原有的毛发脱落者。

（10）无痛性血尿。

上述症状可能是癌症的早期危险信号，一旦出现，应及时就医，做进一步检查、诊断。

（三）三级预防

三级预防的目标是防止恶性肿瘤的病情恶化和残疾。三级预防是通过多学科的综合诊断、生理及心理上的治疗，以提高肿瘤患者的治愈率，延长生存期，减轻患者痛苦，提高生活质量。特别需要强调的是，姑息治疗已成为贯穿肿瘤治疗始终的全程、全方位的治疗模式。姑息治疗中更强调对症状的关注，如疼痛、厌食、便秘、疲乏、呼吸困难、呕吐、咳嗽、口干、腹泻、吞咽困难等影响生活质量的症状控制，同时重视精神心理问题和心理照护。包括对疼痛患者的三阶梯止痛治疗；调节饮食、补充营养；针对患者的心理痛苦给予有效的心理干预；改善患者睡眠，等等。此外，还要积极开展肿瘤患者的社区康复工作，使更多的患者获得康复医疗服务。

第三节　糖尿病的防制

糖尿病是一组由多病因引起的以慢性高血糖为特征的代谢性疾病，是由于体内胰岛素缺乏和（或）作用缺陷引起的。糖尿病是一种全身性和终身性疾病，并发症多。长期糖类及脂肪、蛋白质代谢紊乱可引起多系统损害，导致眼、肾、神经、心脏、血管等组织器官慢性进行性病变、功能减退及衰竭，病情严重或应激时可发生急性严重代谢紊乱，如糖尿病酮症酸中毒、高渗高血糖综合征。我国糖尿病患病率呈快速增长趋势，现成年人糖尿病患病率达 9.7%，而糖尿病前期的比例更高达 15.5%。更为严重的是我国有约 60% 的糖尿病患者未被诊断，而已接受治疗者，糖尿病的控制状况也不理想。糖尿病的病残和病死率仅次于心血管疾病和癌症，已成为继心脑血管疾病、恶性肿瘤之后严重危害人类健康的第三大顽症。

按照 WHO 的标准，糖尿病分型主要有 1 型糖尿病、2 型糖尿病、妊娠糖尿病、其他特殊类型糖尿病等。

 糖尿病的主要危险因素

（一）遗传因素

1 型糖尿病在同卵双生子中同病率达 30%～40%，提示遗传因素在 1 型糖尿病中具重要作用。2 型糖尿病在同卵双生子中同病率接近 100%，但起病和病情进程则受环境因素的影响而变异甚大，有资料显示，遗传因素主要影响胰岛 B 细胞功能。据国外调查统计，约 35% 的 2 型糖尿病患者其双亲一方或双方都患有糖尿病。

（二）病毒感染

据报道与 1 型糖尿病有关的病毒包括柯萨奇病毒、腮腺炎病毒、风疹病毒、脑心肌炎病毒、巨细胞病毒等。病毒感染可直接损伤胰岛 B 细胞，迅速、大量破坏 B 细胞，且暴露其抗原成分，打破自身免疫耐受，进而启动自身免疫反应，最终导致 1 型糖尿病。

（三）超重与肥胖

2 型糖尿病患者中约 60% 体重超重或肥胖，向心性肥胖与胰岛素抵抗和 2 型糖尿病的发生密切相关。若肥胖与家族史结合起来，则协同增加了罹患 2 型糖尿病的危险性。我国 11 省市调查发现，体重指数（BMI）≥25 的超重和肥胖者患糖尿病的概率是正常体重者的 2.6 倍。

（四）饮食结构不合理、体力活动不足

高能量饮食、脂肪摄入过多、缺少膳食纤维等可增加糖尿病的发病危险性。缺乏体力活动容易使脂肪在体内积累，也可降低外周组织对胰岛素的敏感性，损害葡萄糖耐量而直接导致糖尿病。

（五）社会经济状况

社会经济状况是 2 型糖尿病发生的一个综合危险因素。富裕国家的糖尿病患病率高于发展中国家，即使在不发达的国家，富裕阶层的患病率也明显高于贫穷阶层。

（六）妊娠

有研究表明，患妊娠糖尿病的妇女以后发生显性糖尿病的比例相当高，15 年随访研究结果显示，累积发病率为 35%～40%。妊娠期糖尿病与后代患 2 型糖尿病的危险也相关。

（七）其他

自身免疫、缺乏体力活动、高能饮食、怀孕、长期的过度紧张及影响糖代谢的药物如利尿药、糖皮质激素、类固醇类口服避孕药等也是糖尿病的危险因素。

二 糖尿病的防制措施

（一）一级预防

糖尿病的一级预防最为重要，目的是减少糖尿病的发病率。主要通过健康教育，普及糖尿病预防知识，改变人们的不良行为方式来实现。

1. **健康教育** 世界卫生组织糖尿病专家委员会第二次报告中指出，教育是有效的治疗和医学预防的基础。有效的治疗目的在于争取糖尿病患者短期和长期的身体健康，并有益于医院病床的有效使用和卫生经济的改进。在人群中开展多种形式的健康教育是糖尿病预防的重要措施。糖尿病教育的内容包括糖尿病基础知识、饮食控制、体育锻炼、降糖药物的使用、低血糖的预防与处理、尿糖和血糖的自我监测等。

2. **保持健康的心理和生活方式** 积极参加有益健康的社交活动，保持乐观稳定的情绪，克服各种心理紧张和压力，保持有利于健康的生活方式，戒烟、戒酒，防止和纠正肥胖等。

3. **合理膳食** 依据中国营养学会发布的《中国糖尿病膳食指南（2017）》，建议糖尿病患者吃、动平衡，合理用药，控制血糖，达到或维持健康体重；主食定量，粗细搭配，全谷物、杂豆类占 1/3；多吃蔬菜，水果适量，种类、颜色要多样；常吃鱼禽，蛋类和畜肉适量，限制加工肉类；奶类、豆类天天有，零食、加餐合理选择；清淡饮食，足量饮水，限制饮酒；定时、定量、细嚼慢咽，注意进餐顺序；注重自我管理，定期接受个体化营养指导。

4. **参加适当的体育锻炼** 参加适当的体育活动，降低血糖，增强器官功能，在心理、生活上有充实感和欣快感。尤其对于肥胖的 2 型糖尿病患者，运动可提高胰岛素的敏感性。1 型糖尿病患者为避免血糖波动过大，体育锻炼宜在餐后进行。血糖大于 14~16mmol/L、明显的低血糖或血糖波动较大、有糖尿病急性并发症和严重心、脑、眼、肾等慢性并发症者暂不宜活动。

5. **控制血压、血脂** 对有原发性高血压、高血脂的个体，在控制体重的同时，注意治疗高血压，纠正血脂异常，膳食中特别要注意控制食盐和脂肪的摄入量。

（二）二级预防

糖尿病的二级预防是通过体检、医院门诊检查等方式，对其高危人群进行筛查。高危人群包括有糖调节受损病史（包括空腹血糖调节受损、糖耐量异常）、年龄大于 45 岁、超重或肥胖、2 型糖尿病的一级家属、有巨大儿生产史或妊娠糖尿病病史、多囊卵巢综合征、长期接受抑郁症药物治疗等。筛查指标包括测量空腹血糖、餐后血糖、糖化血红蛋白，必要时进行口服葡萄糖耐量试验、糖尿病并发症的筛查。诊断时应注意是否符合糖尿病诊断标准、分型、有无并发症及并发症的严重程度。早期发现糖尿病患者，及早进行诊断和治疗，以减少和延缓糖尿病的发生。

（三）三级预防

对已确诊糖尿病患者应进行综合性治疗，除上述健康教育、合理膳食、运动治疗以外，还包括口服降糖药物、注射胰岛素、减重手术、胰腺移植和胰岛细胞移植及糖尿病慢性并发症的防治等，以减少或延缓糖尿病并发症的发生和发展，降低病死率和死亡率，提高患者的生活质量。

第四节　社会病的防制

现代社会除了战争、瘟疫、自然灾害、贫困等社会大动荡之外，自杀、他杀、交通事故、吸毒、酗酒、卖淫、少女妊娠等社会问题层出不穷。这些社会问题存在于文化背景、社会制度、经济发展水平不同的世界各国，破坏社会的稳定，对人们生活产生严重的影响。人们把这些问题称为"社会病"。

在社会学领域中，与"社会病"相关的术语有两个，一个是"社会问题"，另一个是"越轨行为"。社会问题是从社会功能和社会发展的角度来看问题，其外延很广，涉及所有需要动员社会力量来解决的各种各样的问题，有构成社会基本要素之间的相互关系失调而导致的人口问题、生态问题、环境污染问题、贫穷问题、民族和种族问题、社会文化冲突问题等；也有人们的社会关系失调导致的社会问题，如婚姻家庭问题、老年人问题、独生子女问题、残疾人问题、青少年犯罪问题等；还有制度和体制失调带来的社会问题，如物价问题、教育问题、劳动就业问题、社会保障问题等。越轨行为主要是从个人与社会的关系角度来看问题，其外延则要小得多。一般地说，凡是违背群体标准或期望的行为都可以称为越轨行为，如各种违法违纪行为、犯罪行为等。所有的越轨行为都有可能成为社会问题，很多的社会问题都与人们的越轨行为有关。

"社会病"是介于"社会问题"和"越轨行为"之间的一个概念，但更接近"社会问题"，也可以说是某些社会问题的集合。为了便于理解，可以将"社会病"定义为："主要由社会原因造成的，与社会发展和进步方向相违背的社会性现象。"也有专家把社会病的概念解释为："社会病是指社会因素起着决定作用，与现代生活方式与行为模式密切相关的社会病理现象。"这类病一般需要采用社会性防治措施才能加以控制。

一、自杀

个人在意识清楚的情况下，自愿地，而不是被别人所逼迫地采取伤害、结束自己生命的行为，称为自杀。或者说自杀是由社会心理冲突产生的一种蓄意终止自己生命、有目的、有计划的自我毁灭性行为。根据自杀的结果的不同，可将自杀分为自杀死亡和自杀未遂两类。前者无须解释，后者是指虽然采取了自杀的行动，但由于采取的方法不足以致死，或者由于自杀时被救活而没有导致死亡结局。在死亡的意愿方面，一般说来自杀死亡者中死亡愿望强者比自杀未遂者中要多；但并不尽然，在自杀死亡者中，也有死亡意愿并不强烈者。

（一）流行特征

据估计，全世界每天有 1000 多人死于自杀，自杀未遂者则是它的 8～10 倍。我国的自杀率为 23/10 万。

1. 地区分布　自杀地区分布与地理环境、民族风俗习惯、生产、生活方式及居民素质等有关，呈现一定的分布特点。从全球看，北欧和东欧是自杀高发区。从城市与乡村自杀率比较看，发达国家大多为城市高于乡村，而中国的自杀率是乡村远高于城市。

2. 人群分布　自杀在不同人群中的分布有一定的差异。在性别上，世界上大多数国家，自杀死亡的男女性别比一般为 3∶1，男性高于女性；自杀未遂则是女性多于男性。自杀死亡率随着年龄的增长而升高。近年来，青少年自杀死亡率有升高的趋势，但在各年龄段中，仍以 60 岁以上老年人自杀死亡率为最高。有关统计数字表明，我国自杀死亡的年龄分布有两个高峰，即 15～24 年龄组和 65 岁以上年龄组的自杀死亡率较高。不同职业人群自杀率有所不同。中国妇女自杀率较高与农村妇女文化水平普遍偏低有一定关系。自杀病学家认为资本家、商人自杀率远高于的工人和农民。中国曾有过大量关于自杀职业分布的报道，从科学性较强的文献中得知我国自杀高危人群是学生、失业者、待业者、家庭主妇、小贩、工人和农民等。对婚姻状况的研究发现，男女已婚者自杀率最低，离婚者自杀最高，次为丧偶和未婚者。不同文化程度自杀明显不同。据调查，广西农村自杀与文化关系是初中文化水平者自杀率最高，小学和文盲者反而较低。精神疾病与自杀关系，在西方国家的许多研究表明，自杀者中精神疾病的患病率高达90%以上。有学者对519名自杀者进行较为严谨的回顾性诊断，发现该样本中，40%有抑郁症诊断，7%有精神分裂症诊断，7%有酒精依赖诊断。

3. 时间分布　自杀高发季节，农村是夏季（6～8份），城市亦是夏季（5～9月份）为多见。国外有报道，自杀高峰在春季和夏季两个高峰。

（二）影响因素

自杀行为是一种复杂的社会病理现象，国内外对此进行了广泛的研究，可概括为生物、心理和社会三个方面。

1. 生物学因素　与自杀有关的生物因素包括遗传素质、机械损伤、神经异常和严重的疾病等。流行病专家和遗传学专家研究发现，在同一家庭中，自杀有一定集聚性，有自杀家庭史者是自杀高危人群。研究发现，自杀行为与生物钟有关，在智力、体力，情绪三种生物节律中，惟情绪节律与自杀有统计学联系；女性自杀与月经周期有一定关系；青少年自杀有出生创伤者比对照组高3倍，出生创伤可致脑神经受机械性损伤，从而影响神经元的生长发育和神经递质的释放。精神病或精神异常是导致自杀的重要原因。有资料显示，有45%～70%的自杀者有明显的情绪抑郁，故抑郁症为最常见的导致自杀的心理障碍。

严重的疾病晚期如恶性肿瘤等患者，常因对治疗失去信心，或因长期严重病痛而导致自杀，尤其是老年患者更易发生。

2. 心理因素　人的一生中都要经历身心剧变的时期，人的生理及心理发生明显改变，在情绪很不稳定时，一旦遇上激发事件或不良刺激，常易诱发自杀。常表现为如下。

（1）厌世感：如怀才不遇、忍辱负重、屈服于外界压力、受到不公正待遇等，失去学习或生活乐趣，把自己看成"多余的人"而自杀。

（2）极乐感：如择偶受干扰，或第三者涉足家庭，为与第三者共同实现"生不能成夫妻，死同穴"的"极乐世界"而自杀。

（3）罪孽感：如平时作恶多端，横行霸道，罪行累累，深知法网恢恢，罪责难逃，为了逃脱惩罚畏罪自杀。

（4）失落感：如对于一向"广播有声，报纸有名"的名人，若屡遭挫折，名落孙山，容易自认为"无颜见江东父老"而自杀。

（5）冲动感：如在家庭父子之间、夫妻之间、兄弟之间、叔伯之间，或在工作单位同志之间和社会的邻里之间，由于争吵怒气难消，尤其自感"吃亏""气不过"时，容易出现由于一时感情冲动丧失理智而自杀。

（6）从众感：如一些平日称兄道弟，讲"江湖义气"的青少年，一旦为首者产生自杀念头，其他成员易盲目从众自杀。

3. 社会因素　社会因素在自杀中起重要作用。社会不稳定、经济困难及失业、社会风气颓废、家庭不和及人事关系紧张等，常使人产生严重自卑、孤僻、绝望，进而导致自杀。与自杀密切相关的人际冲突主要包括婚恋冲突、家庭人际冲突和社会人际冲突。青年人自杀大多由婚恋纠纷与冲突所致，失恋、单相思、被遗弃、未婚先孕、第三者插足、离婚等造成心理创伤与痛苦，进而走向极端。家庭内人际关系冲突和社会人际关系冲突常是造成自杀的诱发因素与导火线。有报道，自杀死亡者主要原因中家庭不和占45%，人际关系紧张、婚姻恋爱受挫、经济困难各占10%，久病不愈占6%。

（三）预防措施

1. 一般措施

（1）提高心理健康素质：自杀者总是存在某些医学或心理学的问题，因此应该把提高社区人群的心理健康水平作为预防自杀的第一个层次。其措施可包括以下几方面。

1）普及心理卫生常识：采用广播、电视、报纸、科普小册子、墙报、公众讲座等形式广泛地向社区人群宣传心理卫生知识。

2）对于中小学生开设针对性较强的心理卫生课，使学生初步了解自己的心理，学会各种生活技能。

3）建立社区心理咨询和心理保健系统，开展心理咨询和心理保健工作，使处于心理危机的个体及时得到专业性的支持和帮助。

（2）普及预防知识：采取各种形式开展关于预防自杀知识的宣传和教育，使人们了解自杀危害，懂得识别基本的自杀危险信号，对有自杀意念或自杀未遂史者，能够采取一种同情，而不是歧视的态度。

（3）减少自杀机会：加强对常见自杀手段的管理，以达到减少自杀的目的。如加强武器管理，特别是枪支管理；加强有毒物质的管理；加强对危险场所的防护和管理，特别要对多发自杀行为的大桥、高楼、风景名胜地进行针对性强的管理。

（4）建立专门机构：世界上许多国家成立了各种专门的预防自杀机构，如自杀预防中心、危机干预中心、救难中心、生命线等，利用便利的电话、互联网络进行危机干预和自杀预防。

（5）加强人员培训：许多研究表明，自杀者常首先求助于初级卫生保健机构或综合性医院，发展中国家的情况尤其如此。然而，大多数医务人员对自杀行为缺乏必要的了解。因此，要加强对相关医务工作者和心理咨询工作者的培训。

（6）控制自杀个案的媒体报道：新闻机构和新闻工作者自杀案例的报道满足社会公众的猎奇心理以提高其影响和销量，特别是知名人物如影视明星、政界要人、社会名流、青少年偶像的自杀行为，结果导致一些青少年模仿。国家应制定法规或法律，严格限制这类报道，特别是对自杀方法的报道。

2. 特殊人群预防措施

（1）精神病患者：精神疾病，特别是抑郁症、精神分裂症恢复期、酒瘾、药瘾患者是自杀的高危人群之一，是自杀预防的重点。对每一个精神疾病患者，不管是门诊患者还是住院患者都应该进行系统的自杀危险性评估。对于有严重自杀意念者，特别是严重的抑郁症患者，应劝其住院治疗，必要时可在国家政策、法律支持下强制住院。医务人员应将患者的情况，特别是自杀危险性与患者家属进行。

（2）大中学生：大中学生是一个特殊的群体，在心理方面，大多数处于从不成熟向成熟发展的过程，学习和就业压力大，当前我国部分大学生还存在突出的经济压力。因此，近年来大学生的自杀问题有增加的趋势，且其自杀现象社会影响较大，已引起了社会各界的重视。主要的预防措施如下。

1）改革教育和管理体制，合理安排学习负担，尽量缓解学生经济压力。

2）培养学生积极向上的人生观和价值观。

3）开展心理健康教育，提高学生心理健康素质，包括分析问题和解决问题的能力。

4）从入校开始即建立心理健康档案，并进行定期复查。

5）建立心理咨询机构，经过专业培训的工作人员向学生提供咨询，有条件的学校应建立危机干预热线。

6）建立合适的专业咨询和转诊机制。

7）培训学生管理干部和学生干部，建立自杀行为的监测体系。

二、车祸

车祸在意外死亡中约占50%。车祸系指道路或供一般交通使用场所，因车辆之类的交通工具所引起的人身伤亡或物品的损害。有的学者提出，车祸是指公路上行驶（包括运、行、放、停）过程中发生碰撞、碾压、翻覆、落水、失火或驶出路外而造成人畜伤亡、车物损坏的事故。车祸是意外伤害的主要原因。车祸致残率也很高，车祸损伤以头部最为多见。车祸造成的永久性伤残人数约为死亡人数的10倍。车祸不仅对人类的健康造成了巨大的损失，而且造成的经济损失也是不可估量的。同时，车祸导致的伤亡给伤亡者家属、亲友带来精神创伤，可导致一系列的心身疾病，如心血管疾病、脑血管疾病性消化性溃疡、精神疾患，甚至恶性肿瘤。

（一）影响因素

车祸的发生是由生物、心理、社会等多种因素综合作用的结果，其中心理、社会因素对车祸的发生、发展起着决定性的作用。

1. 自然环境 包括气候、地理、地域等方面，如雨雾雪、高温、寒冷环境、路况、路线等。

2. 生物因素

（1）年龄与性别：资料显示，车祸死亡的高发年龄在15~44岁年龄组，且男性车祸致死率是女性的15倍。男性驾驶员的车祸密度较女性稍低；但男性驾驶员发生致死性车祸的危险性是女性的3倍，这是由于男性暴露程度高的缘故。无论男女，青少年（35岁以下）驾驶员的致死性车祸发生均是55岁以上年龄段驾驶员的3倍，其原因主要与青少年车祸密度高及危险行为多造成。

（2）生理条件：驾驶员的健康状况对车祸的发生影响很大。驾驶员视力不好、应急和判断能力低，尤其是驾驶过程中急性疾病发作，如癫痫发作、突发性头痛、头晕、眼花等与车祸的发生密切相关。有研究资料表明，患有癫痫、糖尿病和脑血管疾病的司机车祸发生率是其他司机的2倍。

（3）生物周期：人体生物周期分为体力周期、情感周期及智力周期。这三个周期从出生时开始，持续一生而没有很大变化。根据体力、情绪和智力的不同变化分为高潮期、低潮期和临界期。在高潮期人们感到体力旺盛、头脑灵敏，具有解决复杂问题的能力。当人体生物节律处于临界期或低潮期时，会感到体力不济，注意力不集中，判断力下降，思维迟钝，容易对高速行驶得车辆和复杂的路况作出错误的判断和错误的动作，这是导致车祸的重要原因之一。有资料表明，月经周期与车祸的发生也存在很强的关联性。

（4）驾驶技术：水平低、经验不足是车祸发生的重要原因之一，许多研究都表明驾龄与车祸发生率呈负相关。驾驶员驾龄越短，经验越不丰富，应急能力越低，其车祸发生率相对高一些。

3. 心理、行为因素 研究表明，应激性生活事件与车祸有关，对车祸负有责任的司机应激性生活事件比对照组多，这些司机有较多的心理障碍症状。一般来说，车祸的发生与下列心理、行为因素有关。

（1）个性心理特征：个性心理特征是个人带有倾向性的、本质的、比较稳定的心理特征（兴趣、爱好、能力、气质、性格等）的总和。研究发现，发生车祸的司机的性格特征、心理反应类型与其他司机存在显著性差异，车祸的发生与好胜、铤而走险的个性心理有很大的关系。

（2）生活事件：一项研究将因车祸而住院的司机分为两组，一组是车祸的责任者，另一组是车祸的非责任者，然后进行生活事件量表测试和一般健康调查。结果表明，责任组经历的应激性生活事件比非责任组多，差异具有显著性意义。特别在车祸发生前 3 个月内，责任组比非责任经历的应激性生活事件明显要多。还有研究表明，责任司机所发生的生活事件主要与夫妻感情破裂、失恋、离婚、丧偶等家庭、婚姻问题有关。可见，重大生活事件的刺激是引起车祸发生的重要原因之一。

（3）不良行为：酗酒对司机的操作能力有决定性的影响，这一点在许多实验室和现场的研究中都得到证实。药物的滥用可引起车祸。国外曾有很多报道，部分肇事驾驶员在车祸发生前使用过兴奋药或麻醉药。吸烟对车祸也有影响，配对调查表明，有吸烟习惯的司机夜间车祸发生率明显比对照组高。

4. 社会经济因素　由于经济发展水平的不同，不同国家和地区车祸的发生存在明显的差异。发达国家每千人口机动车车辆数远高于发展中国家，机动车车祸发生率也高于发展中国家，但发展中国家机动车车祸死亡率却远高于发达国家，几乎为发达国家的 10 倍以上。在发展中国家，随着人口的急剧增长、社会经济的发展及车辆数的剧增，车祸发生率有明显增加的趋势。不同国家车祸发生水平的明显差异，反映了公路条件、交通管理及社会经济状况对车祸的影响。

（二）车祸的控制和预防

由于世界各国经济发展水平和社会文化方面的差异，同一干预措施在不同的国家可能产生不同的结局。因此，应从本国实际出发，选择综合效果好的干预措施予以实施。

1. 交通立法

（1）强迫使用安全带和头盔：许多研究表明，使用安全带可以减少撞车事故中约 50% 死亡。使用安全带与不使用安全带的致死性车祸之比为 1∶3.35。使用头盔被证明是保护骑车人免受伤害的最为有效的干预措施。有研究表明，骑摩托车不戴头盔者其头部受伤概率是戴头盔者的 2～5 倍。

（2）醉驾立法：由于酗酒造成的车祸占全部车祸的 30%～50%，因此世界各国都非常重视酒后驾车的检查和预防。车祸发生后，一般要对司机的血液中乙醇浓度做常规检查。2011 年 2 月 25 日，第十一届全国人民代表大会常务委员会第十九次会议通过自 2011 年 5 月 1 日起施行的《中华人民共和国刑法修正案（八）》，醉酒驾车将被追究刑事责任，在道路上醉酒驾驶机动车的，处拘役，并处罚金。

2. 教育培训　以教育的手段促使人们认识车祸危害的严重性，加强对司机及公众的交通安全知识的学习和宣传。预防车祸有效的方法之一是在学校进行驾驶和交通安全知识教育。提高执照司机的操作能力有利于减少车祸的伤亡，应对司机进行严格的技术考核、培训、宣传教育、监督与管理。

3. 改善交通条件　为了减少车祸，应在公路标志、信号、监理及汽车的设计制造方面进行大量研究。保护机动车乘员的措施有安全气囊和儿童安全座椅，能够有效地增加乘员的安全。许多工程师正在设计完全由电子设备操作的原型汽车，将大大减少司机的操作。此外，科学利用道路，改进路况都有助于减少车祸，如扩建、新建高质量的道路，增修地下通道或天桥，在城市繁华区用护栏把行人和行车道分开，能有效地减少交通事故对行人的伤害。

4. 建立车祸急救系　建立指挥灵敏、反应快捷、高效的院前急救指挥系统，可减少车祸的残疾率和死亡率，降低居民的潜在寿命损失。急救指挥系统在车祸发生后，可及时将伤员尽快送到合适的医院进行抢救。院前急救系统包括急救和急诊室。急救指挥中心系统简称"120"，是从事院前急救指挥调度的急救中心，通过"120"急救电话、计算机网络系统和无线通讯系统，将院前患者与医院联系起来，从而达到迅速、有效地救治损伤患者的目的。

三、青少年妊娠

青少年妊娠是指未婚的 18 岁以下的少女发生的性行为及过早妊娠的现象，是指法定结婚年龄以前所有的妊娠现象，包括有意怀孕和无意怀孕。20 世纪 80 年代以来，美国的青少年出现了高无意怀孕率和性病、艾滋病感染率。在美国，15~19 岁怀孕的女孩超过 100 万，其中 84%是无意怀孕，未婚母亲的比率为 32.6%。由于在生理、心理和社会发育等方面的不成熟，青少年妊娠不仅对青少年造成严重的心身健康损害，而且带来一系列的社会问题，已经成为了世界范围内的一个重要的健康和社会问题。

（一）主要危害

1. 严重影响躯体健康　尽管在现代社会中，女性月经初潮的时间一再提前到 12~13 岁，但月经初潮并不表明女孩的生理发育已经达到可以怀孕的程度。从月经初潮到 18 岁的青少年的身体仍处于发育阶段，这段时间过早地发生性行为引起妊娠，常常导致高危妊娠出现严重的并发症。青少年妊娠容易导致流产、感染、宫颈糜烂、不全流产、子宫破裂、习惯性流产、出血死亡及人工流产后精神障碍等。部分青少年妊娠者进而失去生育能力，造成成年后的性功能障碍。由于青少年不了解预防性病的知识，常常在冲动下进行性行为，所以传播性病、艾滋病的概率也比较高。

2. 造成各种心理创伤　青少年的性行为大多是在非正常环境下进行的。性行为发生时的心理紧张可能导致各种性功能障碍。由于未婚少女的性行为、妊娠和怀孕违反社会文化规范，所以她们必须面对来自社会和家庭的巨大压力，给青少年带来长期的心理创伤。由于青少年的性行为大多不是建立在坚实的两性感情基础上，在大多数情况下，主要由少女承担性行为的各种后果，如妊娠、流产、社会歧视及生育的小孩的照护。与此同时，由于少女的心理发育还远未达到成熟的程度，她们的心理应付机制还很幼稚，社会支持系统也不完善。在长期的精神压力下，青少年妊娠者可出现各种各样的精神疾病，包括各种人格障碍、神经症和情感性精神障碍，个别少女甚至因此而自杀。

3. 带来各种社会问题

（1）妊娠使得很多青少年失去受教育的机会，难以获得必需的职业技能，对她们成年后的社会适应产生不可挽回的影响。有研究表明，过早发生性行为的女性，更多的与酗酒、犯罪、卖淫、离婚等社会问题联系在一起。

（2）严重阻碍了计划生育国策的落实，加大了计划生育工作的压力。

（3）由于妊娠少女接受的教育较少，青少年妊娠出生的子女缺乏一个完整、健全的家庭，影响到他们的健康成长。

（4）青少年妊娠还可能导致一系列的婚姻家庭问题，如高离婚率等。

（二）社会根源

1. 生理成熟与心理和社会成熟时间差扩大　性行为既是一种生理需要，又是一种心理需要。由于生活条件的改善，近几十年来，青少年的躯体发育年龄有逐渐提前的趋势，在青少年的生理成熟（特别是性成熟）与他们的心理和社会成熟之间的时间差有逐渐扩大的趋势。青少年生理发育成熟后，有了性冲动的产生，与此同时又不具备控制自己的性冲动的能力。这是现代社会中青少年妊娠现象较为普遍的一个重要原因。

2. 性观念开放　现代社会中性观念越来越开放是青少年妊娠的重要社会原因。在20世纪60年代，美国等西方国家出现了大规模的妇女解放运动和性解放运动，使人们，特别是妇女的性观念发生了很大的变化。传统意义上的性道德观念和贞操观念受到了很大的冲击，这自然而然地对处于追求独立的青少年产生了巨大的影响。性观念的改变导致的色情文化和性消费文化的泛滥，也使青少年有了更多的机会接受性刺激，进一步促使了青少年性冲动的产生。

3. 性禁锢　在我国及世界上其他一些地区仍然存在的性禁锢观念同样对青少年的性行为和青少年妊娠产生重大的影响。由于传统性禁锢观念的影响，学校和父母总觉得不应该或者不能够把性知识教给青少年。我国的高校直到最近才默认大学生的恋爱行为，绝大多数中学没有性知识的教育课程。即使有，也遮遮掩掩。这样做的后果增强了青少年对性的神秘感，阻碍他们形成正确的性观念，阻碍他们不懂得如何控制自己的性冲动，不懂得性行为的后果，不知道如何去防范性行为导致的各种问题，包括妊娠。

（三）社会防制

青少年妊娠是一个社会问题，需要社会、学校和家庭的共同努力才能进行有效的防范。

1. 提高全民族的文化教育水平　父母的文化程度与青少年适应不良行为，包括青少年妊娠有着密切的关系。提高父母的文化教育水平，可以使其子女有较好的成长环境，有机会接受较多的学校教育。与此同时，要强化九年义务教育，尽量降低青少年的失学率。

2. 形成健康的性观念和性道德　鼓励健康向上的精神文化，清除色情文化对青少年的影响，让家庭成员如父母对青少年的行为，包括性行为起表率作用，树立端正严肃的态度，做孩子生活中的榜样。要关注同辈团体和亚文化对青少年行为的不良影响，教师和家长要通过积极的教育，主动引导青少年的社交活动向健康的方向发展。

3. 打破性禁锢，推进性知识教育　通过教育，让广大青少年了解自己的生理发育规律，了解过早的性行为可能造成的后果，促进青少年的心理和社会成熟，掌握安全性行为的基本知识。

四 吸毒

吸毒是指凡是嗜好者采取各种方式，反复大量地使用一些具有依赖性潜力的非法毒品（麻醉药、镇痛药、镇幻药等）的现象。吸毒是流行于全球的现代社会病，其流行之广、危害之大，超过其他任何社会病。在人类最难对付的杀手中，毒品已列第三位，仅次于心脏病和癌症。2017年3月27日发布的《2016年中国毒品形势报告》中显示，截至2016年底，全国现有吸毒人员250.5万名（不含戒断三年未发现复吸人数、死亡人数和离境人数），同比增长6.8%。2016年，全国禁毒部门破获毒品刑事案件14万起，抓获毒品犯罪嫌疑人16.8万名，缴获各类毒品82.1吨，查获有吸毒行为人员100.6万人次，其中登记新发现吸毒人员44.5万人。可见，我国面临的国际国内毒品形势仍然严峻、复杂，吸毒问题成为影响我国人民健康、破坏社会稳定和经济发展的一个极为严重社会问题。

（一）精神活性物质的特点

精神活性物质的最重要的一个特点就是其依赖性，或者称为成瘾性。依赖是一组认知、行为和生理综合征，使用者尽管明白使用精神活性物质会带来明显的问题，但无法自控，不断使用导致耐受性增加、戒断症状和强制性觅药行为。依赖包括心理依赖和生理依赖，前者是指患者对成瘾物质的渴求，以期获得服用成瘾药后的特殊快感；后者是指反复服用成瘾物质后，中枢神经系统发生了某种生理生化改变，以至需要这些物质长期存在于体内，以避免特殊的戒断综合征的出现。依赖综合征的主要特征是渴望得到精神活性物质成为患者生活中压倒一切的、优先考虑的行为，达到难以克制的程度，对个体的社会功能造成严重妨碍（强制性觅药行为）。停止使用这些物质就会出现戒断症状，表现为躯体和精神功能紊乱，严重时可导致死亡。

（二）吸毒的危害

1. 对机体的危害

（1）自感效应：吸毒（如大麻）最初几分钟内产生安适、舒缓与宁静的感觉，甚至有"飘飘欲仙"之感，特别对那些已有焦虑、抑郁性情绪障碍和极度空虚、愤怒的人感觉更为明显，甚至会出现酒醉、迷糊、昏沉之感，似乎自己在"梦中"。严重的自感效应使视觉发生明显畸变，非人格化（感到自己与躯体脱离）、虚幻、惊恐、幻觉等。

（2）生理反应：吸毒一般可致心率加快、血液循环加强、结膜充血、口干、血压升高等。

（3）对肺的影响：吸毒远超过烟草对肺部的毒害，长期吸毒可致肺气肿、肺癌等。

（4）对生殖系统的影响：吸毒可影响男女生育能力，导致性功能障碍。

（5）对心血管的影响：吸毒可使心脏病发病率上升，已有心脏病和心脑血管疾病者，吸毒可增加其复发与死亡的机会，病情也会加重。

（6）耐受性：大量事实证明，吸毒有极强的耐受力与依赖性，复吸率一般在95%以上，因为一旦戒除会产生难以摆脱的痛苦与不适、焦虑、易怒、烦躁不安、功能亢进、出汗、头剧痛、眼压急增、体重锐减等。

2. 传播艾滋病　吸毒是传播艾滋病的重要途径。在我国，约2/3的HIV阳性者是吸毒者。由于注射使用毒品者常常共用注射器和针头，导致这些血液传播性疾病在吸毒者同伴之间蔓延。由于吸毒者的性行为通常比较混乱，很多女性吸毒者甚至通过卖淫来获取毒资，又通过性传播途径将这些疾病传播到非吸毒人群。

3. 破坏社会稳定　吸毒者开始的时候使用自己的积蓄购买毒品，在很短的时间内就会将自己的积蓄耗尽。此后他们可能会千方百计向亲人、朋友借、骗，最后发展到偷、抢，或者参与贩毒、制毒。与吸毒密切相关的种毒、制毒、贩毒行为常常以有组织犯罪的形式存在，对社会稳定、局部经济甚至对全球经济产生不可估量的损害作用。

（三）社会根源

吸毒的原因很复杂，由自身的人生观、道德观的偏差引起，也有受引诱的。一般认为，吸毒的原因不能用单一的模式来解释，生物因素、心理因素和社会文化因素都与吸毒行为的产生、维持、戒断以后的复吸有着密切关系。

1. 毒品的可获得性　从所有的精神活性物质的使用情况来看，合法的、广泛可获得性使精神活性物质使用更为广泛，例如烟草的广泛可获得性与我国有30%的烟民是密切相关的。新中国成立初期，政府对种毒、吸毒、贩毒采取了一系列打击措施，使吸毒现象在20世纪50~70年代中期几近绝迹。20世纪70年代末以来，随着"金三角"成为国际海洛因类毒品生产的重要基地，国际毒品贩子利用我国开放国门的机会，开辟了毒品走私的通道，首先吸毒现象沿毒品走私路线死灰复燃，然后逐渐向周边地区扩散。特别是"金三角""金新月"等境外毒源地向中国毒品渗透仍不断加剧，中国国内制造合成毒品问题突出，毒品贩运活动持续高发多发，毒品消费市场特别是滥用合成毒品规模持续扩大，毒品社会危害严重。境内外不法分子还利用互联网进行贩毒活动，通过网上发布、订购、销售毒品和制毒原料，通过物流、寄递、国际邮件等渠道进行走私贩运，利用网络交易平台支付，加速了贩毒活动扩散蔓延，极大增加了贩毒活动的隐蔽性和发现查处难度。尽管我国政府在打击毒品方面做出了巨大的努力，但毒品危害问题依然严峻。

2. 同伴影响和团伙压力　青少年通常受到同伴的引诱和影响，出于好奇、追求刺激等动机开始第一次吸毒。在一些亚文化的青少年团伙中，吸毒行为成为团伙成员的一个标志；团伙对其成员保持一种压力，使其成员维持吸毒行为。同样，一个人在戒毒以后，如果仍然回到戒毒前所在的社会环境，没有戒毒的同伴会继续给他形成一种压力，使他们在很短的时间内重新吸毒，这是目前戒毒治疗复发率居高不下（90%以上）的一个重要原因。

3. 成长环境的影响　成长环境是否良好，是影响青少年是否走上吸毒道路的重要的社会因素之一。研究表明，吸毒者多出身于社会的底层，其家庭常常存在各种各样的缺陷，如单亲家庭，家庭成员中有吸毒者、酗酒者，家庭成员之间缺乏交流，家庭经济条件差，父母文化程度低等。

4. 社会文化对毒品的容忍程度　世界上所有的国家都制定了控制毒品生产、销售和消费的法律、法规。但是，由于种种原因，并非所有的国家都以严厉的态度对待毒品和毒品犯罪。阿富汗塔利班政权就被指责容忍甚至鼓励鸦片的种植和生产。"金三角"地区的占据者将种植鸦片作为收入的主要来源之一。在文化层面上，更是存在对毒品容忍的观点，在西方国家，不少人认为吸毒既不是一种疾病，也不是一种犯罪，而是一种生活方式。对吸毒行为的严厉惩罚被认为是对个人自由的干涉。因此，有人主张将毒品的使用逐渐合法化。在北美和欧洲，就有人推动大麻使用的合法化。在这种思想的影响下，普通民众更能宽容别人的吸毒行为。从吸毒者的性别分布上看，在全世界范围内都是男性多于女性，其重要原因之一就是各地文化更能够容忍男性的越轨行为，鼓励男性的冒险行为，包括吸毒。

（四）三级预防

1. 一级预防　针对普通人群的预防，主要是提高普通公众对毒品及其危害的认识，采取的主要手段包括利用各种传播媒介，如广播、电视、报纸、标语、招贴画等。把预防青少年吸毒作为禁毒工作的基础工程，对青少年立足于教育和保护，采取各种有力措施；组织、协调政府有关部门和各种社会组织做好预防工作，教育青少年珍爱生命，拒绝毒品。在中小学生中，进行有关毒品和毒品危害的课堂教育是一级预防的重要手段。

2. 二级预防　针对易感人群的预防，主要针对高危人群。包括促进预防对象健康的生活方式，帮助他们形成抵制毒品的能力。对已经处于吸毒的初期阶段，但还未产生依赖性的人群有针对性加强教育。该期的预防主要是通过各种媒介宣传吸毒的危害和严重后果的教育，提高他们对吸毒的认识和戒毒的信心，使他们认识到，就此止步才是光明之路，继续吸毒后果不堪设想。当然，还需设立一些临床服务机构、心理咨询和辅导机构及相关的机构，为他们早日摆脱吸毒提供条件，从而达到早期发现、早期治疗、早期控制，以制止他们进一步发展为成瘾者。

3. 三级预防　主要目的在于降低毒品需求，针对已经吸毒的人群而进行。吸毒者对毒品产生了强烈的精神和躯体依赖性，即已成瘾。他们的情感、意志和行为已被药品所控制，已偏离正常人。他们的行为对家人、他人和社会构成了危害。他们已丧失了理智，没有责任感，有的甚至违法犯罪。对这些人必须有组织地进行脱瘾治疗和康复，以帮助他们摆脱对药物的依赖，恢复正常的心理社会功能，向昨天告别，重新回到社会。包括为吸毒者提供脱毒（戒毒治疗）、康复、重返社会、善后照顾等一系列的服务，以减少吸毒人数，降低吸毒者对毒品的需求，预防吸毒的各种并发症，还需要社会向他们提供脱瘾治疗和康复的机构。

目标检测

选择题

1. 心脑血管疾病预防和控制措施不包括（　）
   A. 限制食盐摄入量　　B. 戒烟限酒
   C. 长期静坐　　　　　D. 合理膳食
   E. 加强体育锻炼

2. 引起心脑血管疾病的机体因素包括（　）
   A. 遗传因素　　　　　B. 超重
   C. 性别　　　　　　　D. 年龄
   E. 以上都包括

3. 下列那项不是导致恶性肿瘤的生活行为方式（　）
   A. 吸烟　　　　　　　B. 饮酒
   C. 高纤维饮食　　　　D. 腌制食品
   E. 高脂肪饮食

4. 已有明确证据的致癌生物因素，下列除外（　）
   A. 金黄色葡萄球菌　　B. 幽门螺杆菌
   C. 乙型肝炎病毒
   D. 丙型肝炎病毒
   E. 人乳头瘤病毒

5. 下列属于恶性肿瘤二级预防的是（　）
   A. 健康教育　　　　　B. 合理膳食
   C. 疫苗接种　　　　　D. 癌症筛查
   E. 环境保护

6. 依据《中国糖尿病膳食指南（2017）》，建议糖尿病患者（　）
   A. 主食定量，粗细搭配
   B. 多吃蔬菜，水果适量
   C. 清淡饮食，足量饮水
   D. 定时、定量、细嚼慢咽
   E. 以上都对

7. 糖尿病的高危人群不包括（　）
   A. 有糖调节受损病史
   B. 年龄小于45岁
   C. 超重或肥胖
   D. 2型糖尿病的一级家属
   E. 有巨大儿生产史

8. 下列属于社会病的是（　）
   A. 自杀　　　　　　　B. 车祸
   C. 青少年妊娠　　　　D. 吸毒
   E. 以上全包括

9. 关于吸毒的危害，不正确的是（　）
   A. 自感效应　　　　　B. 影响生育能力
   C. 复吸率70%以上
   D. 心脏病发生率升高
   E. 传播艾滋病

10. 导致车祸的因素包括（　）
    A. 自然环境　　　　　B. 生物因素
    C. 心理、行为因素　　D. 社会经济因素
    E. 以上全包括

（梁云微）

第15章 社区卫生服务

● 案例 15-1

某市××社区卫生服务站承担着该地附近5个居民委员会的社区卫生服务工作,该社区卫生服务站共有5名社区医生,每日3班,早、中班每班2名医师,同时还有1名护士;夜班值班医师1名。2001年6月20日20：30,有一名社区居民带着其上小学的儿子前来看病,主述该童在回家后精神差,感觉腹内胀痛、恶心、浑身无力,有低热。全科医师A判断可能是普通的胃肠炎,对其进行了对症治疗。22：00,该医师临下班前又接到同样病例1名,同样方法处理,并未引起注意。6月21日凌晨3：00,值夜班的B医师也接到1名类似病例;8：30上早班的C医师,陆续接到3名同样症状小学生,但都未引起重视。

该社区卫生服务站所辖5个居委会共有居民5000余人,所有值班医师每天都要将当天的出诊及接诊情况分别进行记录,并报社区卫生服务中心信息统计室。信息统计室的统计员小D统计、汇总了各社区卫生服务站上报的信息,结果发现相近的几个社区卫生服务站所报的病例症状十分相似、接诊时间都很相近,马上引起了小D的警觉和怀疑。小D立即向中心主任进行汇报,并向附近的2家三级医院,1家二级医院门、急诊进行询问,发现相同病例20余人,患者均来自该区某重点小学。小D马上联系该区卫生防疫部门,去学校进一步调查。调查发现该校有相同症状学生100余人,防疫部门了解到该校大部分学生中午在学校食堂进餐,怀疑是食物中毒,故对该校食堂食物进行化验检测,对学生粪便进行提取抽样,进一步调查学生的进餐食物等情况来确定原因。

问题：1. ××社区卫生服务站A、B、C三位全科医师为什么均未对类似病例引起注意和重视？

2. 小D根据什么对类似病例引起了警觉和怀疑呢？

3. 此案例说明了什么问题？

为落实《中共中央国务院关于深化医药卫生体制改革的意见》《国务院关于促进健康服务业发展的若干意见》(国发〔2013〕40号)、《国务院关于加快发展养老服务业的若干意见》(国发〔2013〕35号)、《国务院关于进一步推进户籍制度改革的意见》(国发〔2014〕25号)、《国务院办公厅关于推进分级诊疗制度建设的指导意见》(国办发〔2015〕70号)等文件精神,现就进一步规范社区卫生服务管理,提升社区卫生服务质量和能力,2015年11月中华人民共和国国家卫生和计划生育委员会出台了《关于进一步规范社区卫生服务管理和提升服务质量的指导意见》。

第一节　社区卫生服务概述

 社区

社区不能完全等同于"行政区域"。两者既有联系，也有区别。有的行政区域与社区在地域上是重合的，如我国的城市街道和农村的镇，既是行政区域，又由于两者的主要社会生活是同类型的，所以，我国通常把它们称为社区。但是行政区域是为了实施社会管理，依据政治、经济、历史文化等因素人为划定的，边界清楚。而社区则是人们在长期共同的社会生产和生活中自然形成的，边界比较模糊。有时同一个社区可以划分为不同的行政区，而同一个行政区域也可以包含不同的社区。

20世纪30年代我国社会学家费孝通先生将"社区"一词引入我国，他根据我国的特点将社区定义为："社区是若干个社会群体（家庭、氏族）或社会组织（机关、团体）聚集在某一地域里所形成的一个生活上相互关联的大集体，是宏观社会的缩影。"WHO认为"社区是由共同地域、价值或利益体系所决定的群体。其成员之间互相认识、相互沟通及影响，在一定的社会结构及范围内产生及表现其社会规范、社会利益、价值观念及社会体系，并完成其功能。"

社区是个人及其家庭日常生活、社会活动和维护自身健康的重要场所和可利用资源，也是影响个人及其家庭的重要因素。预防工作服务的群体一般都是以周围人群为对象，有它特定的服务半径和范围。根据疾病的流行特点，许多疾病的传播和流行常有地域性，当地环境条件的优劣直接影响人的健康；文化上，一定地域有着特定的风土人情，也直接影响着人的健康行为等。

社区的基本要素一般包括人群、地域、生活服务设施、文化背景与生活方式、生活制度和管理机构等。根据行政区域不同将社区分为农村社区、集镇社区和都市社区。社区的功能主要有空间、连接、社会化、控制、传播和援助六种。

 社区卫生服务

社区卫生服务（community health care）是社区建设的重要组成部分，是在政府领导、社区参与、上级卫生机构指导下，以基层卫生机构为主体，全科医师为骨干，合理使用社区资源和适宜技术，以人的健康为中心、家庭为单位、社区为范围、需求为导向，以妇女、儿童、老年人、慢性病人、残疾人等为重点，以解决社区主要卫生问题、满足基本卫生服务需求为目的，融预防、医疗、保健、康复、健康教育、计划生育技术服务等为一体的，有效、经济、方便、综合、连续的基层卫生服务。社区卫生服务是现代医学服务模式转变的一个重要标志，是推行以社区为定向的基层医疗。

（一）社区卫生服务主要有三个重心

1. 以健康为中心　随着现在医学模式的建立和健康观的转变，卫生部门必须将工作重心从治疗疾病转移到如何保护和促进健康上，因此社区卫生服务要以人的健康为中心，转变工作方式，走进社区和家庭，动员群众主动地维护最佳的生活环境，建立健康的生活方式，预防疾病和促进健康。

2. 以家庭为单位　家庭是社区组成的基本单元。家庭成员之间有密切的血缘和经济联系，以及相似的行为、生活方式、居住环境、卫生习惯等。因此家庭既是提供卫生服务的重要场所，

又是可以利用的有效资源,通过家庭访视,了解人群真实的家庭背景资料,有利于做出正确的诊断,通过家庭治疗和康复,尤其是对慢性病患者,能有效提高疗效。

3. 以社区为范围　社区是个人及家庭日常生活、社会生活及维护健康的重要场所,健康的社区是人人皆健康的基础。卫生服务不应只局限于疾病和患者,还应注意与社区环境和行为的关系,通过社区调查和诊断,了解社区存在的主要健康问题,寻找社区内的相关因素,设计并实施社区卫生计划,促进社区健康。

(二) 社区卫生服务的特点

1. 公益性　社区卫生服务除了基本医疗服务外,其他康复等服务都属于公共卫生的服务范围。
2. 主动性　社区卫生服务以家庭为单位,以主动性服务和上门服务等形式服务于社区居民。
3. 全面性　社区卫生服务为社区全体居民提供服务。除了患者以外,健康、亚健康、残疾等人群均是社区卫生服务的对象。
4. 综合性　社区卫生服务是多位一体的服务,除了基本医疗,还包括预防、保健、康复、健康教育及计划生育技术指导等服务。
5. 连续性　社区卫生服务从生命的准备阶段一直持续到生命结束,覆盖生命的各个周期及疾病发生发展的全过程。不因某一健康问题的解决而终止,而是根据生命各周期及疾病各阶段的特点及需求提供针对性的服务。
6. 可及性　社区卫生服务从服务内容、时间、价格及地点等方面更贴近社区居民的需求。所提供的基本医疗服务、基本药品、适宜技术,使居民不仅能够承担得起,还使用方便。

第二节　社区卫生服务的原则和内容

社区卫生服务是以门诊为主的初级卫生保健,是社区大多数居民就医时最先接触的医疗保健服务,是整个卫生服务体系的基础。初级卫生保健服务面对的问题是常见病及疾病的早期、未分化期和功能性问题、心理健康问题等,社区卫生服务机构所提供的是简单、便宜、科学有效的诊疗护理和预防保健服务。

社区卫生服务的原则

(1) 坚持以为人民服务为宗旨,依据社区人群的需求,把社会效益放在首位。
(2) 坚持政府领导,多部门协同。
(3) 坚持以预防为主,综合服务,健康促进。
(4) 坚持以区域卫生规划为指导,合理配置和充分利用现有卫生资源,努力提高卫生服务的可及性。
(5) 坚持社区卫生服务与社区发展相结合,保证社区卫生服务的可持续发展。
(6) 坚持实事求是,循序渐进,因地制宜,逐步完善。

社区卫生服务的主要内容

社区卫生服务的主要内容包括疾病预防、常见病及多发病的诊治、医疗与伤残、健康教育、计划生育技术服务、妇女儿童与老年人和残疾人保健等。社区卫生服务作为卫生服务的基础领域,既面向社区人群又重视为个体患者及家庭提供基本照顾,覆盖了二三级医院院内服务以外的各种卫生服务。理论上,社区卫生服务包括公共卫生服务、基层医疗保健服务和社区内的其他特需卫生服务。

1. 公共卫生服务　以确定的整体人群为主要服务对象,着重人群的健康保护。我国初级卫生保健的大部分工作都属于公共卫生服务,目前包括健康促进、卫生防疫、计划生育、卫生管理与政策开发等工作。除此以外,还包括环境治理、妇幼保健、学校卫生、食品卫生、精神卫生和残疾人保健工作,积极防治传染病、地方病、职业病和老年病等。

2. 基层医疗保健服务　社区卫生服务中为个体服务对象提供服务的主要形式是基层医疗保健服务,最有代表性的是全科医疗。基层医疗保健服务有首诊服务、综合性、协调性、持续性和负责性五大特征,同时还强调预防服务,以及服务必须方便、可及、省钱。

3. 其他服务　随着社会的发展,为满足人民群众日益增长的多层次、多方面的需求,允许开展一定的特需服务等,以及未纳入基本医疗服务范畴的各科医疗与护理服务,比如牙齿正畸服务、整形外科、部分康复服务、高档个人保健服务等。

第三节　社区卫生服务的意义

自 1977 年 WHO 提出"人人健康"的目标,全球各个国家初级卫生保健、健康促进等各种相关策略和方法相继产生并应用于实践中。在实践过程中,人们发现一个不容忽视的现象:有些人要比其他人更健康。在总结过去几十年来公共卫生、社区卫生和健康促进领域的长足发展的基础上,"人群健康"应运而生。针对性的人群健康策略措施一般都落实在社区。

社区卫生服务是城市卫生工作的重点,是城市公共卫生和基本医疗服务体系的基础,是实现人人享有初级卫生保健的基本途径,也是促进社会公平、维护社会稳定、构建和谐社会的重要内容。大力发展社区卫生服务,构建以社区卫生服务为基础,社区卫生服务与预防保健机构和医疗服务机构分工合理、协作密切的新型城市卫生服务体系,对于落实预防为主、防治结合的方针,优化卫生服务结构,方便群众就医,减轻费用负担,建立和谐医患关系,缓解看病难、看病贵问题,都具有重要意义。

1. 卫生改革的重要基础　社区卫生服务是深化医疗改革,建立与社会主义市场经济体制相适宜的城市医疗卫生服务体系的重要基础。社区卫生服务能将大多数的基本健康问题解决在基层。积极发展社区医疗卫生服务有利于调整城市医疗卫生服务体系的结构、功能和布局,提高效率,降低成本,形成以社区卫生服务结构为基础,大中型医院为医疗中心,预防、保健、健康教育等结构为预防保健中心的医疗卫生服务体系新格局。

2. 卫生资源优化配置的重要举措　当前我国卫生服务的社会需求大部分在基层,呈"正三角"分布。但我国卫生资源的 80% 以上却配置在社区以上的医疗和预防保健机构,城市卫生资源配置呈"倒三角"分布。推进社区卫生服务工作,强调分级诊疗制度,可以引导卫生资源从上层向基层流动,使卫生资源的配置与需求相对应,改善卫生资源配置效率。

3. 有利于加强预防战略　加强预防战略是促进健康的重要环节。随着医学模式、疾病谱、死亡谱等的变化,慢性非传染性疾病的预防越来越重要。全科医师可以对所负责的家庭、人群的健康状况全程进行监测、管理并给予及时必要的服务,因此社区卫生服务是落实预防措施最关键的环节。

4. 有利于控制医疗费用的不合理增长　我国"看病难、看病贵"的重要原因之一就是本该在社区解决的卫生问题转移到了大中型医院，使大医院做了许多基层医院的事情，技术效率不能充分发挥；同时增加了群众的直接和间接费用。社区卫生服务是控制医疗费用不合理增长的重要环节，全科医师则是控制医疗费用的守门人。

近几年来，社区卫生服务发展取得了一定成效，但从总体上看，全国的社区卫生服务仍处于初创阶段，与广大人民群众的需要存在很大差距，社区预防保健、基本医疗等服务仍难以满足居民的健康需求。

2016年2月8日，国务院常务会议专题研究社区卫生发展问题，审议并原则通过了《关于发展城市社区卫生服务的指导意见》（以下简称"指导意见"），明确了发展社区卫生服务的指导思想、基本原则和工作目标，提出了完善发展社区卫生服务的政策措施，并决定成立国务院城市社区卫生工作领导小组，指导协调全国城市社区卫生服务工作。要求地方各级政府和有关部门建立相应的领导协调机制，层层明确责任，密切协调配合，推动社区卫生服务健康持续发展。卫生部将认真贯彻落实"指导意见"的精神，积极配合有关部门，不断完善配套政策，大力推进社区卫生服务体系的建设。

卫生部将按照"指导意见"提出的工作目标，加紧研究制定社区卫生服务发展规划、准入标准和管理规范，制定城市社区公共卫生服务项目，建立社区卫生服务机构与预防保健机构、医院合理的分工协作关系，建立分级医疗和双向转诊制度，探索开展社区首诊制试点工作，加强社区卫生服务队伍建设，加强社区卫生服务的监督管理，完善社区卫生服务机构的运行机制，努力构建以社区卫生服务为基础的新型城市卫生服务体系，提高公共卫生和基本医疗服务能力，把发展社区卫生服务作为当前城市卫生工作的重中之重和解决群众看病难、看病贵问题的突破口，下力气抓紧、抓好、抓实，为居民提供安全、有效、便捷、经济的公共卫生和基本医疗服务。

目标检测

选择题

1. 关于社区卫生服务的特点正确的是（　　）
   A. 以疑难杂症为主要内容
   B. 提供优质的专科服务
   C. 服务于人生的患病阶段
   D. 提供可及性方便性卫生服务

2. 社区卫生服务的对象是哪项是错误的（　　）
   A. 不包括健康人群　　B. 患者
   C. 高危人群　　　　　D. 重点保人群

3. 下列不能够影响卫生服务供给的因素是（　　）
   A. 卫生服务的管理水平
   B. 卫生有服务机构的技术水平、设备条件
   C. 卫生服务模式和服务方式
   D. 居民的经济收入水平

4. 社区卫生服务组织不具有的含义为（　　）
   A. 本身是一个实体
   B. 有明确的目标
   C. 有不同层次的分工与合作
   D. 是一个分散系统

5. 下列属于概念性社区的是（　　）
   A. 股民　　　　　B. 学校
   C. 村落　　　　　D. 街区

（李晓婷）

第16章 突发公共卫生事件与应急处理

● 案例 16-1

2010年8月15日晚，某省疾病预防控制中心接到该省卫生厅电话：某市某县发现3例急性腹泻病例，主要表现为无痛性腹泻、米泔水样大便等，初步诊断为霍乱疑似病例。省疾控中心接到报告后高度重视，于8月16日上午派出了首批由流行病学和检验人员组成的调查组，赶赴该县进行调查处置。中国疾病预防控制中心传染病预防控制所、中国疾病预防控制中心应急办相关负责人分别于8月25日和28日赶赴该县指导疫情调查和处置工作。经国家、省、市、县各级卫生工作者共同努力，在该县县委、政府的领导和各部门的辛勤工作下，本次霍乱疫情得到了成功处置，四级应急响应于9月13日停止，实现了无死亡病例发生的目标。本起疫情共发现霍乱病例38例，均为实验室诊断病例，其中小川型37例，稻叶型1例。

问题：1. 如果要进行霍乱个案调查，主要内容有哪些？
2. 霍乱疫情现场调查前，需要做哪些准备工作？

突发事件（emergency）指突然发生，造成或者可能造成严重社会危害，需要采取应急处置措施予以应对的自然灾害、事故灾难、公共卫生事件和社会安全事件。按照社会危害程度、影响范围等因素，自然灾害、事故灾难、公共卫生事件分为特别重大、重大、较大和一般四级。

第一节 突发公共卫生事件

突发公共卫生事件（public health emergency）指突然发生，造成或者可能造成社会公众健康严重损害的重大传染病疫情、群体性不明原因疾病、重大食物和职业中毒及其他严重影响公众健康的事件。

 突发公共卫生事件的特点和危害

（一）特点

突发公共卫生事件具有突发性、群体性、严重性、紧急性和不确定性等特征。其中"紧急性"是突发公共卫生事件最重要的特征之一。特点主要有以下几点。

1. 可预见性差　突发公共卫生事件的发生往往出乎意料，没有固定的发生时间、发生方式和发生人群，突然发生，来势凶猛，有很大的偶然性和瞬时性，相关信息很难做到准确、全面、及时。在危险尚未完全显露出来的时候，公众往往会忽视危险存在，而当处于突发事件的暴发期，危险已经逼近时，又往往会夸大危险。

2. 发生原因复杂　突发公共卫生事件往往是各种矛盾激化的结果，总呈现出一果多因、相互关联的复杂状态。危机处置不当会加大损失、扩大范围，甚至会转为政治事件。

3. 破坏性大　突发公共卫生事件通常会造成较大的破坏性，以人员伤亡、财产损失为标志。

4. 持续性长　无数次突发公共卫生事件使人类在反思人与自然的关系中，变得更加成熟，行为更加理性。突发公共卫生事件一旦暴发，总会持续一个过程，表现为潜伏期、暴发期和消退期。

5. 可控性差　许多突发公共卫生事件会超出人类的认知，而且现场的情况也是千变万化，超出人们的掌控范围。

6. 非程序化决策　在突发公共卫生事件发生时，政府应急主管部门必须在有限的信息、资源和时间条件下寻求"满意"的处理方案，迅速从正常情况转换到紧急情况（从常态到非常态）是突发公共卫生事件应对的核心内容，因此在应急管理方面时无法按照正常程序进行决策。

7. 国际互动性　伴随着全球化进程的加快，突发公共卫生事件的发生具有一定的国际互动性。经济全球化在带来人员、物资大流通的同时，也带来了疫情传播的全球化。一些重大传染病可能通过交通、旅游、运输等各种渠道向国外进行远距离传播。它能跨越洲际、国际和疆域，不分民族、种族和社会群体，跨越不同的文化和社会制度，不仅给原发区，也给其他地区或全球带来巨大灾难。如 2003 年，"非典"在我国暴发的同时，我国周边地区和国家也很快出现了"非典"疫情。2009 年，由墨西哥发端的甲型 H1N1 流感疫情也在较短的时间内蔓延至中国内地，仅仅半年的时间，中国内陆病例已达 1000 余例。

（二）危害

突发公共卫生事件对公众健康的影响表现为直接危害和间接危害两类。直接危害一般为事件直接导致的即时性损害；间接危害一般为事件的继发性损害或危害，对社会、政治、经济产生影响。

主要危害可以表现为：①造成人员伤亡；②造成重大财产损失；③影响社会稳定；④阻碍经济发展；⑤环境、水源、食品污染，生态环境受到破坏；⑥媒介生物孳生；⑦相关传染病流行；⑧人群心理受到伤害和打击等。

研究表明，突发公共卫生事件并不都是必然要发生的，有相当一部分的突发公共卫生事件时可以避免的。由于很多时间在开始的时候，引起的危害程度和范围较小导致重视程度不够，有些事件或因为人们的认识水平或者专家们对时间的蔓延范围、发展速度、趋势和结局无法预测，从而使得时间未能及时处置，造成时事件对公众健康的影响进一步扩大，而最终成为突发公共卫生事件。

突发公共卫生事件的分类与分级

（一）分类

1. 重大传染病疫情　局部地区或集体单位短时间内发生多例同一种传染病病例、疑似病例。包括鼠疫、肺炭疽和霍乱的暴发，动物间鼠疫、布鲁菌病和炭疽等流行，乙类或丙类传染病暴发或多例死亡，罕见或已经消失的传染病、新传染病的疑似病例等；还包括非人为因素造成的人员伤亡、物质财产损失等灾难性事件（洪涝灾害、地震等）引发的疫情。

2. 各种重大急性中毒事件　人数超过 30 人或出现死亡 1 人以上的饮用水和食物中毒事件；短期内发生 3 人以上或出现死亡 1 例以上的职业中毒；有毒有害化学品、生物毒素等引起的集体性急性中毒事件等。

3. 群体性不明原因疾病 在一定时间内，某个相对集中的区域内，同时或者相继出现多个共同临床表现患者，且病例不断增加，又暂时不能明确诊断的疾病。

4. 其他严重影响公众健康的事件 医源性感染暴发；放射性、有毒有害化学性物质丢失、泄漏事件；药品或免疫接种引起的群体性反应或死亡事件；有潜在威胁的传染病动物宿主、媒介生物发生异常事件；上级卫生计生行政部门临时规定的其他重大公共卫生事件。

（二）分级

根据突发公共卫生事件的性质、危害程度、涉及范围分为4级。

1. 特别重大（Ⅰ级）突发公共卫生事件

（1）发生肺鼠疫、肺炭疽疫情并有扩散趋势；或肺鼠疫、肺炭疽疫情波及两个以上省份，并有进一步扩散趋势。

（2）发生传染性非典型肺炎、人感染高致病性禽流感病例，并有扩散趋势。

（3）发生群体性不明原因疾病，涉及多个省份，并有扩散趋势。

（4）发生新传染病或我国尚未发现的传染病发生或传入，并有扩散趋势，或发现我国已消灭的传染病重新流行。

（5）发生烈性病菌株、毒株、致病因子等丢失事件。

（6）周边及与我国通航的国家和地区发生特大传染病疫情，并出现输入性病例，严重危及我区公共卫生安全的事件。

（7）国务院卫生行政部门认定的其他特别重大的突发公共卫生事件。

2. 重大（Ⅱ级）突发公共卫生事件

（1）在1个县（市、区）行政区域内，1个平均潜伏期内（6天）发生5例以上肺鼠疫、肺炭疽病例，或相关联的疫情波及两个以上的县（市、区）。

（2）发生传染性非典型肺炎、人感染高致病性禽流感疑似病例。

（3）腺鼠疫发生流行，在1个地级以上市行政区域内，1个平均潜伏期内多点连续发病20例以上，或流行范围波及两个以上市（地）。

（4）霍乱在1个地级以上市行政区域内流行，1周内发病30例以上，或波及两个以上地级以上市，有扩散趋势。

（5）乙类、丙类传染病疫情波及两个以上县（市、区），1周内发病水平超过前5年同期平均发病水平两倍以上。

（6）我国尚未发现的传染病发生或传入，尚未造成扩散。

（7）发生群体性不明原因疾病，扩散到县（市、区）以外的地区。

（8）发生重大医源性感染事件。

（9）预防接种或群体预防性用药出现人员死亡。

（10）一次发生急性职业中毒50人以上（含50例），或死亡5人以上。

（11）一次食物中毒人数超过100人并出现死亡病例，或出现10例以上死亡病例。

（12）境内外隐匿运输、邮寄烈性生物病原体、生物毒素造成我市人员感染或死亡的。

（13）省级以上卫生行政部门认定的其他重大突发公共卫生事件。

3. 较大（Ⅲ级）突发公共卫生事件

（1）发生肺鼠疫、肺炭疽病例，1个平均潜伏期内（6天）病例数未超过5例，流行范围在1个县（市、区）行政区域内。

（2）腺鼠疫发生流行，在1个县（市、区）行政区域内，1个平均潜伏期内连续发病10

例以上,或波及两个以上县(市、区)。

(3)霍乱在1个县(市、区)行政区域内发生,1周内发病10~29例,或波及两个以上县(市、区),或地级以上市城区首次发生。

(4)1周内在1个县(市、区)行政区域内,乙、丙类传染病发病水平超过前5年同期平均发病水平1倍以上。

(5)在1个县(市、区)范围内发现群体性不明原因疾病。

(6)预防接种或群体预防性服药出现群体心因性反应或不良反应。

(7)一次发生急性职业中毒10~49人,或死亡4人以下。

(8)一次食物中毒人数超过100人,或出现死亡病例。

(9)地级以上卫生行政部门认定的其他较大突发公共卫生事件。

4. 一般(Ⅳ级)突发公共卫生事件

(1)腺鼠疫在1个县(市、区)行政区域内发生,1个平均潜伏期内病例数未超过10例。

(2)霍乱在1个县(市、区)行政区域内发生,1周内发病9例以下(含9例)。

(3)一次发生急性职业中毒9人以下(含9例),未出现死亡病例。

(4)一次食物中毒30~99人,未出现死亡病例。

(5)县级以上卫生行政部门认定的其他一般突发公共卫生事件。

第二节 突发公共卫生事件的应急处理

 应对突发公共卫生事件的目的

应对突发公共卫生事件在人类社会发展进程中时不可避免的。多种致灾因子和不同的承灾体的相互作用、相互影响,多种因素、多个条件的复合叠加,使突发公共卫生事件呈现复杂多变,导致应急管理工作具有复杂性、艰巨性、严重性和放大性。根据事件的特点,建立健全有效的突发公共卫生事件应急体系,才能有效预防和控制突发公共卫生事件。

为进一步健全我国突发公共卫生事件应急管理体系,2011年新版的《国家基本公共卫生服务规范》增加了社区开展"突发公共卫生报告和处理"的工作要求。

总体来说,控制突发公共卫生事件工作的目的在于:运用"三级预防"的理念,以现有的卫生监督、疾病控制体系为基础,建立有经费保障的、与防控突发公共卫生事件职能相适应的设备、技术力量的体系,通过有组织地实施预防控制策略,有效地防止突发公共卫生事件的发生和发展,防患于未然,最大限度减少或消除其危害程度,保障公众健康与生命安全。

 突发公共卫生事件应急处理原则

(一)预防为主,常备不懈

提高全社会对突发公共卫生事件的防范意识,落实各项防范措施,做好人员、技术、物资和设备的应急储备工作。对各类可能引发突发公共卫生事件的情况要及时进行分析、预警,做到早发现、早报告、早处理。

(二)统一领导,分级负责

根据事件的范围、性质和危害程度,对其实行分级管理。各级人民政府负责突发公共卫生事件应急处理的统一领导和指挥，各有关部门按照预案规定，在各自的职责范围内做好突发公共卫生事件应急处理的有关工作。

（三）依法规范，措施果断

地方各级人民政府和卫生行政部门要按照相关法律、法规和规章的规定，完善突发公共卫生事件应急体系，建立健全系统、规范的突发公共卫生事件应急处理工作制度，对突发公共卫生事件和可能发生的公共卫生事件做出快速反应，及时、有效开展监测、报告和处理工作。

（四）依靠科学，加强合作

突发公共卫生事件应急工作要充分尊重和依靠科学，要重视开展防范和处理突发公共卫生事件的科研和培训，为突发公共卫生事件应急处理提供科技保障。各有关部门和单位要通力合作、资源共享，有效应对突发公共卫生事件。

三、突发公共卫生事件应急调查处理程序

突发公共卫生事件调查通常采用现场流行病学方法进行，采取边调查、边处理、边抢救、边核实的方式，有效地控制事态发展。

（一）工作准备

平时应开展监测工作，做好人员培训、物资储备等各项准备工作，坚持应急队伍值班制度。接到突发公共卫生事件的报告时，能够立即出发。

（1）交通工具和通讯工具交通车辆要有明显的标志；通讯工具主要包括移动电话及其辅助设备。

（2）现场采样工具主要用于对患者、接触者、环境等标本的采集，包括器械、无菌用品、培养基及诊断试剂等。

（3）防护器材主要包括消毒杀虫器材和药品，如各种喷雾、配药桶、工具箱、消毒药品、控制病媒生物的杀虫剂、预防性药品和预防用生物制品（常用抗生素和疫苗）。

（4）其他物品疫情登记本、计算器或便携计算机、手电筒、皮卷尺、照相机、电子录音笔等。

（二）现场主要工作

（1）核实诊断进入现场后，调查人员首先应该进一步核实每一个病例的诊断。一般根据以下情况进行核实：①患者的主要临床症状和体征；②现有实验室检验结果；③流行病学资料，比如当地类似本病的既往流行史、流行季节、发病年龄、职业特点、接触史、预防接种史等。特别要注意疾病的流行病学特征是否与初步诊断相符合。

（2）建立病例定义如果确定为突发公共卫生事件，应根据病例的接触史、症状、体征及实验室情况制定一个现场诊断标准，为了最大限度发现病例，可以使用较为宽松的病例定义。流行病学资料常常可以提供重要的诊断依据。

（3）了解发病的基本情况

1）病例调查：主要包括①基础资料：姓名、性别、年龄、民族、职业、单位等；②临床资料：发病日期、就诊日期、症状、体征、检验结果等；③流行病学资料：既往史、病前接触史、免疫史、可能暴露的时间与地点、传染源、传播途径等。

2）基本情况调查：在对病例调查的同时，通过访谈或走访了解社区的一般情况，如人口资料、生产与生活状况、环境条件、饮水情况等。

3）防疫措施：对传染源、传播途径、易感人群的防疫措施。

（4）初步分析发病情况通过对病例及该地区基本情况调查后，用描述流行病学方法，初步分析本次事件的分布情况，内容包括：①初步分析病例数量及分布，如首发病例时间、高峰时间、趋势及高发的单位和人群等；②以往当地和邻近地区是否有类似疾病发生；③近期群众生活、生产和集体活动的情况；④与发病有关的因素、已采取的措施及效果。

（5）确定爆发，划定疫区根据疾病发生情况及暴发的定义，确定是否发生了爆发；根据疫区的概念划定疫区的范围。

（6）提出假设，采取措施根据初步分析的结果，可以提出一个或多个初步假设，如疾病暴发的可能原因及不明原因疾病的病因线索等。同时要根据初步假设采取必要措施，以控制暴发的再发展和蔓延。

（7）调查分析，验证假设根据初步调查分析形成的假设，进一步收集资料，结合实验室检查以及现场观察等进行分析，验证假设。

1）暴露因素的判断：一般采用分析性流行病学研究方法或结合实验流行病学方法进行。

2）现场观察：是对爆发地区进行环境流行病学调查，也就是对可疑传播方式、传播因素进行现场观察，了解爆发可能发生的环节。

3）实验室检验：是确定爆发来源和传播途径的重要手段。在现场调查的同时，根据病因假设采集各种样品标本。传染病爆发时，应先采集患者标本后用药治疗，环境标本在消毒前采样。现场采集的标本应及时送实验室进行检测。

（8）采取措施，评价效果调查与实施防治措施要紧密结合，边调查、边分析、边采取措施，并不断地对防治措施进行补充和修订，以便及时控制疫情，防止疾病继续蔓延。

目标检测

选择题

1. 突发事件应急工作应当遵循什么方针（　　）
   A. 统一领导，分级负责
   B. 预防为主，长备不懈
   C. 反应及时，措施果断
   D. 依靠科学，加强合作

2. 在突发公共卫生事件的处理方面，下列哪些不属于卫生行政部门的职责（　　）
   A. 组织突发事件的调查
   B. 组织突发事件的控制
   C. 组织突发事件的医疗救治
   D. 领导指挥突发事件应急处理工作

3. 全国突发公共卫生事件应急预案应由哪个部门制定（　　）
   A. 卫生部制定国务院批准
   B. 卫生部制定发布
   C. 国务院制定
   D. 国务院有关部门制定

4. 医疗机构发现重大食物中毒事件时，应当在多长时间内向所在地县级人民政府卫生行政主管部门报告（　　）
   A. 30min   B. 1h
   C. 2h   D. 12h

5. 县级以上政府有关部门对已经发生或发现可能引起突发公共卫生事件的情形时，应当向哪个部门通报（　　）
   A. 同级卫生部门   B. 同级政府
   C. 上级政府   D. 下级政府

6. 根据突发公共卫生事件的性质、危害程度、涉及范围，将突发公共卫生事件分为四个等级，下列哪项不是其中之一（　　）
   A. 一般   B. 较大
   C. 重大   D. 比较重大
   E. 特别重大

（李晓婷）

实训指导

实训1 食物中毒案例讨论

[实训目的]
1. 掌握食物中毒的特点及预防措施。
2. 熟悉食物中毒的调查处理方法和资料分析方法。
3. 了解食物中毒诊断和治疗方法。

[课时] 2课时

[案例设计] 2016年夏季某日上午10时左右,某厂陆续发现以腹痛、腹泻、呕吐及发热为主要症状的患者,至下午6时左右达到高峰,直至次日清晨8时才没有新的病例出现,发病人数共达120人。

患者中大部分最先出现腹部绞痛,继之发生频繁的腹泻,多在1~8次,个别患者一昼夜达20余次。大便为水样,伴有黏液;半数患者发热,体温37~39℃。

问题1. 若你是一位厂医,患者陆续出现时应该做些什么?

问题2. 此时你能判断是食物中毒还是职业中毒吗?若要准确判断,还要做哪些工作?

1. 现场调查 该厂医务室工作人员怀疑是食物中毒,马上报告了厂领导,厂领导立即向该县相关主管部门报告,接到报告后,县卫生主管部门立即派专业人员迅速赶赴现场协助安置病人,对事故现场进行卫生处理,并对与事故有关的因素开展流行病学调查。初步调查结果如下:全部患者当日早、中、晚餐均在厂内用餐,但在厂内进中餐或晚餐者则无一人发病,因此调查者对当天早餐食物与发病关系进行较详细了解。全部患者当日早餐均吃了咸黄瓜和(或)炖黄鱼,吃其中之一者也发病,但仅吃稀饭与馒头未发病。对烹调过程调查发现:该食堂在1个月前购买鲜黄瓜200余斤,自来水冲洗后用15斤盐于缸内腌制,厨师于前一日晚取黄瓜冲洗,就用当天切过黄鱼的刀板,将黄瓜切成小块,放于盆内,盖上纱罩,置于室温27~28℃的厨房内过夜,次日早餐出售。进一步追问厨师得知,当时买来的黄瓜放在曾放过海蟹的筐内用水冲洗。炖黄鱼为前一日晚餐所剩,盛过剩余黄鱼的盆曾盛过生鱼,临用时曾用自来水冲洗片刻。晚餐未能售出的黄鱼,用盛过生鱼的盆盛置于27℃的室内过夜,次日早餐厨师将鱼放入锅中加热不足10min,即取出售卖。

问题3. 根据现场调查,此事件是否为食物中毒,判断的依据是什么?

问题4. 若是食物中毒,引起中毒的主要原因有哪些?引起中毒的餐次及食物可能是什么?

2. 采样与检验 调查者对可疑食物、患者呕吐物、腹泻物及血液进行了取样化验,并将阳性细菌进行了血凝集试验和动物试验,其结果如下。

(1)在可疑食物咸黄瓜、缸内腌黄瓜、炖黄鱼汤中及在患者粪便中均未分离出沙门菌、葡萄球菌及条件致病菌,但在食盐培养基中分离出大量副溶血弧菌。

(2)将分离的菌体与6名中毒患者第2天的血清做定量凝集反应,其滴定度最低为40倍,最高为 160 倍，而健康人血清其滴定度仅为 10～20 倍，盐水对照完全不凝集。

（3）将此培养菌株制成 1×10^8 个/mL 的生理盐水，取 0.5ml，进行小白鼠腹腔内注射，24h 内动物全部死亡。

问题 5. 食物中毒后现场调查的主要内容有哪些？应采集那些样品？

问题 6. 本次食物中毒属何种性质的食物中毒？

3. 善后处理　将引起食物中毒的剩余食品销毁，对食堂工作场所、所有工具、容器等彻底清洗消毒，患者呕吐物、排泄物进行无害化处理。同时根据食品安全法规定，相关部门应当及时、准确查清事故性质和原因，认定事故责任，提出整改措施。

问题 7. 对此类细菌性食物中毒患者，临床上应如何处理？

问题 8. 应采取哪些措施，防止类似食物中毒的再度发生。

（张文杰）

实训 2　健康传播材料的制作和使用

通过对健康教育传播方法与技巧理论的讲解，采取讲授、讨论与实践相结合的教学方法，通过教学实践与课堂讨论深化对基本理论的理解，学生能够掌握基本的健康材料的制作方法，并运用到实际工作中。

[案例设计]　青爱工程,全称:中国青少年艾滋病防治教育工程。英文名称: AIDS prevention education project for Chinese youth（简称 APEPCY）。青爱工程以青少年爱的教育为使命，以青春期教育为核心，以人格健全为目标，以小屋服务、运行能力建设为导向，以培育青少年爱的素养、爱的能力为宗旨，持续探索符合中国国情与学生年龄特点的健康教育模式，以实现对青少年的关爱。帮助学校开展艾滋病防治、性健康、心理健康等。

如果你是"青爱工程"的一员，针对大学生，请设计一份"艾滋病"健康教育传播材料。

[实训目的]

1. 掌握　健康传播材料的制作方法和使用技巧。
2. 熟悉　健康传播材料制作过程。
3. 了解　健康传播材料分类。

[实训准备]

1. 用物准备　大白纸若干、记号笔若干、投影仪、电脑。
2. 学生准备　课前 4～6 人组建学习小组；各组确定健康传播材料制作的内容；制作好健康教育材料（PPT、宣传资料等）。
3. 教师准备　将课前学习资料发给学生；要求各小组自行确定健康传播的方法和材料；要求学生制作好健康传播材料。

[实训实施]

1. 学生课前自学健康传播材料的制作和使用理论知识。
2. 教师简要讲解相关知识。
3. 学生分组介绍健康教育材料，汇报设计思路。
4. 教师评价、学生评价各组材料制作情况。

[知识链接]

健康传播材料的制作和使用

健康传播材料是指配合健康教育与健康促进活动使用的印刷材料、声像材料及其他形式的材料。在制订健康传播计划时应首先考虑从现有的传播材料中选择可利用的材料,以便节约时间和资源。但是,在现有的信息或材料不充足时,需要制作新的传播材料。

一、健康传播材料的制作

有效的健康传播活动必须致力于协助目标人群改变不良的行为习惯,采纳健康的生活方式。这就要求健康教育工作者强化以受众为中心的思想,在健康传播项目中加强受众研究,制定适宜的传播策略,研制适用的传播材料。程序一般如下。

1. 分析需求和确定信息 以查阅文献、受众调查等方法对有关政策、组织机构能力、媒介资源、受众特征及其需求进行调查分析,为制作健康传播材料掌握第一手资料,初步确定健康传播材料的信息内容。

2. 制订计划 在需求分析基础上,根据信息内容和其他条件制订材料制作计划。计划应包括确定目标人群、材料分类、使用范围、发放渠道、使用方法、预实验与评价方法、经费预算等。

3. 形成初稿 初稿的设计过程就是信息的研究与形成过程。要根据确定的信息内容和制作计划,设计出材料初稿,根据目标人群的文化程度和接受能力决定信息复杂程度和信息量大小。

4. 预试验 传播材料预试验是指在材料最终定稿和投入生产之前,在目标人群的典型代表中进行试验性使用,系统收集目标人群对该信息的反应,并根据反馈意见对材料进行反复修改的过程。预试验的目的是通过了解目标人群是否理解材料的内容,是否理解材料的内容,是否喜欢材料的表现形式及信息的易读性、实用性、可接受性、趣味性等,以保证材料制作的质量。

5. 生产发放与使用 预试验结束后,将材料终稿交付有关负责人员审阅批准,按照计划安排制作和生产。确定和落实材料的发放渠道,以保证将足够的材料发放到目标人群手中,同时对材料的使用人员进行必要的培训,使他们懂得如何有效的使用这些材料。

6. 监测与评价 在材料使用过程中,监测材料的发放和使用情况,在实际条件下对材料的制作质量、发放与使用状况、传播效果做出评价,以便总结经验,发现不足,用以指导新的传播材料的制作计划。如此循环往复,形成健康传播材料制作的不断循环发展的过程。

二、健康传播材料的使用

(一)使用面向个体的材料

一般来说,发放给个人或家庭中使用的健康教育处方、图片、折页、小册子等健康教育材料,应当对材料的使用方法给以具体指导。主要技巧如下。

(1)向教育对象强调学习和使用材料的重要性,引起对方的重视。

(2)提升材料中的重点内容、引导教育对象加强学习和记忆。

(3)讲解具体的使用或操作方法,使教育对象能够遵照有关步骤自行操作。

(4)在患者复诊或再次进行家访时,了解材料的保管和使用情况,必要时再给以辅导。

(二)使用面向群体的材料

(1)距离适中,向教育对象显示文字、图画,要让他们看得见、看得清。

(2)面向大家,身体站在一侧,避免挡住部分与会者的视线。

(3)重点讲解材料中的主要内容,边讲解边指示。

（4）有计划地提出问题或让大家提问题，对不清楚的地方做进一步的解释。

（5）活动结束前，总结要点，以加强印象。

（三）使用面向大众的材料

在公共场所或单位张贴的宣传画、卫生报刊、布置的宣传栏等属于此类。使用时应注意以下几点。

1. 地点便利　选择目标人群经常通过又易于驻足的地方。

2. 位置示意　挂贴的高度以成年人看阅时不必于仰头为宜。

3. 定期更换　一种材料不宜留置过久，应适时更换以便读者保持新鲜感。

4. 注意维护和保管　发现有损坏者应及时修补或更换。

[实训评价]

1. 学生到课率。

2. 学生课堂讨论、汇报情况。

3. 健康传播材料制作质量。

[注意事项]

1. 要求学生课前必须准备好该组讨论的健康传播材料。

2. 课堂讨论、学生汇报控制时间，注意纪律。

[实训作业]

总结本组健康传播材料的优点和缺点，提交总结报告。

（杨　黎）

实训 3　数值变量资料的统计描述

[实训目标]

1. 理解数值变量资料的统计描述的意义，并学会常用集中趋势指标和离散趋势指标的计算方法。

2. 了解正态分布规律在医学研究中的应用。

[学时数]　2学时。

[实训内容]

某年某市 120 名 3 岁女孩身高（cm）资料见下表，计算其身高的平均水平、标准差，简述女孩身高的分布特征，并估计其 95% 的参考值范围。

某年某市 120 名 3 岁女孩身高（cm）资料

82.5	102.6	99.1	96.6	99.3	85.2	89.2	90.6	95.1	93.6
84.4	104.8	101.3	98.7	101.5	87.1	89.0	92.7	96.8	92.7
87.2	83.5	103.2	101.6	84.4	88.4	91.8	93.6	99.2	94.4
89.3	84.2	82.3	84.5	87.9	89.4	91.9	94.5	86.9	95.6
89.1	86.5	85.0	87.6	89.3	90.4	92.1	95.0	89.3	96.3
91.3	89.7	87.4	89.8	88.7	90.2	92.9	97.2	91.4	90.3
90.5	88.9	88.1	88.2	91.1	93.0	95.6	98.7	90.0	93.5
92.4	90.0	88.0	90.7	91.7	93.8	94.4	87.3	93.9	92.8
92.6	90.0	90.8	90.1	93.2	94.4	97.3	89.0	92.9	94.3

94.7	92.8	90.3	92.8	93.6	94.8	98.3	88.5	94.0	96.0
94.8	92.3	93.3	93.1	95.1	97.0	84.5	91.1	94.3	93.4
97.1	95.8	93.7	95.1	94.9	99.4	86.4	91.7	96.5	92.5

（蔡慧芳）

实训4 数值变量资料的统计分析

[实训目标]
1. 能够根据资料的类型选择合适的假设检验方法，学会计算并能对结果做出科学的判断。
2. 区别标准差和标准误，医学参考值范围和可信区间。

[学时数] 2学时

[实训内容]

1. 假定正常成年女性红细胞数（10^{12}/L）近似服从均值为4.18，标准差为0.29的正态分布。3.89代表随机抽取的一名正常成年女性的红细胞数。求：①变量X落在区间（4.00，4.50）内的概率；②正常成年女性的红细胞数95%参考值范围。

2. 为研究某药对恶性肿瘤的抑制作用，将患有恶性肿瘤的小白鼠16只随机地分为两组，实验组注射该药，对照组注射等量的生理盐水。10d后取瘤称重，结果如下表所示，请问该药对恶性肿瘤是否有抑制作用？

两组小白鼠瘤重比较（mg）

对照组	2.1	4.9	2.7	4.3	2.5	1.7	4.5	3.4
给药组	1.6	2.2	2.0	2.0	2.5	1.0	3.7	1.5

3. 某医师研究脑缺氧对脑组织中生化指标的影响，将出生状况相近的乳猪按出生体重配成7对；随机接受两种处理，一组设为对照组，一组设为脑缺氧模型组，实验结果见下表中第（1）、（2）、（3）栏。试比较两组猪脑组织钙泵的含量有无差别。

两组乳猪脑组织钙泵含量（μg/g）

乳猪号（1）	对照组（2）	试验组（3）	差值d（4）=（2）-（3）
1	0.3550	0.2755	0.0795
2	0.2000	0.2545	-0.0545
3	0.3130	0.1800	0.1330
4	0.3630	0.3230	0.0400
5	0.3544	0.3113	0.0431
6	0.3450	0.2955	0.0495
7	0.3050	0.2870	0.0180
合计			0.3086

（陈明远）

实训 5　计数资料的统计分析

[实习目标]

1. 掌握　计数资料统计描述指标及其意义；计数资料推断方法 χ^2 检验，完全随机设计四格表、配对设计四格表、行×列表资料 χ^2 检验计算方法。

2. 熟悉　率的抽样误差和总体率的区间估计，χ^2 检验应用条件和注意事项。

3. 了解　率的标准化。

[学时数]　4 学时。

[实习内容]

共用题干（1~5）

某厂男职工 370 人，女职工 456 人，慢性苯中毒人数男、女分别为 8 和 10 人。

　　A. 率　　B. 构成比　　C. 相对比　　D. 平均率　　E. 标化患病比　　F. 标化发病比

1. 题中（8/370）×100%为_____
2. 题中 8/（8+10）×100%为_____
3. 题中（456/370）×100%为_____
4. 题中（8+10）/（456+370）为_____
5. 题中（8/10）×100%为_____
6. 某工厂慢性气管炎患病与专业工龄的关系如下表。

某工厂慢性气管炎患病与专业工龄的关系

工龄（年）	检查人数	患者数	构成比（%）	患病率（%）
1~	340	17		
5~	254	30		
10~	432	73		
15~	136	27		
合计	1162	147		

（1）试计算构成比和患病率并填充在表中。

（2）简要分析哪一工龄组气管炎患病最严重？

7. 欲比较甲、乙两地某病发病率（下表），应如何平衡年龄因素的影响，并解释标准化发病率与实际发病率有何不同？

甲、乙两地某病患病情况

年龄	甲地		乙地	
	检查人数	发病人数	检查人数	发病人数
40 岁以下	3000	150	7000	315
40 岁及以上	7000	140	3000	30
合计	10000	290	10000	345

8. 某医院观察某新药对小儿支气管哮喘的治疗效果，同时以传统疗法作对照，资料见下表。试问该新药的治疗效果是否与传统疗法不同？

某新药治疗小儿支气管哮喘的疗效比较

分组	观察例数	有效例数	有效率（%）
试验组	39	37	94.9
对照组	40	32	80.0

9. 某医院用新疗法治疗患者 56 例，有效者 42 例；常规疗法治疗患者 40 例，有效者 21 例。问两种疗法治疗患者的有效率有无差别？

10. 某劳动防护研究所将 200 名确诊的职业肺癌患者分别用痰细胞学检查和 X 线胸片检查进行诊断，两种方法诊断为肺癌的病例数占全部病例的比例分别为：痰细胞学检查 80%，X 线胸片检查 70%，两种方法均诊断为肺癌的病例占全部病例的 60%。现欲了解两种方法的诊断结果有无差别，该资料应如何分析？请列出分析表格，并写出分析方法。

11. 某医师研究物理疗法、药物疗法和外用膏药三种疗法治疗周围性面神经麻痹的疗效（下表），问应该选用什么统计分析方法，比较三种疗法的有效率是否有差别？

三种疗法有效率的比较

疗法	病例数	有效例数	有效率（%）
物理疗法组	206	199	96.60
药物疗法组	182	164	90.11
外用膏药组	144	118	81.94

12. 某医院研究急性白血病病人与慢性白血病病人的血型构成情况，其资料如下表，请问两组血型构成比是否相同？

急性与慢性白血病患者的血型构成

组别	A 型	B 型	AB 型	O 型	合计
急性组	58	49	18	59	184
慢性组	43	27	8	33	111
合 计	101	76	26	92	295

（米术斌）

参考文献

傅华. 2013. 预防医学. 第 6 版. 北京：人民卫生出版社

国务院印发《"十三五"卫生与健康规划》2017. 1

胡志等. 2014. 突发公共卫生事件应对技术丛书·应急处置案例——霍乱、手足口、预防接种、健康教育和现场心理干预篇. 北京：人民卫生出版社

贾俊平，何晓群，金勇进. 2012. 统计学. 第 5 版. 北京：中国人民大学出版社

厉曙光. 2012. 营养与食品卫生学 上海：复旦大学出版社

刘明清. 2016. 预防医学. 第 5 版. 北京：人民卫生出版社

马骥，黎逢保. 2013. 预防医学. 西安：第四军医大出版社

马骥，刘建喜. 2008. 预防医学基础. 第 2 版. 北京：科学出版社

马骁. 2007. 健康教育学. 北京：人民卫生出版社

马骁. 2012. 健康教育学. 第 2 版. 北京：人民卫生出版社

全国卫生专业技术资格考试用书编写委员会. 2016.（2017）全国卫生专业技术资格考试指导：预防医学技术. 北京：人民卫生出版社

沈志谦等. 2010. 预防医学. 第 3 版. 北京：人民卫生出版社

孙贵范. 2010. 预防医学. 第 2 版. 北京：人民卫生出版社

孙要武等. 2009. 预防医学. 第 4 版. 北京：人民卫生出版社

汪鑫. 2014. 预防医学. 北京：科学出版社

王福彦，武英. 2017. 预防医学. 修订版. 北京：科学出版社

王福彦，赵宏林. 2016. 医学统计学. 修订版. 北京：科学出版社

王万荣，张谦. 预防医学. 2012. 第 2 版. 西安：第四军医大学出版社

王旭辉等. 2012. 预防医学. 西安：第四军医大学出版社

乌建平等. 2013. 预防医学. 北京：科学出版社

吴群红等. 2014. 突发公共卫生事件应对技术丛书·卫生应急演练的理论与实践指南. 北京：人民卫生出版社

杨柳青，史良图. 2010. 邢华燕. 预防医学基础. 武汉：华中科技大学出版社

姚应水，刘更新. 2011. 预防医学. 第 2 版. 西安：第四军医大学出版社

姚应水，刘更新. 预防医学. 2011. 第 2 版. 西安：第四军医大学出版社

叶宜德. 2006. 预防医学. 北京：高等教育出版社

中国营养学会编著. 2014. 中国居民膳食营养素参考摄入量（2013 版）. 北京：科学出版社

中国营养学会编著. 2016. 食物与健康——科学证据共识. 北京：人民卫生出版社

中国营养学会编著. 2016. 中国居民膳食指南（2016）. 北京：人民卫生出版社

周建军等. 2013. 社区卫生服务. 北京：高等教育出版社

左月燃，邵昌美. 2000. 预防医学. 北京：人民卫生出版社

《预防医学》教学基本要求

 课程性质

现代医学是由基础医学、临床医学、预防医学、保健医学、康复医学等组成的完整体系。世界卫生组织依据全球卫生服务需求趋势，提出社区卫生服务的发展方向，社区卫生服务工作的核心是预防保健。《预防医学》是在"预防为主"的方针指导下，研究环境因素对健康的影响、疾病的分布规律，以及制定防治疾病、提高生命质量、延长寿命的对策和措施的一门学科。体现"预防为主、为人民健康服务"卫生工作方针的重要学科，是顺应国家卫生体制改革需求、培养护生能动员社会力量，利用社会资源，开展个人、家庭、社区卫生服务能力的必修课。

 课程教学目标

通过本课程学习，使学生能够达到以下教学目标。

[知识目标]

认识环境—人群—健康的关系，掌握预防医学中影响健康的因素、识别危险因素的方法和控制危险因素的知识和技能，掌握预防医学的基本理论知识。

[能力目标]

掌握对人群劳动、生活、学习、环境和食品进行卫生检测和监督的基本能力和防疫工作的基本能力；具有分析影响人群健康的各种因素和疾病流行规律，制定预防疾病和增进人群健康措施与计划的能力

[素质目标]

熟悉国家卫生工作方针、政策和法规；熟悉临床医学的基本理论知识和常见病、多发病的防治技术，熟悉健康教育工作；掌握文献检索、资料查询、计算机应用及统计分析的基本方法，具有一定的科学研究和实际工作能力。加强职业道德培养，树立崇高的敬业精神。

[教学内容和教学要求]

本课程的教学内容可分为基本知识与技术，实训技术指导，具体内容如下：

基本知识与技术

教学内容	教学要求			教学活动参考	教学内容	教学要求			教学活动参考
	掌握	熟悉	了解			掌握	熟悉	了解	
第1章 绪论				理论讲授多媒体演示	（四）医学模式与健康观	√			理论讲授多媒体演示
（一）预防医学的概念	√				（五）三级预防			√	
（二）预防医学的研究内容			√		（六）我国卫生工作主要成就		√		
（三）预防医学发展简史		√							

续表

教学内容	掌握	熟悉	了解	教学活动参考	教学内容	掌握	熟悉	了解	教学活动参考
七、我国卫生工作今后工作指导思想和发展目标			√	理论讲授多媒体演示	(一)职业卫生的概念、研究对象与任务	√			案例教学做一体
第2章 环境与健康					(二)职业性有害因素		√		
一、环境				理论讲授	(三)职业性病损		√		
(一)环境的概念与分类	√			多媒体演示	(四)工作有关疾病		√		
(二)生态系统和生态平衡		√		案例教学	(五)职业性危害的预防	√			
(三)人与环境的关系			√	做一体	(六)生产性毒物的来源			√	
(四)环境污染概念及种类、来源	√				(七)铅中毒预防原则		√		
(五)环境污染对健康的影响		√			(八)生产性粉尘的概念、来源、分类		√		
(六)环境污染的防护措施		√			(九)尘肺预防	√			
(七)生活环境与健康		√			(十)物理因素及其对健康的影响			√	
(八)生活饮用水与健康		√			(十一)生产性噪声及危害			√	
(九)饮水的净化与消毒			√		(十二)振动			√	
(十)社会环境与健康			√		第5章 健康教育与促进		√		理论讲授多媒体演示
(十一)家庭关系与健康			√		(一)健康的概念 健康教育与促进的概念		√		案例教学做一体
(十二)卫生服务与健康			√		(二)健康的影响因素	√			
第3章 食品与健康					(三)健康促进的基本特征		√		
(一)食物与营养概念		√		理论讲授	(四)健康促进的策略与步骤			√	
(二)营养素的主要功能	√			多媒体演示	(五)健康相关行为			√	
(三)能量与宏量营养素		√		案例教学	(六)健康教育与健康促进计划设计、实施与评价	√			
(四)中国居民膳食指南		√		做一体	(七)家庭健康教育		√		
(五)食品污染概念	√				(八)学校健康教育的实施步骤			√	
(六)食品的微生物污染与防制		√			(九)制定学校健康教育规划			√	
(七)化学性污染与防制			√		第6章 医学统计学方法概述				理论讲授多媒体演示
(八)多环芳烃类化合物污染及防制			√		(一)医学统计学的基本概念(总体与样本,参数与统计量,误差,概率)		√		案例教学做一体
(九)食源性疾病			√						
(十)食物中毒的概念、特点和分类		√							
(十一)有毒动植物中毒			√						
(十二)食物中毒的调查与处理									
第4章 职业卫生与健康				理论讲授多媒体演示					

续表

教学内容	教学要求 掌握	教学要求 熟悉	教学要求 了解	教学活动参考	教学内容	教学要求 掌握	教学要求 熟悉	教学要求 了解	教学活动参考
(二)统计资料的类型		√			(四)间接标准化法		√		理论讲授多媒体演示 案例教学做一体
(三)统计工作的步骤	√				第10章 计数资料的统计推断				
(四)医学统计学的主要作用和意义		√			(一)率的抽样误差和区间估计		√		
第7章 计量资料的统计描述				理论讲授多媒体演示案例教学做一体	(二)正态近似法	√			
(一)频数分布表	√				(三)χ^2检验 完全随机设计的四格表资料χ^2检验 四格表检验的步骤	√			
(二)频数分布的特点		√							
(三)几何均数			√						
(四)变异指标		√			(四)配对设计四格表资料的χ^2检验	√			
(五)标准差	√				(五)行×列表资料的检验		√		
(六)正态分布的概念	√				(六)多个构成比的行×列表资料检验		√		
(七)正态分布曲线的特征		√			第11章 统计表和统计图				理论讲授多媒体演示
(八)正态曲线下面积的分布规律	√				(一)统计表的结构与制作要求	√			
(九)正态分布规律的应用		√							
第8章 计量资料的统计推断				理论讲授多媒体演示案例教学做一体	(二)统计表的种类,人口动态统计的指标		√		
(一)均数的抽样误差和标准误		√			(三)统计图的基本要求和种类		√		
(二)t值及t分布			√		第12章 流行病学方法				理论讲授多媒体演示案例教学做一体
(三)总体均数的估计	√				(一)流行病学的定义	√			
(四)总体均数可信区间与参考值范围的区别		√			(二)流行病学用途		√		
(五)假设检验	√				(三)疾病的三间分布	√			
(六)假设检验的基本步骤			√		(四)现况研究概述		√		
(七)样本均数与总体均数比较的t检验		√			(五)现况调查的种类:普查和抽样调查		√		
(八)t检验应用时应注意的问题			√		(六)筛检试验的评价指标		√		
第9章 计数资料的统计描述				理论讲授多媒体演示案例教学做一体	(七)分析性研究 病例对照研究		√		
(一)常用相对数 率、相对比、相对数使用应注意的问题	√				(八)OR可信区间的计算			√	
(二)率的标准化	√				(九)常见偏倚与控制 队列研究中的偏倚及控制		√		
(三)直接标准化法	√								

续表

教学内容	教学要求			教学活动参考	教学内容	教学要求			教学活动参考
	掌握	熟悉	了解			掌握	熟悉	了解	
（十）实验性研究概述					（三）糖尿病的防制的主要危险因素防制措施				
第13章 疾病的预防与控制	√			理论讲授 多媒体演示 案例教学 做一体	（四）社会病的防治				
（一）疾病预防的策略与措施		√			第15章 社区卫生服务	√	√		
（二）全球卫生策略		√			（一）社区卫生服务概述		√		
（三）初级保健的概念、任务		√			（二）社区卫生服务主要有三个重心				
（四）传染病传播途径和主要防制措施					（三）社区卫生服务的原则和内容		√		
（五）地方病的预防与控制碘缺乏病、地方性氟中毒	√				第16章 突发公共卫生事件与应急处理				理论讲授 多媒体演示 案例教学 做一体
第14章 慢性非传染病的预防与控制				理论讲授 多媒体演示 案例教学 做一体	（一）突发公共卫生事件的特点和危害	√			
（一）心脑血管疾病的主要危险因素心脑血管疾病的防制措施		√			（二）突发公共卫生事件的分类与分级 突发公共卫生事件的应急处理	√			
（二）恶性肿瘤的主要危险因素防制措施	√	√			（三）突发公共卫生事件应急处理原则	√			

三 实训技术指导

教学内容	教学要求			教学活动参考
	掌握	熟悉	了解	
实训1 食物中毒案例讨论				教学做一体
1. 了解食物中毒诊断和治疗方法。			√	
2. 熟悉食物中毒的调查处理方法和资料分析方法。		√		
3. 掌握食物中毒的特点及预防措施。	√			
实训2 数值变量资料的统计分析				教学做一体
1. 能够根据资料的类型选择合适的假设检验方法，学会计算并能对结果做出科学的判断。	√			
2. 区别标准差和标准误，医学参考值范围和可信区间。	√	√		
实训3 计数资料的统计分析				教学做一体
1. 计数资料统计描述指标及其意义；计数资料推断方法 χ^2 检验，完全随机设计四格表、配对设计四格表、行×列表资料 χ^2 检验计算方法。		√	√	
2. 率的抽样误差和总体率的区间估计，χ^2 检验应用条件和注意事项。			√	
3. 率的标准化。				

续表

教学内容	掌握	熟悉	了解	教学活动参考
实训4 统计图与统计表的制作				教学做一体
1. 正确的统计表和绘制正确的统计图	√			
2. 统计表的绘制		√		
3. 统计图的绘制；			√	
实训5 职业中毒案例讨论				教学做一体
1. 职业病的危害性；	√			
2. 职业病发生的社会因素		√		
3. 职业病发生的条件；临床表现；处理措施			√	

四 实施建议

（一）课程教学实施建议

1. 教学组织　教师应该严格按照各教学内容和学时组织教学，本课程采取以问题为中心教学，掌握预防医学中影响健康的因素、识别危险因素的方法和控制危险因素的知识和所需要的专业能力、社会能力和方法能力以及职业素质同时得到训练和提高。每个学习单元都包括预习任务、学习任务和工作任务三个阶段，三种任务循序渐进，最终完成工作任务。在每个学习单元的最初，首先就要向学生明确本学习单元的工作任务，然后再开展一系列预习任务和学习任务，因此预习任务和学习任务都是工作任务的组成部分。

2. 教学方法　针对不同教学内容，本课程采用案例教学法及以问题为中心教学法、讲授法、启发式教学、情景式教学法、头脑风暴法、小组讨论法等。

3. 注意本课程与基础学科、临床学科的联系。

4. 重视学生学习方法的指导，预习与复习相结合。

5. 教学中应充分考虑计算机技术的应用，如函数计算器和电脑的运用。

6. 重视实践教学环节，加强练习课、实验课操作，并重视现场实验教学效果。

（二）考核评价建议

1. 考核性质　考试课。

2. 考试方式分值与解释

（1）理论成绩的综合评价：采用闭卷、笔试的方式，以百分制评分，60分为及格，满分为100分。占总评成绩的70%。

（2）实训成绩的综合评价：为全面反映学生的操作技能和治学态度，将学生的实训成绩分为三部分：平时操作回示成绩（占10%）、作业或实验报告成绩（占10%），技能考核或提问成绩（占10%），实训成绩占总评成绩的30%。

3. 试题类型及权重　选择题40%，名词解释15%，简答题25%，论述题或综合分析题20%。

（三）教学学时分配建议

教学时数为64学时（理论教学54学时，实践教学10学时）

教学内容	参考学时数		
	理论	实践	合计
第1章 绪论	2		2
第2章 环境与健康	6		6
第3章 食品与健康	6	2	8
第4章 职业卫生与健康	4		4
第5章 健康教育与促进	4	2	6
第6章 医学统计学方法概述	2		2
第7章 计量资料的统计描述	2	2	4
第8章 计量资料的统计推断	4		4
第9章 计数资料的统计描述	2	2	4
第10章 计数资料的统计推断	2	2	4
第11章 统计表和统计图	2		2
第12章 流行病学方法	6		6
第13章 疾病的预防与控制	4		4
第14章 慢性非传染病的预防与控制	4		4
第15章 社区卫生服务	2		2
第16章 突发公共卫生事件与应急处理	2		2
总学时	54	10	64

目标检测选择题参考答案

第1章
1. E 2. C 3. D 4. B 5. A 6. C 7. B 8. A 9. D 10. B
第2章
1. C 2. B 3. A 4. A 5. D 6. C 7. A 8. D 9. B 10. B 11. B 12. C 13. D 14. D
15. C 16. E 17. B 18. E 19. E
第3章
1. B 2. C 3. E 4. B 5. D 6. B 7. B 8. D 9. A 10. A 11. B 12. A 13. D 14. E
15. D 16. B
第4章
1. B 2. C 3. C 4. B 5. D 6. A 7. B 8. B 9. C 10. B
第5章
1. D 2. A 3. E 4. A 5. C 6. B
第6章
1. C 2. B 3. A 4. D 5. C 6. C 7. A
第7章
A1型题
1. E 2. D 3. E 4. D
A2型题
1. B 2. C 3. A 4. A 5. E
第8章
A1型题
1. C 2. B 3. C 4. A 5. C 6. C 7. E 8. E 9. D
A2型题
1. B 2. E 3. C 4. D 5. D 6. C 7. A
第9章
1. C 2. C 3. D 4. C 5. A 6. A 7. E
第10章
1. A 2. D 3. E 4. D 5. D 6. B 7. D
第11章
1. B 2. E 3. C 4. B 5. D 6. D 7. A 8. A 9. B
第12章
1. B 2. B 3. E 4. C 5. B 6. E 7. E 8. C 9. A 10. A 11. D 12. A 13. E 14. D
15. B 16. D
第13章
1. E 2. E 3. E 4. B 5. B 6. B 7. A 8. B 9. C 10. D 11. A 12. B 13. C 14. D
15. E 16. A 17. A 18. C 19. C 20. C
第14章
1. C 2. E 3. C 4. A 5. D 6. E 7. B 8. E 9. C 10. E
第15章
1. D 2. A 3. D 4. D 5. A
第16章
1. B 2. D 3. A 4. C 5. A 6. D

附录A χ^2分布界值表

v	概率，P												
	0.995	0.99	0.975	0.95	0.90	0.75	0.50	0.25	0.10	0.05	0.025	0.01	0.005
1	…	…	…	…	0.02	0.1	0.45	1.32	2.71	3.84	5.02	6.63	7.88
2	0.01	0.02	0.02	0.1	0.21	0.58	1.39	2.77	4.61	5.99	7.38	9.21	10.60
3	0.07	0.11	0.22	0.35	0.58	1.21	2.37	4.11	6.25	7.81	9.35	11.34	12.84
4	0.21	0.30	0.48	0.71	1.06	1.92	3.36	5.39	7.78	9.49	11.14	13.28	14.86
5	0.41	0.55	0.83	1.15	1.61	2.67	4.35	6.63	9.24	11.07	12.83	15.09	16.75
6	0.68	0.87	1.24	1.64	2.2	3.45	5.35	7.84	10.64	12.59	14.45	16.81	18.55
7	0.99	1.24	1.69	2.17	2.83	4.25	6.35	9.04	12.02	14.07	16.01	18.48	20.28
8	1.34	1.65	2.18	2.73	3.40	5.07	7.34	10.22	13.36	15.51	17.53	20.09	21.96
9	1.73	2.09	2.70	3.33	4.17	5.90	8.34	11.39	14.68	16.92	19.02	21.67	23.59
10	2.16	2.56	3.25	3.94	4.87	6.74	9.34	12.55	15.99	18.31	20.48	23.21	25.19
11	2.6	3.05	3.82	4.57	5.58	7.58	10.34	13.7	17.28	19.68	21.92	24.72	26.76
12	3.07	3.57	4.4	5.23	6.3	8.44	11.34	14.85	18.55	21.03	23.34	26.22	28.3
13	3.57	4.11	5.01	5.89	7.04	9.30	12.34	15.98	19.81	22.36	24.74	27.69	29.82
14	4.07	4.66	5.63	6.57	7.79	10.17	13.34	17.12	21.06	23.68	26.12	29.14	31.32
15	4.60	5.23	6.27	7.26	8.55	11.04	14.34	18.25	22.31	25.00	27.49	30.58	32.80
16	5.14	5.81	6.91	7.96	9.31	11.91	15.34	19.37	23.54	26.30	28.85	32.00	34.27
17	5.70	6.41	7.56	8.67	10.09	12.79	16.34	20.49	24.77	27.59	30.19	33.41	35.72
18	6.26	7.01	8.23	9.39	10.86	13.68	17.34	21.60	25.99	28.87	31.53	34.81	37.16
19	6.84	7.63	8.91	10.12	11.65	14.56	18.34	22.72	27.20	30.14	32.85	36.19	38.58
20	7.43	8.26	9.59	10.85	12.44	15.45	19.34	23.83	28.41	31.41	34.17	37.57	40.00
21	8.03	8.9	10.28	11.59	13.24	16.34	20.34	24.93	29.62	32.67	35.48	38.93	41.40
22	8.64	9.54	10.98	12.34	14.04	17.24	21.34	26.04	30.81	33.92	36.78	40.29	42.80
23	9.26	10.20	11.69	13.09	14.85	18.14	22.34	27.14	32.01	35.17	38.08	41.64	44.18
24	9.89	10.86	12.40	13.85	15.66	19.04	23.34	28.24	33.2	36.42	39.36	42.98	45.56
25	10.52	11.52	13.12	14.61	16.47	19.94	24.34	29.34	34.38	37.65	40.65	44.31	46.93
26	11.16	12.2	13.84	15.38	17.29	20.84	25.34	30.43	35.56	38.89	41.92	45.64	48.29
27	11.81	12.88	14.57	16.15	18.11	21.75	26.34	31.53	36.74	40.11	43.19	46.96	49.64
28	12.46	13.56	15.31	16.93	18.94	22.66	27.34	32.62	37.92	41.34	44.46	48.28	50.99
29	13.12	14.26	16.05	17.71	19.77	23.57	28.34	33.71	39.09	42.56	45.72	49.59	52.34
30	13.79	14.95	16.79	18.49	20.60	24.48	29.34	34.80	40.26	43.77	46.98	50.89	53.67
40	20.71	22.16	24.43	26.51	29.05	33.66	39.34	45.62	51.80	55.76	59.34	63.69	66.77
50	27.99	29.71	32.36	34.76	37.69	42.94	49.33	56.33	63.17	67.50	71.42	76.15	79.49
60	35.53	37.48	40.48	43.19	46.46	52.29	59.33	66.98	74.40	79.08	83.3	88.38	91.95
70	43.28	45.44	48.76	51.74	55.33	61.7	69.33	77.58	85.53	90.53	95.02	100.42	104.22
80	51.17	53.54	57.15	60.39	64.28	71.14	79.33	88.13	96.58	101.88	106.63	112.33	116.32
90	59.20	61.75	65.65	69.13	73.29	80.62	89.33	98.64	107.56	113.14	118.14	124.12	128.30
100	67.33	70.06	74.22	77.93	82.36	90.13	99.33	109.14	118.50	124.34	129.56	135.81	140.17